W0409932

»Ich hoffe, das Buch
gefällt Ihnen«

davidbeckham

MEIN LEBEN

davidbeckham

MEIN LEBEN

David Beckham
in Zusammenarbeit mit Tom Watt

Ins Deutsche übertragen von
Ursula Pesch, Franka Reinhart
und Violeta Topalova

random house
entertainment

Die Originalausgabe erschien unter dem Titel
»My Side« 2003 bei CollinsWillow,
an imprint of HarperCollins Publishers, London.

Umwelthinweis:
Dieses Buch und der Schutzumschlag wurden auf
chlorfrei gebleichtem Papier gedruckt.
Die Einschrumpffolie (zum Schutz vor Verschmutzung)
ist aus umweltschonender und recyclingfähiger PE-Folie.

Random House Entertainment
ist ein Unternehmen der
Verlagsgruppe Random House GmbH.

2. Auflage
Copyright © 2003 by Footwork Productions Ltd.
Copyright © 2003 der Abbildungen siehe Seite 431 ff.
Copyright © der deutschsprachigen Ausgabe 2004
by Random House Entertainment, München,
in der Verlagsgruppe Random House GmbH
Lithographie: Lorenz + Zeller, Inning a. A.
Satz: Uhl + Massopust, Aalen
Druck und Bindung: GGP Media, Pößneck
Printed in Germany
ISBN 3-8090-3023-6
www.randomhouse.de

Für Victoria, Brooklyn und Romeo,
die drei Menschen, die mein Leben mit Freude erfüllen.
Für immer meine Babys.

In Liebe, David.

Daddy
x x

Inhalt

Einführung: Für Real

»Señor Perez, Señor di Stefano, meine Damen und Herren …«

Jeder, der schon einmal Fußball gespielt hat, kennt diese typischen Umkleideräume. Der Bodenbelag ist abgenutzt und der Geruch von Desinfektionslösung steigt dir in die Nase. Dicht an dicht drängen sich schmale, graue Spinde an den Wänden, ein Schloss muss sich jeder selbst mitbringen. Die Türen klemmen, denn jahrelang wurden sie kurz vor dem Anpfiff zugeknallt, und eine oder zwei fehlen ganz. Die Bankreihen stehen so eng, dass man sich seinen Platz regelrecht erkämpfen muss, wenn man sich nach dem Ende eines Spiels einem Mannschaftskollegen gegenüber setzen will. Am Ende des Raums steht eine Spindtür weit offen. Meine. Im düsteren Licht des Umkleideraumes leuchtet das Weiß des Real-Madrid-Trikots, das über der Tür hängt, als wäre ein Scheinwerfer darauf gerichtet. Die Shorts und Strümpfe liegen sauber gefaltet auf der Ablage darunter. Ich bin ganz allein. Hinter der Tür, durch die ich den Raum betreten habe, höre ich gedämpfte Stimmen. Fürs Umziehen lasse ich mir viel Zeit, ich falte meine Kleider ordentlich zusammen und lege sie neben meine neue Ausrüstung. Die Tür zum Spielfeld, auf dem trainiert wird, steht halb offen, daneben hängt ein raumhoher Spiegel. Ich betrachte den Kerl, den ich darin sehe, ausgiebig. Im weißen Dress von Real sehe ich ganz schön groß aus, und ich fühle mich auch so. *In dieses Trikot musst du erst noch hineinwachsen,* schießt es mir durch den Kopf. Aufgeregte Stimmen dringen an mein Ohr. Plötzlich wird mir klar, dass ich in diesem Spiegel meine Zukunft sehe, und vor lauter Aufregung bekomme ich eine Gänsehaut. *Ich bin wirklich hier.*

Eigentlich sind wir schon seit vierundzwanzig Stunden hier in Madrid, Zeit genug für die Familie Beckham, ein neues Leben zu beginnen. Am letzten Junitag lief mein Vertrag mit Manchester United aus, und gestern, am 1. Juli 2003, habe ich im Bernabeau meinen Vertrag unterzeichnet. Heute also ist der Tag, an dem mein Abenteuer mit Real beginnt.

Diese neue Entwicklung betrifft meine ganze Familie. Zwar bin ich derjenige, der den Verein gewechselt hat, aber wir werden alle nach Spanien umziehen. Ich wollte, dass wir uns die Situation vor Ort zusammen anschauen, damit uns klar wird, worauf wir uns einlassen. Und die Unterstützung konnte ich auch ganz gut gebrauchen, das muss ich schon zugeben. Der Monat, der diesen zwei Tagen in Spanien vorausging, war eine anstrengende Zeit, die Spannung und Aufregung steigerte sich mit jedem Tag. Als wir am Donnerstag um halb zwei auf der Rollbahn aufsetzten, wurde mir klar, dass es in diesen zwei Tagen auf jede Minute ankam. Ich hatte meine Familie bei mir, denn die Stadt Madrid und Real sollten den richtigen Eindruck von mir bekommen. Ich bin Fußballer, Ehemann und Vater.

Romeo blieb in England bei Victorias Eltern, der Kleine ist ja erst neun Monate alt, aber Victoria und Brooklyn waren an meiner Seite. Meine Mum war auch dabei, sie hatte sich bereit erklärt, unseren Vierjährigen bei Laune zu halten, wenn er von Mummys und Daddys Terminen die Nase voll hatte.

Ich hätte nicht nervös sein müssen. Kaum war ich in die Limousine gestiegen, die Real uns geschickt hatte, da lösten sich alle Zweifel und Ängste, die ich im Gepäck hatte, einfach in Luft auf. Sechs Polizisten auf Motorrädern bildeten eine Traube um das Auto. Sehr gut. Brooklyn war begeistert, mit ein paar Blaulichtern und Sirenen ist er selig. Wie in einer Szene aus *French Connection* schoben wir uns auf die Autobahn. Es folgten rapide Spurwechsel von der linken auf die rechte Spur, die restlichen Verkehrsteilnehmer mussten sehen, wie sie klarkamen. Die Paparazzi blieben uns mit ihren Autos und Motorrädern, je nachdem, wie gut und lebensmüde sie waren, auf den Fersen. Unser erster Termin war mein Check-up im Krankenhaus. Falls wir einen Unfall bauten, hatten wir wenigstens das passende Ziel. Erst wesentlich später wurde mir klar, dass in Madrid nicht nur Polizei und Presse fahren wie die Henker. Hier hält sich jeder Verkehrsteilnehmer für den Titelverteidiger im Großen Preis von Spanien.

Ich hatte Real gleich bei unserem ersten Gespräch ehrlich darauf aufmerksam gemacht, dass ich mir Sorgen darüber machte, ob ein Umzug ins Ausland mit Sack und Pack und meiner Familie mein Spiel beeinflussen könnte. Würde ich mich schnell genug einleben, um mich voll und ganz auf den Fußball konzentrieren zu können? Sie begegneten mir mit unglaublichem Verständnis. Meine Sorgen überraschten sie nicht, vielleicht liegt das daran, dass den Spaniern das Familienleben sehr wichtig ist.

»Ihre Familie muss sich bei uns genauso wohl fühlen wie Sie, David.«

Für die Menschen von Real war es selbstverständlich, uns dabei zu unterstützen. Sie schnappten sich sofort Victoria, Brooklyn und Mum und gingen mit ihnen auf »Häuserjagd«. Real hatte einige Häuser zur Besichtigung ausgesucht, die sie für geeignet hielten. Ich hätte sie gerne begleitet, aber dafür war später immer noch Zeit. Sie machten sich alleine auf den Weg in die Vorstädte, denn ich hatte erst einmal im Krankenhaus La Zarzuela eine Verabredung mit Señor Corral, dem Vereinsarzt von Real.

Mit verschiedenen Spezialisten rasten wir durch die Tests – kardiovaskuläres System, Biomechanik, Blut, Urin, EKG, Röntgenaufnahmen und Scans. Danach fiel ich Señor Corral in die kundigen Hände. Es war Zeit für den Gesundheitscheck. Besonders aufmerksam musterte er ein gewisses Kahnbein und einen gewissen Mittelfußknochen. Nach guten zwei Stunden war alles unter Dach und Fach. Ein Kameramann des vereinseigenen Senders folgte uns wie ein Hündchen die Korridore des Krankenhauses entlang und bekam bei jedem Test, den ich absolvierte, die Tür vor der Nase zugeschlagen. Alle schienen breit zu grinsen, die Spezialisten, das Personal, die anderen Patienten, der Kameramann. Könnten wir ein Foto machen? Würden Sie uns ein Autogramm geben? Die Atmosphäre war sehr entspannt. Die Ärzte waren im Besitz meiner gesamten medizinischen Unterlagen der letzten fünfzehn Jahre bei Old Trafford, und sie hatten bestimmt ihre Hausaufgaben gemacht. Doktor Corral sah jedenfalls so aus, als wüsste er genau, wonach er suchte, und er war sehr zufrieden mit dem, was er fand. Später kam mir zu Ohren, was er der versammelten Presse bekannt gegeben hatte:

»David esta como nuevo. Fisicamente esta perfecto.«

Er hielt mich also für einigermaßen gut in Form und gab meiner Schreibhand das Okay, meinen Namen auf Reals gepunktete Linie zu kritzeln. Ich fuhr ins Tryp Fenix, unser Hotel, dort traf ich Victoria, Brooklyn und Mum. Ich glaube, die Fans, die sich so langsam vor dem Hotel versammelten, waren mindestens genauso neugierig auf Victoria, wie auf den neuen Fußballspieler. Victoria war allerdings sehr angespannt. Kein Wunder, sie war den ganzen Tag auf der Suche nach einem neuen Zuhause durch die Stadt chauffiert worden, und langsam wurde ihr die Tragweite unserer Entscheidung klar. Ich hatte noch ein bisschen Zeit, und Brooklyn und ich kickten auf der Terrasse unserer Suite ein paar Bälle. *Ob er sich später noch an all das erinnern wird?*

Um fünf Uhr nachmittags holten uns die Limousinen ab und fuhren uns zum Bernabeau, eine kurze Fahrt durch den Vorabendverkehr. Reals Heimstadion befindet sich in Madrids Gegenstück zur Regent Street. Ich war nicht zum ersten Mal hier, ich war schon für Manchester United auf diesem Spielfeld angetreten, aber als wir durch die Pforte fuhren, erkannte ich den Platz kaum wieder. Er war eine einzige Baustelle. Baukräne ragten von der Straße aus hinein, und Bagger und Kipplader holperten durch Berge von Baumaterial. José Angel Sanchez, Reals Marketingchef, erzählte mir, der Verein müsse die Tribüne auf der Seite umbauen, auf der die Spieler das Feld betreten.

»Als Santiago Bernabeau dieses Stadion in den vierziger Jahren baute, legte er die Präsidentensuite auf die Tribüne, die den Einrichtungen für die Spieler gegenüberliegt. Er wollte damit ein Zeichen setzen. Der Vorstandssaal würde nie eine Konkurrenz für die Umkleidekabinen sein. Nach den UEFA-Regeln für die Champions League müssen nun beide auf der gleichen Seite liegen.«

Wir gingen hinauf in die Büroräume des Klubs. Ich fühlte, wie mein Atem sich beschleunigte, und das lag bestimmt nicht an den Treppen. Ich drückte Victorias Hand ein wenig fester. Ich glaube, wir kamen über die Hintertreppe rauf, plötzlich bogen wir um eine Ecke, und da waren wir: In einem Flur voller Türen, aus denen sich uns Köpfe neugierig entgegenstreckten. Ein halbes Dutzend Typen im Anzug traten von einem Fuß auf den anderen. Ein Bürotrakt, wie er in jedem modernen Gebäude irgendwo in Europa hätte sein können. Alles war sehr schlicht gehalten, das gefiel mir. Nichts Großartiges oder Auffälliges. Real zog es vor, auf dem Spielfeld Eindruck zu machen. Ich war aufgeregt und freute mich, hier zu sein. Die Leute, die auf mich zukamen, sich vorstellten und mir die Hand schüttelten, waren genauso aufgeregt wie ich, das konnte ich sehen. Sie versuchten erst gar nicht, es zu verbergen.

José stellte mich dem Manager Jorge Valdano vor, dem Mann, der, gemeinsam mit dem Präsidenten, hauptsächlich dafür verantwortlich war, dass ich in Madrid war. Ein Mann mit Charisma und einem strahlenden Lächeln. Ich weiß nicht, wie alt Señor Valdano inzwischen ist [Jahrgang 1955, Anm. d. Red.], aber er hat immer noch den Körperbau und die Energie, die er als internationaler Spieler hatte. Ein Laufduell mit ihm würde ich vielleicht noch gewinnen, aber auf einen Zweikampf auf dem Spielfeld wäre ich nicht besonders erpicht. Er gehörte zu den wenigen im Klub, die kein Englisch sprachen, aber das war schon okay für mich. So hatten wir zwei immerhin die gleiche Ausgangsposition. Señor Valdano bat mich in das Büro, vor dem er gestanden hatte. Als ich eintrat, erhob sich Carlos Queiroz hinter dem Schreibtisch des Cheftrainers. Das war eine Überraschung. Ich wusste, das Vicente de Bosque nicht mehr bei Madrid war, und dass Carlos Old Trafford verlassen hatte, um seinen Platz einzunehmen. Ich wusste auch, dass Carlos ein Spitzenmann war, aber ich hatte keine Ahnung gehabt, dass er bereits hier war. Ein seltsamer, ein beruhigender Augenblick. *Wer folgte hier eigentlich wem?* Wir umarmten uns. Ende Juli begann die Vorsaison, dann würden wir – die zwei Neulinge im Verein – uns wiedersehen.

Jetzt wollten mir alle aber erst mal meinen neuen Arbeitsplatz zeigen. Wir marschierten hinter José wieder ins Erdgeschoss, er spielte mit Elan den offiziellen Reiseführer durch das Herz von Real. »Und hier müssen die Touristen draußen bleiben.« Er öffnete schwungvoll die Tür zur Mannschaftsumkleidekabine. Auf jeder Spindtür war der Eigentümer in Lebensgröße abgebildet, die Bilder reichten von der Bank bis an die Decke. Einen Augenblick lang fühlte ich mich wieder als Mitglied einer gegnerischen Mannschaft, als ich sie alle in Lebensgröße an den Wänden sah. Raul, Figo, Ronaldo, Zidane, Roberto Carlos und ihre Mannschaftskameraden. Wie es sich wohl anfühlte, mit ihnen statt gegen sie zu spielen?

Wir gingen durch den Raum zum Spielertunnel. Im April hatte ich auch hier gestanden, ganz wild darauf, endlich loszulegen. Heute war es genauso.

»José? Ist hier irgendwo ein Ball? Ich halte es nicht mehr aus.«

Von irgendwoher tauchte ein Ball auf, und ich gab ihn Brooklyn. Mit Victoria an meiner Seite ging ich zu einem schmalen Streifen Sonnenlicht an der Seitenlinie. Es war schon recht spät und unsere Schatten streckten sich weit übers Spielfeld. Unsere kleine, private Feier. Das Bernabeau gehörte uns, die Tribünen erhoben sich um uns wie ein Bergmassiv, die Bauarbeiten waren für heute beendet. Ich warf Mum einen Blick zu. Vor drei Monaten hatte sie hier unter den Zuschauern gesessen und seltsamerweise geahnt, dass ich beim nächsten Spiel für Madrid spielen würde. Ich lief rüber zum Strafraum.

»Los, Brooklyn, schießen wir ein Tor!«

Wir kickten uns den Ball für ein paar Minuten zu, aber er schien müde und abgelenkt. Dies war eben nicht Old Trafford. Ich sah zu Victoria rüber, sie beobachtete Brooklyn. Dann schweifte ihr Blick über das Stadion. Ich konnte beinahe ihre Gedanken lesen. Sie musste tapfer sein, und dafür hatte ich genau das richtige Mädchen gefunden. Sie sah mich an und lächelte leise. Und dann sagte auch schon José:

»Sollen wir wieder reingehen?«

Die Erregung in den Büros war spürbar. Es war Zeit für unser eigentliches Vorhaben, denn Señor Perez war eingetroffen. Wir hatten zwar schon miteinander telefoniert, aber heute sollte ich den Präsidenten von Real Madrid endlich persönlich kennen lernen. In Spanien wird der Mann an der Spitze eines Fußballvereins von den Mitgliedern des Klubs gewählt. Señor Perez besitzt eine der größten Baufirmen Europas und ist Präsident eines großen, geachteten Fußballvereins. Aber er braucht das nicht zu betonen. Wirklich große Männer sind immer bescheiden. Man merkt an dem Respekt und der Achtung, die ihm von allen Seiten entgegengebracht werden, wie wichtig Reals Präsident ist und wie sehr er geschätzt wird. Er hat es nicht nötig, selbst darauf hinzuweisen. Er hieß mich im Bernabeau willkommen, und es war ihm wichtig, auch Victoria, Brooklyn und Mum willkommen, zu heißen.

Wir gingen in den Vorstandssaal. Alle vom Verein drängten sich auf einer Seite des langen, leicht abgerundeten Tisches und versuchten, einen Blick auf Mr. und Mrs. Beckham zu erhaschen, die mit Señor Perez auf der anderen Seite Platz nahmen, dicht gedrängt am Tischende. Der Präsident saß links von mir, und Victoria zu meiner Rechten. Die Unterlagen warteten schon auf uns, zwei säuberliche Papierstapel lagen auf der Tischplatte aus heller Eiche. Victoria hatte mir noch in England einen eleganten neuen Füller geschenkt, mit dem ich unterzeichnen sollte, sie hatte auch für den Präsidenten einen ausgesucht. Vielleicht hätten wir Señor Perez das Geschenk lieber sofort überreichen sollen, denn kaum dass wir saßen, griff er nach einem Kugelschreiber, der noch von einer früheren Sitzung auf dem Tisch liegen geblieben war, und unterschrieb. Ich unterschrieb ebenfalls. Brooklyn tollte hinter unseren Stühlen herum, und Mum wusste nicht, ob sie ihn gerade jetzt wieder einfangen sollte. Wir hatten gar nicht die Möglichkeit, uns selbst allzu ernst zu nehmen.

Wir erhoben uns. Señor Perez packte sein Geschenk aus und lächelte.

»Ich werde diesen Stift für Ihren nächsten Vertrag aufsparen. Vielen Dank.«

Auch ich lächelte. Fast den gleichen Satz hatte ich schon einmal gehört, und zwar von Alex Ferguson, der ihn einem zwölfjährigen, hoffnungsvollen United-Anwärter gesagt hatte. Nun stand ich hier, achtundzwanzig Jahre alt, Kapitän der englischen Nationalmannschaft und genauso aufgeregt, erwartungsvoll und nervös wie damals.

»Gern geschehen, Mr. President. Ich danke Ihnen. Ich danke Ihnen allen. Es ist wunderbar, hier zu sein, ich bin sehr glücklich.«

»Glücklich« drückte meine Gefühle nicht einmal zur Hälfte aus. Große Momente kann man sich nicht im Voraus ausmalen, und zum ersten Mal realisierte ich, wie bedeutend dieser Moment wirklich war.

Im Tryp Fenix erwartete man uns zum Dinner. In diesem Hotel treffen sich die Spieler von Real vor ihren Heimspielen. Unten hatten sie uns einen privaten Speisesaal eingerichtet. Jetzt war ich bei Real Madrid, und heute Abend wollte ich mit denen feiern, die das möglich gemacht hatten, dem Team meiner Beraterfirma SFX und einer Hand voll Leute, die das Herz der Organisation Real Madrid darstellten: unser Freund José, Jorge Valdano, Pedro Lopez Jiminez, die rechte Hand des Präsidenten, und sein Sohn Fabio, außerdem noch José Luis Del Valle, der Rechtsberater von Señor Perez. Und natürlich Victoria. Mrs. Beckham sah einfach umwerfend aus und verzauberte alle im Raum. Die Kerle, bei denen sie saß, glaubten bestimmt, sie wäre genauso verrückt nach Fußball wie sie. Wer weiß? Heute Abend stimmte das vielleicht auch.

Es folgten ein paar schöne, entspannte Stunden. Ich wusste, dass jeder von denen, die jetzt hier am Tisch saßen, den ganzen letzten Monat ziemlich unter Strom gestanden hatte. Jetzt konnten sie in Ruhe ein kaltes Bier genießen. Selbst die wenigen Formalitäten waren nicht sehr formell. Tony Stephens, mein Agent, stand auf und brachte einfach einen Toast auf gute Partnerschaften aus, auf Victoria und mich und ab jetzt auch auf Real Madrid und mich. Ich dankte allen für ihre gute Arbeit.

»Ich habe nicht oft davon geträumt, für einen bestimmten Verein zu spielen. Aber jeder Fußballspieler auf der Welt träumt davon, für Real Madrid zu spielen. Für mich ist dieser Traum wahr geworden, dafür danke ich euch allen.«

Sobald ich wieder auf dem Stuhl saß, fiel es mir siedend heiß ein: *Ich habe vergessen, der wichtigsten Person überhaupt zu danken! Wie konnte ich nur Victoria vergessen?*

Der Moment war verstrichen. Schon stand Jorge Valdano auf und sah uns an. Er sprach natürlich Spanisch. Zuerst übersetzte José, aber bald waren alle so von seiner Rede mitgerissen, dass jeder einen anderen Vorschlag für die Übersetzung beisteuerte. Es wurde ein bisschen verwirrend, aber Señor Valdano wusste, worauf er hinauswollte und ließ sich nicht beirren.

»Vor drei Jahren bewarb sich Florentino Perez um das Amt des Präsidenten von Real Madrid. Viele hielten ihn für einen kalten, berechnenden Geschäftsmann und bezweifelten, dass er der Richtige für diesen Job sei. Er hat die Wahl schließlich gewonnen, weil er die leidenschaftlichste, hitzköpfigste, unmöglichste Entscheidung getroffen hat, die sich ein Vereinsmitglied nur vorstellen konnte. Er kaufte Luis Figo von Barcelona. Señor Perez trat die Präsidentschaft mit dem Ziel an, aus dem Verein, der von der FIFA als der bedeutendste des 20. Jahrhunderts ausgezeichnet wurde, den großartigsten Verein des 21. Jahrhunderts zu machen. Um dies zu schaffen, brauchten wir die richtigen Spieler. Die besten Spieler natürlich, aber auch die, die den Fußball und Real Madrid am besten repräsentieren würden. Raul war schon bei uns. Ein Jahr später brachte der Präsident Zidane ins Bernabeau, und ein Jahr danach Ronaldo. Aber etwas fehlte noch. Wir glauben, dass Sie, David, der Spieler sind, mit dem Real komplett ist. Aufgrund Ihrer spielerischen Leistungen, aber auch weil Sie den besonderen Geist des Fußballs mitbringen, den der Kapitän der englischen Nationalmannschaft verkörpert.«

Am Tonfall von Señor Valdanos Stimme und seiner Körpersprache merkte man genau, auch wenn man kein Spanisch sprach, dass er auf ein großes Finale seiner Rede zusteuerte. Er holte tief Atem… und da klingelte Josés Handy. Ein Telefon, das jeden Anruf umleitet, außer dem, den man auf jeden Fall annehmen muss.

»El Presidente.«

José und Señor Perez lachten und scherzten eine Weile am Telefon.

»David, ich soll dir vom Präsidenten ausrichten, dass es ihm sehr Leid tut, dass er heute Abend nicht bei uns sein kann, aber er hat so etwas noch bei keinem wichtigen Vertragsabschluss gemacht. Deshalb fände er es nicht richtig, heute damit anzufangen.«

Er legte eine Pause ein, damit wir den Witz auch verstanden.

»Er sagt, du bist ihm natürlich trotzdem der Liebste.«

Jetzt lachten alle und riefen in Josés Handy, der Präsident solle doch einfach auf einen Kaffee vorbeikommen.

»Er sagt, er ist bei einer Geburtstagsfeier für einen der Direktoren des Vereins. Wir könnten alle dort vorbeischauen, es ist ganz in der Nähe.«

Bis jetzt hatte Señor Valdano im Stehen darauf gewartet, seine Rede beenden zu können. Gerade als er sich wieder hinsetzen wollte, verabschiedete sich der Präsident und wünschte allen einen schönen Abend. Wir wandten uns wieder Señor Valdano zu und warteten auf die Schlusspointe. Ich hatte schon alles gehört, was mir wichtig war. Was er bis jetzt gesagt hatte, war Ehre genug gewesen. Er stand wieder auf, man sah, dass er überlegte, wo er anknüpfen sollte. Und dann entschied er sich dafür, es gut sein zu lassen. Er lachte. Auch sein Moment war vorbei. Dann riskierte er ein bisschen Englisch.

»David and Victoria: welcome to Madrid.«

Genauso fühlte ich mich.

Am Abend blieb noch Zeit für Victoria und mich, schnell zwei weitere Häuser zu besichtigen. Ich begann mich zu fragen, *ob Madrid denn niemals schläft*. Dienstag war fürs Geschäftliche vorgesehen gewesen, die private Seite meines Vertrages mit Madrid. Am Mittwoch sollte das neue Mitglied der staunenden Welt präsentiert werden. Was Brooklyn wollte, stand schnell fest: andere Kinder, einen Swimmingpool und einen großen Garten, danke schön. Er und Mum machten sich auf den Weg zum Haus der Eltern eines neuen Bekannten. Ich musste zwei Interviews absolvieren. MUTV, der Sender von Manchester United, war nach Madrid gekommen, um mir die Chance zu geben, mich bei den Fans von United zu bedanken und mich von ihnen zu verabschieden. Dann wollte der Sender von Real Madrid alles über meine ersten Eindrücke erfahren und auch eine Reaktion auf Roberto Carlos' entzückte Äußerung, endlich gäbe es im Bernabeau zwei gut aussehende Spieler. Beide Interviews schlossen nahtlos aneinander an, eine bittersüße Art, den Vormittag zu verbringen. Es war schon in Ordnung, dass ich ein paar Antworten gab, aber am liebsten hätte ich die Fragen gestellt. Es interessierte mich, was die Fans in Madrid und Manchester von meinem Wechsel hielten.

Real hatte sich für eine Basketballarena entschieden, um mich den Medien und Fans vorzustellen, lange bevor ich mir die Spielernummer 23 ausgesucht hatte. Das Pabellon Raimundo Saporta ist ein riesiger, düsterer Hangar, der 5000 Zuschauer fasst, er gehört zu einem Trainingskomplex namens Ciudad Deportiva. Mit quietschenden Reifen bogen wir von der Hauptstraße ab und kurvten die Auffahrt zum Haupteingang hinauf. Dutzende Journalisten warteten schon auf uns, und zu meiner Linken erhaschte ich einen Blick auf das Spielfeld, auf dem ich nachher, zum ersten Mal als Spieler bei Real, vor treuen Fans des Vereins einen Ball vor den Fuß bekommen würde. Wir eilten in das Gebäude. Die Spanier sollen ja angeblich eine ziemlich lässige Einstellung zur Pünktlichkeit haben, aber hier schien man sich sehr genau an den Zeitplan zu halten. Einen Flur ging es entlang bis zu den schweren, dunklen Vorhängen, hinter denen sich die Sporthalle befand. Ich fühlte mich, als wartete ich auf meinen Auftritt bei einer Aufführung des Schultheaters. Im Kopf ging ich noch mal alles durch, was ich auf der Bühne sagen wollte.

Ein paar Minuten vor Beginn der Veranstaltung erklärte mir José, dass alles, was ich sagte, simultan übersetzt werden würde.

»Könntest du kleine Pausen einlegen, David, damit er mit der spanischen Übersetzung nachkommt?«

»Ungern, José. Was ist, wenn ich den Faden verliere und meinen Text vergesse?«

Ich verdiene mein Geld nicht dadurch, dass ich Reden halte, aber heute musste es sein, und ich wollte, dass alles glatt ging.

»Der Dolmetscher muss versuchen, mit mir mitzuhalten.«

Keine Zeit für Diskussionen. Im Dämmerlicht schüttelte ich Señor Perez die Hand und wurde Alfredo di Stefano vorgestellt. Beim Abendessen gestern hatte ich gefragt, ob di Stefano der beste Real-Spieler aller Zeiten gewesen sei. »Nein«, hatte ich zur Antwort bekommen, »er ist einfach der beste Spieler aller Zeiten.«

Ich hatte di Stefano schon in Aktion gesehen, in geisterhaften Schwarzweißaufnahmen, die das Real-Team zeigten, das in den späten Fünfzigern Saison für Saison den Europacup gewonnen hatte. Señor Perez war zwar der Präsident von Real, aber dieser Mann verkörperte wie kein anderer neben ihm die Seele des Vereins. Di Stefano ist schon über siebzig, aber er wirkt immer noch stark und ehrfurchtgebietend. Man spürt seinen Stolz auf das, was er mit Real erreicht hat. Er war auch stolz darauf, heute hier zu sein, zur Gegenwart des Vereins zu gehören, nicht nur zur Geschichte. Alfredo di Stefano ist für Real Madrid das, was Bobby Charlton für United ist.

Der Vorhang teilte sich. Aus Lautsprechern, die ich bis jetzt übersehen hatte, ertönte laute Musik, eine Opernarie, die alle anderen Geräusche auslöschte. Die Stimmen der Sänger hallten durch die Arena, ein Einzug mit Fanfare! Wir stiegen ein paar Stufen hinauf und traten auf die Bühne. Die Arena vor uns war voller Fotografen, ein Blitzlichtgewitter empfing uns. Ich erkannte schemenhaft, dass die Sitze auf beiden Seiten des Raumes voller Leute waren. Anfangs war mein Lächeln krampfhaft auf meinem Gesicht festgefroren. Dann holte ich tief Luft und blickte nach links unten, wo Victoria mit den wichtigsten Funktionären von Madrid auf einer abgetrennten Tribüne saß. Sie sah zu mir auf, als wolle sie sagen: »Nun mach schon. Jetzt wird's ernst, du stehst im Mittelpunkt.«

Jetzt konnte ich befreit lächeln. Hinter mir spannte sich eine Kinoleinwand, so riesig, dass ich mir auf der Bühne winzig klein vorkam. Einen Moment lang fühlte ich mich wie in einer Samstagsmatinee, nur dass ich in dem Film mitspielte. Vor einem ockerfarbenen Hintergrund schwebten mein Kopf, das Vereinswappen und die Worte Real Madrid. Señor Perez trat einen Schritt vor. Für mich gab es einen Übersetzer, aber keiner übersetzte Señor Perez für mich. Hätte auch niemand geschafft. Ich erfuhr erst später, was er da so alles erzählte.

»David ist ein großartiger Fußballer, der dazu erzogen wurde, für sein Team alles zu geben, ohne Rücksicht auf sich selbst. Nun tritt er in die beste und kämpferischste Liga der Welt ein. Wir sind überzeugt davon, dass er das technische Können und den starken Charakter besitzt, um ein erfolgreicher Teil dieser Liga zu werden.«

Nun trat Alfredo di Stefano mit einem Trikot von Madrid vor. Wir schüttelten uns die Hände unter den Rufen der Fotografen:

»Hier drüben, David. Aqui, aqui – por favor – Señors.«

Wir präsentierten ihnen das Trikot.

»Umdrehen, umdrehen!«

Auf dem Rücken stand eine große 23 und der Name »Beckham«. Nur der Verein wusste bis jetzt, welche Spielernummer ich ausgewählt hatte. Es hatte seine Zeit gebraucht, bis ich mir aus den freien Nummern die passende ausgesucht hatte. Bis gestern Abend, als ich aus dem Hotel anrief, um meine Entscheidung mitzuteilen, wusste nicht mal Real, welche Nummer ich wollte. Hunderte Kameras begannen zu klicken. In der Halle wurden Stimmen laut.

»Veinte y tres.«

23. Dann, einen Moment später:

»Michael Jordan. Michael Jordan.«

Offensichtlich hatte er außer mir noch ein paar Verehrer. Jetzt war ich dran. Ich ging zum Mikrofon. Ich war die paar Worte, die ich sagen wollte, wieder und wieder durchgegangen. Ich wollte nicht von einem Zettel ablesen und nicht ins Stocken geraten. Schließlich ging es um den ersten, entscheidenden Eindruck. Ich räusperte mich.

»Gracias. Señor Perez, Señor di Stefano, meine Damen und Herren…«

Ich ließ dem Übersetzer einen Moment Zeit für seine Arbeit. Sein Mikrofon funktionierte noch nicht einwandfrei, also wartete ich. Und da passierte es: Blackout. Plötzlich sah ich nur noch das Meer aus Kameras und unzählige Menschen, die alle auf mich starrten. Gott, bin ich froh, dass ich gelernt habe, mir zu vertrauen. Ich machte den Mund auf und die richtigen Worte kamen:

»Ich habe Fußball schon immer geliebt. Natürlich liebe ich meine Familie…« – ich sah wieder zu Victoria hinunter. Und wie ich sie liebte! – »…und führe ein wundervolles Leben. Aber Fußball bedeutet mir alles. Für Real zu spielen bedeutet für mich die Erfüllung eines Traums. Ich danke Ihnen allen dafür, dass Sie mit mir meine Ankunft feiern. Gracias.«

Ich hielt das Trikot – mein neues Trikot – hoch.

»Hala Madrid!«

Die anderen Vorstandsmitglieder des Vereines posierten mit uns für die Teamfotos. Danach führte uns Señor Perez von der Bühne durch endlose Korridore zu einem Raum am anderen Ende des Gebäudes, wo uns Erfrischungen erwarteten: Tapas, Kekse und alkoholfreie Getränke. Jeder Verein hat so ein Zimmer mit schiefer Decke und Bänken an der Wand. Dieses hatten sie aber herausgeputzt. Dann führte man mich zu den Umkleideräumen, die etwas weniger beeindruckend waren, als die im Bernabeau gestern.

Langsam zog ich zum ersten Mal mein Real-Madrid-Trikot an, ich wollte jeden Augenblick genießen. Dann stießen einige Sicherheitsbeamte und Simon und Jamie von SFX zu mir, und zusammen liefen wir rüber zu Numero 2, einem Trainingsplatz mit niedrigen Tribünen auf einer Längs- und einer Schmalseite. Auf den Tribünen drängelten sich die Fans. Meine Augen mussten sich erst an das grelle Sonnenlicht gewöhnen. Ich rannte durch die Lücke im Zaun, und man warf mir ein paar Fußbälle zu. Fußballspielen ist mein Beruf, einen Ball kontrollieren, in der Luft halten, und ein paar Tricks vorführen ist so natürlich für mich wie atmen. Aber auf einem Rasenplatz vor ein paar Tausend Anhängern, die darauf warten, dass du zeigst, was du kannst? Ich fühlte mich ein bisschen verloren, auch wenn der Empfang, den mir die *Madridistas* bereiteten, meine kühnsten Erwartungen übertraf. Überall Familien, die jubelten und winkten. Ich winkte zurück, und die Fotografen kamen zu ihren ersten Bildern von David Beckham im Trikot von Real Madrid.

Wie lang musste ich denn hier draußen bleiben? Was mussten wir sonst noch tun? Ich schoss einen Ball in die Menge hinter dem Tor. Ich starrte auf die Tribüne und versuchte zu erkennen, wer ihn gefangen hatte, versuchte, mir vorzustellen, wie diese Fans auf mich reagieren würden, wenn ich auf dem Rasen des Bernabeau auflief, für ein Spiel an der Seite der *Galacticos.* Am 24. Juli war ich zum nächsten Mal in Madrid, dann begann meine Arbeit. Die Hektik der letzten vierundzwanzig Stunden fiel auf einen Schlag von mir ab. Die Bedeutung von dem, was da heute und gestern passiert war, überwältigte mich und füllte meinen Brustkorb mit einem Schwall purer Energie. Es fühlte sich fantastisch an. Die Sicherheitsbeamten folgten meinem Blick ins Publikum, und ich sah plötzlich aus dem Augenwinkel, wie eine Gestalt zu meiner Linken hinter einem Flutlichtmast hervorschoss. Ein kleiner Junge, höchstens elf oder zwölf Jahre alt, braun gebrannt, mit schwarzem Wuschelhaar. Er trug nur abgeschnittene Jeans und ein Paar zerfetzte Turnschuhe. Und er kam direkt auf mich zu. Ich sah ihn als Erster, glaube ich. Im Publikum wurden überraschte Rufe laut. Die Sicherheitsleute zuckten zusammen und wandten sich mir zu, aber es war zu spät. Der Junge – er hieß Alfonso, fand ich später heraus – stand schon vor mir. In seinen weit aufgerissenen Augen stand ein flehender Ausdruck. Er wollte etwas von mir, das er nicht in Worte fassen konnte. Instinktiv breitete ich die Arme aus. Das war Einladung genug, er fiel mir lachend um den Hals. Ich schloss ihn in die Arme und hielt ihn fast so fest, wie er mich umklammerte. Ich signalisierte den Sicherheitsleuten Entwarnung. Dies war nur ein Junge, der seine Chance genutzt hatte. Ich konnte mich kurz aus seiner Umklammerung befreien und winkte Simon, der vor der anderen Tribüne stand.

»Ein Trikot. Gib mir noch ein Trikot.«

Wir liefen in seine Richtung und trafen uns in der Mitte. Ich wollte dem Jungen das Trikot in die Hand drücken, aber Alfonso stand einfach nur da, in seinen Augen standen Tränen. Er hob beide Arme und ich ließ das Hemd über seinen Kopf gleiten, als vollführten wir beide eine ganz eigene Zeremonie. Mit halbem Ohr hörte ich das Publikum jubeln und pfeifen. Alfonso schob seine Arme in die Ärmel, das Trikot reichte ihm bis zu den Knien. Er sah mich an, und in seinen Augen spiegelten sich meine eigenen Gefühle wider. Glück, Angst, die Gewissheit, dass gerade ein Wunder geschehen war. In ein paar Stunden würde ich mit meiner Familie im Flieger nach England sitzen. Für uns wurde es Zeit zu packen. Wo würde Alfonso dann sein? Ich blickte in sein erwartungsvolles, leidenschaftliches Gesicht und sah, wie lange er davon geträumt hatte, wie entschlossen er dafür gekämpft hatte, dorthin zu kommen, wo er jetzt war. Hier, bei mir auf dem Feld. Ich wollte ihn fragen, aber es schien, als wollte er mich fragen:

»Wer bist du, Junge? Wo kommst du her? Und wie hast du es bis hierher geschafft?«

1

Der Schrecken der Blumenbeete

»Mrs. Beckham? Kann David mit uns im Park Fußball spielen?«

Mum findet es bestimmt noch in dem Stapel, das erste Video, das mich in Aktion zeigt. Dort sieht man mich, David Robert Joseph Beckham, im stolzen Alter von drei Jahren. Ich trage den neuen Dress von Manchester United, den Dad mir zu Weihnachten geschenkt hat, und spiele im Wohnzimmer Fußball. Heute, 25 Jahre später, könnte Victoria mich auf Video aufnehmen, wenn ich mit Brooklyn morgens vor dem Training ein paar Bälle kicke. In meinem Leben hat sich viel verändert, und das Trikot, das ich heute trage, hat eine andere Farbe, aber manche Dinge ändern sich nie.

Jetzt bin ich selbst Vater und sehe meine Söhne heranwachsen, und durch sie kann ich mir nun auch vorstellen, wie ich als Junge war, und was für einen Vater ich in meinem Dad hatte. Sobald ich laufen konnte, legte er mir einen Ball vor die Füße, nach dem ich treten konnte. Es kann aber auch sein, dass ich mit dem Kicken gar nicht auf den Ball gewartet habe. Ich kann mich noch gut an ein Ereignis erinnern: Brooklyn hatte gerade eben gelernt, sich aufrecht zu halten. Eines Nachmittags nach dem Training tollte ich mit ihm in der Küche herum. Auf dem Boden lag aus unerfindlichen Gründen eine Dose Baked Beans. Bevor ich reagieren konnte, stolperte Brooklyn auf sie zu und trat, so fest er konnte, nach dem Ding. Das war ganz schön beängstigend, so konnte man sich ruckzuck einen Mittelfußknochen brechen. Ich nahm ihn in die Arme und tröstete ihn, aber innerlich musste ich schmunzeln. *Der Apfel fällt nicht weit vom Stamm.*

Es muss an unseren Genen liegen. Schau dir Brooklyn an, er will dauernd Fußball spielen, rennen, kicken und einem Ball hinterherhechten. Und wenn man ihm etwas erklärt, hört er schon sehr aufmerksam zu, er will es richtig lernen. Mit dreieinhalb Jahren konnte er jeden Ball, den ich auf ihn zurollen ließ, stoppen, indem er seinen Fuß auf ihn stellte. Dann trat er einen Schritt zurück, brachte sich in Position und trat den Ball zu mir zurück. Auch sein Gleichgewichtssinn ist sehr gut entwickelt. Als er zweieinhalb war, waren wir in New York. Wir kamen aus einem Restaurant und mussten ein paar Stufen hinuntersteigen. Er schaute zu Victoria und mir hoch, während er mit den Zehen auf einer Stufe balancierte und seine Fersen über der Stufe darunter wippen ließ. Einer im Restaurant hat das wohl beobachtet, denn plötzlich kam er auf uns zu und fragte, wie alt unser Sohn sei. Wir sagten es ihm. Er erklärte, er sei Kinderpsychologe und Brooklyn sei sehr weit für sein Alter, wenn er schon so gut die Balance halten könne.

Bei Romeo kann ich es noch nicht beurteilen, er ist noch ein bisschen zu jung, aber Brooklyn ist voller Selbstvertrauen durch seine Energie, seine Stärke und seinen Koordinationssinn. Er saust seit Jahren auf Rollern durch die Gegend – sagte ich sausen? Ich meinte natürlich fliegen! Er weiß einfach, wozu er körperlich fähig ist, und das war bei mir genauso. Als ich ein Junge war, fühlte ich mich in meiner Haut am wohlsten, wenn ich Fußball spielte. Das ist heute noch ganz genauso, obwohl Victoria mein Selbstvertrauen in jeder Hinsicht gestärkt hat. Das Gleiche wird sie auch für Brooklyn und Romeo tun, davon bin ich überzeugt.

Trotz dieser hervorstechenden Gemeinsamkeiten sind mein Sohn Brooklyn und ich sehr verschieden. In seinem Alter habe ich vor jedem, der es hören wollte, lauthals verkündet: »Irgendwann spiele ich Fußball bei Manchester United.« Er verkündet zwar, dass er Fußballspieler werden will, wie sein Daddy, aber United hat er uns gegenüber noch nie erwähnt. Brooklyn ist stark und kräftig gebaut, ich dagegen war früher ein dürrer Hering. Ich konnte essen, so viel ich wollte, ich legte in meiner Jugend einfach kein Gewicht zu. Ich sah bestimmt noch kleiner aus, wenn ich Fußball spielte, denn entweder spielte ich mit meinem Dad und seinen Kumpels, oder ich war drüben im Chase Lane Park und kickte mit Jungs, die doppelt so alt waren wie ich. War ich gut, oder lag es daran, dass sie mich über den Haufen rennen konnten, und ich sogar noch um mehr bettelte? Keine Ahnung, jedenfalls tauchten sie jeden Tag nach der Schule vor unserer Haustür auf.

»Mrs. Beckham? Kann David mit uns im Park Fußball spielen?«

Ich verbrachte eine Menge Zeit im Chase Lane Park. Entweder mit den älteren Jungs, zum Beispiel Alan Smith, der zwei Häuser weiter wohnte, oder mit meinem Dad. Anfangs hatten wir im Hintergarten unsere Bälle gewechselt, aber ich wurde schnell zum Schrecken der Blumenbeete, also gingen wir zusammen in den Park, sobald er von seiner Arbeit als Heizungstechniker nach Hause kam. Dort übten wir stundenlang. Alle Stärken meines Spiels habe ich vor zwanzig Jahren von meinem Dad gelernt. Wir arbeiteten an Ballkontrolle und richtigem Ballkontakt, bis es dunkel wurde, und wir nichts mehr erkennen konnten. Er schoss den Ball hoch in die Luft, und ich sollte dann versuchen, ihn unter Kontrolle zu bringen, dann musste ich abwechselnd mit jedem Fuß schießen üben. Er überprüfte mich sehr genau, es war großartig, auch wenn es mir manchmal auf die Nerven ging. »Stell dich doch einfach ins Tor, und lass mich versuchen, das Ding an dir vorbeizudonnern«, dachte ich dann. Stattdessen gab er mir richtigen Unterricht und spornte mich an, mein Bestes zu geben, und ich muss zugeben, dass ich nichts lieber tun wollte. Ich hatte das große Glück, einen Vater zu haben, der mir so bereitwillig dabei half.

Dad spielte auch selbst. Er war bei Kingfisher, einer ortsansässigen Mannschaft der Forest and District League, und ich ging oft mit meiner Mum, meiner älteren Schwester Lynne und der kleinen Joanne zu seinen Spielen. Er war Mittelstürmer, wie Mark Hughes, nur härter. Er hatte einige Auswahlspiele für Leyton Orient gehabt und war ein paar Jahre lang Halbprofi bei Finchley Wingate. Dad war ein hervorragender Spieler, obwohl man ihn ständig im Abseits erwischte. Es dauerte eine Ewigkeit, bis ich diese Regel endlich verstanden hatte, und ich glaube, Dad ist sie bis heute ein Rätsel. Ich schaute ihm unheimlich gerne beim Spielen zu. Alles, was mit Fußball zu tun hatte, faszinierte mich, und ich konnte sehen, wie viel Dad dieses Spiel bedeutete. Als er kundtat, er wolle das regelmäßige Spielen aufgeben, um sich ganz auf mein Training konzentrieren zu können – ich muss acht oder neun gewesen sein –, war mir klar, welches Opfer er da für mich brachte, obwohl er nie darüber sprach. Dad nahm mich, seit ich sieben war, zum Training bei Kingfisher mit. Sie trainierten unter der Woche abends auf einem Sportplatz, der ein Stück von uns entfernt an der North Circular Road lag: Wadham Lodge. Ich verbinde damit wunderbare Erinnerungen, nicht nur, weil ich mit Dad und seinen Kumpels rumhängen durfte, auch das Stadion selbst war toll. Wir fuhren etwa zehn Minuten mit dem Auto, es lag am Ende einer langen Straße mit Reihenhäusern. Wir fuhren durch ein großes, blaues Holztor am ersten Parkplatz vorbei und parkten dann auf dem zweiten Parkplatz, direkt neben dem Trainingsgelände. Das Spielfeld hatte einen orangefarbenen Belag aus Kies und Asche. Es gab richtige Tore mit Netzen und am Spielfeldrand sogar eine kleine Bar, das Vereinsheim. Zur Anlage gehörten mehrere Fußballplätze, der beste wurde nur für Pokalspiele und zu besonderen Gelegenheiten benutzt. Er war von einer niedrigen Mauer umschlossen, und es gab sogar zwei Unterstände. Für mich war es damals das Stadion meiner Träume. Eines Tages wollte ich dort spielen.

Wadham Lodge war damals ziemlich heruntergekommen, ich kann mich noch gut an die Umkleideräume erinnern: reinste Sonntagsliga. Verdreckte Böden, die Lampen bloße Funzeln, und aus den Duschen tröpfelte nur kaltes Wasser. Der Geruch der Salbe, mit der sich die Spieler die Beine einrieben, war überwältigend, er schlug einem schon an der Tür entgegen. Es gab zwar eine so genannte Flutlichtanlage – sie bestand aus sechs Laternenpfählen – aber während jeder Trainingseinheit gingen die Lampen mindestens einmal aus. Dann musste jemand ein paar Münzen in den Automaten werfen, der war in der Umkleidekabine, in einem Wandschrank direkt neben der Tür.

In der Saison trainierten wir mit Kingfisher, aber auch während der Sommerferien waren wir dauernd in Wadham Lodge. Dad trainierte ein Team der Summer League, bei dem er auch mitspielte, und ich begleitete ihn. Vor und nach den Spielen trainierten wir zusammen, und solange das Match lief, konnte ich immer ein paar Jungs auftreiben, mit denen ich auf dem Aschenplatz nebenan kicken konnte. Die meiste Zeit meiner Profikarriere habe ich in einem Verein verbracht, der die bestmöglichen Einrichtungen für die Spieler bereitstellt und sich um alles kümmert. Aber ich glaube, es hat mir sehr gut getan, dass ich als Junge einen Ort wie Wadham Lodge kennen gelernt habe.

Hier fing ich an, Freistöße zu üben. Als alle anderen schon längst im Vereinsheim saßen, stand ich immer noch an einer Ecke des Strafraums und schoss einen toten Ball Richtung Tor. Berührte der Ball den Pfosten, dann brachte mir das fünfzig Pence extra von meinem Dad ein. Und ein anerkennendes Schulterklopfen, das war mir mindestens genauso wichtig.

Andere Väter brachten ihre Söhne hin und wieder mit, aber ich hatte Blut geleckt und war Woche für Woche dabei. Ich saß dann im Vereinsheim und sah den Männern beim Spielen zu, und am Ende des Trainings ließen sie mich bei den Fünf-gegen-fünf-Spielen mitmachen. Ich war so erpicht darauf, mit diesen erwachsenen Männern zu spielen, dass es mir egal war, ob ich dabei in Grund und Boden gerannt wurde. Einmal kam es zu einem besonders heftigen Tackling, der andere Spieler rammte mich so stark, dass mein Dad sich sogar aufregte. Normalerweise nahm er es nicht so tragisch, wenn ich mal was abbekam. Er sagte mir dann, ich solle die Zähne zusammenbeißen und weiterspielen. Er hatte mich vorgewarnt, dass es kein Zuckerschlecken werden würde. Er hätte natürlich vor jedem Spiel alle Mitspieler bitten können, mir nicht zu nahe zu kommen. Aber welchen Sinn hätte es dann gehabt, mich mitspielen zu lassen? Ich musste, als ich jung war, ständig gegen viel größere und stärkere Gegner spielen, das hat mir im Laufe meiner Karriere bestimmt geholfen.

An den Abenden, an denen ich nicht in Wadham Lodge war, war ich im Chase Lane Park. Wir benutzten immer eine geheime Abkürzung dorthin: vor unserem Haus über die Straße, dann vier fünf Häuser die Straße runter bis zu einem Privatweg. Dort warteten wir, bis die Luft rein war, und sprinteten dann die fünfzig Yards bis zu einer Hecke und kletterten durch ein Loch im Zaun. Mit einigen der Jungs, die ich im Chase Lane Park kennen gelernt habe, bin ich noch heute befreundet, mit Simon Treglowen und seinem Bruder Matt ging ich später zur Schule. Mit Simon stehe ich noch heute in Kontakt. Wir wurden richtig gute Freunde, nachdem wir einen Streit hinter uns gebracht hatten, bei dem es darum ging, ob mein Tor jetzt galt oder nicht. Das artete in eine richtige Rauferei aus, obwohl Simon vier Jahre älter war als ich. Raufereien. Schon komisch, wie sich Jungs ihre Freunde suchen. Normalerweise spielten wir Fußball, bis es dunkel war, ansonsten gab es auch noch einen Jugendklub in einer kleinen Hütte, den eine Frau namens Joan betrieb. Meine Mutter kannte sie und rief sie oft an, um ihr Bescheid zu sagen, dass wir rüberkämen. Dort konnte man Tischtennis oder Billard spielen, und es gab Softdrinks und Schokolade. Im Garten stand ein Planschbecken, das im Sommer gefüllt wurde. Manchmal organisierte Joan einen Minibus, und dann machten wir einen Ausflug zum Walthamstow-Bad. Neben Joans Hütte stand auch eine Rampe, auf der man Skateboard fahren konnte. Ich glaube, meiner Mum war klar, dass ich einige meiner Schrammen und Blessuren dem Skateboarden verdankte, obwohl sie mir eigentlich verboten hatte, auch nur in die Nähe eines Skateboards zu kommen. Einmal verletzte ich mich richtig. Unser Ball war im Planschbecken gelandet, das schon für die Nacht geschlossen war. Ich wollte ihn holen und stürzte dabei. Joan war noch da und rief meine Eltern an, um ihnen zu erklären, wie ich mir die Platzwunde am Kopf eingehandelt hatte.

Sechs oder sieben Jahre lang, bis in meine Teenagerzeit, war dieser Park meine ganze Welt. Jetzt gibt es dort keinerlei Spielmöglichkeiten mehr, und das ist eine Schande. Die Zeiten haben sich geändert, ein paar Kids randalierten und machten alles kaputt, danach musste man den Klub zumachen.

Mein erster richtiger Freund war John Brown, der in meiner Straße wohnte. John und ich verbrachten unsere gesamte Schulzeit miteinander. Er war nicht so verrückt nach Fußball wie ich, wenn ich ihn nicht zum Bolzen im Park überreden konnte, hingen wir bei einem von uns zu Hause rum und spielten Lego oder Gameboy, oder wir machten mit unseren Fahrrädern oder Rollerskates die Straße unsicher. Als ich später für die Ridgeway Rovers spielte, kam John oft zu unseren Spielen, obwohl er selbst gar nicht kickte. Ein paar Kumpel, besonders ich und ein anderer Typ von Ridgeway, gingen unheimlich gern ins Kino. John war auch immer dabei. Ich erinnere mich noch, dass meine Mutter uns immer vor dem Kino in Walthamstow absetzte. John Brown war mein bester Freund, als wir klein waren, aber durch den Fußball entwickelte sich mein Leben in eine völlig andere Richtung als seines. John wurde Bäcker, nachdem wir die Schule hinter uns hatten.

Ich hatte das Glück, dass in der Chase Lane Primary School Fußball sehr ernst genommen wurde. Ich erinnere mich noch sehr genau an Mr. McGhee, den Lehrer, der mit uns trainierte. Ein temperamentvoller Schotte, er hatte durchaus Ähnlichkeit mit Alex Ferguson. In der Schule erzählten sich die Kids, wenn er sauer wäre, flögen schon mal Teetassen, Kricketschläger oder was sonst so in Reichweite war, an die Wand. Ich habe keine Ahnung, ob da was dran war, aber wir hatten alle ein bisschen Schiss vor ihm.

Bei Spielen trugen wir einen einfarbig grünen Dress, und unser Team war richtig gut. Ich spielte auch noch bei den Cubs, aber das ging nur, wenn man sonntags in die Kirche ging. Also erschien meine ganze Familie, Mum, Dad, meine Schwestern und ich, jeden einzelnen Sonntag dort. Meinen Eltern war klar, wie sehr ich Fußball liebte. Wenn ich die Chance hatte, an einem Spiel teilzunehmen, dann taten sie alles, was in ihrer Macht stand, um es mir zu ermöglichen. Egal, ob es ums Spielen oder ums Trainieren ging, sie wollten, dass ich meine Chance bekomme. Ich war in jedem Fußballkurs, der irgendwo angeboten wurde. Der erste war in der Roger Morgan Soccer School, die von dem ehemaligen Flügelspieler der Tottenham Hotspurs geleitet wurde. Ich ging dort ständig hin und machte der Reihe nach alle Abzeichen, bis ich das goldene hatte. Dad war schon sein ganzes Leben lang treuer United-Fan, und wir fingen an, zu ihren Spielen zu gehen, wenn sie in London spielten. Der Dad meiner Mum war ein eingeschworener Anhänger von Tottenham, und er nahm mich mit nach White Hart Lane. Zu jedem Weihnachtsfest bekam ich ein United- und ein Tottenham-Trikot und von meiner Mum manchmal noch ein Trikot der Nationalmannschaft. Wenn es um Fußball ging oder irgendwas, das mit Fußball zu tun hatte, dann war ich dabei.

Mum stand nicht sonderlich auf Fußball. Ihr Dad schon, das war ein Grund, warum ich so gerne mit ihm zusammen war. Joe war im Druckereigeschäft. Lange Zeit arbeitete er ganz in der Nähe von uns, beim Stationery Office in Islington, dann wechselte er in die Fleet Street. Er lebte mit meiner Großmutter Peggy in einer Wohnanlage an der City Road, unten bei der Old Street. Samstags ging mein Dad meistens ziemlich früh zur Arbeit, und der Rest der Familie nahm den Zug nach Walthamstow. Wir verbrachten den Tag dann mit meinen Großeltern. Wir mussten allerdings schon vormittags dort aufkreuzen, denn Grandad verließ das Haus um 11.30 Uhr, wenn er zu den Spurs wollte. Bevor er ging, sah er mir immer in dem kleinen Park der Wohnanlage beim Fußball spielen zu. Grandad erinnert sich bestimmt noch an diese Zeit, auf jeden Fall erinnert er sich an den Tag, an dem ich seine Brille kaputtmachte. Ich war erst sechs Jahre alt, aber einen Ball trat ich schon ziemlich hart. Seine Brille hatte keine Chance, als ich ihm den Ball aus Versehen einmal direkt ins Gesicht schoss.

Joe machte sich also auf den Weg nach White Hart Lane, und Peggy nahm uns mit zum Shopping. Manchmal gingen wir ins West End, aber meistens nahmen wir den Bus bis zum Angel und gingen zum Chapel Market. Mir machte das überhaupt nichts aus. Ich musste zwar Mum, Nan und meinen Schwestern eine Zeit lang hinterherdackeln, aber am Ende des Nachmittags hatte ich immer ein Spielzeug oder irgendetwas anderes in der Hand. Manchmal aßen wir in der Chapel Street zu Mittag, da gab's dann Pastete und Kartoffelbrei. Meistens kamen wir ungefähr gleichzeitig mit Grandad wieder in der Wohnung an. Er machte sich dann für seine Nachtschicht fertig. Dad holte uns nach der Arbeit in der Wenlock Street ab, und wir fuhren alle zusammen nach Hause.

Als ich anfing, richtig ernsthaft Fußball zu spielen, kamen Joe und Peggy sonntagmorgens zu uns rüber. Grandad sah sich alle meine

Spiele an. Ich fand es toll, wenn er dabei war, er war nach dem Spiel nicht ganz so streng mit mir wie Dad. Weil Mum auch immer gern mitkommen wollte, blieb Peggy bei uns zu Hause. Sie passte auf Lynne auf und hatte das Sonntagsessen fertig, wenn wir alle zurückkamen. Sonntagnachmittags gingen wir oft in den Victoria Park nach Hackney. Dort war genug Platz, um mit Dad und Grandad Fußball zu spielen, und man konnte sich auch noch auf einem großen Spielplatz austoben. Es gab einen See, auf dem man Boot fahren konnte, und sogar einen kleinen Zoo.

Ich war wunschlos glücklich, und das war mir auch bewusst, ich wünschte mir auch nichts. Aber dann traten die Ridgeway Rovers in mein Leben und füllten es völlig aus. Ich war erst sieben, deshalb ist meine Erinnerung daran, wie alles anfing, etwas verschwommen. Mum erinnert sich, dass man auf mich aufmerksam wurde, als ich im Park spielte. Danach stand ein Kerl namens Stuart Underwood vor unserer Tür und erkundigte sich nach mir. Mein Dad behauptet hingegen, dass in der Zeitung eine Anzeige für eine neue Jungen-Fußballmannschaft gestanden hatte, und dass an diesem Nachmittag im Chase Lane Park die Auswahl stattgefunden hatte. Egal, wie es begann, ich bin dankbar und stolz, dass ich zum ersten Team der Ridgeway Rovers gehören durfte, und der Mann, der das Team auf die Beine stellte, war mit verantwortlich dafür, dass ich in diesem Spiel eine Zukunft haben sollte.

Stuart Underwood war mit seinen fast zwei Metern und der mächtig schallenden Stimme eine beeindruckende Erscheinung, und er hatte eine fantastische Ausstrahlung. Er war eher der militärische Typ, und anfangs hatte ich ganz schön Schiss vor ihm. Er konnte ziemlich hart sein; egal, wie jung du warst, wenn du schlecht gespielt hast, ob beim Training oder in einem Spiel, dann hat er dir das sehr deutlich zu verstehen gegeben. Er verhätschelte niemanden, war immer ehrlich. Aber er war nicht wie diese Väter, die bei den Spielen ihrer Kinder schreiend und heulend an der Seitenlinie stehen. Er hatte auch eine sanfte Seite. Sein eigener Sohn, Robert, war auch im Team, aber Stuart übernahm die Vaterrolle für uns alle. Und er war entschlossen, ein richtig gutes Team aus uns zu machen.

Alle Jungs spielten unglaublich gerne unter Stuart, und wir entwickelten einen fantastischen Teamgeist. Er organisierte für Ridgeway die Teilnahme an Wettkämpfen in Holland und Deutschland und verschaffte uns so schon früh die Erfahrungen, die auch ein Profifußballer in der Champions League oder auf einem internationalen Turnier macht. Auch andere Väter machten mit. Mein Dad übernahm einen Teil des Trainings, genau wie Steve Kirby, dessen Sohn Ryan auch für Ridgeway spielte. Zehn Jahre später stand ich ihm in der League gegenüber. Dad war gut in Form, er übernahm das Lauftraining und arbeitete an unserer Technik. Steve war eher der Taktiker, er übte mit uns Stellungsspiel und Ballabgabe. Meistens waren alle drei da, und wir teilten uns in Gruppen auf. So viel Aufmerksamkeit wie unserem Training gewidmet wurde, davon konnten andere Jungs in unserem Alter nur träumen. Die drei – Stuart, Steve und mein Dad – stritten sich oft, aber dabei ging es immer um die Sache. Sie waren ehrliche Männer, und sie wollten einfach das Bestmögliche aus uns herausholen.

Und es funktionierte. Keine Ahnung, wo Stuart sie aufgetrieben hatte, aber ein paar unserer Spieler waren richtig gut. Ryan Kirby, Micah Hyde (jetzt bei Watford), Jason Brissett (soviel ich weiß bei Bournemouth) und Chris Day, der bei uns noch ein schlaksiger Mittelstürmer war, aber schließlich für die Queens Park Rangers im Tor stand. Bei uns stand aber immer das Team im Vordergrund. Robert, der Sohn von Stuart Underwood, war ein gutes Beispiel dafür. Um ehrlich zu sein, zeigte er keine herausragende Begabung, als er anfing. Aber er arbeitete so hart an seinem Spiel, dass er ein richtig guter Teamspieler wurde. Das war sein Verdienst, aber auch das von Stuart und uns anderen. Wir dachten nie bei uns, er sei zu schlecht, um bei Ridgeway zu spielen.

Bei Stuart musste alles immer korrekt zugehen. Für unsere Heimspiele besorgte er uns immer ein anständiges Spielfeld, zum Beispiel im Ainslie Wood Sports Ground. Da konnte ich von zu Hause aus problemlos hinlaufen. Wir trainierten zweimal die Woche. Stuart wohnte ganz in der Nähe, an der Larkswood Road, und dort gab es einen Park mit anständigen Sportanlagen, die wir fürs Training benutzten. Irgendwie sorgte Stuart immer dafür, dass wir alles bekamen, was wir brauchten. Bei wichtigen Spielen, zum Beispiel einem Pokalfinale, bestand er darauf, dass wir Acht- und Neunjährigen in Schlips und Kragen auftauchten. Eine wichtige Regel besagte: Wer in der Woche nicht zum Training kommt, spielt auch nicht am Wochenende. So einfach war das. Es war richtig, sich das anzugewöhnen. Ich legte großen Wert darauf zu erscheinen, und zwar immer pünktlich. Ich liebte das Training sowieso, ich lebte für das Training, und diese Einstellung war es auch, die uns zu einer guten Mannschaft machte. Bei den Ridgeway Rovers lief alles so, wie es sein sollte.

Bei vielen Jugendmannschaften stellt man die talentiertesten Spieler in den Vordergrund und macht viel Aufhebens um die einzelnen Spieler. Bei Ridgeway gab es so was nicht. Wer angab, wurde ganz schnell auf den Boden zurückgeholt, denn es ging ausschließlich um das Team. In kürzester Zeit gewannen wir Spiele zehn oder elf zu null, und die Leute merkten, dass wir etwas Besonderes waren. Professionelle Vereine begannen, unsere Spieler zu beobachten, und ich glaube, West Ham fragte nach mir, als ich elf war. Aber Stuart, Steve und mein Dad hatten entschieden, dass wir noch zu jung waren, um in Vereine eingebunden zu werden. Dafür war später noch Zeit. Sobald man mit einem Profiverein trainierte, durfte man nicht mehr mit einem Team in der Sonntagsliga trainieren. Ich wusste, dass ich das nicht wollte, ich war einfach noch nicht so weit. Wir alle hielten Ridgeway die Treue, und ich glaube, unsere dort gemachten Erfahrungen waren auf lange Sicht dafür verantwortlich, dass so viele aus unserem Team Erfolg im Leben hatten. Wir lernten schon sehr früh, was Einsatz und Hingabe bedeutet.

Ich musste auch lernen, wie es war, nicht Fußball zu spielen. Ich war kleiner als die anderen, deshalb kriegte ich auch mal ein paar Rempler ab. Dad hatte mir eingehämmert, dass es meistens das Beste sei, einfach aufzustehen und weiterzumachen, so wie ich es beim Spielen mit seinen Kumpels in Wadham Lodge gelernt hatte. Er brachte mir auch viel darüber bei, wie man Verletzungen vermeidet. Als Flügelspieler – und weil sich langsam herumsprach, dass ich gut war – hatte ich oft einen Verteidiger auf den Fersen, der mir einen

Tritt verpassen wollte. Dad arbeitete mit mir daran, den Ball in Bewegung zu halten und ihn schnell wieder abzugeben, sobald ich ihn unter Kontrolle hatte. Auch als Profi hilft mir das immer noch dabei, gefährliche Situationen zu vermeiden, und außerdem ist das die beste Art zu spielen. So etwa mit zehn Jahren hatte ich eine längere Verletzungspause, wie sie die meisten Jungs mal haben. Das dauernde Rennen und Springen auf harten Spielfeldern geht irgendwann auf die Knie, die Schienbeine und die Knöchel. Bei mir waren es die Fersen. Zuerst kribbelten sie nur, aber dann taten sie mir während und nach den Spielen weh. Zuerst versuchte ich es mit Schaumstoff, den ich mir in die Schuhe legte, aber schließlich musste ich eine Zwangspause vom Fußball machen. Ich durfte weder spielen noch trainieren. Nicht mal im Park ein bisschen bolzen. Es waren die längsten fünf Wochen meines Lebens, und ich kam nie richtig darüber hinweg, glaube ich. Beim Fußballspielen zuschauen zu müssen, nicht selbst spielen zu dürfen, das lässt mich immer noch die Wände hoch gehen.

Die Zeit mit den Ridgeway Rovers war eine großartige Erfahrung für uns alle, und damit meine ich nicht nur die Spieler. Unsere Familien waren voll dabei, sei es beim Waschen der Trikots, bei der Fahrerei zu den Auswärtsspielen oder beim Auftreiben von Geldern. Das Team war sechs Jahre lang zusammen, und wenn man so viel Zeit miteinander verbringt, dann wächst man zwangsläufig zusammen. Ich erinnere mich daran, dass Micah Hydes Dad, Ken, Dreadlocks hatte: Er und mein Vater – sauberer Kurzhaarschnitt – waren zusammen die Linienrichter beim sonntäglichen Ridgeway-Spiel. Unsere Eltern organisierten Abendessen und Tanzveranstaltungen am Freitagabend, um Geld für das Team aufzutreiben. Dad fuhr uns zwar zum Training, aber Mum investierte fast genauso viel Zeit in mich und meinen Fußball, obwohl sie als Friseuse arbeitete. Sie war die einzige Mum mit Führerschein, also blieb eine Fahrt mit dem Minibus meistens an ihr hängen. Wenn Dad bei der Arbeit war, dann brachte mich Mum dorthin, wo ich sein musste, pünktlich, mit der richtigen Ausrüstung in der richtigen Tasche.

Im Nachhinein muss es für meine Schwestern ziemlich hart gewesen sein, dass so viel Zeit in der Familie für meinen Fußball draufging. Ich habe mit Lynne mal darüber gesprochen, und sie hat zugegeben, das sie sich manchmal ganz schön ausgeschlossen gefühlt hat. Sie ist drei Jahre älter als ich und hatte ihre eigenen Freunde, also lebte sie einfach ihr eigenes Leben. Trotzdem stand Lynne in unserer gemeinsamen Schulzeit immer für mich ein, wenn es mal Ärger gab. In einer Mittagspause in der Clingford High hatte ich mal eine Auseinandersetzung mit einem älteren Jungen in der Schlange vor der Essensausgabe. Er verprügelte mich dann später auf dem Spielplatz. Lynne brachte mich nach Hause und versorgte mich. Sie informierte auch die Lehrer darüber, was passiert war. Aber Fußball! Nein, das war einfach nicht ihr Ding. Jetzt haben wir beide unsere eigene Familie. Lynne und ihr Mann Colin haben ein Mädchen und einen Jungen, Georgina und Freddie. Obwohl wir uns wegen der Kinder nicht mehr so oft sehen können, würde ich sagen, dass ich mich meiner älteren Schwester jetzt viel näher fühle als in unserer Kindheit.

Mit Joanne war es anders. Ich erinnere mich noch, wie ich in der Küche stand und Dad reinkam und mir erzählte, dass sie geboren worden war. Ich war fünf, und ich brach in Tränen aus, denn ich hatte mir einen Bruder gewünscht. Aber wir kamen prima miteinander klar. Sie stellte sich immer widerspruchslos ins Tor, wenn wir im Garten spielten. Sie folgte mir die ganze Zeit, zum Fußball, in den Park, zum Einkaufen, überall hin. Joanne ist jetzt Friseuse, genau wie Mum, und erst seit sie arbeitet und ich verheiratet bin, also erst seit ein paar Jahren, machen wir nicht mehr so viel zusammen. Irgendwann musste sie wohl einfach erwachsen werden und ich auch. Manchmal vermisse ich es sehr, meinen kleinen Kumpel in meiner Nähe zu haben, und ich bin mir sicher, sie vermisst es auch, mit ihrem großen Bruder rumzuhängen.

Meiner Mutter war es immer wichtig, dass die ganze Familie zum Abendessen versammelt war. Dann fragten sie und Dad mich immer nach meinem Tag in der Schule. Das Gleiche mache ich jetzt mit Brooklyn, und er gibt mir normalerweise genau dieselben Antworten, die ich meinen Eltern gegeben habe, nämlich nichts sagende. Es war kein Geheimnis oder so, aber so sind Kinder nun mal, oder? Während meiner Grundschulzeit war ich immer zur Essenszeit zu Hause, so dass ich mich nützlich machen konnte. Ich spielte dann mit Joanne im Garten oder im Wohnzimmer, damit Mum beim Kochen nicht dauernd über das Baby stolperte. Wenn es Zeit wurde sich hinzusetzen, übernahm ich die Aufgabe, den Tisch zu decken. Auf der Oberschule entschied ich mich für Hauswirtschaftslehre – eigentlich Kochen – als Wahlfach, die einzige Möglichkeit, der Doppelstunde Naturwissenschaften zu entgehen. Außerdem war ich zu Hause gern in der Küche. Als ich dreizehn war, überließ mir Mum die Zubereitung des Abendessens für uns alle, wenn sie arbeiten musste. Wenn sie zu Hause Haare schnitt, bereitete ich für ihre Kunden, die bei uns im Haus warteten, Tee und kleine Teller mit Gebäck zu.

Dann lief irgendwas schief, denn auf meiner Highschool, der Clingford High am Nevin Drive, spielten sie nicht Fußball, sondern Rugby! Zu meinem Glück war unser Rugbylehrer John Bullock bei all seiner Zähigkeit und Disziplin ein sehr netter Mann. Er konnte wunderbar mit uns umgehen, und er schien für jeden immer genügend Zeit zu haben. Er war ein großartiger Lehrer! Vor ein paar Jahren starb er, in der Nacht, in der ich in Saint-Etienne gegen Argentinien vom Platz gestellt wurde. Er war der einzige Lehrer, mit dem ich in Kontakt geblieben war, auch von Old Trafford aus schrieb ich ihm und besuchte ihn und die Schule. Ich glaube, das bedeutete ihm viel. Ich habe seitdem von einigen Leuten gehört, dass er große Stücke auf mich hielt und oft von mir sprach.

Mr. Bullock interessierte sich nicht sehr für Fußball, aber so viele Jungs bedrängten ihn und gingen ihm damit auf die Nerven, dass er schließlich nachgab. Und das veränderte alles. Sobald wir eine Schulmannschaft aufgestellt hatten, fingen wir an, Pokale und Ligameisterschaften zu gewinnen, und das war natürlich großartig für uns. Und der Schule tat es auch sehr gut. Der Fußball half mir sehr, mich dort wohl zu fühlen, denn der Unterricht interessierte mich nicht sonderlich. Ich war Crosscountry-Bezirksmeister und schwamm für Clingford High, aber ich wusste, es gab nur eines, womit ich mein Leben verbringen wollte. Ich hatte Glück, dass ich diesen Antrieb schon seit meiner frühen Kindheit hatte. Ich wusste, was ich wollte, also warum sollte ich mich auf dem Weg dahin in Schwierigkeiten bringen? Ein paarmal bekam ich Ärger, weil ich frech war, aber das passiert wohl jedem Schuljungen. Meistens verhielt ich mich unauffällig und machte meine Hausaufgaben, manchmal schaute ich bei Alan Smith vorbei, und seine Mutter Pat half mir ein bisschen dabei. Sie war unheimlich gut in Mathe, genau wie Alan. Er macht inzwischen in Versicherungen und arbeitet bei Rothschild, manchmal laufen wir uns über den Weg. Er ist zwar verheiratet und wohnt nicht mehr in der Gegend, aber er hat sein Büro im Haus seiner Eltern eingerichtet. Das Wichtigste war, dass ich keinen Tag Schulzeit verpasste, außer ich war krank. Weder in der Chase Lane Primary noch in der Clingford High.

Ich habe keine Ahnung, welchen Beruf ich ergriffen hätte, wenn es mit dem Fußball nichts geworden wäre. Ich mochte Musikstunden, und in der Grundschule hielt man meine Stimme für ganz ordentlich. Kurz bevor ich dort wegging, sang ich ein Solo im Schulchor. Mein Lieblingsfach während meiner gesamten Schulzeit war Kunst. Ich zeichnete und malte sehr gern, schon bevor ich auf die Clingford High kam (wir hatten Kunstunterricht in der Chase Lane Primary), und Joan hatte auch alles, was man fürs Malen brauchte, in der Hütte im Park. An verregneten Nachmittagen kopierte ich zu Hause stundenlang Disneyfiguren aus Comics. Ich glaube, Donald Duck war meine Spezialität. Als ich älter wurde, begann ich, meine eigenen Comicfiguren zu erfinden, allerdings wendete sich sogar meine Kunst bald dem Fußball zu. Als ich für die Ridgeway Rovers zu spielen begann, wurden Micky und Donald bald von Comics abgelöst, die Spiele darstellten und die Leute, die mit dem Team zu tun hatten. Ich zeichnete großartige Tore mit Stuart Underwood im Hintergrund, seine Sprechblase beschrieb, was auf dem Rest des Bildes gerade passierte.

Das Spielen in der Schulmannschaft bahnte mir natürlich den Weg, und bald konnte ich in der District League für Waltham Forest spielen, und in der County League für Essex. Ich hatte seit den Abenden im Park mit Dad riesiges Glück mit meinen Trainern. Don Wiltshire und Martin Heather waren für mich als Teenager genau die Richtigen, obwohl sie so verschieden waren wie Tag und Nacht. Don trainierte die Bezirksmannschaft. Er war ein massiver, gut gebauter

Mann mit einer tiefen Stimme, seine Art vermittelte dir, dass er genau wusste, was für das Team gut war. Als ich anfing, für Waltham Forest zu spielen, fühlte ich mich, als hätte man mich in die englische Nationalmannschaft aufgenommen.

Manche Leute halten wenig vom Schulfußball, sie behaupten, es gehe nur darum, den Ball so schnell wie möglich auf die andere Seite zu bugsieren, und die Taktik beschränke sich auf treten und rennen. Nur die größeren Kids kämen überhaupt an den Ball heran. Dazu kann ich nur sagen, dass es für mich beim Schulfußball überhaupt nicht so war, weder auf der Bezirksebene noch in der County League. Diese Teams wollten richtig spielen. Es dauerte ein bisschen, bis ich in die Auswahl kam, weil ich viel kleiner war als die meisten gleichaltrigen Jungs. Als ich dann meine Chance erhielt, ermutigten Don und Martin mich und das restliche Team, unsere Stärken einzusetzen.

Martin Heather war der Trainer von Essex. Er war das genaue Gegenteil von Don oder Stuart Underwood. Alle Jungs liebten ihn. Martin war auch die Sorte Mann, die unsere Mütter bevorzugten, er war ruhig, zog sich gut an und drückte sich sehr gewählt aus. Auch als Trainer war er eine Klasse für sich. Er erhob sehr selten die Stimme, wenn er es tat, dann wusste man, dass er äußerst unzufrieden war. Und er kümmerte sich wirklich um uns. Als ich dreizehn war, machten wir mit ihm eine Fußballtour nach Texas. Ich glaube, alle Eltern legten zusammen, um sie zu finanzieren, aber Martin übernahm die gesamte Organisation.

Mir war es egal, ob ich auf den Hackney Marshes oder auf einem Turnier in einem fremden Land war, ich spielte überall einfach gern Fußball. Deswegen beeindruckten mich diese Ausflüge und das Umherreisen wenig. Aus verschiedenen Gründen ist das für mich immer noch so: Steig ins Flugzeug, dann in den Bus, iss, schlaf, spiel das Match, steig wieder ins Flugzeug und flieg nach Hause. An die Reise nach Amerika mit Essex erinnere ich mich aber noch ganz genau.

Ich liebe die Vereinigten Staaten. Den Patriotismus, die ganze Lebensart. Ich hatte nicht einmal Heimweh. Diese Reise war anders, denn diesmal wohnten wir nicht alle zusammen, sondern wurden einzeln bei ortsansässigen Familien untergebracht. Die erste Familie, bei der ich wohnte, stammte aus Mexiko. Ihr Haus war nicht viel besser als eine Hütte, aber sie waren richtig nette Leute. Sie hatten einen Sohn, der auch am Wettkampf teilnahm, liebten Fußball über alles und kümmerten sich aufopferungsvoll um mich. Alle meine Mannschaftskameraden von Essex wohnten in riesigen Häusern und wurden in gewaltigen Autos herumkutschiert. Wir quetschten uns in den Pick-up und fuhren jeden Morgen zum Frühstück zu McDonald's. Ich verlebte eine wundervolle Woche mit dieser Familie, manchmal denke ich auch heute noch an sie zurück.

Ich hatte ein glückliches Zuhause und konnte so viel Fußball spielen, wie ich wollte. Meinen blauen Himmel trübte nur eine einzige Wolke. Ich befürchtete, Manchester United würde hier unten in London nie auf mich aufmerksam werden. Es machte mir nichts aus, dass Ridgeway die Ansicht vertrat, Jungs sollten nicht sofort in einen Profiverein eintreten. Es machte mir unheimlich viel Spaß, mit dem Team zu trainieren und zu spielen, und durch meinen Dad gab es für mich sowieso nur einen einzigen Profiklub, für den ich jemals spielen wollte. Ich musste einfach darauf vertrauen, dass United von mir hören würde, wenn ich mich anstrengte und weiterentwickelte. Was blieb mir anderes übrig?

Der Erfolg der Ridgeway Rovers sprach sich schnell herum, und wir gewöhnten uns bald an die Talentsucher, die jede Woche bei unseren Spielen auftauchten. Ich weiß, dass einige von ihnen Dad ansprachen, sie kamen von West Ham und Wimbledon, von Arsenal und Spurs. Als für mich die Zeit gekommen war, mit einem Profiklub zu trainieren, musste ich mich zwischen den beiden Vereinen von Nordlondon entscheiden. Ich konnte sowieso nicht zu United, denn dafür hätten wir nach Manchester ziehen müssen. Ich nahm die Spurs. Das hatte bestimmt etwas damit zu tun, dass mein Grandad so verrückt nach ihnen war. Ich weiß noch, wie ich damals zu Mum sagte:

»Jetzt wird sich Grandad aber freuen, oder?«

Tottenham schien ein freundlicher Verein zu sein, damals war David Pleat der Trainer. Dort fühlte ich mich einfach wohl, das Training war gut, und die Spurs hatten einige herausragende Spieler in meinem

Alter. Nick Barmby war in meiner Gruppe, genau wie Sol Campbell, der schon damals eine umwerfende Ausstrahlung hatte. Ich weiß nicht, was die Trainer und die anderer Jungs dachten, als ich zum Training in meinem Manchester-United-Trikot auftauchte. Ich wollte nicht verbergen, dass ich ein Fan von United war, obwohl ich meine Zeit in White Hart Lane sehr genoss.

Obwohl sich Vereine aus London für mich interessierten, war für mich immer klar, dass ich nur zu Manchester United wollte. Vielleicht wäre ich auch ohne meinen Vater ein Fan geworden oder hätte für sie gespielt, aber Dad war für mich der entscheidende Faktor. Er war ein echter Cockney Red. Und er gab diese Leidenschaft an mich weiter, noch bevor es mir bewusst war. Dad war bei dem Flugzeugabsturz von München 1958 zehn Jahre alt gewesen. Er war auch vorher schon United-Fan gewesen, aber diese Katastrophe machte es zu einer lebenslangen Obsession. Ich glaube, vielen Fans seiner Generation ging es ganz ähnlich. Als ich jung war, redeten wir oft über Uniteds derzeitiges Team: Robson, Strachan, Hughes und die anderen. Aber er erzählte mir auch von den Busby Babes, dem Europacup im Wembley-Stadion, von Best, Stiles, Law und Charlton. Für mich gab es einfach keinen anderen Verein. Hier stand ich nun, ein Teenager, und die Leute sagten, ich hätte vielleicht die Chance, es eines Tages als Profifußballer zu schaffen. Ich weiß nicht, ob man als United-Fan geboren werden kann, aber ich war definitiv zum United-Fan erzogen worden. Und was mich antrieb war die Hoffnung, dass eines Tages der Ruf kommen würde, auf den ich wartete, schon seit ich das erst Mal nach einem Ball getreten hatte.

2

Der Mann im braunen Sierra

»Also, was kannst du mir über diesen jungen Mann erzählen?«

»Was ist los, Mum?«

»Welch ein Glück, dass du heute ein gutes Spiel hattest.«

»Wieso?«

Ich hatte für meine Bezirksmannschaft ein Auswärtsspiel in Redbridge gespielt. Ich muss ungefähr elf gewesen sein. Mein Dad arbeitete und hatte das Spiel verpasst, also hatte mich Mum hingebracht. Das »gute Spiel« war wahrscheinlich die beste Leistung, die ich für diese Mannschaft je gebracht hatte, und ich erinnere mich noch daran, wie ich danach mit den anderen Jungs aus der Umkleidekabine kam. Mum wartete auf mich und wir gingen zusammen zum Parkplatz. Ich warf meine Tasche in den Kofferraum, und dann erst bemerkte ich, dass ihr Tränen in den Augen standen.

»Es ist einfach Glück, dass du heute ein so gutes Spiel hattest.«

»Klar. Aber wieso?«

»Der Mann da drüben ist ein Scout von Man United. Sie wollen sich dich mal ansehen.«

Ich weiß noch genau, wie Aufregung und Freude in mir aufbrandeten, aber auch Erleichterung. Ich brach auf der Stelle in Tränen aus, ich konnte gar nicht mehr aufhören zu weinen. Dieses Glücksgefühl war einfach unglaublich. Ich hatte so lange darauf gewartet, diese Worte zu hören, dass ich schon fast gar nicht mehr darauf zu hoffen gewagt hatte. *Ein Scout von Man United.*

Sein Name war Malcolm Fidgeon. Er kam zu uns nach Hause und sprach mit meinen Eltern. Er erklärte ihnen, der Klub wollte mich zu einem Probetraining nach Manchester einladen, und dann war es auch schon so weit. Ein paar Tage später erschien Malcolm vor unserer Tür und fuhr mich in seinem braunen Ford Sierra nach Norden.

Ich verdanke Malcolm sehr viel. Er war Uniteds Scout für das Londoner Gebiet, und er war derjenige, der mich zum Verein brachte und sich um mich kümmerte, bis ich endgültig dorthin zog. Nach diesem ersten Mal ging ich noch zu zwei, drei weiteren Tests hin, und ich genoss jede Minute von ihnen. Ich blieb tagelang in Manchester, einmal sogar eine ganze Woche, spielte Fußball und redete von morgens bis abends über nichts anderes. Ich strengte mich wahnsinnig an und tat alles, um einen guten Eindruck zu hinterlassen. Schließlich eröffneten sie uns, dass sie Interesse daran hätten, mich unter Vertrag zu nehmen. Eines Abends klingelte bei uns zu Hause das Telefon, und Dad ging ran. Ein paar Minuten später kam er ins Wohnzimmer zurück, er sah fassungslos aus, als könne er nicht glauben, was er gerade gehört hatte. Es wurde ja auch für ihn gerade ein Traum Wirklichkeit, nicht nur für mich.

»Das war Alex Ferguson.«

Alles wurde still.

»Er hat angerufen, um uns mitzuteilen, dass sie froh sind, dich kennen gelernt zu haben, dass du Talent hast und dass dein Charakter für dich spricht, genau wie für mich und Mum.«

Und das war noch nicht alles.

»Er sagt, du bist genau der Junge, den Manchester United gesucht hat.«

Das war mein erster Kontakt zu dem Mann, der zur treibenden Kraft hinter meiner Karriere werden sollte. Wenn ich es mir recht überlege, dann fand ich es eigentlich gar nicht so überraschend, dass United sich genau zur richtigen Zeit meldete, oder dass der Trainer wusste, wer ich war. Natürlich hatte ich mir trotzdem Sorgen darüber gemacht, dass sie mich vielleicht nicht wollten. Im letzten Sommer hatte ich nämlich schon einmal die Gelegenheit gehabt, in Old Trafford vor vollen Zuschauerrängen zu spielen.

Mit zehn Jahren nahm ich zum ersten Mal an der Bobby Charlton Football School teil. Ich hatte im Fernsehen bei *Blue Peter* einen Bericht über sie gesehen. In Manchester Fußball spielen? Mit Bobby Charlton? Die einzige Entscheidung, die bei Mum und Dad lag, war, wie sie die Schule finanzieren sollten. Am Ende zahlte, glaube ich, Grandad dafür. In diesem ersten Sommer wohnten wir während der Fußballkurse in Studentenwohnheimen der Universität, während die Studenten in den Semesterferien waren. Wir waren Hunderte von Kids aus der ganzen Welt. Die Kurse dauerten eine volle Woche, und ich spielte eine ganze Menge Fußball, aber den Rest der Zeit über fühlte ich mich ein bisschen verloren. Mum und Dad fuhren hoch und blieben bei Verwandten in der Nähe von Liverpool, und jeden Abend telefonierte ich mit ihnen. Ich hatte Zahnschmerzen. Ich hatte Heimweh. Irgendwie konnte ich diese Woche nicht genießen.

Ich wollte es aber unbedingt noch mal probieren, also ging ich im nächsten Sommer zum zweiten Mal hin, und da lief alles schon viel besser. In jedem Kurs gab es Wettbewerbe in den spielerischen Fähigkeiten, den ganzen Sommer über. Die Gewinner jeder Woche durften dann zu einer großen Endausscheidung im Dezember wieder nach Manchester kommen. Ich schaffte es bis in dieses Finale, und wir hatten dort dann alle ein ganz fantastisches Wochenende. Mum und Dad übernachteten mit mir im Portland Hotel im Stadtzentrum. Ich hatte mein eigenes Zimmer im zwanzigsten Stock, es hatte riesige Panoramafenster, man konnte die ganze Stadt drunten sehen. Die Fenster machten Mum und Dad ein bisschen nervös. Am Samstagmorgen mussten wir uns anmelden, dann gingen wir alle zu Uniteds altem Trainingsgelände, dem Sportpark »The Cliff«, wo der erste Teil des Wettkampfes in der Sporthalle stattfand. Es ging um Balltricks, Zielschießen und kurze Pässe. Ich glaube, als wir in die Mittagspause gingen, lag ich schon in Führung.

Der zweite Teil des Wettkampfes sollte auf dem Spielfeld in Old Trafford über die Bühne gehen. Vor lauter Aufregung hatte ich tagelang fast nichts essen können. Mum und Dad waren auch dort, wahrscheinlich waren sie noch viel aufgeregter als ich. An diesem Nachmittag spielte United gegen Spurs, am Ende des Wettkampfes waren also schon ungefähr 40 000 Fans im Stadion. Ich dachte nicht mal mehr ans Gewinnen, so sehr freute ich mich darüber, auf diesem Spielfeld sein zu dürfen. Bevor wir ans Dribbling und an die langen Pässe gingen, stellten sie jeden Teilnehmer der Menge vor. Ich weiß noch genau, wie sie »David Beckham« riefen, und sagten, ich wäre aus »Leytonstone« – da fingen nämlich alle Tottenham-Fans an zu jubeln. Dann sagte der Typ an der Sprechanlage: »Und David ist ein Riesenfan von – United!« Die Fans der Spurs starteten ein Pfeifkonzert, und der Rest der Leute, die Anhänger der Heimmannschaft, begannen zu applaudieren. Um fair zu sein, beide Fangemeinden würdigten mich mehr als angemessen, als die Durchsage kam, dass ich gewonnen hatte.

Wir gingen rauf in die Europa-Suite in der Haupttribüne, wo Bobby Charlton die Preisverleihung vornehmen würde. Für einen elfjährigen war das schon eine überwältigende Erfahrung. Ich weiß, dass Mum und Dad sehr stolz waren, Leute gingen auf sie zu und gratulierten ihnen zu meinem Erfolg. So richtig hin und weg war ich aber wohl doch nicht. Der Empfang war noch in vollem Gange, aber ich landete bald in einer Ecke, denn das Spiel hatte begonnen, und ich wollte es mir auf einem der Fernsehbildschirme ansehen. Das war vielleicht ein Nachmittag gewesen. Auch der Preis konnte sich sehen lassen. Zwei Wochen Training mit Barcelona im Camp Nou in Spanien.

Ich konnte es kaum erwarten. Terry Venables war Cheftrainer von Barcelona, und Mark Hughes und Gary Lineker waren unter den Spielern. Ray Whelan von der Bobby Charlton Soccer School begleitete mich und die anderen zwei Jungs. Man brachte uns vier in einer Art Bauernhof – einem ziemlich luxuriösen Bauernhof – unter, der im Zentrum des Camp-Nou-Komplexes lag. Das Gebäude stand dort bestimmt schon länger, als es den Fußballklub überhaupt gab, die Geschichte war richtig spürbar. An den Wänden hingen Wimpel und Erinnerungsstücke, die weit in die Zeit zurückreichten, neben Porträts berühmter Spieler aus Barcelonas Vergangenheit. Hier waren Legenden geschaffen worden.

Das Bauernhaus war gleich neben dem Trainingsgelände der ersten Mannschaft, im Schatten des Stadions, und dort wohnten wir mit den Jungs aus ganz Spanien, die in Barcelonas B-Mannschaft spielten. Ich war ja immerhin erst elf und bekam hier einige Dinge zu sehen, die ich aus Chingford nicht gewöhnt war. Abends schlenderten Prostituierte die Straße draußen auf und ab, und die älteren Jungs lehnten sich aus den Fenstern und pfiffen ihnen nach. Wir bekamen abends immer eine Art heiße Schokolade zu trinken, und ich fand sie so lecker, dass ich eines Abends zwei Tassen trank und mir prompt richtig schlecht wurde. Ich ging zur Toilette, machte das Licht an und sah eine Kakerlake über den Fußboden kriechen. Was hatte ich hier verloren? Na ja, der Fußball war definitiv eine Erfahrung und der Rest eigentlich auch.

Jeden Tag gingen wir mit Barcelonas B-Mannschaft und Reservespielern auf den Platz, und das Training war hervorragend. Die Sache hatte nur einen Haken. Ridgeway stand im Pokalfinale gegen einen Verein namens Forest United, und das Spiel sollte am Wochenende im White Hart Lane stattfinden. Ich war sehr enttäuscht darüber, dass ich nicht dabei sein konnte, und auch meinem Großvater, dem treuen Tottenham-Fan, war es unheimlich wichtig, mich dort spielen zu sehen. Also bezahlte er mir den Heimflug, und den Rückflug nach Barcelona nach dem Spiel. Es nahm trotzdem kein gutes Ende, denn bei Forest United spielte ein junger Daniele Dichio. Er war zwölf Jahre alt, aber schon unheimlich groß, und ihm wuchs bereits ein Bart. Sie schlugen uns an diesem Nachmittag mit 2:1. Dann stieg ich sofort wieder ins Flugzeug, und zurück ging's nach Barcelona. Ich war wieder allein und hatte wenig Lust auf eine weitere Woche Trennung von Chingford.

Der Verein Barcelona war sehr beeindruckend. Die Trainingseinrichtungen waren ausgezeichnet, aber die Kids trainierten auf einem Kiesbelag, das war ich nicht gewöhnt, und es gefiel mir auch nicht sonderlich. Das erste Team spielte auf einer makellosen Oberfläche, und die B-Mannschaft hatte ein Stadion mit 20 000 Sitzplätzen ganz für sich allein. Eines Tages nahm man uns mit ins Camp Nou. Aufs Spielfeld kommt man, wenn man von den Umkleidekabinen hochläuft, an der Vereinskapelle, die auf der Seite des Spielertunnels liegt, vorbeigeht, und dann eine Treppe hochsteigt. Manchmal überkommt es mich einfach. Ich sah eine riesige Rasenfläche, darüber erhoben sich die Tribünen, und ich rannte einfach los, kickte einen imaginären Fußball vor mir her und tat so, als wäre ich Mark Hughes. Wie es sich wohl anfühlte, hier ein richtiges Spiel zu bestreiten?

Alle Jungs, mit denen ich trainierte, waren sechzehn oder siebzehn. Die Jungs, die in Old Trafford den zweiten und dritten Platz belegt hatten, waren fünfzehn und neunzehn. Alle waren sehr nett zu mir, aber zuerst dachten sie wohl: *Was will denn dieser Knirps mit der Stachelfrisur und dem komischen Akzent hier?* Sobald wir dann loslegten, war alles in Butter. Natürlich sprachen weder der Trainer noch die anderen Spieler Englisch, aber wenn wir spielten, konnten wir uns problemlos verständigen. Ich war zum ersten Mal bei einem professionell aufgezogenen Training dabei, und es öffnete mir die Augen. Fast jeden Tag schauten wir der ersten Mannschaft zu, und einmal wurden wir sogar Mr. Venables und den Spielern vorgestellt. Inzwischen sind Mark Hughes und ich ziemlich gut befreundet, und er amüsiert sich oft über diese Zeit in Spanien. Die Spieler von Barcelona hatten absolut keinen Schimmer, wer wir eigentlich waren. Das Foto von mir, Mark, Terry Venables und Gary Lineker, das an diesem Nachmittag aufgenommen wurde, habe ich immer noch.

Es war eine aufregende Zeit. Ich trainierte mit den Spurs, und United hatte mir zu verstehen gegeben, dass sie mehr als interessiert an mir waren. In den Ferien fuhr ich ein paarmal nach Manchester, immer mit Malcolm Fidgeon in seinem braunen Sierra, und ich traf mich mit der Mannschaft, wenn sie in London spielte. Der ganze Klub, besonders Alex Ferguson, gab sich große Mühe, mir das Gefühl zu vermitteln, dass ich dazugehörte. Die älteren Spieler, wie Bryan Robson und Steve Bruce, zogen mich damit später ganz schön auf, als ich dann schließlich beim Verein war. Ich nahm an den Essen vor den Spielen teil, und wenn das Spiel vorbei war, stand ich in der Umkleidekabine und half beim Verstauen der Ausrüstung. Eines

Nachmittags hatte United ein Auswärtsspiel bei West Ham, und sie luden mich ein, als Maskottchen mitzukommen. Ich bekam einen Trainingsanzug von United, und auf ging's nach Upton Park, wo ich beim Aufwärmen auf dem Spielfeld mitmachte, Seite an Seite mit so illustren Spielern wie Bryan Robson und Gordon Strachan. Während des Spiels durfte ich auf der Bank sitzen, und abends entdeckte ich mich sogar bei *Match of the Day.*

United schien es wirklich auf mich abgesehen zu haben. Und ich war offensichtlich auch völlig auf United versessen, es war schon fast peinlich. Ich trug mein Haar damals stachelig, ich wollte die gleiche Frisur wie Strachan, und am Tag des West-Ham-Spiels gab ich ihm eine Tube Haargel als Geschenk. Er wurde kräftig veräppelt deswegen, und ich ein oder zwei Jahre später auch. Bei einem anderen Spiel in London lud United mich und meine Eltern zu einem Abendessen mit der Mannschaft im Hotel des Teams, West Lodge Park, ein. Was machte es schon, dass ich ein Steak bestellte und sehr erstaunt war, als mir ein Stück Tunfisch vorgesetzt wurde. Ich saß am besten Tisch mit dem Trainer und seinen Leuten, und sie hatten ein Geschenk für mich mitgebracht. Eine dicke, wattierte Jacke, wie man sie auf der Trainerbank trug. Sie war mir ungefähr sechs Größen zu groß. Meine Hände verschwanden in den viel zu langen Ärmeln, und sie ging mir bis zu den Knöcheln, aber ich zog das Ding eine Woche lang nicht mehr aus. Noch besser war, dass ich dem Boss auch ein Geschenk überreichen konnte, einen Füller. Alex Ferguson nahm ihn und sah mich an.

»Danke, David. Ich sag dir was. Mit diesem Stift unterschreibe ich deinen Vertrag bei Manchester United.«

Mit diesen Erinnerungen vor Augen kommt es mir im Nachhinein komisch vor, dass ich noch nicht wusste, bei wem ich einen Jugendvertrag unterzeichnen würde, bevor ich dreizehn war. Aber das Training bei den Spurs machte mir großen Spaß, und ich verstand mich sehr gut mit ihrem Jugendbetreuer, John Moncur. Bei diesen Überlegungen spielte natürlich auch eine große Rolle, dass White Hart Lane nur eine Viertelstunde Fahrt von meinem Zuhause entfernt war. Dad träumte zwar davon, dass ich für United spielte, aber er stellte seine Wünsche in den Hintergrund, als wir uns über die Zukunft unterhielten. Er sagte mir nicht, was ich tun sollte, sondern fragte mich, was ich tun wollte. Wir entschieden, uns erst einmal anzuhören, was die Spurs zu bieten hatte.

In meinem Herzen war ich überzeugt davon, dass es United sein musste. Das Treffen zwischen mir, meinem Dad und Terry Venables, der nun Tottenham trainierte, gab mir wenig Entscheidungshilfe und warf viele neue Fragen auf. John Moncur ging mit uns in Terrys Büro. Ich habe die Szene noch genau vor Augen: Terry war etwas auf den Boden gefallen, ein paar Chips oder Erdnüsse, und er saß vornübergebeugt in seinem Sessel, kratzte auf dem Teppich herum und versuchte sie aufzuklauben. Er sah zu uns hoch.

»Also, John, was kannst du mir über diesen jungen Mann erzählen?«

Es war klar, dass er sich nicht mehr daran erinnerte, dass wir uns in Barcelona getroffen hatten, das war ja auch schon eine kleine Ewigkeit her. Ich bekam aber den Eindruck, dass er keine Ahnung hatte, wer ich war, obwohl ich schon seit einigen Jahren bei den Spurs trainierte. Der Vergleich mit meiner Zeit in Manchester drängte sich mir geradezu auf. Alex Ferguson wusste alles über mich, er wusste alles über jeden einzelnen seiner Jungs. Er kannte ihre Eltern, er kannte ihre Brüder und Schwestern. Das erschien mir sehr wichtig, wichtig für meine Zukunft. Bei United konnte man sich als Teil einer Familie fühlen.

Tottenham machte uns ein sehr großzügiges Angebot, das auf einen sechsjährigen Vertrag hinauslief. Zwei Jahre als Schüler, dann zwei Jahre als Auszubildender im Nachwuchsförderprogramm, und dann zwei Jahre als Profi. Ein Gedanke schoss mir durch den Kopf: *Mit 18 fahre ich vielleicht einen Porsche.*

»Also, David, willst du bei Tottenham unterschreiben?«, fragte Terry schließlich.

Dad sah mich an. Er hatte mich meine Entscheidungen immer alleine treffen lassen. Ich holte tief Luft.

»Ich würde gerne noch etwas darüber nachdenken, Mr. Venables.«

In meinem Kopf schrie es aber geradezu: *United! Es muss United sein!*

Natürlich sprachen Mum, Dad und ich über das Angebot. Ich glaube, Mum war dafür, dass ich bei Tottenham einstieg, wegen Grandaddy, aber auch, weil es bedeuten würde, dass ich weiterhin zu Hause wohnen könnte, aber sie behielt ihre Meinung für sich. Weder sie noch Dad wollten in irgendeine Richtung Druck auf mich ausüben. Wir wussten alle, dass es in Ordnung wäre, wenn ich bei den Spurs unterschrieb. Ich wäre glücklich, und in White Hart Lane würde man sich gut um mich kümmern. Zunächst aber hatten wir noch einen Termin in Old Trafford vor uns.

Mum und Dad brachten mich nach Manchester und dieses Gespräch fand auf der Hinfahrt statt, an einer Autobahnraststätte. Wir wussten, was Tottenham geboten hatte, und Dad und ich waren uns darüber einig, dass es hier nicht ums Geld ging. Darauf kam es wirklich nicht an, das hier war schließlich keine Auktion. Was ich brauchte, war eine gewisse Sicherheit, dass ich die Chance bekommen würde, mich zu beweisen. Wenn mir United den gleichen Sechsjahresvertrag anbot wie Tottenham, dann war meine Entscheidung gefallen, das Gehalt spielte dabei keine Rolle. Wenn nicht, dann fuhren wir einfach nach London zurück und ich unterschrieb bei Spurs.

Es war der 2. Mai 1988, mein dreizehnter Geburtstag. United hatte ein Heimspiel gegen Wimbledon, und Alex Ferguson erwartete uns.

»Hallo, David.«

Dieser Kerl kannte mich. Und ich kannte ihn und vertraute ihm, genau wie Mum und Dad. Ich hatte für diese Gelegenheit einen festlichen Blazer bekommen, und United gab mir eine rote Vereinskrawatte, die ich für den Rest des Tages trug. Wir gingen zum Mittagessen in den Grill Room, wo die erste Mannschaft vor den Spielen aß. Es gab sogar einen Geburtstagskuchen für mich, aber nach Essen war mir nicht zu Mute. Um 17 Uhr 30, nach dem Spiel, gingen wir in Mr. Fergusons Büro. Dort warteten er, Les Kershaw, der für die Nachwuchsförderung im Verein zuständig war, und Malcolm Fidgeon. Es war alles ganz einfach. United wollte mich unter Vertrag nehmen, und der Boss unterbreitete mir sein Angebot.

»Wir möchten dir gerne zwei, zwei und zwei anbieten.«

Ich sah zu Dad, aber der war in einer anderen Welt. Er hatte diesen Augenblick sogar noch länger herbeigesehnt als ich. Ich sah ihm an, dass er gar nicht registriert hatte, was Mr. Ferguson gerade gesagt hatte. Aber ich hatte es gehört, und es war das, worauf ich gehofft hatte. Zwei, zwei und zwei, das entsprach den sechs Jahren, die man mir in White Hart Lane geboten hatte. Ich brauchte keine weiteren Details.

»Ich will unterschreiben.«

Und der besagte Füller tauchte auf. Wie lange hatte es gedauert? Eine Minute? Egal. Ich war bereit, wartete ich doch schon seit fast zehn Jahren darauf, diese Worte endlich sagen zu können.

3

Heimat fern der Heimat

»Du hast zwar bei Man United unterschrieben, aber geschafft hast du es noch lange nicht.«

»Du weißt ja, dass ich für Man United bin, aber ich will dich nicht unter Druck setzen. Wenn du dich für einen anderen Verein entscheidest, macht es mir nichts aus.«

Dad hatte mir das immer sehr deutlich zu verstehen gegeben. Natürlich war mir klar, dass der letzte Teil glatt gelogen war, deshalb war der Tag, an dem ich in Old Trafford meinen Vertrag unterschrieb, für ihn genauso fantastisch wie für mich. Mum hatte Tränen in den Augen, als wir Mr. Fergusons Büro verließen. Sie freute sich sehr für mich, aber sie wusste, dies bedeutete, dass ich viel schneller, als ihr lieb war, von zu Hause fortgehen würde. Sie hatte unglaublich viel Liebe und Zeit in einen Jungen investiert, der völlig verrückt nach Fußball war. Der Moment, an dem wir unser Ziel erreicht hatten, war auch der Moment, an dem sie sich an den Gedanken gewöhnen musste, dass ihr Junge nach Norden ziehen würde, um seine Karriere zu starten.

In den Monaten vor Beginn meines Youth Training Scheme (YTS), meiner Ausbildung bei United, weinte sie ziemlich häufig. Aber ich wusste, dass sie tief in ihrem Inneren genauso stolz auf mich war wie mein Dad. Meine Eltern nicht zu enttäuschen bedeutete mir alles. Sie hatten mir zwar nie das Gefühl gegeben, dass ich ihnen für all ihre Unterstützung etwas schuldete, aber ich wollte alles daran setzen, sie am Ende nicht zu enttäuschen. Ich hätte mich damit ja auch selbst enttäuscht. Ich hatte nie das Gefühl, dass ich unbedingt ihre Erwartungen erfüllen musste. Es war eher so, dass ihre Erwartungen die Basis dessen bildeten, was ich von mir selbst erwartete. Ich treffe sie nicht mehr so häufig wie früher, denn ich habe ja jetzt meine eigene Familie, und mein Beruf hält mich ganz schön auf Trab, aber die Maßstäbe, nach denen ich lebe, sind immer noch die, die Mum und Dad mir vermittelt haben.

Dieser Tag war der aufregendste, den ich je erlebt hatte. Hände wurden geschüttelt, ich trug meinen Blazer und meine Vereinskrawatte und war Spieler bei United. Na ja, fast. Ich war ein Junge aus Chingford, der den ersten Schritt in Richtung Spieler bei United getan hatte. Auf dem Flur trafen Dad und ich auf Bryan Robson, Uniteds Mannschaftskapitän. Wir hatten unzählige Stunden vor dem Fernseher verbracht und uns diesen Mann, unseren absoluten Helden, auf Video angesehen. Dad hatte immer versucht, mir seine besten Eigenschaften einzuhämmern: Mut, Einsatz, Energie, Spielfantasie und die Fähigkeit, seine Mitspieler zu inspirieren. Ich hatte Bryan schon vorher mal getroffen, aber heute stellte der Boss mich ihm offiziell vor, als Uniteds Neuzugang.

»Ich gratuliere, David. Du wirst das schon noch selbst herausfinden, aber meiner Meinung nach hättest du in keinen besseren Klub eintreten können.«

Ich habe keine Ahnung mehr, wie wir nach London zurückkamen, aber wenigstens vergaß Dad nicht, dass wir uns auf einer verkehrsreichen Autobahn befanden. In meinem Kopf hatte an diesem Abend nichts anderes Platz als der vergangene Tag, und genau so wollte ich es. Es war der schönste Tag meines Lebens gewesen.

Obwohl ich nachgerechnet hatte, und das Ergebnis meinen Vorstellungen entsprach, galt mein erster Vertrag mit Old Trafford genau genommen nicht für sechs, sondern für vier Jahre. Es war sowieso regelwidrig, dass ein Junge, der einen Schülervertrag unterschrieb, damit schon seine Profilaufbahn unter Dach und Fach brachte. Ich war ja schließlich erst dreizehn, bis zu meinem achtzehnten Geburtstag konnte noch viel passieren. Diese Regeln sollten die Jugendlichen davor schützen, sich zu früh festzulegen, und dann nicht mehr die Möglichkeit zu haben auszusteigen, wenn sie sich unwohl fühlten. Mir würde das bestimmt nicht passieren! United hatte mir versichert, dass ich, falls alles nach Plan lief, damit rechnen konnte, in viereinhalb Jahren meinen ersten Profivertrag zu unterzeichnen.

Im Nachhinein war diese Unsicherheit das Beste, was mir und den anderen Jungs, die zur gleichen Zeit beim Verein unterschrieben wie ich, passieren konnte. Ich wusste, dass man mich wollte, aber mir war auch klar, dass ich mich im Laufe der nächsten vier Jahre beweisen musste. Wenn es von Anfang an eine abgemachte Sache gewesen wäre, dass ich ein Profispieler bei United werden würde – hätte ich diese Zusage schwarz auf weiß besessen –, wer weiß, ob ich meine Chance mit der gleichen Entschlossenheit genutzt hätte? Dieser ungestillte Hunger trug viel zu meinem Erfolg bei. Und zum Erfolg, den die ganze Mannschaft seither hat. Alle Jungs, die den Verein durchlaufen haben, wissen, wovon ich spreche. Der Tag, an dem ich unterschrieb, war nicht der Tag, an dem ich es geschafft hatte. Die harte Arbeit fing gerade erst an. Ich suchte eine Herausforderung, und Manchester United war die größte Herausforderung, die es gab.

Ich wusste, dass ich in guten Händen sein würde, denn ich hatte das Gefühl, in eine Familie aufgenommen worden zu sein, und zwar schon bevor ich den Vertrag unterschrieben hatte. Das liegt an den wirklich wunderbaren Menschen, die beim Verein arbeiten. Ich meine nicht nur die, die jeder kennt, wie den Trainer oder die Spieler, sondern auch Leute wie Kath Phipps, die immer noch an der Rezeption im Old Trafford steht. Als kleiner Junge sah ich sie dort jedes Mal, wenn ich zu einem Spiel von United ging. Sie lehnte sich über ihren Tisch und gab mir ein Küsschen und das Programm, das sie für mich aufgehoben hatte. Später half mir Kath dann beim Beantworten meiner Post. Sie war ein unverzichtbarer Teil von United und begleitete mich durch meine gesamte dortige Karriere.

Wenn ich nach Manchester kam, sei es zum Training oder zu einem Spiel, dann kümmerten sich Joe und Connie Brown um mich, die ein

Büro auf dem Trainingsgelände hatten. Sie lotsten mich – und Mum und Dad, wenn sie dabei waren – durch Old Trafford, führten uns zum Essen aus, zeigten uns die Umkleidekabinen und stellten uns den Spielern und Angestellten vor. Joe und Connie empfingen mich immer mit offenen Armen. Joe war der Jugendbeauftragte von United und verantwortlich für die Finanzen und Reisearrangements der jungen Spieler. Aber letzten Endes kümmerten er und Connie sich um alles, wenn Jugendliche von außerhalb mit ihren Familien einige Zeit im Verein verbrachten.

Wenn es dann um Fußball ging, gab es Nobby Stiles. Getroffen habe ich ihn zum ersten Mal während der Wochen, die ich in den Schulferien in Manchester trainierte. Er ist der Trainer von damals, der mir am deutlichsten in Erinnerung geblieben ist. Nobby war ein harter Knochen, genau wie auf dem Spielfeld, aber ich glaube, die Jungs, mit denen er arbeitete, bedeuteten ihm mehr als sonst etwas auf der Welt. Dad kannte Nobby als Spieler, ob für United oder als Weltmeister mit der Englischen Nationalmannschaft, natürlich genau. Er und Dad kamen prima miteinander aus, obwohl ihm manchmal das Mundwerk durchging, wenn unsere Spiele ihn zu sehr aufregten. Aber das machte Dad nicht das Geringste aus.

Nobby war großartig zu uns, und er war auch großartig zu unseren Eltern. Er wusste, dass Eltern mit einbezogen werden wollten und dass man sie nicht wie störende Elemente behandeln durfte. Wenn man Videos von ihm sah oder die Geschichten, die über ihn als Spieler in Umlauf waren, hörte, konnte man kaum glauben, wie nett er zu den Jungs war oder wie höflich zu den Eltern. Frechheiten erlaubte sich allerdings niemand bei Nobby. Er sah zwar nicht besonders kräftig aus, und er trug auch immer diese riesige Brille, wenn er uns trainierte, aber irgendetwas an ihm flößte einem schon in der ersten Sekunde Respekt ein. Auch heute, fünfzehn Jahre später, würde er einfach auf mich zugehen und mich in die Arme nehmen, so als hätte sich überhaupt nichts verändert. Kath, Joe, Connie und Nobby Stiles. Sie alle hatten ihre Arbeit zu machen, aber nebenher schafften sie es noch, United zu einer Art Zuhause zu machen.

Ich hätte schon im August 1989, dem Jahr nach dem Abschluss

meines Schülervertrags, in den Norden ziehen und die Schule auch in Manchester beenden können, aber am Ende entschieden wir uns dafür, dass ich in London bleiben würde, bis ich die Vollzeitausbildung als YTS-Trainee von United begann. Das bedeutete, dass ich mit vierzehn und fünfzehn zu Hause bleiben konnte, bei meiner Familie und meinen Freunden. Und ich konnte weiterhin für die Ridgeway Rovers spielen, die sich inzwischen Brimsdown nannten. United befürwortete es, wenn seine Jungs ihr eigenes Leben weiterlebten und in ihrer Sonntagsliga-Mannschaft spielten, bis sie nach Manchester zogen. Malcolm Fidgeon sah sich oft meine Spiele für Brimsdown an, und solange ich nur gern und regelmäßig Fußball spielte, war alles in Ordnung. United würde erst in ein paar Jahren die volle Verantwortung für mich übernehmen.

Zwei- bis dreimal im Jahr fuhr ich während der Ferien zum Training nach Manchester, unter anderem die gesamten Sommerferien. Ich fühlte mich dort pudelwohl und wollte in meiner schulfreien Zeit sowieso nichts lieber tun als spielen, trainieren und bei United sein. Es waren unvergessliche Sommer! Die meisten Jungs kamen für ein oder zwei Wochen hoch, aber ich wollte so lange dort bleiben, wie man mich ertragen wollte. Wir waren meist eine Gruppe von ungefähr dreißig Jungen, und Malcolm und die anderen Trainer kümmerten sich um uns. Wir wohnten im Studentenwohnheim, und ich musste oft an unsere Unterkunft in Barcelona denken, das schöne alte Haus, hinter dem die Berge aufragten. Hier war es ein bisschen anders, wir wohnten in einem Hochhaus, das in Salford auf einem Hügel stand und bei jedem Wetter drinnen eiskalt war. Zwei junge Spieler teilten sich ein Zimmer, und die sanitären Einrichtungen waren eher bescheiden, aber immerhin gab es einen Billardtisch und eine Tischtennisplatte, die wir abends benutzen konnten.

Mir war es eigentlich egal, wo wir wohnten. Jeden Tag machten wir uns auf den Weg in die Lyttleton Road zu Uniteds zweitem Trainingsgelände, und dort trainierten wir jeden Morgen und Nachmittag. Und abends ließen wir es richtig krachen: Wir gingen ins Kino, feierten Fisch-und-Chips-Orgien, das ganze glamouröse Programm eben. Ich lernte andere Jungs kennen, die zur gleichen Zeit unterschrieben hatten wie ich, zum Beispiel John O'Kane, mit dem ich damals viel Zeit verbrachte. John kam aus Nottingham, und während unserer ersten gemeinsamen Jahre zeigte sich, dass United mit John ein Riesentalent an der Angel hatte, er war ein richtig guter Spieler. Als Mensch ließ er alles ganz locker angehen. Vielleicht lag es an seiner lässigen Art, dass es mit ihm und United nicht so richtig klappte. Er verließ uns schließlich und ging zu Everton, und zwar in der Saison, in der wir uns daranmachten, das Tripel zu schaffen. Inzwischen spielt er für Blackpool.

Jungs von überall her nahmen an diesen Trainingskursen in den Ferien teil. Keith Gillespie, der jetzt für Leicester spielt, kam von Irland rüber. Er war ein cooler Typ, und wir beide kamen prima miteinander aus. Colin Murdock, der gerade von Preston zu Hibs gewechselt ist, kam von Schottland runter. Wir saßen alle meilenweit von zu Hause entfernt im selben Boot, das machte es uns allen leichter, miteinander klarzukommen, auch wenn wir immer im Hinterkopf hatten, das wir eigentlich Konkurrenten waren. Uns allen ging es aber vor allem um eines, nämlich den Fußball, und für mich war es eine völlig neue Erfahrung, jeden Tag nur zu trainieren und besonders viel Wert auf die technischen Feinheiten zu legen. Mit der Sonntagsliga war das hier nicht zu vergleichen! Während ich für Ridgeway spielte, hatte ich mir immer ausgemalt, wie es wohl hier sein würde, und jetzt war ich tatsächlich hier. Fußball war mein Beruf. Ich musste nichts anderes mehr tun.

Zwei Jahre hatte ich mich darauf vorbereiten können, endgültig nach Manchester umzuziehen. Aber das machte es mir nicht leichter, als es dann so weit war. Natürlich war ich wahnsinnig aufgeregt und bereute meine Entscheidung keine Sekunde lang, aber trotzdem fiel es mir schwer zu gehen. Der Gedanke an meine Zukunft machte mich sehr nervös. Mum und Dad versprachen mir, mich jedes Wochenende zu besuchen, um mich spielen zu sehen. Sie versprachen, kein einziges Spiel zu verpassen, und ich wusste, sie würden Wort halten. Versprechen bedeuten im Leben einer Familie sehr viel. Wenn ich Brooklyn heute versprochen habe, ihm etwas mitzubringen oder etwas für ihn zu erledigen, dann vergesse ich das auf keinen Fall!

Denn er erinnert sich bestimmt an mein Versprechen. Damals konnte ich mich darauf verlassen, dass meine Eltern für mich da waren, wenn ich sie brauchte.

Von zu Hause auszuziehen ist etwas völlig anderes, als mal eine Woche oder einen Monat weg zu sein. Ich war fünfzehneinhalb. Es ist sehr wichtig, dass ein junger Spieler ein Zimmer hat, in dem er sich zu Hause fühlt, besonders, wenn man bedenkt, wie viel Neues sonst noch auf ihn zukommt, wenn er sein Arbeitsleben beginnt, und dann auch noch bei einem so großen Klub wie ManU. Jeder Verein hat eine Auswahl an Gasteltern, die er regelmäßig zur Betreuung einsetzt, und ich habe mich oft gefragt, ob es reiner Zufall ist, wo man landet, oder ob man versucht, die Jungs bei Leuten unterzubringen, die zu ihnen passen. Im Rückblick kann ich sagen, dass ich ziemliches Glück hatte, obwohl es eine Weile dauerte, bis ich einen Platz fand, an dem ich mich wirklich zu Hause fühlen konnte.

Mein erstes Zimmer hatte ich bei einem schottischen Ehepaar in der Bury New Road, gleich neben der Feuerwehr. Freundliche Leute, die mich und die anderen Jungs, die dort untergebracht waren, sehr gut behandelten. Wir Jungs waren zum ersten Mal von zu Hause weg, natürlich schlugen wir ein bisschen über die Stränge und plünderten nachts die Küche oder so. Wir hatten eben unseren Spaß. Ich ging dort weg, weil etwas Seltsames passierte, das überhaupt nicht zu meiner restlichen Zeit dort passte. Ich war zur Tankstelle unten an der Straße gelaufen, um mir ein bisschen Schokolade zu holen und hatte meinen Schlüssel vergessen. Wieder zurück, klopfte ich an die Tür und Pete, der Ehemann, machte mir auf. Er fragte mich, wo ich meinen Schlüssel hatte. Ich antwortete, er läge wahrscheinlich oben in meinem Zimmer, und er gab mir eine kleine Ohrfeige. Darüber war ich nicht gerade erfreut, und ich erinnere mich, dass Dad ihn abends am Telefon hatte. Ich stand am anderen Ende des Zimmers und konnte meinen Vater durch die Leitung brüllen hören. Damit kam dieses Arrangement zu einem abrupten Ende.

Ich zog in die Lower Broughton Road zu einer Vermieterin namens Eve Cody. Mit ihrem Sohn Johnny verstand ich mich sehr gut, und ich verbrachte ein glückliches Jahr dort. Ich teilte mir mein Zimmer mit

John O'Kane, den ich ja noch ganz gut aus den Ferienkursen kannte, als wir noch daheim gewohnt hatten. Aber ich muss zugeben, dass John und ich während dieser Zeit ganz schön Schwierigkeiten damit hatten, pünktlich zum Training zu erscheinen. Es war nicht so, dass wir uns die Nächte um die Ohren geschlagen hätten, wir waren einfach Jungs, die ihren Schlaf liebten. Dazu kam, dass wir viel weiter weg wohnten als die meisten anderen, zum Beispiel Keith Gillespie und Robbie Savage.

Nach einer Weile zogen wir wieder um, und zwar zu Ann und Tommy Kay, und obwohl die anderen Leute sehr nett gewesen waren, wünschte ich mir, ich wäre von Anfang an bei ihnen gelandet. Es war wie für mich gemacht. Ich hatte zwar immer noch Heimweh, aber Annie und Tom waren so liebevoll und fürsorglich, als wären sie meine leiblichen Eltern. Und das Essen war auch noch fantastisch. Das Haus lag quasi auf der anderen Straßenseite vom Trainingsgelände, ich konnte also morgens aus dem Bett rollen und in ein paar Minuten zur Arbeit laufen. Genau das Richtige für einen Teenager, der am Morgen nicht aus den Federn findet.

Ich teilte mir ein Zimmer mit Craig Dean, der später wegen einer Wirbelsäulenverletzung ausscheiden musste, bevor er die Chance hatte, sich einen Namen zu machen. Nach ein paar Monaten gab mir Ann Mark Hughes' altes Zimmer mit Blick auf die Spielfelder neben dem Cliff. Ich liebte diesen Raum. Er war so groß, dass es sich anfühlte, als wohnte man im Zimmer seiner Eltern. Riesige Einbauschränke, ein Schminktisch mit passendem Spiegel und ein richtiges Doppelbett an der hinteren Wand. Ich brachte die Stereoanlage mit, die Dad mir gekauft hatte, als ich nach Manchester ging, und kaufte mir noch einen guten Fernseher. Ich hatte alles, was ich mir nur wünschen konnte und war richtig glücklich. Die Kays behandelten mich wie einen Teil der Familie. Ann und Tom hatten einen Sohn, Dave, und ich fühlte mich wie ihr zweiter Sohn. Ich weiß, dass Ann eine Schachtel mit alten Münzen und irgendwelchem Zeugs aufbewahrt hat, die ich dagelassen habe, als ich in meine erste eigene Wohnung zog. Ich schau immer, dass ich es schaffe, sie hin und wieder zu besuchen.

Als ich nach Manchester zog, lernte ich zu meinem Glück ein Mädchen namens Deana kennen, mit der ich fast drei Jahre lang ausging. Ich war kein Schürzenjäger wie die meisten Teenager, die zum ersten Mal von zu Hause weg sind. Die Romanze mit Deana gab mir ein Gefühl von Sicherheit. Es war meine erste richtige Beziehung. Wir hatten viel Spaß miteinander, egal ob wir mit Freunden unterwegs waren oder zu zweit die Gesellschaft des anderen genossen. Ich musste allerdings noch einige zwischenmenschliche Feinheiten lernen. Eines Nachmittags ging ich nach dem Training mit Gary Neville, Keith Gillespie und John O'Kane in die Poolhalle, obwohl ich mich eigentlich mit Deana verabredet hatte. Ich stand mit dem Rücken zur Eingangstür und lehnte mich gerade über den Tisch, um meinen Stoß zu machen. Ich blickte kurz auf und sah John an, der plötzlich kreidebleich im Gesicht geworden war und auf etwas hinter meinem Rücken starrte. Ich drehte mich um und erblickte Deana im Türrahmen hinter mir. Wir beide gingen auf den Parkplatz, damit ich mich entschuldigen konnte, und dabei wäre es geblieben, wenn ich nicht aus unerfindlichen Gründen den Fehler gemacht hätte, zu den Fenstern des Klubs im ersten Stock hochzuschauen. Dort standen Gary, Keith und John und feixten. Ich konnte nicht hören, was sie sagten, aber ich sah ihre Schultern zucken. Die drei amüsierten sich königlich über den Ärger, den ich mir eingehandelt hatte. Ich konnte nicht anders, ich fing auch an zu kichern. Ich konnte es Deana nicht verdenken, dass sie den Rest dieses endlosen Tages für mich sehr unangenehm gestaltete. Meine Erinnerungen an die Zeit mit Deana und ihrer Familie sind mir kostbar. Sie nahmen mich mit offenen Armen auf. Ich musste nur auf ihrer Türschwelle erscheinen, schon saßen wir in der Küche, der Teekessel pfiff auf dem Herd, und etwas zu Essen war auch unterwegs. Ich fühlte mich sehr geborgen. Ohne dass sie ein großes Ding daraus machten, gaben mir Deanas Mum und Dad das Gefühl, zur Familie zu gehören. Ray, ihr Dad, hatte eine Saisonkarte für Liverpool, und manchmal ging ich mit ihm zu den Spielen an der Anfield Road. Weil mein eigener Vater so weit weg war, sah ich in Ray vermutlich eine Art Vaterersatz. Manchmal nahm er mich auch mit in den Pub, und nach ein paar Halben drehte sich mir natürlich schon alles. Dann wanderten wir zusammen zum Abendessen zu seinem Haus zurück. So entdeckte ich, was es heißt, ein Mann zu sein: Ich trank mir mit dem Vater meiner Freundin einen kleinen Schwips an. Es war eine tolle Zeit in meinem Leben, und ich werde Deana immer dafür dankbar sein, dass sie mir das nie verdorben hat. Ich weiß, dass ihr öfter Geld für Klatschgeschichten über mich angeboten wurde, aber sie hat immer strikt abgelehnt. Das liegt daran, dass sie ein guter Mensch ist, aber ich hoffe, dass es auch daran liegt, dass sie, genau wie ich, ein gutes Gefühl hat, wenn sie sich an unsere gemeinsame Zeit erinnert.

Der Teil meines Lebens in Manchester, der nichts mit Fußball zu tun hatte, war eine völlig neue Erfahrung für mich, aber er war nicht das Einzige, was mir neu war. Da waren zum Beispiel die Jungs, die aus der Gegend stammten. Gary und Philip Neville, Nicky Butt und Paul Scholes waren alle aus dem Einzugsbereich von Manchester, also trainierten sie schon mit United, seit sie ihren Schülervertrag unterschrieben hatten. Bei den Ferienkursen, an denen ich die letzten paar Jahre teilgenommen hatte, waren sie aber nicht dabei gewesen. Damals war ich natürlich ahnungslos, aber im Nachhinein glaube ich, dass sie nicht wussten, was sie von mir halten sollten. Gary hat mir erzählt, dass sie mich alle für einen kleinen Cockney-Angeber hielten. Ich kann sie verstehen. Es lag nicht daran, dass ich mich besonders auffällig oder laut verhielt. Aber wenn wir unsere Ausrüstungen bekamen, stand ich am Ende immer mit dem neuesten Trainingsanzug da und hatte die Fußballschuhe, die am besten passten. Zufällig kam ich sehr gut mit Norman Davies, dem Zeugwart, aus, und er kümmerte sich einfach um mich. Ich kannte Norman schon sehr lange, schon seit ich als Kind mit zu den Spielen gekommen war. Vielleicht war das meine späte Belohnung dafür, dass ich ihm immer beim Aufräumen der Umkleidekabinen der ersten Mannschaft geholfen hatte, damals, vor vielen Jahren in Upton Park.

Ich stammte aus London, und die anderen Jungs kamen aus Manchester und seinem Umfeld, aber wir hatten erstaunlich viel gemeinsam, und zwar nicht nur unsere Liebe zum Fußball und den Ehrgeiz, für United spielen zu wollen. Auch unser familiärer Hintergrund verband uns. Die Eltern von Gary und Phil waren meinen Eltern sehr ähnlich, auch sie kamen zu jedem Spiel. Ich glaube, die Nevilles und die Beckhams hatten die gleichen Werte und eine sehr ähnliche Einstellung zum Leben. Die vier verstanden sich auf Anhieb, und ich glaube, dass Gary und ich so enge Freunde wurden, liegt auch mit daran, dass wir eine ähnliche Erziehung genossen hatten.

Gary, Nicky Butt und Paul Scholes hatten alle für die gleiche Sonntagsliga-Mannschaft gespielt. Boundary Park muss eine nördliche Version der Ridgeway Rovers gewesen sein. Das Team war außerordentlich erfolgreich, und es herrschte dort der gleiche Geist und Sinn für Loyalität, der auch Ridgeway ausgezeichnet hatte. Diese Jungs hatten gelernt, wie man an Fußball herangeht, sie hatten sich zur gleichen Zeit wie wir ihre guten Angewohnheiten antrainiert, und so war es nur natürlich, dass wir auch bei United bald ein großes Zusammengehörigkeitsgefühl entwickelten. Ziemlich bald nachdem sich das Team formiert hatte, spielten wir in Coleraine in Irland auf einem Turnier, dem Milk Cup. Teams aus der ganzen Welt nahmen daran teil, und dort repräsentierten wir als Gruppe zum ersten Mal den Klub.

Es machte riesigen Spaß. Wir waren alle so um die sechzehn, wir waren zusammen auf Tour und lernten uns so richtig kennen, als Menschen und als Spieler. Den Milk Cup gibt es immer noch. Außer den Spielen findet auch eine Menge zeremonielles Brimborium statt. Ich erinnere mich, dass wir eine Parade durch die Stadt veranstalteten und uns alle Mühe gaben, in unseren Manchester-Trainingsanzügen schick auszusehen. Nobby Stiles und ein Physiotherapeut namens Jimmy Curran waren für die Reise verantwortlich, und Nobby ernannte mich für die Dauer des Turniers zum Mannschaftskapitän. Wir waren ein beachtliches Team. Ein paar Spieler sind immer noch im Old Trafford, und viele Spieler starteten erfolgreiche Karrieren woanders. Auf dieser Reise war Ben Thornley unser bester Spieler, und er wurde als bester Spieler des gesamten Turniers ausgezeichnet. Er hat United inzwischen verlassen [zur Zeit bei Aberdeen, Anm. d. Red.] und ist sehr erfolgreich, trotz massiver Verletzungen, die er in den letzten Jahren erlitten hat. Mit einer Mannschaft, in der Gary, Phil, Paul Scholes und Nicky Butt an der Seite von Größen wie Ben,

Keith Gillespie, Robbie Savage und Colin Murdock spielten, konnten wir den Cup ja nur gewinnen. Wir wohnten in einem Hotel, dessen Besitzer, Harry Gregg, selbst eine Legende bei United ist. Er ist ein Überlebender des Flugzeugabsturzes von München 1958 und freute sich sehr darüber, die Jungspunde von United unter seinem Dach zu beherbergen. Der Milk Cup war der erste Pokal, den wir alle als Spieler für United gewannen.

Damals war jeder Tag aufregender als der vorherige. Als ich von zu Hause wegging, um meine Ausbildung in Manchester zu beginnen, hatte mein Dad mir eines immer wieder eingehämmert:

»Du hast zwar bei United unterschrieben, aber geschafft hast du es noch lange nicht. Wenn du mal in der ersten Mannschaft gespielt hast, dann können wir darüber reden, das du etwas erreicht hast. Bis dahin brauchst du dir nicht einzubilden, dass du ein gemachter Mann bist.«

War es nötig, mir das einzutrichtern? Na ja, es konnte nichts schaden, wenn mir klar war, dass Dad mich immer auf den Boden zurückholen würde, falls ich abheben sollte. Aber ich war auch nicht herumgerannt und hatte damit angegeben, dass ich jetzt bei United war. Ich hatte mich nur wahnsinnig darauf gefreut und konnte es gar nicht abwarten, mit der Arbeit loszulegen. Erst als ich dort war, begriff ich, worauf Dad hinaus wollte. Als kleiner Junge hatte ich im Cliff Uniteds erster Mannschaft beim Training zugesehen. Jetzt trat ich dort selbst jeden Morgen zum Training mit den älteren Spielern an. Mir wurde sehr bald klar, dass es nicht darauf ankam, dass ich jetzt bei United war. Es kam darauf an, so hart zu arbeiten, dass sie mich auf jeden Fall behalten wollten.

Wenn ich es mir recht überlege, hatten wir auch keine Chance, uns gehen zu lassen. Nicht mit Eric Harrison als verantwortlichem Trainer. Wenn ich an die Menschen denke, die meine Karriere beeinflusst haben, dann sind das natürlich zuallererst mein Dad und Alex Ferguson. Aber danach kommt gleich Eric. Sogar jetzt, zwölf Jahre nach unserer ersten Begegnung, wende ich mich an ihn, wenn ich Führung oder einen Rat brauche. Er wird immer aussprechen, was er denkt, er wird mir nie nur das sagen, was ich seiner Meinung nach hören

Oben: Das Haus der Beckhams in Chingford, London.

Links: Dieser Knabe hat wahrscheinlich die coolen Cops Starsky and Hutch auf der Mattscheibe gesehen.

Unten von links nach rechts:
Die Aufpasserin. Meine Schwester Lynne sorgt dafür, dass ich einen Moment lang stillsitze.

Baden im Garten ist toll. Lynne, Joanne und ich genießen ein Stück Luxus.

Das Wasser ist herrlich. Familienausflug der Beckhams nach Southend.

RIDGEWAY
RIDGEWAY
RIDGEWAY

Vorige Seite: Im Mittelpunkt bei den Ridgeway Rovers.

Diese Seite: Sie hatten von Anfang an Recht. Er kann nicht angreifen ...

... er unterliegt in jedem Zweikampf ...

... und als Spieler ist er sowieso viel zu klein.

Rechts: Der Stolz der Ridgeway Rovers.

1973-74 St.MATTHEWS
1975-76 PUMA F.C.
1976-77 AJAX F.C.
1977-78 AJAX F.C.
1978-79 LANFRANC LIONS
1979-80 LANFRANC LIONS
1980-81 ENFIELD UNITED
1981-82 LEA VALLEY
1982-83 ENFIELD RANGERS
1984-85 ENFIELD RANGERS
RIDGE
adidas

Oben: Mit Freunden im Chase Lane Park. Gibt es Aussichten auf einen Adidas-Vertrag?

Rechts: Fußball auf Bezirksebene ist fast so aufregend wie in der Nationalmannschaft.

Ganz rechts: Preisverleihung bei den Ridgeway Rovers. Coach Stuart Underwood achtete stets auf adrettes Aussehen. Vielleicht hätte er ein paar Worte mit Clive Allen reden sollen.

Ganz oben: Ein arroganter Londoner? Bin ich etwa damit gemeint? Mein erstes Privatquartier in Manchester.

Oben: So sein wie Robbo. Der jüngste Neuzugang bei United neben seinem großen Vorbild.

Links: 2. Mai 1988: Der Alte zeigt mir die gepunktete Linie, wo ich unterschreiben soll.

Nach dem Gewinn des Bobby-Charlton-Fußballwettbewerbs 1986. Glückwünsche vom Namensgeber.

»Du errätst nie, was ich gestern Abend erlebt habe Mum.«

will. Und wie jeder Junge, den er für United trainiert hat, weiß ich, dass ich ihm etwas bedeutete. Ich war mir immer sicher, dass er nur mein Bestes wollte, und daran hat sich bis heute nichts geändert.

Eric konnte einem aber auch ganz schön Angst einjagen. Sein Ruf war ihm vorausgeeilt, und ich hatte im Voraus ein bisschen Schiss vor ihm. Aber ich fand bald heraus, was für ein brillanter Trainer er war. Alles, was er mit uns machte, war okay. Die Trainingseinheiten, die er leitete, die Tatsache, dass er uns hart rannahm, das Verständnis, das er für uns aufbrachte, und das ungeheure Selbstvertrauen, das er uns lehrte. Eric hatte zwar einen Haufen talentierter Jungs zur Verfügung, aber es ist ganz allein sein Verdienst, dass aus uns richtige Fußballer wurden und, im Laufe der nächsten drei Jahre, ein Team.

Aber sein Ruf als Wüterich ist nicht übertrieben. Wenn Eric auf dich sauer war, dann putzte er dich schlimmer herunter als alle anderen, die ich kenne. Wir waren natürlich auch noch jung und leichter zu beeindrucken, aber die Salven, die Eric auf einen abfeuerte, sorgten für mehr Angst und Schrecken als jede Schimpfkanonade von Alex Ferguson. Ich weiß noch genau, wie es war, wenn wir ein Spiel im Cliff hatten. Erics Büro hatte ein großes Fenster, das genau auf das Spielfeld, auf dem wir spielten, hinaussah. Wenn du einen Fehler machtest oder etwas abzogst, von dem du genau wusstest, dass du es lieber nicht tun solltest, dann konnte man ihn wütend an die Scheibe hämmern hören. Du wagtest gar nicht, zum Fenster hochzuschauen, denn du wusstest, das war Eric, und er war nicht sehr erfreut. Aber einen kurzen Blick musstest du doch riskieren, denn wenn du ihn dann nicht hinter der Scheibe brüllen sahst, dann hattest du dir richtig Ärger eingehandelt, und es war höchste Zeit, den strategischen Rückzug auf die andere Spielfeldseite anzutreten. Denn das hieß, dass Eric auf dem Weg nach unten war.

Wenn Eric dich lobte, dann war das eine richtige Auszeichnung. Wenn er morgens zu mir sagte: »Guter Ball, David«, dann war ich den ganzen Tag in Hochstimmung. Wenn er etwas kritisierte, dann hatte es den gleichen Effekt. Du überlegtest es dir dreimal, bevor du es wiederholtest. Ich erinnere mich an einen Tag, an dem ich jedes Mal, wenn ich den Ball hatte, versuchte, ihn mit einem Sechzig-Meter-Pass an einen entfernten Mitspieler abzugeben. Sogar damals konnte ich schon recht gut abschätzen, was sich vor mir so abspielte, und ich konnte einen Ball ziemlich weit schießen. An diesem Tag kam aber nichts dabei raus, und Eric war nicht beeindruckt.

»David. Was soll das? Warum schlägst du dauernd diese dämlichen Hollywood-Pässe?«

Hollywood-Pässe? Den Ausdruck hatte ich noch nie gehört, aber ich wusste genau, was er damit sagen wollte. Und ich versuchte es eine ganze Weile nicht mehr. Um ehrlich zu sein, ich liebe diese langen Bälle immer noch, sie gehören einfach zu meinem Spiel. Aber wenn einer danebengeht, sehe ich auch heute noch Eric vor meinem geistigen Auge, wie er den Kopf schüttelt und brummelt: »Dämliche Hollywood-Pässe!«

Für Alex Ferguson oder die anderen Trainer, mit denen ich gearbeitet habe, gilt das nicht in jedem Fall, aber bei Eric wusstest du immer genau, woran du warst. Wenn er die Geduld mit dir verlor, dann legte er Wert darauf, dass du wusstest, warum, und irgendwie schaffte er es immer, dich aufzurütteln, ohne dich zu beschimpfen oder niederzumachen. Wir wussten auch in den haarigsten Situationen immer, dass Eric genau das Gleiche wollte wie wir: Das Beste aus uns herausholen und als Individuen und als Team alles erreichen, was uns möglich war. Heutzutage meinen junge Spieler manchmal, sobald sie bei einem Klub unterschrieben haben, sitzen sie im gemachten Nest. In unserer Generation gab es so was nicht. Und falls es doch jemandem eingefallen wäre, hätte uns Eric diese Flausen schnellstens ausgetrieben.

Ich hatte, während ich heranwuchs, immer Glück mit meinen Trainern, aber als ich zu United stieß und anfing, mit Eric zu arbeiten, merkte ich schnell, dass ich einen völlig neuen Level erreicht hatte. Als ich jung war, hatte ich oft das Argument zu hören bekommen, es sei besser, bei einem kleineren Verein anzufangen und sich dann zu einem großen Klub wie Manchester United hochzuarbeiten. Und ich weiß auch, dass das irgendwie Sinn macht. Als ich im Cliff trainierte, wusste ich bald, dass es, wenn es hier nicht klappen würde, nur noch abwärts gehen konnte. Aber ich war schon damals der Ansicht und meine Erfahrungen bestätigen mich in dieser Haltung, dass man die Chance, mit den Besten zu arbeiten, immer nutzen sollte.

Bei United stimmte alles: Die Einrichtungen, die Ausrüstung, das Training und die Dynamik zwischen den Spielern einer Gruppe. Wer hätte nicht gerne Eric Harrison als Trainer der Jugendmannschaft? Ich konnte gar nicht genug bekommen. Noch als YTS-Trainee gingen Gary und ich zweimal pro Woche zum Training zurück ins Cliff, wenn Eric auf dem Hallenplatz mit den Schülern arbeitete. Wir nahmen an den Sessions teil, weil wir das Extratraining gut gebrauchen konnten. Phil Neville war damals in der Altersgruppe, die regulär mit Eric trainierte, er war zwei Jahre jünger als ich und Gary, genau wie Dave Gardner. Ich weiß nicht, wie man seine allerbesten Freunde findet. Vielleicht wird man einfach gefunden. Dave und ich waren sofort wie Pech und Schwefel, und so ist es immer noch: Im Sommer 2003 war ich bei seiner Hochzeit Trauzeuge. Er blieb bei United, bis er achtzehn war, da spielte ich schon regelmäßig für die erste Mannschaft. Dave spielte dann als Profi für Manchester City, heute spielt er ligalos für Altrincham, hauptsächlich, um sich fit zu halten; er arbeitet mittlerweile als Direktor einer Sportmanagement-Firma.

Während unserer ersten Jahre bei United bestand Eric darauf, dass wir bei jedem Spiel der ersten Mannschaft im Old Trafford dabei waren. Nicht nur, um uns das Spiel anzusehen, sondern auch, um auf einzelne Spieler zu achten. Das erinnerte mich daran, wie Dad mich zu Pokalfinalspielen mitgenommen hatte, als ich klein war.

»Das Spiel ist nicht so wichtig, David. Schau dir einfach Bryan Robson an, und merk dir, was er tut.«

Jetzt kamen die gleichen Worte aus Erics Mund: »Schau dir den Mann, der in deiner Position spielt, genau an. Eines Tages wirst du seinen Platz einnehmen.«

Das zu hören stärkte unser Selbstvertrauen enorm, auch wenn wir zu diesem Zeitpunkt natürlich noch keine Ahnung davon hatten, wie bald schon der Boss uns in seine Pläne für die erste Mannschaft einbauen würde.

Unser Besuch der Spiele im Old Trafford war Erics Chance zu demonstrieren, wie wichtig es ihm war, einen gewissen Standard aufrechtzuerhalten. Er bestand darauf, dass wir in Hemd und Krawatte erschienen, genau wie Stuart Underwood großen Wert darauf gelegt hatte, dass die Ridgeway Spieler sich ordentlich kleideten, wenn wir zu großen Spielen gingen. Das macht schon einen Unterschied, finde ich. Manche Teams sieht man in ihren Trainingsanzügen auf dem Spielfeld ankommen oder über den Flughafen laufen. Die Tatsache, dass ein Team von Manchester United immer die Vereinsblazer trägt, sagt eine Menge über unsere professionelle Einstellung aus. Das gepflegte Äußere zeigte unsere Selbstachtung und unseren Respekt vor dem Verein.

Bei unseren Trainingseinheiten ging es nicht nur um Technik, Taktik und darum, neue Tricks zu lernen. Wenn Eric eine Schwäche deines Spiels entdeckte, dann versuchte er auf jeden Fall, sie auszumerzen. Ich weiß nicht, ob Kopfbälle nur dazu erfunden wurden, mich leiden zu lassen, aber manchen Vormittag lang kam es mir genau so vor. Als Stürmer musst du körperlich stark genug sein, dich gegen größere und stärkere Verteidiger zu behaupten. Kopfbälle und Zweikämpfe waren nicht gerade meine Stärken, das lag vor allem daran, dass ich der kleinste von allen Jungs war. Wenn Eric einen jungen Spieler abhärten wollte, dann hagelte es Kopfbälle. Er stellte zwei Teams auf, die Mittelfeldspieler und Stürmer gegen die Verteidiger. Der Ball wurde in die Luft gekickt, und Tore konnte man nur mit dem Kopf erzielen. Das allein wäre ja kein Problem gewesen, aber für Gary Neville, Chris Casper und die anderen war es geradezu eine Aufforderung, von hinten in dich hineinzukrachen, um dich aufzuhalten, solange du nach oben sahst. Gary war der Schlimmste. Hinterher war man voller Schrammen und fragte sich nur, was in aller Welt man getan hatte, um ihn so sauer zu machen. Ich fürchtete diese Sessions, aber als ich vier Jahre später in der Premier League gegen Spieler vom Kaliber eines Stuart Pearce oder Julian Dicks antrat, war ich doch dankbar dafür, dass die ersten ordentlichen Rempler, die ich hatte einstecken müssen, von meinen eigenen Mannschaftskollegen gekommen waren.

Gary und Chris Casper beschränkten sich aber nicht nur auf diese Kopfballsessions, um mir zu zeigen, wo der Hammer hing. Davon konnten die zwei gar nicht genug kriegen. Cas war für sein Alter sehr groß und stark. Sein Dad Frank hatte für Burnley gespielt, in den Sechzigern, als Burnley eine Spitzenmannschaft gewesen war, und Chris hatte sich offensichtlich einiges von ihm abgeschaut. Er gab sich sehr erwachsen und professionell. Und wenn wir zusammenspielten, redete er ununterbrochen, das ganze Spiel hindurch. Manchmal war Cas in der Verteidigung, als Profi spielte er später als Mittelverteidiger. Manchmal war er aber auch für ein Spiel im Zentrum des Mittelfeldes, und dann spielte er direkt neben mir. Dann feuerte er mich an und gab mir Anweisungen, zu wem ich passen sollte. Und nicht nur mir, er sagte es allen, die in Hörweite waren. Er redete sogar mit sich selbst. Nach neunzig Minuten hatte ich bohrende Kopfschmerzen, und dass Dad sein Verhalten gut fand, machte es noch schlimmer.

»Nimm dir ein Beispiel an Cas. Du solltest so viel reden wie er. Du solltest sogar noch mehr reden als er.«

»Ich habe es lieber still«, dachte ich dann. Als ich an Erfahrung gewann – besonders, seit ich als Spielführer eingesetzt wurde –, begriff ich schließlich, wie wichtig es ist, auf dem Spielfeld miteinander zu kommunizieren. Es versteht sich von selbst, dass man einen Teamkollegen darauf aufmerksam macht, dass ihm gerade jemand den Ball abnehmen will, aber wenn er nicht von alleine darauf kommt, dass er jetzt passen sollte, dann ist es wahrscheinlich sowieso schon zu spät, wenn man es ihm sagt. Wenn man für ManU oder für England spielt, braucht man dann wirklich einen Kumpel, der einem Minute für Minute erzählt, was er von deinem Spiel hält? Natürlich muss man miteinander reden, aber Cas redete meiner Meinung nach die halbe Zeit nur, weil er sich gerne selbst reden hörte. Man kam sich vor, als spiele man neben einem Kommentator. Wenn wir zusammen auf dem Platz waren, ging er mir manchmal ziemlich auf die Nerven, aber sonst waren Cas und ich gute Kumpel. Er gehörte zu der kleinen Gruppe derer, die zusammen in den Urlaub fuhren.

Meine Mum und mein Dad waren Joe Glanville ständig bei Spielen über den Weg gelaufen. Er kam aus Malta und war ein Riesenfan von United. Und nachdem sie sich kennen gelernt hatten, eröffneten meine Eltern mir, dass wir in Malta Urlaub machen würden. Alles war vorbereitet und organisiert, wir mussten nur mit gepackten Koffern zur richtigen Zeit am Flughafen auftauchen.

Es wurde ein wundervoller Sommer. Während unseres Aufenthalts fand ein großer Empfang der dortigen United-Anhänger statt, die Steve Bruce und Lee Sharpe mit organisiert hatten. Joe und seine Freunde brachten uns in einem schönen Hotel unter, und jeden Morgen nach dem Aufstehen fand sich jemand, der uns hinfuhr, wohin wir wollten: zum Strand, ins Dorf oder rund um die Insel. Es war für alles gesorgt. Im nächsten Jahr ging ich wieder hin, diesmal mit Cas, Gary und Ben Thornley. Ein richtiger Jungensurlaub, allerdings in Maßen, so waren wir eben: ein paar Bier, ein paar Urlaubsflirts, aber nichts, was man vor seiner Mutter geheim halten muss.

Wir hatten Joe vorher gebeten, uns auf keinen Fall ein feudales Hotel zu buchen, aber das bereuten wir, sobald wir unsere Apartmentanlage zum ersten Mal sahen. Sie war schrecklich. Es gab keine Klimaanlage, und auf Malta herrscht brütende Hitze im Sommer. Gary und Ben schnappten sich das Zimmer mit Deckenventilator, und Cas und ich schwitzten vor uns hin, Tag und Nacht. Davon abgesehen amüsierten wir uns so gut, dass ich die nächsten sechs Jahre jeden Sommer wieder hinfuhr. Gary kaufte sich später sogar ein Haus dort.

Wir vier hingen auch in Manchester zusammen rum, mit Dave Gardner. Er war zwar jünger als wir, aber er wusste immer genau, wo etwas abging. Wir zogen regelmäßig mittwochabends los, und meistens gingen wir zu Johnsons, mitten im Stadtzentrum, aber unauffällig. Wir waren recht vernünftig für unser Alter – ich glaube, Ben war noch der wildeste von uns –, wir wussten genau, wann wir auf die Bremse treten mussten, wann es Zeit war, nach Hause zu gehen, und wann es besser war zu verschwinden, wenn eine Kneipe sich als arge Spelunke herausstellte. Dafür hatten wir Gary dabei, der ein sehr paranoider Mensch ist. Manchmal brachte er uns an den Rand des Wahnsinns. Wir gingen in eine Kneipe, drehten uns um und sahen Gary, der wie angewurzelt da stand.

»Nein, Jungs. Mir gefällt es hier nicht, wir müssen hier raus. Los, los, nichts wie raus hier!«

Es reichte schon, wenn einer komisch guckte. Andererseits kam uns das auch zugute, denn wir hatten nie auch nur einen Hauch von Ärger. Später landeten wir dann alle bei Ben und verbrachten dort die Nacht. Er wohnte immer noch bei seinen Eltern, und sein Zimmer war im Dachgeschoss, riesig, aber eiskalt. Ben lag natürlich gemütlich in seinem warmen Bett, während ich, Gary und Cas auf dem Fußboden bibberten. Manchmal fehlen mir diese Nächte. Heute kann ich so was schließlich nicht mehr veranstalten.

Allen jungen Spieler wurden Arbeiten in den Sportanlagen zugeteilt, wir waren da keine Ausnahme. Cas und ich waren für die Umkleidekabine der ersten Mannschaft zuständig, also mussten wir die Toiletten und Duschen schrubben und die Umkleidekabine selbst auch. Ich war schneller und übernahm den ersten Teil, eine leichte Aufgabe. Ich zog einfach meine Shorts an und spritzte so lange mit dem Schlauch herum, bis die Toiletten und Duschen sauber waren. An Cas blieb die Aufgabe hängen, den Umkleideraum von Dreck und Abfall zu befreien. Um die Weihnachtszeit wechselten wir, aber das machte es für ihn nur noch schlimmer. Es bedeutete nämlich, dass jetzt ich in der Umkleidekabine herumwuselte und Stiefel putzte und das Lob der älteren Spieler genau zum richtigen Zeitpunkt entgegen nehmen konnte.

Es ist eine der weniger schönen Seiten eines Lebens als Fußballspieler, dass man Menschen wirklich nahe kommt, aber dann, wenn sie zu einem anderen Verein wechseln, völlig den Kontakt zu ihnen verliert. Hin und wieder laufe ich Ben Thornley über den Weg, und ich weiß, dass Gary losen Kontakt zu Chris Casper aufrechterhält, aber als Teenager waren wir die ganze Zeit zusammen und gingen miteinander durch dick und dünn. Es ist jammerschade, aber vielleicht gehört es einfach zum Job. Man muss sich auf die Spieler konzentrieren, die momentan die Umkleidekabine mit einem teilen.

Manchmal hatte ich immer noch Heimweh, aber eigentlich führte ich ein fantastisches Leben. Mum und Dad waren großartig, sie kamen jedes Wochenende hoch, um mich spielen zu sehen, sie enttäuschten mich nie. Und das tägliche Leben bei United war alles, was ich mir erhofft hatte. Ich freundete mich schnell mit den Jungs an, mit denen ich die ganze Woche über trainierte, und genauso schnell fingen wir an, Spiele fünf oder sechs zu null zu gewinnen. Weil ich so klein war und Keith Gillespie zuerst in meiner Position rechts spielte, machte ich mir Sorgen darüber, dass ich für die größeren Spiele nicht aufgestellt werden würde. In der ersten Saison waren die Spieler, gegen die wir in den Ausscheidungsspielen für den FA-Jugendpokal [Football Association, entspricht dem DFB] spielten, ein Jahr älter als wir, und anfangs hielt mich Eric aus diesen Spielen raus.

Aber ich bekam meine Chance schließlich. Keith Gillespie wurde nach vorne beordert, also konnte ich als Rechtsaußen einsteigen. Robbie Savage war mein zweiter großer Konkurrent um diesen Platz, aber er verletzte sich während der Saison. Später fand ich heraus, dass United den Jugendpokal seit 1964 nicht mehr gewonnen hatte, als George Best in der Mannschaft war. Was wir 1992 erreichten, als die meisten von uns in ihrem ersten Vereinsjahr waren, war also, historisch gesehen, etwas ganz Besonderes. Das war uns damals natürlich nicht bewusst. Für uns zählte nur, dass wir für United spielten und gewannen.

Ich erinnere mich daran, wie wir Spurs 1992 im Halbfinale des Jugendpokals schlugen. Genau wie das Halbfinale lief das Finale dann über zwei Runden. In London schlugen wir Chrystal Palace 3:1. Beinahe hätte das Spiel gar nicht stattgefunden, es schüttete nämlich schon den ganzen Tag und das Spielfeld stand unter Wasser. Gerade, als sie alles abblasen wollten, hörte der Regen auf, und wir konnten spielen. Nicky Butt schoss zwei Tore und ich das dritte, einen Volley mit dem linken Fuß von der Ecke des Strafraums aus, nachdem Ben den Ball nach hinten angeschnitten hatte. Zu Hause schlugen wir sie dann 3:2. Ryan Gibbs, der ein Jahr älter war als die meisten von uns, war unser Kapitän, und unser Teamgeist war erstaunlich.

Die Rückrunde im Old Trafford werde ich so schnell nicht vergessen. 32 000 United-Fans füllten die Zuschauerränge, so eine Riesenstimmung hatte keiner von uns je zuvor erlebt. Viele Fans interessieren sich für die Entwicklung junger Talente und verfolgen die Spiele der Jungendmannschaft, aber 32 000? Vielleicht sprach es sich langsam herum, dass der Klub diesmal besonders gute junge Spieler in seiner Nachwuchsmannschaft hatte. Uns war schon klar, was da passierte, aber wir sprachen eigentlich nie darüber. In den zwei oder drei Jahren unserer Ausbildung sagte Alex Ferguson nur einmal: »Also, wenn wir aus diesem Haufen keinen Spieler für die erste Mannschaft kriegen, dann können wir genauso gut einpacken.« Sonst erwähnte niemand aus dem Verein auch nur mit einem Wort, dass wir etwas Besonderes waren. Wir konzentrierten uns einfach auf das Training oder auf das anstehende Spiel.

Im darauf folgenden Jahr erreichten wir wieder das Finale des Jugendpokals. Ich erinnere mich noch genau an das Halbfinale gegen Millwall. Uns war zu Ohren gekommen, dass sie eine Überraschung in petto hatten. Und siehe da, in der Hinrunde im Old Trafford kamen sie aufs Spielfeld und jeder Spieler hatte sich den Kopf kahl rasiert. Vielleicht brachte uns das aus der Fassung, jedenfalls verloren wir 2:1. Die Rückrunde fand im alten Den statt – es war fast vollständig besetzt, und das war ziemlich einschüchternd, auch wenn es nur ein Nachwuchsspiel war –, aber wir gewannen 2:0 und zogen ins Finale, wo wir auf Leeds United trafen.

Ich habe seither öfters gehört, dass es schon seltsam sei, dass wir so viele zukünftige Spitzenspieler in unserem Team hatten, während von den Leeds-Jungs sich fast keiner einen Namen gemacht hat. In diesen beiden Spielen waren sie aber richtig gut und hatten mächtig Feuer unterm Hintern. Im Old Trafford verloren wir 2:0, und die Rückrunde fand in Elland Road statt. Dort hatten wir nicht nur die Spieler gegen uns. In Manchester waren es wieder 30 000 Fans gewesen, und als die Durchsage kam, dass in Leeds sogar noch mehr Fans erschienen waren, war der Jubel so groß, als wäre ein Tor gefallen. Die Fans machten ihren Jungs richtig Dampf, und sie schlugen uns wieder, diesmal 2:1.

In dieser Saison hatten wir eine Menge Spiele hinter uns, und ich erinnere mich, dass ich sehr erschöpft war, aber es war nicht so schlimm, das Finale zu verlieren. Für die meisten von uns war es die erste große Enttäuschung ihrer Fußballlaufbahn, und es machte uns stärker, dass wir sie zusammen durchstanden. Man will alles dafür tun, damit man sich nicht noch einmal so mies fühlt. Und vor allem will man verhindern, dass Eric Harrison noch einmal so sauer auf einen ist, wie nach dieser Niederlage in der Umkleidekabine in der Elland Road.

In der Saison 1992/93 begannen die Spieler unserer Altersgruppe, in die erste Mannschaft einbezogen zu werden, und sogar das eine oder andere Spiel mit ihnen zu bestreiten. Schon im September wurde ich zum Training mit der ersten Mannschaft eingeteilt, und ein paar Tage später eröffnete mir der Cheftrainer, dass ich für ein Auswahlspiel für den Ligapokal nach Brighton reisen würde. Gary, Nicky Butt und Paul Scholes waren ebenfalls mit von der Partie. Wir flogen in einem winzigen Flugzeug mit siebzehn Sitzplätzen hin. Der Flug war fürchterlich. Es herrschte ein höllischer Lärm, wir kamen dauernd in Luftlöcher, und die Sitze waren sehr eng. Es dauerte eine Ewigkeit, bis wir endlich da waren. Vielleicht schlief ich deshalb so gut, als wir endlich unser Ziel erreicht hatten. Morgens nach dem Aufwachen erfuhr ich, dass ich als Auswechselspieler eingesetzt werden würde.

Zwanzig Minuten vor Spielende informierte mich der Boss darüber, dass ich für Andrei Kanchelskis auf den Platz durfte. Ich war so aufgeregt, dass ich mir den Kopf am Dach des Unterstandes anschlug, so schnell sprang ich auf. Großartiger Auftakt zu einer Karriere in der ersten Mannschaft! Der Boss wollte mich unter die Lupe nehmen, und ich glaube, ich schlug mich ganz anständig. Mum und Dad waren auch unter den Zuschauern im Goldstone, und sie waren genauso überrascht wie ich, dass ich wirklich spielen durfte. Siebzehn Minuten als Spieler für United – ich fühlte mich trotzdem noch sehr jung. Wie alt war ich? Gerade mal siebzehn? Eher noch der Junge, der als Maskottchen auf der Bank in West Ham gesessen hatte, als schon ein Mann, der bereit war für ManUs erste Mannschaft. Der Boss putzte mich in der Umkleidekabine nach dem Spiel ein bisschen herunter, obwohl mir nicht bewusst war, dass ich etwas falsch gemacht hatte. Wahrscheinlich wollte er nur verhindern, dass ich zu schnell abhob.

Bis zu meiner nächsten Chance verging viel Zeit. Die Jugendpokal-Mannschaft spielte nun im *Reserve Team,* und wir hatten die A-League und die Central League gewonnen, für den Verein das erste Mal seit mehr als zwanzig Jahren. In der ersten Hälfte der Saison von 1994/95 spielte ich noch in ein paar Ligapokalspielen mit, wenn der Boss seine wichtigen Spieler schonen wollte. In den frühen Neunzigern hatte der Verein ein bisschen mit der Overseas Player Rule zu kämpfen. Diese Regel besagte, dass bei europäischen Wettbewerben höchstens drei ausländische Spieler je Mannschaft aufs Feld durften. Die Mannschaft war ziemlich stark, aber die Veränderungen, die der Boss vornehmen musste, brachten den Rhythmus des Teams durcheinander. In dieser Saison waren wir in der Champions League so gut wie draußen, wir hatten nur noch ein Heimspiel zu absolvieren, und zwar gegen Galatasaray Istanbul. Es war Mitte Dezember 1994.

Zum ersten Mal erfuhr ich durch einen Artikel in der *Manchester Evening Post*, dass ich dabei sein könnte. In dem Artikel stand, dass der Boss darüber nachdachte, ein paar Nachwuchsspielern die Chance zu geben, Europäischen Fußball kennen zu lernen. Am Tag des Spiels eröffnete er uns, dass wir das Spiel am Abend von Anfang an mitmachen sollten. Ich weiß nicht, wie es den anderen ging, aber ich hatte keine Ahnung, was mich erwarten würde. Ungefähr eine halbe Stunde nach dem Anpfiff schoss ich mein erstes richtiges Tor für United. Der Ball rollte zu mir, genau vor der Stretford-Kurve, und ich weiß noch, dass ich dachte: Wenn ich ihn richtig treffe, könnte etwas passieren. Obwohl ich den Ball gar nicht richtig erwischte, trudelte er irgendwie ins Netz, und ich drehte mich um und rannte los um zu feiern. Eric Cantona war als Erster bei mir. Ich war so aus dem Häuschen, dass er mich schließlich abwehren musste, weil ich ihn gar nicht mehr loslassen wollte. *Ich habe ein Tor geschossen, und ich feiere mit Eric Cantona!*

Es machte mir wirklich Spaß. Ich glaube, Galatasaray hatte ebenfalls auf ein paar erfahrene Spieler verzichtet, und das Spiel war leichter, als wir erwartet hatten. Wir spielten gut, und die Tatsache, dass so viele jüngere Spieler im Team waren, motivierte uns nur noch mehr. Es machte auch einen Unterschied, dass wir von Anfang an auf dem Platz gewesen waren. Ich fühlte mich an diesem Abend im Old Trafford viel mehr in meinem Element als zwei Jahre zuvor während meiner siebzehn Minuten unten in Brighton. Für uns Neulinge fühlte es sich an, als stünden wir im Pokalfinale, auch wenn United ausscheiden würde, egal, wie das Spiel ausging. Immerhin gewannen wir 4:0, und das ist in einem europäischen Spiel immer ein mehr als anständiges Ergebnis, egal, unter welchen Umständen. Der Boss sagte hinterher nichts zu uns. Er war enttäuscht darüber, dass wir aus dem Europapokal raus waren, aber er schien ganz zufrieden mit unser Leistung zu sein.

Mein Einstand in einem großen Spiel auf Europaebene blieb die Ausnahme für mich. Ich hatte noch einiges zu lernen – und einiges an Gewicht zuzulegen.

Es gibt eine Sache, die United und die Spieler im Verein besonders antreibt. Du weißt, dass du dich nicht gehen lassen darfst, denn es gibt immer jemanden, der nur darauf wartet, deinen Platz einzunehmen. Als ich ein Teenager war, waren die Zweifel daran, ob ich nächste Woche, nächsten Monat oder sogar nächstes Jahr noch hier sein würde, besonders quälend. Nach dem Spiel für Galatasaray ging es für mich erst einmal zurück in die B-Mannschaft, zurück zu den Zweifeln, ob ich gut genug war, um den nächsten großen Schritt zu wagen. Mich in der ersten Mannschaft zu behaupten, indem ich Spiele in der Premier League bekam. In jeder Karriere gibt es Augenblicke, in denen man glaubt zu wissen, was einem jetzt gut tut, aber dann das Beste aus dem machen muss, was wirklich passiert.

Es war etwas Besonderes, als ich nach dem Training in das Büro von Alex Ferguson gerufen wurde.

»Preston North End hat angefragt, ob sie dich für einen Monat ausleihen können. Ich halte das für eine gute Idee.«

Sofort zählte ich zwei und zwei zusammen und kam auf fünf. Ich war neunzehn. Nicky Butt und Gary Neville bekamen bereits ziemlich regelmäßig Spiele. Ich war zwar schon bei der ersten Mannschaft dabei gewesen, aber ich machte nicht so große Fortschritte wie die beiden. Hatte United entschieden, dass ich zu schwach war, um es zu schaffen? War das eine Art, mich hinauszukomplimentieren? Der Gedanke ging mir nicht mehr aus dem Kopf. *Sie rechnen nicht mit mir. Sie wollen mich loswerden!*

Sicher war es eine Überreaktion, aber so fühlte ich mich eben. Natürlich sprach ich sofort mit Eric Harrison darüber, und wegen dieses Gesprächs bestellte mich der Boss noch einmal zu sich, um mich aufzuklären.

»Hier geht es nur darum, dass du Erfahrungen mit einer ersten Mannschaft sammelst. Und zwar in einem anderen Team in einer anderen Liga.«

Ich war froh, dass wir darüber gesprochen hatten, denn das bedeutete, dass ich jetzt mit der richtigen Einstellung zu Preston ging. Ich hätte weiterhin in Manchester trainieren und nur zu den Spielen nach Deepdale gehen können, aber weil ich jetzt wusste, dass United dies als Chance für mich betrachtete, mich als Spieler weiterzuentwickeln, entschied ich mich dafür, den Monat voll und ganz bei Preston einzusteigen. Wenn ich es schon machte, dann richtig.

Als ich zum ersten Mal auf Prestons Trainingsplatz auftauchte, war ich ganz schön nervös. Ich ging in die Umkleidekabine, und alle Spieler von Preston saßen da, als warteten sie auf mich. Ich weiß nicht, ob sie das wirklich dachten, oder ob ich es mir nur vorstellte: *Da ist er ja, der Großkotz von United, und ein Cockney ist er auch noch!* Auf jeden Fall war der erste Morgen ziemlich verkrampft. Preston spielte in der Division Three. Dies hier war völlig anders als das Leben, das ich in meinem Verein gewöhnt war, wo man sich für dich um alles kümmerte, wo nur das Beste gut genug war. Am Ende des ersten Trainings warf ich wie gewohnt meinen Dress auf den Boden der Umkleidekabine, bevor ich in die Dusche ging.

»Nicht auf den Boden. Den nimmst du mit und wäschst ihn selbst bis morgen.«

Es machte mir nichts aus, ich war nur nicht vorbereitet darauf, wie die Dinge in Deepdale liefen. Cheftrainer Gary Peters verschwendete keine Zeit mit Formalitäten. Am ersten Tag versammelte er die anderen Spieler und mich in einem Kreis um sich herum.

»Das ist David Beckham. Er kommt für einen Monat von Manchester United zu uns. Er kann spielen, und er übernimmt von jetzt an alle Eckbälle und Freistöße. Das heißt du da und du da, ihr macht sie nicht mehr.«

Er zeigte auf die Spieler, die sich normalerweise um die toten Bälle kümmerten, und wartete nicht einmal auf eine Antwort. Toller Anfang. Die Spieler fühlten sich bestimmt auf den Schlips getreten. Mir wäre es auch nicht anders gegangen. Doch nachdem wir eine Weile miteinander gearbeitet und uns besser kennen gelernt hatten, entwickelte sich unser Verhältnis trotz des etwas peinlichen Auftakts sehr gut. Wir gingen während des Monats, den ich dort verbrachte, auch ein paarmal zusammen aus. Es machte einen echten Unterschied, dass ich nicht einfach nur zu den Spielen auftauchte. Sie wussten, dass ich mich dafür entschieden hatte, jeden Tag bei Preston zu sein, solange ich für sie spielte.

Der Spitzenmann im Team war David Moyes, der inzwischen Everton trainiert. Er war ein Vorstopper, die Art von Spieler, der alle Zweikämpfe liebte, sogar die unmöglichen. Er schrie herum und feuerte die Leute an und wollte leidenschaftlich gern gewinnen. Er war der Spielführer des Vereins, und er sprach mit mir und bezog mich gleich von Anfang an voll mit ein. Vielleicht ist man im Nachhinein immer schlau, aber man konnte damals schon davon ausgehen, dass aus David mal ein Trainer werden würde. Er schätzte mich sofort richtig ein, er wusste, dass ich eher ein stiller Typ war, der gern für sich blieb und nur etwas sagte, wenn es unbedingt nötig war. Er bemühte sich wirklich darum, mich in die Gruppe zu integrieren und sich um mich zu kümmern, und ich wusste das sehr zu schätzen.

Gary Peters war ebenfalls sehr, sehr gut. Mir half, dass auch er aus London stammte. Er machte mir klar, was er von mir erwartete, und gab mir gleichzeitig das dafür nötige Selbstvertrauen. Er schien wirklich an mich zu glauben. Er hatte mich wahrscheinlich mit dem *Reserve Team* spielen sehen, und ich erfuhr später, dass er eigentlich nur aus Jux gefragt hatte, ob Preston mich ausleihen könne. Er hatte nicht im Traum damit gerechnet, dass der Verein zustimmen würde und traute seinen Ohren nicht, als der Boss sein Okay gab. Ich weiß, dass Preston mich nach der Ausleihzeit sogar kaufen wollte, aber Gary wusste, dass sie sich da doch ein wenig überschätzten.

Alles ging sehr schnell. Montag trainierte ich mit ihnen, Mittwoch stellte mich Gary für das *Reserve Team* auf, ein komisches Gefühl.

Preston spielte in der Central League, genau wie das *Reserve Team* von United, und am Anfang kam es mir vor, als läge eine ziemlich harte Zeit vor mir. Aber sobald du auf dem Rasen bist und spielst, zählt das alles nicht mehr. Ich schlug mich ganz gut, bereitete ein Tor vor und schoss selbst eines, und am Samstag fand ich mich auf der Bank für das erste Team gegen Doncaster in Deepdale wieder.

Ich war sehr überrascht, als Ryan Kirby, an dessen Seite ich so lange bei Ridgeway gespielt hatte, für Doncaster auf den Platz kam. Mein Dad schaute sich das Spiel natürlich an, genau wie Ryans Dad, Steve, der uns als Kinder manchmal trainiert hatte. Ryan und mir reichte es nur für ein kurzes Hallo, dann mussten wir schon loslegen.

Ich sah nur einer Sache mir Bangen entgegen, und das war das Tackling. Ich bin mir sicher, dass das ein Grund ist, warum der Boss mich zu Preston geschickt hatte: Ich sollte ein bisschen härter werden. Damals war ich viel schmächtiger als heute. Während dieses ersten Spiels saß ich die erste Halbzeit auf der Bank und zuckte innerlich bei jedem harten Zweikampf zusammen. Ich freute mich nicht wirklich darauf, eingewechselt zu werden. Als ich dann auf dem Feld war, bekamen wir fast sofort einen Eckball. Es war ein windiger Nachmittag, wir hatten Rückenwind, und ich weiß noch, ich trat den Ball einfach, mal sehen was passiert. Ein Tor. Kein schlechter Anfang. Wir holten schließlich auf, und das Spiel endete 2:2.

Im nächsten Spiel traten wir gegen Fulham an, bei denen Terry Hurlock spielte. Ich wusste, was Terry für einen Ruf genoss, und ich hatte ihn auch schon spielen sehen: Dieser Kerl war ganz wild aufs Tackling, und ich hatte ein bisschen Schiss davor, dass er mir eine reinwürgte. Letztendlich kam ich glimpflich davon und konnte ihm sogar selbst den Ball ein- oder zweimal abnehmen. Man merkt sehr bald, dass man sich nicht vor körperlichem Einsatz drücken kann, wenn man für Preston in der Division Three spielt und sie die Punkte brauchen.

Wir gewannen 2:3, und in diesem Spiel erzielte ich mein erstes Tor durch einen Freistoß für eine erste Mannschaft. Es war direkt außerhalb des Strafraums, und ich dachte, da lässt sich was draus machen. Gary Peters hatte mich für die Freistöße eingeteilt, und dieser hätte gar nicht besser laufen können. Viel deutlicher als das Tor ist mir der Jubel danach in Erinnerung. Ich riss meinen Arm hoch und rannte weg vom Tor, und einer der Spieler von Preston packte mich am Kopf und zog mich so stark an den Haaren, dass ich dachte, er reißt mir ein Büschel aus. Der absolute Wahnsinn. Ich glaube, eine Menge Leute können sich überhaupt nicht vorstellen, wie viel Tore und Ergebnisse für die Spieler bedeuten. Den Jungs aus Klubs wie Preston ging es, damals jedenfalls, ums Spielen und darum, ihre Hypothek und ihre Rechnungen zu bezahlen wie jeder andere auch. Das gab dem Fußball eine Schärfe, die ich so noch nie erlebt hatte. Es stand in den Augen meiner Mitspieler geschrieben, wie stark es sie antrieb. Sie wollten – und mussten – das Spiel unbedingt gewinnen! Den Zuschauern ging es ganz genau so. Der Verein war ein wichtiger Teil von Deepdale, er hatte eine lange, stolze Geschichte und die Menschen dort lebten nur für das Spiel am Samstagnachmittag. Ich hatte Glück. Sie waren großartig und schlossen mich schnell ins Herz.

Ich habe seither viele Dinge erlebt, die mich tief beeindruckt haben, aber ehrlich gesagt war der Monat bei Preston einer der spannendsten meiner Karriere. Damals dachte ich, dass ich bei Preston North End glücklich werden könnte, falls der Boss mich doch noch loswerden wollte. Als die Ausleihzeit zu Ende ging und ich wieder zu United sollte, wollte ich gar nicht mehr weg. Was hatte ich mir vorher für Sorgen gemacht! Wie nervös war ich nach Deepdale gegangen! Und hier stand ich nun, gerade mal vier Wochen später, und fragte Mr. Ferguson, ob ich noch einen weiteren Monat bleiben durfte.

Die Antwort war ein schlichtes Nein, ohne jede Erklärung. Am Ende der Woche erfuhr ich jedoch, warum der Alte mich wiederhaben wollte. Old Trafford steckte in einer verletzungsbedingten Krise, und auf der Mannschaftsliste für das Spiel gegen Leeds am Samstag stand mein Name. Es war so weit. Mein Ligadebüt für Manchester United im Old Trafford stand vor der Tür. Nach fünf – auch körperlich – kämpferischen Spielen für Preston fühlte ich mich bereit für den nächsten Schritt nach vorne. Und was noch wichtiger war: Der Boss war derselben Meinung. Ich war sicherlich besser vorbereitet als bei den Spielen gegen Brighton und Galatasaray. Zumindest einen Nachmittag lang konnte ich alle Zweifel aus meinem Hirn verbannen: United und Mr. Ferguson schienen zu glauben, dass ich meine Chance verdiente.

Ich hatte noch nichts erreicht, das war mir klar, trotz aller Freude über den Sieg beim FA-Jugendpokal und die aufregenden Spiele für United beim Ligapokal und bei Preston für die Third Division. Aber vielleicht war jetzt der Zeitpunkt gekommen, an dem ich zeigen konnte, dass es eines Tages so weit sein würde. Der Boss hat immer volles Vertrauen zu den Spielern, die im Verein ausgebildet wurden. Ein großer Vorteil, wenn du bei Manchester United die Ränge durchläufst, ist, dass der Boss die jüngeren Spieler ins Training einbezieht – und sie spielen lässt, sobald sie dafür bereit sind. Er glaubt an die Jungs, die im Verein aufgewachsen sind, und dafür wird ihm meine Generation für immer besonders dankbar sein. Die Verantwortung für die Zukunft gibt er nicht aus der Hand. Als ich ein Junge war, wusste er, wer David Beckham war. Nachdem ich bei United unterschrieben hatte, verfolgte er meine Fortschritte die ganze Zeit hindurch. Er kam zu Spielen, sah sich das Training an und sprach mit Eric Harrison und den anderen Trainern darüber, wie ich mich machte.

Wenn es dann Zeit für dein Ligadebüt ist oder du dein erstes Pokalspiel für United bestreitest, fühlst du dich schon längst als Teil der ersten Mannschaft. Das macht es einem jungen Spieler viel einfacher, entspannt an die Sache heranzugehen und sein Bestes zu geben, wenn er seine Chance bekommt. Mir kam es so vor, als sei ich dabei gewesen, seit ich ein kleiner Junge war, der sich mit seinen Helden in Upton Park aufwärmte und für jenen Nachmittag das Maskottchen des Klubs war. Als ich bereit war, in die erste Mannschaft einzutreten, hatte ich schon länger ein gutes Verhältnis zu den etablierten Spielern. Niemand dachte: Wer ist dieser junge Soundso, der hier ankommt und glaubt, er könne uns ersetzen? Ich kannte sie alle, und was genauso wichtig war, sie kannten mich.

Mein erstes Spiel in der Premier League war dann längst nicht so aufregend, wie ich erwartet hatte. Wenn sich ManU und Leeds gegenüberstehen, ist die Stimmung immer riesig, egal, ob wir im Old Trafford oder an der Elland Road spielen, und das Stadion brummte vor dem Spiel. Leider war es an diesem Nachmittag unglaublich heiß, und darunter litt das Match gewaltig. Es endete 0:0. Ich muss ganz gut gespielt haben, denn vor Saisonende wurde ich noch für ein paar Spiele in der League eingesetzt. Zu Beginn der Sommerpause fühlte ich, dass der Stein langsam aber sicher ins Rollen kam. Ich wusste natürlich genauso wenig wie die anderen, dass der Alte schon genug gesehen hatte und bereit war, eines der größten geschäftlichen Risiken aller Zeiten einzugehen. Die Saison 1995/96 wurde mein Durchbruch. Unser aller Durchbruch, und den verdankten wir dem Boss, der an uns glaubte, bevor wir an uns selbst glaubten.

4

Initialen auf dem Asphalt: DB

»Und wenn wir euch beim nächsten Mal einfach eines Besseren belehren?«

Obwohl Mark Hughes, Paul Ince und Andrei Kanchelskis in ihrer jeweiligen Spielerposition zu den besten Fußballern Europas gehörten, mussten sie Old Trafford verlassen. Alex Ferguson hatte sich entschlossen, drei der wichtigsten United-Stars zu verkaufen – so erfuhren wir es wie alle Welt im Sommer 1995 aus der Zeitung. Andrei war zwar ein grandioser Spieler, aber es gab zunehmend Unstimmigkeiten zwischen ihm und dem Boss. Und Paul, so war in den Klatschspalten der Zeitungen zu lesen, führe sich auf, als sei er wichtiger als der Verein. So etwas ließ der Alte selbstverständlich nicht durchgehen. Ich habe Incey allerdings nie als abgehoben erlebt. Ich kannte ihn als großartigen Teamkollegen, der die Mannschaft voranbrachte, so wie heute Roy Keane. Zudem war Incey unbestritten ein ausgezeichneter Spieler.

Auch wenn Mark Hughes schon Anfang dreißig war, bin ich noch immer der Ansicht, dass es ein Fehler war, ihn gehen zu lassen. Chelsea-Anhänger werden dies bestätigen. Mark wechselte zu Stamford Bridge, wo er sich zweifellos als hervorragender Spieler in die Mannschaft einbrachte. Ich gebe offen zu, dass mein Standpunkt hier nicht ganz unvoreingenommen ist. Schon damals war ich ein großer Fan von ihm und bin es noch heute, da er die Nationalelf von Wales trainiert. Wenn es nach mir gegangen wäre, würde er wahrscheinlich noch heute für Manchester United spielen. Er war mein großes Vorbild, als ich noch ein Teenager war, und kam gleich nach Bryan Robson. Daran änderte sich auch nichts, als ich schließlich die Chance hatte, mit ihm in einer Mannschaft zu spielen. Für mich war es wirklich eine herbe Enttäuschung, dass er ging, und ich dachte bei mir: Wie sollen wir ohne Sparky jemals gewinnen?

Ich kann mich noch gut erinnern, wie mich besonders Marks Weggang außerordentlich irritierte. Die Entscheidung überraschte mich, und wie die meisten United-Anhänger fragte ich mich anfangs besorgt, was der Cheftrainer damit erreichen wollte. Es war klar, dass er mit dem Verkauf solch wichtiger und erfahrener Spieler eine bestimmte Strategie verfolgte. Aber der Boss ließ sich nicht in die Karten schauen. Was mich anging, so fiel irgendwann bei mir der Groschen: Andrei Kanchelskis spielte in der Position des rechten Angreifers. Und genau das tat David Beckham auch. Was hatte Eric Harrison uns jungen Spielern immer wieder eingeschärft, bevor wir uns ein Spiel der ersten Mannschaft ansahen? *Achtet genau auf den Mann in eurer Spielerposition. Eines Tages werdet ihr an seiner Stelle stehen.* Als Andrei Old Trafford verließ, war ich deshalb nur allzu gespannt, was nun passieren würde.

Bei unserem ersten Training kurz vor Beginn der neuen Spielzeit herrschte unter den meisten jungen Spielern gespannte Aufregung, wen der Boss anstelle der prominenten Fußballer einsetzen würde. Ein paar Monate später, als wir alle bereits zur Mannschaft gehörten, gingen wir noch immer davon aus, dass neue Spieler kommen würden. Wie sollte das Team ausschließlich mit uns jungen Burschen auskommen? Manchester United ist ein renommierter Klub, von dem jedermann verständlicherweise sofortige Erfolge erwartet. Aber irgendwo im Hinterkopf hatten wir natürlich auch die Hoffnung, dass man uns jetzt die Chance geben würde, unser Können unter Beweis zu stellen. Heutzutage treten junge Spieler ganz anders auf, mit viel mehr Selbstbewusstsein. Doch so waren wir nicht – die Neville-Brüder, Nicky Butt, Paul Scholes und ich. Keiner von uns stellte irgendwelche Fragen, und der Boss dachte gar nicht daran, uns in seine Pläne einzuweihen. Schließlich startete er frisch-fröhlich in die neue Spielzeit mit der jüngsten United-Mannschaft aller Zeiten seit den Busby Babes.

In der ersten Partie der Saison – wir spielten auswärts gegen Aston Villa – gingen wir sang- und klanglos unter. Ich saß zunächst auf der Bank, und als ich in der zweiten Halbzeit endlich aufs Spielfeld durfte, lagen wir bereits 3:0 zurück. Doch dann gelang es mir, einen Treffer zu erzielen. Denis Irwin spielte mir den Ball zu. Ich nahm ihn mit dem Rist sicher an, ließ ihn ein wenig vor mir her rollen und schoss dann vom äußersten Rand des Strafraumes aus. Der leicht abgefälschte Ball ging knapp an Mark Bosnich vorbei, der für den Gegner im Tor stand. Ich erinnere mich, wie ich diesen Treffer fast für mich allein feierte. Immerhin lagen wir noch einige Tore im Rückstand. John O'Kane, der ebenfalls später eingewechselt worden war, war der Einzige, der zu mir herüberkam und mir um den Hals fiel.

Die restliche Zeit des Spiels rannte ich unaufhörlich über das gesamte Spielfeld und versuchte, das Spiel nach besten Kräften herumzureißen. Anschließend war ich höchst zufrieden mit meiner Leistung. Doch der Alte sah das ganz anders. Ich war am Boden zerstört. In der Kabine las er mit gehörig die Leviten und machte mir eindringlich klar, wie wichtig es für die Mannschaft sei, dass ich auf meiner Position blieb. Nach der Niederlage im Villa Park Stadion schrieben die Medien diese Spielzeit für United bereits komplett ab. Der Cheftrainer setzte sein Vertrauen in eine Gruppe von Grünschnäbeln, die den Anforderungen offensichtlich nicht gerecht wurden. Der Tenor war überall der gleiche. Alan Hansen war zu seinem Pech schließlich derjenige, der es in der TV-Sendung *Match of the Day* offen aussprach:

»Mit diesen Kids ist kein Sieg zu holen.«

An jenem Abend saß ich, wie wahrscheinlich die meisten anderen jungen Spieler der Mannschaft, vor dem Fernseher. Bei unserer Rückkehr aus Birmingham überkamen den einen oder anderen möglicherweise Zweifel. Als Gruppe hatte uns das Bewusstsein zusammengeschweißt, jeder Herausforderung gewachsen zu sein. Aber an diesem

Abend fragte sich im Bus bestimmt so mancher von uns, ob dieser Schritt nicht eine Nummer zu groß war und einfach zu früh kam. Und ein paar Tausend United-Anhänger stellten sich auf der Heimfahrt vermutlich die gleiche Frage. Aber zu Hause angekommen, war ich gewiss nicht der Einzige, der über die Kritik der Medien, die uns bereits abgeschrieben hatte, über die Maßen verärgert war. Schließlich war es ein einziges Spiel, nicht mehr und nicht weniger. *Und wenn wir euch beim nächsten Mal einfach eines Besseren belehren?*

Das nächste Spiel bestritten wir zu Hause gegen West Ham. Trotz aller Rügen nach dem letzten Spiel stellte mich der Alte auch diesmal wieder auf. Die Gedanken überschlugen sich förmlich in meinem Kopf. Mir wurde bewusst, dass mein direkter Gegenspieler Julian Dicks sein würde. Ich weiß auch nicht warum, aber plötzlich fiel mir Danny Fisher ein, mit dem ich an der Chingford Highschool befreundet war. Er war ein begeisterter Fan von West Ham. Deshalb verfolgte ich als United-Anhänger auch die Ergebnisse seines Teams, damit wir ordentlich über Fußball fachsimpeln konnten, was wir auch fast ununterbrochen taten. Was würde Danny wohl sagen, wenn er mich jetzt in der Aufstellung gegen West Ham und Julian Dicks entdeckte? Ich zumindest dachte: Der Kerl ist ein ziemlich harter Bursche.

Zu Beginn meiner Laufbahn bei United wurden gelegentlich Zweifel geäußert, ob ich die körperlichen Voraussetzungen für den Profi-Fußball mitbrachte. Als ich im zarten Alter von acht Jahren in der Sonntagsliga spielte, war ich fest davon überzeugt, dass ich gut genug war für United. Doch mit siebzehn oder achtzehn ließ meine Körpergröße noch arg zu wünschen übrig, weshalb so mancher Bedenken hatte. Im Verein sprach man darüber, und ich erinnere mich noch gut an zahlreiche Gespräche mit Dad zu diesem Thema. Ich begann daraufhin, Gewichte zu stemmen, um meine Muskeln zu trainieren. Doch der entscheidende Wachstumsschub kam erst viel später. Ich machte mir allerdings keine großen Sorgen wegen meiner mangelnden Größe, egal, was die anderen sagten. Ich war fest davon überzeugt, dass dies für mich kein Hindernis darstellte, hatte ich doch immer Fußball gegen Leute gespielt, die größer und kräftiger waren als ich. Aber Julian Dicks? Der Trainer nahm mich in der Kabine vor dem Anstoß beiseite:

»Nutze deine Chancen, sei offensiv und lass dich nicht von ihm einschüchtern. Aber pass ein bisschen auf. Wenn er dir eins versetzen kann, dann wird er es auch tun.«

Und genau das tat er gleich zu Anfang, es geschah in der Nähe der Eckfahne. Aber Dicks war auch ein ausgezeichneter Spieler, und ich wusste, dass ich alles geben musste. Sobald er mir den Ball abnahm, war es zu spät, denn er war der beste Zuspieler im Team von West Ham. Die Stimmung der United-Fans war großartig an diesem Abend. Mag sein, dass sie noch ein wenig verschnupft waren wegen des Verlusts ihrer großen Stars im Sommer, aber trotzdem hatte ich den Eindruck, dass es ihnen viel Spaß machte, den eigenen Vereinsnachwuchs spielen zu sehen. Gary und Phil Neville, Paul Scholes und Nicky Butt stammten allesamt aus Manchester, worauf die Fans natürlich besonders stolz waren. Ich frage mich noch heute, ob die Zuschauer mich, der ich aus London stammte, damals im Old Trafford mit dem gleichen Wohlwollen betrachteten. Aber ich glaube schon. Zumindest hatte ich diesen Eindruck im Spiel gegen West Ham und die restliche Saison über. Diese Zustimmung war enorm wichtig für uns. Wir gewannen unser erstes Heimspiel dieser Saison mit 2:1, und in meinem persönlichen Kampf gegen den linken Verteidiger von West Ham musste ich auch keine Niederlage einstecken.

Für eine so junge Mannschaft wie unsere brachte jedes Spiel neue Erfahrungen mit sich, und so testeten wir unsere Möglichkeiten und Grenzen nach und nach aus. Obwohl wir fest an uns glaubten, lernten wir doch Woche für Woche dazu. Zehn Tage nach dem Spiel gegen West Ham liefen wir im Ewood Park Stadion auf, wo eine der wichtigsten Begegnungen der Saison auf dem Spielplan stand. Blackburn hatte gerade ein Vierteljahr zuvor seinen ersten Titel in der Premier League geholt, mit einem einzigen Punkt Vorsprung vor ManU, obwohl sie an der Anfield Road gegen Liverpool am letzten Tag der Spielzeit eine Niederlage hatten einstecken müssen. Wäre uns damals im Upton Park ein Sieg gelungen statt eines Unentschieden, dann wären wir Meister geworden – es war wirklich eine äußerst knappe Entscheidung. Der Gegner wartete mit einem starken und erfahrenen Team auf, in dem Chris Sutton und Alan Shearer in vorderster Front spielten. Eine solche Begegnung gleich zu Beginn der Saison war eine große Sache für uns. Obwohl der Boss nichts dergleichen äußerte, so war uns doch allen bewusst: Dieses Spiel durften wir keinesfalls verlieren.

Zwei Begebenheiten habe ich dabei noch sehr deutlich vor Augen. Kurz nach dem Anpfiff versuchte ich es mit einem langen Ball, der jedoch missglückte – wahrscheinlich war es wieder einer von meinen berüchtigten Hollywood-Pässen. Daraufhin ging Roy Keane auf mich los, als wollte er mich in der Luft zerreißen. Und ehe ich mich versah, attackierte ich ihn ebenfalls. Manche Momente sind einfach so spannungsgeladen, dass man sich nicht dagegen wehren kann. Es ist eben Roys Art, so mit seinen Mannschaftskameraden umzugehen. Es gehört zu ihm und seiner Spielweise; wichtig ist nur, dass man es nicht persönlich nimmt. Für Roy spielt es keine Rolle, ob man schon seit zehn Jahren oder erst zehn Spiele lang für Manchester United spielt. Wenn er meint, er muss jemanden zur Schnecke machen, dann tut er es auch. Für ihn geht es um nichts anderes als den Sieg. An jenem Abend im Ewood Park war ich zum ersten Mal die Zielscheibe eines seiner berüchtigten Tobsuchtsanfälle. Und es hat gewirkt, so wie es überhaupt immer wirkt. Wenn sich Keane jemanden vorknöpft, dann nie ohne Grund. Egal, ob er im Recht ist oder nicht, der Betroffene strengt sich danach besonders an.

Im weiteren Verlauf, beim Spielstand von 1:1, erinnere ich mich, wie Lee Sharpe am Rand des gegnerischen Strafraums den Ball verlor. Der Ball kam auf mich zugerollt, ich vollzog eine Drehung, brachte mich in Position und beförderte das Leder in die rechte obere Ecke. Das war das spielentscheidende Tor. Einen solchen Treffer in einem so wichtigen Spiel zu erzielen war schon etwas Besonderes für mich. Auch für den Klub war dieses Tor und das Spielergebnis durchaus von Bedeutung. Die Partie lag inmitten einer Serie von fünf klaren Siegen, die unmittelbar auf unsere Niederlage gegen Villa folgte. Kein Sieg mit diesen Kids? Ich glaube, zumindest die United-Anhänger begannen diese Aussage bereits in Zweifel zu ziehen.

Über mein Tor gegen Blackburn zeigte sich allerdings niemand sonderlich beeindruckt, und auch sonst hielt sich die Begeisterung in Grenzen. Ich selbst konnte es noch immer kaum glauben, tatsächlich in der ersten Mannschaft zu spielen. Diese Tatsache versetzte mich in die gleiche Hochstimmung wie mein Torerfolg. Allerdings machten wir jungen Spieler in solchen Fällen nach außen hin nicht sonderlich viel Aufhebens. In der Kabine ging es in jener Saison höchstwahrscheinlich genauso unaufgeregt zu wie eh und je bei United. Abgesehen von Gary Neville schwang keiner von uns jungen Burschen gern große Reden vor und nach einem Spiel. Und auch die älteren Spieler waren keine großen Redner, obwohl sie durchaus äußerten, was sie mitzuteilen hatten. Der Alte war der Einzige, der uns gelegentlich zusammentrommelte und uns ein paar Takte sagte. Im Laufe dieser Spielzeit wuchs jedoch unser Selbstvertrauen.

Neben dem Cheftrainer hatten auch die erfahrenen Spieler großen Einfluss auf uns. Leute wie Steve Bruce und Gary Pallister wussten nur allzu gut, wie es uns ging, hatten sie doch all das selbst erlebt. Auch Peter Schmeichel war uns ein wichtiger Ratgeber, ganz abgesehen davon, dass er damals der beste Torwart der Welt war. Peter gehörte zu den Menschen, mit denen man jederzeit offen reden konnte, egal ob über die eigene Spielweise, den Gegner oder Privatangelegenheiten. Aber im Training war er erbarmungslos. Wenn es einem gelang, an ihm vorbei einen Treffer zu landen, dann würde dies mühelos auch bei jedem anderen Torwart gelingen. Man konnte davon nur profitieren. Am Schluss jedes Trainings übten wir das Flankenschießen. Dabei befanden sich Gary Neville und ich rechts außen und Ryan Giggs und Denis Irwin links außen. Peter machte Gary meist gehörig das Leben schwer. Seine Flanken waren damals noch nicht so gut wie heute, und vielleicht ist die Verbesserung zum Teil auch auf diese Trainingseinheiten zurückzuführen. Peter triezte Gary, wo er nur konnte. Doch Gary ließ sich nicht beirren und gab sich alle erdenkliche Mühe. Sobald ihm eine anständige Flanke gelang, erntete er dafür ein Lob von Peter, und darauf konnte man sich schon etwas einbilden.

Jede Mannschaft braucht einen starken Spielführer. Bei United hatte diese Rolle lange Zeit Bryan Robson inne, dann übernahm Roy Keane diese Aufgabe. In jener Spielzeit aber kehrte der Mann, der bei uns den Ton angab, erst Anfang Oktober ins Team zurück. Im November 1992 war Eric Cantona zu United gewechselt, nachdem er mit Leeds in der vorhergegangenen Saison den Meistertitel geholt hatte. Ich hatte ihn ein paarmal spielen sehen und wusste, dass er ein guter Spieler war. Doch kaum war er im Old Trafford angekommen, geschah Erstaunliches. Im Handumdrehen war aus Eric genau der Spieler geworden, der wir selbst immer sein wollen. Seine Person umgab eine besondere Aura: Sobald er einen Raum betrat, hielt alles einen Moment inne. Seine Ausstrahlung war einfach unglaublich. Und diese brachte er uneingeschränkt auch als Spieler von Manchester United ein.

In all der Zeit, die wir zusammen trainierten und Spiele bestritten, kann ich mich an kein einziges Gespräch mit Eric über Fußball erinnern. Ehrlich gesagt, sind wir nie über ein paar unverbindliche Worte hier und da hinausgekommen. Das ging den meisten anderen sicher ähnlich, denn über sein Privatleben hüllte er sich stets in Schweigen. In der Regel war er kurz nach dem Training und nach den Spielen einfach verschwunden. Wir akzeptierten, dass er sein eigenes Leben lebte und seine eigenen Ansichten vertrat. Zum Training kam er immer mit seinem winzigen Vauxhall Nova und schälte sich mit seiner Länge von 1,94 m umständlich hinter dem Lenkrad hervor. Nach getaner Arbeit quetschte er sich wieder in sein Zwergenauto und verschwand. Seine Eigenarten hatten nicht nur Auswirkungen auf die anderen Spieler, mich eingeschlossen, sondern auch auf den gesamten Klub. Da wir nicht *mit* ihm sprechen konnten, redeten wir notgedrungen *über* ihn – und das beinahe ständig.

In meinen Augen erschien Eric nahezu unfehlbar. Wahrscheinlich brachte ihm der Alte ebenfalls eine gewisse Ehrfurcht entgegen. Eines Abends nahmen wir an der Premiere eines *Batman*-Filmes teil. Da wir von Seiten des Vereins eingeladen waren, herrschte Smokingzwang. Als Eric auftauchte, trug er einen weißen Anzug und seine leuchtend roten Nike-Turnschuhe. Heute kann ich darüber herzlich lachen, aber damals hielt mir der Boss regelmäßig Standpauken über meine Art, mich zu kleiden. Allein Eric war etwas Besonderes. Das wusste der Alte ebenso gut wie die Spieler. Wir begehrten niemals dagegen auf, dass man ihn anders behandelte als uns.

Eric war schon eine Klasse für sich. Das machte er jedem nachdrücklich klar, der daran zu rütteln versuchte. Deshalb ließen wir es meistens tunlichst sein. Irgendwann hatten wir nach einem Spiel ein »Team-Meeting« einberufen. Wir hatten lediglich vor, gemeinsam auszugehen, aber aufgrund dieser offiziellen Bezeichnung wusste jeder, dass seine Anwesenheit erwartet wurde. Wir wollten uns um 18 Uhr 45 in einem Lokal in Manchester mit dem Namen *Four Seasons* treffen und von dort aus weiterziehen. Inzwischen war es 19 Uhr geworden, und Eric war der Einzige, der noch fehlte. Schließlich schlenderte er herein, woraufhin Giggsy vorwurfsvoll auf seine Uhr wies:

»Jetzt ist es sieben Uhr, Eric.«

Ryan bemühte sich um einen strengen Ton und klang wie der Alte, wenn man zu spät zum Training kam. Eric sah zu ihm hinüber:

»Es ist erst Viertel vor sieben.«

Giggsy schaute noch einmal auf seine Uhr, doch bevor er irgendetwas erwidern konnte, schob Eric seinen Ärmel hoch und präsentierte die prachtvollste Rolex, die wir jemals gesehen hatten:

»Viertel vor sieben«, wiederholte er lächelnd.

Ende der Diskussion. Völlig ausgeschlossen, dass eine solche Uhr oder ihr Träger sich in der Zeit irren konnten.

Eric zuzusehen war die beste Fußball-Ausbildung, die man sich denken konnte, vor allem seine persönlichen Übungsstunden. Jeden Tag nach dem Training arbeitete er für sich allein auf einem Spielfeld im Cliff. Dort übte er Freistöße, Drehungen und andere kleine Raffinessen, genauso wie man es erwarten würde. Aber die meiste Zeit verbrachte er mit absolut grundlegenden, simplen Dingen. Er kickte den Ball so weit er konnte in die Höhe und nahm ihn nach dem Aufprall wieder an. Dann schoss er den Ball abwechselnd mit dem linken und dem rechten Fuß gegen eine Mauer. Eric war einer der besten Spieler Europas und beschäftigte sich mit den gleichen Übungen, die ich schon mit Dad im Chase Lane Park praktizierte, als ich sieben Jahre alt war.

Als professioneller Fußballer verbringt man die meiste Zeit damit, sich auf zwei Spiele pro Woche vorzubereiten. Dabei bleibt meist nicht viel Zeit für die Schulung der technischen Grundlagen des Sports: Ballannahme und -abgabe. Dad hat mir immer wieder eingehämmert, dass Ballkontrolle die wichtigste Fähigkeit überhaupt ist. Man kann so viel lernen wie man will, aber eine sichere Ballannahme ist immer der Schlüssel zum Erfolg. Und genau das war der Grund, warum Eric, ein etablierter Spieler mit internationaler Erfahrung, so viel Wert darauf legte. Wenn es gelingt, den Ball sicher anzunehmen, dann bleibt ausreichend Spielraum, um die weitere Strategie festzulegen. Der Alte erzählte gern eine Geschichte über Eric, die sich am Abend vor dem FA-Pokalfinale zugetragen hatte. Damals beobachtete er, wie Eric im Freien auf dem Hotelgelände ganz für sich allein übte, und ihm wurde schlagartig klar, dass ein Spieler wie Eric seine eigenen Maßstäbe höher ansetzte, als es jemand von außen je tun würde. Er war ein Vorbild für uns alle, den Boss eingeschlossen.

Dabei war er gar nicht sonderlich erpicht darauf, die Rolle des Führungsspielers zu übernehmen. Bevor er nach England kam und während seiner Zeit in Leeds kehrte er diese Seite seiner Persönlichkeit anscheinend nicht besonders hervor. Sobald er jedoch zu United wechselte, änderte sich dies radikal. Es hatte den Anschein, als habe er endlich den Platz und das Podium gefunden, die er seiner Meinung nach verdiente. Seit er das United-Trikot trug, agierte er von Anfang an goldrichtig. Erics Eintreffen in Manchester drei Monate nach Beginn der Spielzeit war der Schlüssel zum Gewinn der Meisterschaft in der Saison 1992/93 und beendete eine jahrelange Durststrecke des Klubs. In der darauf folgenden Saison verhalf er United schließlich zum ersten Doppelerfolg in Meisterschaft und FA-Pokal.

Obwohl ich in diesen beiden Spielzeiten noch nicht zur ersten Mannschaft gehörte, erkannte ich in den Spielen, die wir später gemeinsam bestritten, dass Eric der Auslöser für all das gewesen sein musste. Er war das Leittier, und wir anderen folgten ihm. Er besaß die seltene Eigenschaft, als Kapitän geboren zu sein. Dazu musste er gar nicht viele Worte machen, weder uns gegenüber, noch gegenüber sonst irgendjemandem. Als Mannschaftsführer war er kaum zu hören. Es genügte, ihn mit hochgeschlagenem Kragen auf dem Spielfeld stehen zu sehen – bereit, gegen die ganze Welt anzutreten.

Wenn es um Eric geht, werden in den meisten Fällen an erster Stelle die Platzverweise und sonstigen Vergehen in seiner Laufbahn aufgezählt. Ich vertrete dabei jedoch den Standpunkt, dass alle großen Spieler ihre Ecken und Kanten haben. Und genau die sind es, wodurch sich ihre Persönlichkeit vom Durchschnitt unterscheidet. Im Laufe einer solchen Karriere lässt es sich in den meisten Fällen kaum vermeiden, früher oder später mit den Autoritäten in Konflikt zu geraten. Es mag vielleicht merkwürdig klingen, aber trotz all seiner Verwarnungen, Platzverweise und Sperren wäre es mir niemals in den Sinn gekommen, Eric zu kritisieren. Wir spielten schlicht und ergreifend zusammen Fußball, und mehr hatte ich nicht mit ihm zu tun. Natürlich machte ich mir Gedanken über ihn und darüber, was er mit in die Kabine und in die Mannschaft brachte – seine Fähigkeiten, sein Engagement und seine sportliche Leidenschaft. Aber alles andere interessierte mich nicht. Er spielte Fußball und lebte sein Leben auf seine eigene Art, und er machte diese Zeit zu etwas ganz Besonderem für uns. Wie könnte ich jemals schlecht über Eric Cantona oder sein Handeln denken? David Beckham hat ihm eine Menge zu verdanken und Manchester United erst recht.

Ich war dabei an jenem Abend 1995 im Selhurst Park, als Eric auf die Menge losging. Ich saß damals nicht auf der Auswechselbank, sondern befand mich auf der Tribüne. An das Spiel gegen Crystal Palace habe ich kaum noch Erinnerungen, aber umso deutlicher ist mir noch der Zwischenfall vor Augen. Nach einem Angriff auf Richard Shaw bekam Eric einen Platzverweis. Während er an der Seitenlinie entlanglief, fiel ein Zuschauer auf, der sich aufgebracht seinen Weg durch die Menge ganz nach vorn bahnte. Dort angekommen, schrie er Eric an und beleidigte ihn. Im nächsten Moment stürzte sich Eric auch schon mitten in die Zuschauermenge, wo er wild um sich schlug und trat. Das Ganze dauerte nur ein paar Sekunden, bevor Eric schleunigst in Richtung Kabine gedrängt wurde. Ich glaube, dass er dabei ganz instinktiv gehandelt hat; es war eine natürliche Abwehrreaktion. Jeder, der auf der Straße so beschimpft wird, würde wahrscheinlich ähnlich reagieren. Die Tatsache, dass Eric als Fußballprofi im Licht der Öffentlichkeit stand, hielt ihn nicht davon ab, sich so zu verhalten, wie jeder andere unter diesen Umständen wahrscheinlich auch. Ich will damit sein Verhalten nicht gutheißen, sondern lediglich zu bedenken geben, dass es im Alltag niemanden wundert, wenn sich jemand gegen Beleidigungen entsprechend verteidigt.

In der Kabine wurde dieser Vorfall ohne großes Palaver abgehandelt. Die Atmosphäre war ruhig, und der Boss machte nicht viel Aufhebens um die Sache. Er wies uns lediglich an, den Medien keine Interviews zu geben. Offensichtlich war in diesem Moment keinem von uns klar, welche Folgen der Vorfall haben würde: Eric erhielt eine Sperre für alle in den nächsten acht Monaten stattfindenden Spiele. Daraufhin gelang uns in dieser Saison kein einziger Sieg mehr. Mögen andere darüber urteilen, welche Auswirkungen Erics Ausfall auf die Mannschaft hatte. Uns Spielern blieb nichts anderes übrig, als weiterhin so gut wie möglich zu spielen. Eric fuhr für einige Wochen heim nach Frankreich, kehrte jedoch anschließend ins Old Trafford zurück, sodass wir wieder wie gewohnt täglich mit ihm arbeiteten und trainierten, obwohl er an den eigentlichen Spielen nicht teilnehmen konnte. Er engagierte sich nach wie vor sehr für alle Belange des Vereins, doch wir wollten, dass er endlich wieder spielte. Nach der gemeinnützigen Arbeit und der Sperre durch den britischen Fußballverband kam er anderthalb Monate nach Beginn der Spielzeit 1995/96 wieder in die Mannschaft. Ab Oktober konnte man nicht gerade behaupten, dass Eric Cantona kam und das Double aus Meisterschaft und FA-Pokal im Alleingang holte. Dennoch bin ich fest davon überzeugt, dass wir übrigen Spieler das Gefühl hatten, ohne ihn wäre uns dies niemals geglückt.

Wenn man sich diese Saison vor Augen führt, ist es beinahe schon klischeehaft zu konstatieren, dass wir als Spieler in dieser Zeit enorm gereift sind. Wenn ich daran zurückdenke, fällt mir als Erstes ein, dass ich damals wirklich erwachsen wurde. Nachdem ich sechzehn Jahre lang zunächst bei Mum, Dad, Lynne und Joane gelebt hatte und anschließend drei Jahre bei Familien in Privatquartieren untergebracht war, bekam ich nun endlich meine erste eigene Bleibe. Ryan

Giggs hatte bereits ein Haus in Worsley im Norden Manchesters bezogen und erzählte mir, in seiner Nachbarschaft würde ein kleines Reihenhaus mit drei Etagen in Kürze zum Verkauf stehen. Alles passte ausgezeichnet. Worsley war ein hübsches, ruhiges Dorf, das Haus nagelneu und gerade einmal zehn Minuten vom Trainingsgelände entfernt. Von nun an gab es keine plausible Ausrede mehr, wenn ich zu spät zur Arbeit kam.

Ich wuchs in einer Doppelhaushälfte am Stadtrand von London auf, deren Größe für eine fünfköpfige Familie wie uns gerade so ausreichte. Und nun bekam ich die Schlüssel zu einer echten Junggesellenbude in die Hand. Ich machte mich sofort daran, sie meinen Vorstellungen entsprechend einzurichten. Es gab einen Partyraum mit Billardtisch, im Wohnzimmer eine Couchgarnitur aus Leder, eine TV- und Stereoanlage von Bang & Olufsen und einen gigantischen Kamin. Die obere Etage bestand nur aus einem einzigen riesigen Zimmer, das war mein Schlafzimmer. Ich ließ Einbauschränke dafür anfertigen, und als die Tischler sie einpassten, beauftragte ich sie zusätzlich mit dem Einbau eines kleinen Schränkchens am Fußende des Bettes. Auf Knopfdruck kam der Fernseher herausgefahren. In den Anfangsjahren unserer Beziehung geriet Victoria deswegen regelmäßig in Rage. Und obendrein wohnte gleich nebenan mein Kumpel Giggsy – besser konnte es für einen jungen Burschen doch gar nicht sein.

Ryan galt bei United schon damals als Legende. Er war nur ein Jahr älter als ich, und wir hatten zusammen im siegreichen Team des Jugendpokals gespielt. Trotzdem war er bereits ein Star, als ich zu Manchester kam. Seit seinem achtzehnten Lebensjahr gehörte Giggsy bereits zur Stammbesetzung der ersten Mannschaft. Die Jüngeren betrachteten ihn als großes Vorbild, und es war toll, mit ihm zu arbeiten. Von dem Zeitpunkt an, als wir Tür an Tür wohnten, lernte ich ihn besser kennen – und mit ihm auch seine ganzen Kumpels: Sie nannten sich die Worsley-Crew. Wir trafen uns jeden Tag zum Mittagessen in einer nahe gelegenen Kneipe, die *Barton Arms* hieß. In meinen Augen war ich mit den coolsten Typen von ganz Manchester befreundet.

Seit dieser Zeit verstehen wir uns sehr gut, Giggsy und ich. Noch immer ist er ein Spieler, der aus eigener Kraft Siege holen kann, den jeder gegnerische Verteidiger zu fürchten weiß. Ich denke da zum Beispiel an das Etikett »der neue George Best«, mit dem man ihn bedachte. Natürlich hatte Giggsy bei United seine Hochs und Tiefs, wie jeder Spieler. Aber im Laufe der vergangenen zwölf Jahre gelang es ihm mit seinen Fähigkeiten und seiner Charakterstärke stets, die in ihn gesetzten Erwartungen zu erfüllen. Ich hoffe sehr, dass Wales sich für die Europameisterschaft 2004 in Portugal qualifiziert, denn es wäre einfach großartig, Giggsy auf dieser internationalen Bühne agieren zu sehen. [Wales scheiterte in der Relegation an Russland. Anm. d. Red.] Doch was immer auch geschieht, wenn er sich eines Tages aus dem Fußball zurückzieht – und dieser Tag liegt hoffentlich noch in weiter Ferne – dann wird er als einer der ganz großen United-Spieler in die Vereinsgeschichte eingehen.

Viele Jungen an meiner Stelle hätten sich wahrscheinlich ausschließlich von Fastfood ernährt und sich sofort um eine gute Reinigungskraft bemüht. Ich dagegen war schon immer ein eher häuslicher Typ, wenn man das so nennen kann. Ich kann mich noch gut erinnern, wie ich selbst als Kind im Haus meiner Eltern sonntags zeitig aufstand und für meine Eltern das Frühstück mit allen Schikanen zubereitete. Nicht, dass es meine Pflicht gewesen wäre, aber kochen hat mir einfach schon immer Spaß gemacht. Also, damit hier keine Missverständnisse aufkommen – Mum wüsste an dieser Stelle sofort zu berichten, dass es zu Hause immerzu das Gleiche gab, wenn ich das Abendessen zubereitete: nämlich Hähnchenpfanne. Als mich meine Eltern dann zum ersten Mal in meinen eigenen vier Wänden besuchten und ich sie bekochte, war das Menü deshalb für sie auch nicht sonderlich überraschend, denn es gab – Hähnchenpfanne. Aber letztlich spielte das Essen an diesem Abend auch keine besonders große Rolle. Ich war einfach nur stolz wie ein Spanier, meine Eltern an einem Samstagabend nach dem Spiel zu mir nach Hause einladen zu können. Und wahrscheinlich waren sie genauso stolz wie ich.

Zudem konnte ich meine Eltern inzwischen mit meinem ersten eigenen Auto umherchauffieren. Wenn ich als kleiner Junge gerade einmal nicht an Fußball dachte, beschäftigte ich mich ganz bestimmt mit Autos. In einem Jahr bekam ich zu Weihnachten eine Autorennbahn. Damit spielte ich noch als Teenager begeistert. Genauso wie ich davon träumte, eines Tages für Manchester United zu spielen, stellte ich mir an verregneten Nachmittagen gern vor, mit welchem Auto ich eines Tages im Old Trafford vorfahren würde. Vielleicht mit einem Porsche? Aber als ich meinen Führerschein schließlich in der Hand hatte, rückten solche Gedanken erst einmal in den Hintergrund. Stattdessen kaufte ich Giggsy seinen alten Vereinswagen ab, einen roten Ford Escort Mexico. Es war ein Dreitürer mit nur einem Vorbesitzer und regelmäßig durchgeführten Wartungen. Dieser erste fahrbare Untersatz kostete mich gerade mal 6000 £.

Doch schon bald darauf, als ich mit Deana zusammen war, brauchte ich was weniger Bürschchenhaftes, und deshalb kaufte ich mir einen nagelneuen VW Golf. Damals gab es einen Vertrag zwischen United und Honda, der vorsah, dass die jungen Spieler einen neuen Prelude bekamen, sobald sie zwanzig Spiele mit der ersten Mannschaft bestritten hatten. Gary, Phil und die anderen bekamen ihr Fahrzeug schon ein Weilchen vor mir, weil sie in den vorangegangen Spielzeiten bereits öfter im Profiteam gespielt hatten. Als es dann endlich so weit war, entschied ich mich für einen Flitzer in sehr dunklem Grau. Gegen Aufpreis bekam ich eine Lederausstattung, einen neuen CD-Player und große Alufelgen. Zu dieser Zeit konnte ich nicht gerade mit Geld um mich werfen, zumal die Autos später ohnehin wieder an Honda zurückgehen würden – das Geld war also unwiederbringlich verloren. Am Ende sah mein Prelude vollkommen anders aus als die Wagen der übrigen Spieler. Aber ich liebte ihn über alles, denn er war genauso, wie ich ihn mir vorgestellt hatte. Wir nahmen uns gegenseitig im Auto immer abwechselnd mit zum Training. Da bei diesem Modell sehr wenig Platz im Fond war, tauschte Gary – der, wie man sieht, schon damals ein alter Herr war – seinen Wagen gegen einen viertürigen Accord ein. Eines Tages nach Beendigung des Trainings im Cliff bog ich gerade aus der Parkplatzausfahrt, der Beifahrerplatz war schon besetzt. Da kam David May angerannt und fragte, ob er mitfahren könne. Tja, und ich hatte diesen tollen Schlitten gerade erst bekommen und sagte deshalb nein. David schwört allerdings bis heute, dass ich antwortete: »Kommt nicht in Frage. Du ruinierst mir bloß das Leder.«

Es dauerte nur einen halbe Stunde, bis diese Begebenheit im ganzen Verein rum war, aber etliche Jahre, bis ich nicht mehr ständig darauf angesprochen wurde. Ich kann mich an diese Worte nicht mehr erinnern, aber wenn ich ganz ehrlich zu mir bin, ist es durchaus vorstellbar, dass ich sie damals tatsächlich so sagte. Wenn es um Dinge geht, die mir wirklich wichtig sind, kann ich sehr eigen sein. Eine solche Eigenart kann einem schon erheblichen Ärger in der Kabine eines Fußballvereins einhandeln – egal, ob in den Hackney Marshes oder im Old Trafford. Fußballer haben ein gutes Gespür für die Schwächen ihrer Mitspieler und nutzen sie gnadenlos aus, sobald sie dergleichen entdeckt haben.

Auf jemanden, der mich nicht kennt, wirken meine Eigenarten und die Betonung meiner Individualität vielleicht ein wenig großspurig, aber ich war schon immer so und bin deswegen auch immer wieder angeeckt. Ich erinnere mich beispielsweise an eine Hochzeit im Familienkreis. Ich war sechs Jahre alt und sollte einer der Brautführer sein. Als es schließlich um die Auswahl unsere Festgarderobe ging, hatte ich sehr konkrete Vorstellungen: kastanienbraune Knickerbocker, weiße Kniestrümpfe, ein weißes Rüschenhemd und dazu Ballettschuhe. Dad meinte, ich sähe darin albern aus, und Mum warnte mich, dass die anderen mich auslachen würden. Aber das kümmerte mich nicht im Geringsten. Mir gefielen die Sachen so gut, dass ich sie nicht nur auf der Hochzeit, sondern immerzu tragen wollte. Wenn ich gedurft hätte, wäre ich damit wahrscheinlich sogar in die Schule marschiert.

Darüber hinaus gehe ich mit meinem Eigentum sehr sorgfältig um. Mum könnte da einiges aus dem Nähkästchen plaudern. In der Schulzeit kam ich immer nach Hause und zog ich mich um, bevor ich hinausging zum Fußballspielen. Allerdings vergaß ich nie, meine schmutzige Kleidung sorgfältig zusammenzulegen. Ich lege noch heute viel mehr Wert auf Sauberkeit als alle anderen Menschen, die ich kenne. In meiner Anfangszeit bei United wussten die anderen

Jungs in meiner Altersklasse nicht so genau, was sie von mir halten sollten. Vielleicht hielten sie mich wegen meiner Eigenheiten auch für ziemlich eingebildet. Aber egal, ob es um die Brautführerkleidung, ein Auto mit Ledersitzen, eine Tätowierung oder einen Sarong geht, das alles hat nichts damit zu tun, dass ich mich über andere erheben oder um jeden Preis auffallen will. Meine Freunde und Teamkollegen können dies inzwischen einordnen und wissen genau wie meine Familie, dass ich meinen ganz persönlichen Geschmack habe. Und den lebe ich eben gern aus, wann und wo immer es möglich ist. Dabei interessiert es mich nicht, was andere möglicherweise dazu sagen könnten. So bin ich schon immer gewesen, und zu wissen, was mir gefällt, ist ein wichtiger Teil meiner Persönlichkeit.

Alles, was ich neben dem Fußball in meiner ersten Saison im Old Trafford erlebte, löste in mir Begeisterung aus. Wenn ich morgens aufwachte, konnte ich immer noch nicht glauben, was um mich herum geschah. Wenn ich mit dem Auto zum Training fuhr, dachte ich bei mir: *Ich spiele in der ersten Mannschaft. Mein Arbeitsplatz ist das Hauptspielfeld im Cliff. Auf dem Parkplatz ist für mich ein mit weißer Farbe gekennzeichneter Stellplatz reserviert.* Als ich den Trainingsplatz als Knabe erstmals betrat, verkörperten jene weißen Linien mit den Initialen meiner Idole all das, was ich eines Tages selbst einmal zu erreichen erträumte. Nun gehörte ich tatsächlich dazu, und die Gefahr war groß, sich von den Ereignissen überwältigen zu lassen. Doch die Vereinsmitarbeiter und vor allem der Trainer wussten dies zu verhindern. Sie verhielten sich uns jungen Spielern gegenüber nicht plötzlich anders, nur weil irgendwo »DB« auf dem Asphalt stand und Gary, die anderen und ich jede Woche auf dem Mannschaftsplan standen.

Jeden Morgen spürte ich von neuem die Aufregung darüber, gemeinsam mit Eric Cantona zu trainieren. Die Saison 1995/96 hatte für uns zwar auch ohne ihn Erfolg versprechend begonnen, doch die Rückkehr des Kapitäns zum Verein und in die Mannschaft war dennoch von großer Bedeutung. Ich weiß nicht, wie es den anderen Spielern ging, aber sobald Eric in der Kabine war, ertappte ich mich regelmäßig dabei, wie ich ihn beobachtete. Ich passte auf, was er tat und versuchte herauszufinden, wie er sich auf ein Spiel vorbereitete. Wenn er da war, nahm ich kaum Notiz von dem, was sonst noch vor sich ging. Ich bin schon immer ein großer Fan gewesen, ein Fan von Manchester United – und bin es noch heute. Als ich ein Knabe war und die Kabinen im Old Trafford zum ersten Mal betrat, erkundigte ich mich sogleich nach dem Platz von Bryan Robson. Ich lief hinüber und setzte mich genau dorthin. Mit Eric ging es mir genauso; ich konnte es kaum fassen, dass ich vor den Spielen neben ihm saß, dass wir am selben Nachmittag gemeinsam auf dem Spielfeld standen.

In dieser Spielzeit zeigten wir immer wieder hervorragenden Fußball. Ich erinnere mich zum Beispiel an einen Abend im Old Trafford, als wir gegen Bolton spielten und 3:0 gewannen. Es hätten ebenso gut zehn Tore werden können. Paul Scholes schoss zwei Tore und Giggsy das dritte. Wir spielten, dass dem Gegner Hören und Sehen verging. Bei nahezu jedem Angriff war Eric Cantona mittendrin. Aber die schwierigsten Spiele waren die, denen er seinen Stempel aufdrückte. Nach Weihnachten erzielten wir eine Serie von 1:0-Siegen. Die United-Anhänger mussten damals gar nicht erst nachlesen – der Torschütze war immer Eric. Ich erinnere mich noch gut an ein Spiel gegen die Queens Park Rangers im Stadion an der Loftus Road. Wir spielten miserabel, und der Gegner lag 1:0 in Führung. In dieser Begegnung war ich ausgewechselt worden, und die Nachspielzeit zog sich endlos hin. Die einheimischen Fans waren bereits außer Rand und Band, als Eric wie auf ein Stichwort genau zur rechten Zeit im Strafraum auftauchte und den Ausgleichstreffer erzielte. Solche Tore und solche Spielergebnisse können eine ganze Saison herumreißen.

Monatelang waren wir Newcastle United auf den Fersen, die Anfang 1996 in der Tabelle zwölf Punkte vor uns lagen. Im Frühjahr gab es eine Auswärtsbegegnung im St. James Park, wo Eric – wer sonst – den einzigen Treffer erzielte. Von da an ahnten wir, dass wir es schaffen konnten. In der vorletzten Partie dieser Saison – es war ein Heimspiel gegen Nottingham Forest – wusste ich, dass wir Erfolg haben würden. In diesem Spiel besiegten wir Forest 5:0. Ich erinnere mich noch genau an die beiden Treffer, die ich erzielte. Eric schoss einen Volley, der jedoch abdriftete. Der Ball kam auf mich zugeflogen, und ich köpfte ihn schließlich ins Tor. Als Nächstes bekam ich in meinem Spielfeldbereich einen Ball zugespielt. Ich hielt einfach drauf, woraufhin der Ball durch die Beine des Torwarts ins Netz ging. Um uns den Titelgewinn zu sichern, mussten wir auch noch unser letztes Spiel in Middlesbrough gewinnen, doch an jenem Abend im Old Trafford zweifelte niemand – weder Spieler noch Anhänger – daran, dass wir den Meistertitel holen würden.

In dieser Zeit trainierten wir wie immer, erschienen zu den Spielen und erlebten miteinander ein unbeschreibliches Hochgefühl, jedoch immer mit der Sorge im Hinterkopf, dass alles noch im letzten Moment schief gehen konnte. Als Spieler in der ersten Mannschaft? Der Gewinn des Titels? Die Sache musste irgendwo einen Haken haben. Doch es gab keinen. Stattdessen lief es immer besser. Wir waren nicht einfach nur auf dem Weg zur Meisterschaft. Ich fragte mich, wie viele Pokalendspiele ich mit Dad in Wembley wohl schon besucht hatte. Jedes Mal hatten wir beide uns dabei vorgestellt, wie es wäre, wenn *ich* eines Tages in einem solchen Spiel auflaufen würde. Und nun, im März 1996, trat United im Villa Park Stadion gegen Chelsea an. Zur Aufstellung des Gegners gehörte auch Mark Hughes. Ich wusste nicht, ob ich jemals eine größere Chance bekommen würde.

Ich konnte es kaum erwarten, obwohl ich mir geschworen hatte, Sparky aus dem Weg zu gehen, wenn es so weit war. Heute bin ich mit Mark gut befreundet. Wir sehen ihn, seine Frau Gill und ihre drei Kinder relativ häufig. Damals wusste ich jedoch, dass es keine Rolle spielt, wie gut ich Mark kannte oder wie nahe wir uns außerhalb des Stadions standen. Auf dem Platz würde er mit mir, wenn nötig, genauso rau umspringen wie mit jedem anderen auch. Er gehörte zu den Spielern, die sich auf dem Spielfeld völlig anders verhalten als im Leben. Mark Hughes kämpfte ohne Unterlass um den Ball und verteidigte ihn verbissen gegen jeden Angreifer. Und genau dafür liebten ihn Anhänger und Teamkollegen abgöttisch. Ich habe Spiele gesehen, in denen er nicht nur den Mittelfeldspieler fertig machte, gegen den er spielte, sondern das gesamte gegnerische Team.

An diesem Nachmittag ging zunächst Chelsea in Führung; Ruud Gullit köpfte den Ball ins Tor. Anschließend schoss Andy Cole für uns den Ausgleich. Im Verlaufe der zweiten Halbzeit unterlief Craig Burley, einem der gegnerischen Verteidiger, ein Fehlpass. Steve Bruce, der auf der Auswechselbank saß, schrie: »Los, mach schon, Becks!« Als der Ball auf mich zukam, nahm ich ihn an, sodass er ein wenig von meinem Schienbein abprallte. Dadurch entfernte ich mich weiter vom Tor, als ich eigentlich wollte. Aber der Torwart kam aus dem Tor heraus, wir sahen uns sogar für den Bruchteil einer Sekunde in die Augen, und dann schoss ich den Ball an ihm vorbei in die Ecke. Vollkommen überwältigt vor Freude rannte ich los. Ich sprang in die Luft und schüttelte siegesgewiss die Faust. In diesem Moment hätte ich glatt bis zum Tribünendach springen und dort bis zum Abpfiff hängen bleiben können. Ich weiß noch wie heute, wie sehr ich damals im weiteren Spielverlauf darauf hoffte, dass dieses Tor – mein Tor – das spielentscheidende sein möge, das uns nach Wembley brachte.

Mum und Dad verfolgten die gesamte Begegnung von der Tribüne aus. Ich sah zu ihnen hinauf und fühlte die Tränen in mir aufsteigen. Mit Wembley waren für uns so viele Erinnerungen verbunden, die bis zu jenem Tag zurückreichten, als Dad mich erstmals zu einem Spiel mitnahm. Ich weiß noch, dass wir uns an einem Samstagnachmittag ein Schülerländerspiel ansahen. Ich war gerade sieben und musste auf meinen Sitz klettern, um überhaupt etwas sehen zu können. Dad sagte immer wieder, ich solle herunterkommen. Aber ich hörte nicht auf ihn und stieg jedes Mal wieder hinauf. Plötzlich gab der Sitz nach. Ich stürzte und verlor dabei zwei Schneidezähne. Überall war Blut, und Dad musste mich schleunigst nach Hause bringen.

Wembley stand natürlich vor allem für das Pokalfinale. Wir verfolgten dort 1990 das aufregende 3:3 Unentschieden zwischen United und Palace. Ein dramatischeres Spiel konnte man sich kaum vorstellen, als Ian Wright eingewechselt wurde und beinahe noch einen Sieg herausholte. Das Wiederholungsspiel fand mitten in der Woche während der Schulzeit statt, so dass ich es mir nur im Fernsehen anschauen konnte. Aber ich erinnere mich noch genau, wie ich begeistert vom Sofa aufsprang und im Wohnzimmer vor Freude tanzte, als Lee Martin den Siegestreffer erzielte. Jedes Mal, wenn United im Finale stand, schmückte ich das Fenster meines Zimmers mit einer

Fahne und hängte ein Bild von Bryan Robson daneben, damit jeder gleich von der Straße aus sehen konnte, zu wem ich hielt. Ich weiß nicht, von wem der Ausspruch stammt, aber er ist zweifelsohne wahr: Kids träumen nicht davon, in einer Mannschaft zu spielen, die die Meisterschaft gewinnt, sondern ihr Traum ist es, im Pokalendspiel zu stehen. Als wir unseren Sieg im Villa Park Stadion feierten, wusste ich genauso gut wie meine Eltern, dass dieser Traum vielleicht bald Wirklichkeit werden würde.

Bis zu dem Spiel in Wembley waren es noch sechs Wochen, und zuvor standen noch etliche Spiele in der Premier League an, die wir ebenfalls gewinnen mussten. Aber im Hinterkopf hatte ich immer den Gedanken, dass ich fit bleiben und gut genug spielen musste, damit ich in der Entscheidung gegen Liverpool auch wirklich aufgestellt wurde. Wie sich herausstellen sollte, war genau das ein haarscharfe Sache. Steve Bruce erzählte mir später, dass der Cheftrainer kurz vor dem Finale darüber nachdachte, mich außen vor zu lassen. Liverpool spielte in einer Konstellation mit drei Mittelfeldspielern. In einer Besprechung zwischen dem Boss, Steve und den Co-Trainern wurde erwogen, die Strategie dem anzupassen und Außenverteidiger einzusetzen. Das hätte bedeutet, dass ich auf der Auswechselbank gelandet wäre. Aber von all dem ahnte ich damals nichts, und das war sicher auch gut so. Ich dachte an nichts anderes, als daran, Liverpool zu schlagen und das Double zu holen, den Doppelerfolg in Meisterschaft und Pokal.

Für mich war das Pokalfinale schon immer etwas ganz Besonderes. Das sah der Verein, für den ich spielte, offensichtlich ebenso. Manchester United hatte häufiger in einem Endspiel gestanden und war öfter siegreich vom Platz gegangen, als jede andere Mannschaft.

Der Verein und der Alte legten viel Wert auf Stil. Wir reisten ein paar Tage vor dem Spiel nach London und nahmen in einem wunderschönen Hotel in der Nähe von Windsor direkt an der Themse Quartier. Zuvor waren wir allesamt mit neuen Anzügen ausgestattet worden. Neben dem Training gab es ein Begleitprogramm, zu dem auch ein Tontaubenschießen gehörte. So etwas war normalerweise nicht Bestandteil von Reisen zu Auswärtsspielen. Es ging zum einen darum, dass wir uns optimal auf das Spiel vorbereiteten, aber zum anderen war es auch wichtig, dass wir an die Sache so entspannt wie möglich herangingen. Wir jungen Spieler liefen die ganze Zeit nur mit einem breiten Grinsen im Gesicht herum. Spielten wir tatsächlich bei United und standen im Pokalfinale? Wir konnten es noch immer kaum glauben.

Es ist verwunderlich, wie oft am Tag des Pokalendspiels die Sonne scheint. 1996 war es zudem überraschend heiß. Als ich eine Stunde vor dem Anstoß einen Rundgang über das Spielfeld machte, kam ich bereits ordentlich ins Schwitzen. Die Liverpooler Spieler schlenderten in Wembley herum, als wäre es ihr eigenes Wohnzimmer. Sie waren mit weißen Anzügen von Armani bekleidet. Einige von ihnen trugen dazu einfach Turnschuhe. Michael Thomas nahm alles mit der Videokamera auf. Ich schaute hinauf zu den Plätzen, wo meine Eltern sitzen würden. Schon damals wusste ich, dass dieser Tag für sie genauso viel bedeuten würde wie für mich.

Die Partie gestaltete sich sehr schwierig und auch ziemlich anstrengend, denn der Rasen stand relativ hoch und bot deshalb keine optimalen Bedingungen. Vielleicht wäre das Spiel anders verlaufen, wenn gleich zu Beginn ein Tor gefallen wäre. Dies hätte möglicherweise für mehr Offenheit gesorgt. Gleich in den ersten fünf Minuten hatte ich eine ausgezeichnete Möglichkeit, die jedoch David James zum Eckball ablenkte. Liverpool setzte alles daran, uns am Spielen zu hindern, und wir taten genau das Gleiche mit ihnen. Es sah so aus, als würde keine Mannschaft auch nur ein einziges Tor schießen.

Beinahe wäre ich gar nicht in der Anfangsaufstellung gelandet. Und kurz vor dem spielentscheidenden Moment sollte ich ausgewechselt werden. Wie mir der Boss später erzählte, hatte er den Wechsel bereits beschlossen. Er war den ganzen Nachmittag unzufrieden mit meinen Eckbällen – »Scheißecken« nannte er sie. Doch bevor auf der Tafel der Wechsel angezeigt wurde, bekamen wir noch eine Ecke. Ich lief hinüber, um sie auszuführen. Gerade, als ich dem Publikum den Rücken zudrehte, um mir den Ball zurechtzulegen, drang aus dem Lärm der Massen die Stimme eines United-Anhängers zu mir herüber:

»Come on, David! Come on!«

Ich schoss den Ball genau an die richtige Stelle, ein oder zwei Meter außerhalb des Torraumes, in Richtung der Strafstoßmarke. James kam aus dem Tor, konnte den Ball jedoch nicht halten, und so kam Eric ein Stück außerhalb des gegnerischen Strafraums in Ballbesitz und beförderte das Leder mit einem Volleyschuss an James vorbei ins Tor. Dieser Moment gehört zu den bewegendsten, die ich je erlebt habe. Es war genauso überwältigend wie die Tore damals in Barcelona, als wir das Triple aus Meisterschaft, Pokal und Europapokal gewannen. Wenn man sieht, wie der Ball ins Netz geht, wird man von einem unwiderstehlichen Rausch aus Freude und Adrenalin erfasst. Die gesamte Mannschaft stürzte auf Eric zu, und es hatte den Anschein, als ob er uns alle in die Höhe hob und zurück zur Mittellinie trug. Das ist die unglaubliche, aber wahre Geschichte von jener fantastischen Saison.

Als wir bei der Siegerehrung den Pokal in Empfang nahmen, stieg ich direkt vor Gary Neville die Treppen hinauf. Eric hob den Pott über den Kopf, und aus dem United-Fanblock erhob sich ein gewaltiger Jubel. Ich wandte mich um und sah Gary an:

»Kannst du das alles glauben, was da mit uns geschieht?«

Nach dem Spiel herrschte in der Kabine ein großes Durcheinander. Wir hatten den Pokal gewonnen und mehr noch: Wir hatten dafür gesorgt, dass Liverpool ihn nicht mit nach Hause nahm. Ich weiß nicht mehr, ob der Boss oder Brian Kidd oder irgendeiner von den Spielern versuchte, etwas Sinnvolles zur Zusammenfassung des Tages zu sagen. Man hätte ohnehin kein Wort verstanden. Die Begeisterung kannte keine Grenzen. Überall spritzte der Champagner, wir badeten in der gewaltigen Menschenmenge von Wembley, schrien, sangen und lachten wie die Irren.

Diese Nacht verbrachten wir noch einmal im Mannschaftshotel, bevor wir am nächsten Morgen mit dem Zug zurück nach Manchester fuhren. Man hatte für uns – egal, ob als Gewinner oder Verlierer – ein großes Festbankett organisiert. Der Verein hatte an diesem Wochenende auch unsere Verwandten eingeladen. Natürlich waren Mum und Dad sowie meine damalige Freundin Helen dabei. Das versüßte uns die Sache noch mehr, falls eine Steigerung überhaupt möglich war. Am frühen Abend, während sich die Ehefrauen und Freundinnen oben noch zurechtmachten, trafen sich die Spieler vor dem Essen auf einen Drink in der Bar. Kurz bevor ich aus meinem Zimmer trat, fühlte ich, wie die Wirkung des Adrenalins allmählich nachließ und eine bleierne Schwere in meine Beine kroch. Was für ein Tag. Was für eine Saison. Als ich hinunterkam, entdeckte ich Dad schon inmitten des Getümmels. Er saß mit Eric Cantona und Steve Bruce am Tisch und plauderte angeregt mit den beiden. Er war absolut in seinem Element. Wahrscheinlich war das der Grund, warum er mich all die Jahre immer so getriezt und zu ManU gedrängt hatte. Er hatte immer genau davon geträumt, was er in diesem Moment gerade tat. Ich lachte laut auf, so glücklich war ich. Später erzählte mir Dad, dass Eric mich für einen guten Spieler und einen guten Zuhörer hielt. Jedes Mal, wenn Dad mich an diesem Abend ansprach, schien er vollkommen überwältigt zu sein von dem, was da geschehen war. Ich empfand es als etwas Wunderbares, ihm – und Mum – endlich etwas zurückgeben zu können.

Während meiner Zeit bei United gab es nie Gelegenheit, einmal innezuhalten und zurückzuschauen auf das, was gerade vor sich ging. Wir blickten immer nach vorn und arbeiteten auf das nächste Spiel oder eine neue Saison hin. Im Laufe der Zeit erkannte ich, dass mich an der nächsten Ecke immer neue und noch aufregendere Erlebnisse erwarteten. Nach dieser ersten Saison mit dem Double hatte ich einen fantastischen Sommer. Ich spielte bei United und ich spürte, genauso wie meine Eltern und die United-Anhänger, dass wir wirklich eine tolle Leistung gezeigt hatten. Zum Beweis dafür hielten Gary, Phil, Nicky, Scholesy und ich ihre ersten Medaillen unserer Profikarriere in den Händen. Ich machte Urlaub auf Sardinien und vergaß ehrlich gesagt ein paar Wochen lang alles, was irgendwie mit Fußball zu tun hatte. In meinem Zimmer gab es keinen Fernseher, weshalb ich den größten Teil der Europameisterschaft 1996 verpasste, die zu Hause jedermann gebannt verfolgte. Statt dessen ging ich ausgiebig schwimmen, lag genüsslich in der Sonne und stopfte mich mit Pasta voll, bis sie mir zu den Ohren herauskam.

Wenn es einen Trainer gibt, der dafür sorgt, dass seine Spieler nicht im Vergangenen verharren, dann ist es Alex Ferguson. In null Komma nichts fanden wir uns beim Training wieder, und die neue Saison hatte begonnen. Es war am 17. August 1996 im Selhurst Park. Wir spielten gegen Wimbledon und spürten bereits in der Kabine und dann im mit United-Anhängern gefüllten Stadion, dass eine erwartungsvolle Spannung in der Luft lag. Unmittelbar vor dem Spiel musste ich einigen Spott wegen meiner neuen Fußballschuhe über mich ergehen lassen. Mein Sponsor Adidas hatte mir im Sommer erstmals ein Paar Predator-Schuhe geschickt. Unglücklicherweise war dieses Paar jedoch für einen jungen schottischen Spieler der Glasgow Rangers namens Charlie Miller angefertigt worden. Deshalb war auf den Zungen der Schuhe jeweils der Namenszug »Charlie« eingestickt, was meine Mannschaftskameraden selbstverständlich sofort entdeckten.

Kaum war der Anstoß erfolgt, spürten wir, dass wir nahtlos dort anknüpfen konnten, wo wir im vorigen Mai aufgehört hatten. Das Team zeigte eine hervorragende Leistung, sodass die Partie bis zur Halbzeitpause so gut wie entschieden war. Danach wurde Eric Cantona ausgewechselt, der den Rest des Spieles von der Bank aus verfolgte. Dann versuchte Jordi Cruyff einen Heber von jenseits des Strafraumes über den Torwart von Wimbledon hinweg. Ich hörte jemanden sagen, dass der Ball bestimmt ins Tor gegangen wäre, wenn Jordi nur besser gezielt hätte. Wenige Minuten später spielte mir Brian McClair knapp über der Mittellinie in unserer Hälfte das Leder direkt vor die Füße. Ich dachte, warum nicht? *Und Schuss.* Ich trat gegen den Ball und verfolgte ihn mit den Augen. Er schien irgendwo zwischen Tor und Eckfahne landen zu wollen. Doch dadurch, dass ich den Ball leicht angedreht hatte, beschrieb er einen Bogen, und ich dachte: *Das könnte noch etwas werden.*

Das Leder schien ewig in der Luft zu bleiben. Es flog immer weiter in Richtung Tor und landete schließlich über Sullivans Kopf hinweg im Netz. Im nächsten Moment riss mich Brain McClair vor Begeisterung nieder. Er hatte fast neben mir gestanden und mit allen anderen im Stadion einfach nur den Ball verfolgt.

Später in der Kabine berichtete mir jemand, wie der Alte bei meinem Schuss gebrummt hatte: »Was will er denn damit wieder bezwecken?«

Als ich mich umzog, kam Eric Cantona auf mich zu und schüttelte mir die Hand:

»Was für ein Tor«, sagte er anerkennend.

Das war natürlich noch viel besser, als der Treffer selbst. Jemand von der TV-Sendung *Match of the Day* wollte mit mir sprechen, aber der Boss war dagegen, dass ich irgendwelche Interviews gab. Deshalb ging ich geradewegs nach draußen zum Bus. Da das Spiel in London stattfand, warteten Mum, Dad und Joanne auf mich. Ich habe noch ein Foto von diesem Tor, wie der Ball durch den wolkenlos blauen Himmel fliegt. In der Menschenmenge sind sogar meine Eltern erkennbar. Bevor ich in den Bus stieg, umarmte mich Dad:

»Unglaublich, dass du dieses Tor geschossen hast!«

Am selben Abend telefonierte ich mit Helen, die in Bristol auf dem College war:

»Hast du heute ein Tor geschossen? Alle reden hier von einem Traumtreffer, den du erzielt haben sollst.«

Das ganze Wochenende über sprachen mich Leute mit genau dieser Begeisterung auf der Straße an. Damals konnte ich es noch nicht ahnen, aber damit fing alles an – die Aufmerksamkeit, die Medienberichterstattung, der Ruhm – all das, was mich seither begleitet. Durch einen einzigen Tritt mit einem neuen Fußballschuh an jenem Nachmittag im Süden Londons änderte sich mit einem Schlag alles für mich. Der Nervenkitzel, meine Liebe zum Fußball – das ist geblieben und wird immer da sein. Aber ansonsten ist seitdem nichts mehr, wie es einmal war, im positiven wie im negativen Sinne. Als mein Fuß gegen diesen Ball trat, stieß er damit zugleich eine Tür in meinem Leben auf. In jenem Spiel landete der Ball nach einem langen Flug schließlich im Netz. In David Beckhams Leben scheint der Ball jedoch immer noch in der Luft zu sein. Ich stehe noch immer da und sehe zu, wie er durch den strahlend blauen Nachmittagshimmel fliegt. Ich beobachte ihn und bin gespannt, wo er eines Tages landen wird.

5

Die mit den Beinen

»Ich bin zwar in Manchester, aber mit dem Auto bin ich schnell da. Wir könnten zusammen ausgehen.«

Meine Frau hat mich aus einem Album mit Fußballaufklebern ausgesucht. Und ich erwählte sie vor dem Fernseher.

Wenn man bedenkt, dass ich in Chingford aufwuchs und Victoria im nur fünfzehn Minuten Autofahrt entfernten Goff's Oak wohnte, mussten wir erstaunliche Umwege in Kauf nehmen, bevor wir endlich zueinander fanden. Wir lebten mehr als zwanzig Jahre lang im Nordosten Londons – kauften in denselben Läden ein, besuchten dieselben Restaurants und tanzten in den selben Klubs, ohne uns je persönlich zu begegnen. Als wir uns dann endlich kennen lernten, hatten wir eine Menge aufzuholen. Von Anfang an spürte ich, dass wir seit jeher füreinander bestimmt waren. Vielleicht war diese lange Anlaufzeit ja nötig, um uns auf die große Liebe unseres Lebens vorzubereiten.

November 1996. Ich sitze in der Nacht vor einem WM-Qualifikationsspiel gegen Georgien in einem Hotelzimmer in Tiflis. Das Zimmer teile ich mir mit Gary Neville, der sich auf dem anderen Bett gerade ausgestreckt hat. Abgesehen von den Spielen selbst gehören Fernreisen – egal, ob mit meinem Klub oder mit der Nationalmannschaft – nicht gerade zu meinen Lieblingsbeschäftigungen als Fußballprofi. Was bekommt man schon zu sehen? Womit verbringt man seine Zeit? Man isst, schläft und trainiert. Und später hockt man in seinem Zimmer, das genauso aussieht wie das davor. Das Hotel, in dem wir in Georgien untergebracht waren – das einzige, das nach dem Zerfall der ehemaligen Sowjetunion westlichen Standards entsprach – war im Karree gebaut. An allen Seiten gab es unzählige Balkons, die ausnahmslos zu einem offenen Platz hinzeigten. Dort befanden sich das Foyer, mehrere Bars und das Restaurant. Die Zimmertüren lagen sich genau gegenüber, überall dominierten Glas und Stahl. In diesem Hotel fühlte man sich noch weitaus mehr wie im Gefängnis als in den meisten anderen. Wenn ich aus dem Fenster sah, schaute ich auf eine halbfertige Schnellstraße und einen grauen Fluss, der träge dahinströmte. Bei dieser Aussicht kam keiner auf die Idee, einen Abendspaziergang unternehmen zu wollen.

Deshalb sitzen Gary und ich einfach da und unterhalten uns. In der Ecke flimmert der Fernseher, wir haben einen Musikkanal eingestellt. Gerade läuft das neue Video der Spice Girls, »Say You'll Be There«. Man sieht sie in der Wüste tanzen, und Posh trägt einen hautengen schwarzen Einteiler. Sie ist für mich die absolute Traumfrau. Ich hatte die Spice Girls natürlich schon öfter gesehen, und sobald das Gespräch wie üblich darauf kam, welche von ihnen wem am besten gefiele, sagte ich immer:

»Ich stehe auf Posh. Die mit dem Bubikopf. Die mit den Beinen.«

Doch an jenem Abend in diesem beengten Hotelzimmer dämmerte es mir zum ersten Mal. Posh Spice war einfach Klasse. Ich musste unbedingt einen Weg finden, sie kennen zu lernen. Wo war mein 1001-Nacht-Outfit? Wer konnte mir ein Kamel leihen?

»Sie sieht wirklich fantastisch aus. Ich liebe einfach alles an dieser Frau, Gaz. Ich muss sie unbedingt kennen lernen.«

Gary dachte wahrscheinlich, ich sei in dieser Hotelzelle völlig verrückt geworden. Wir hatten zusammen schon eine Menge erlebt, aber dass ich mich vor dem Fernseher in einen Popstar verliebe, das war noch nicht vorgekommen. Doch genau das war in diesem Moment geschehen: Ich hatte mein Herz an Victoria verloren. Ich wollte sie unbedingt kennen lernen. Aber wie sollte ich das einfädeln? Ich war ein junger Bursche, der sich gerade erst seine ersten Sporen als Profifußballer verdient hatte. Und diese traumhaft sexy aussehende Frau war immerhin eines der Spice Girls. Victoria und die anderen Mädels waren zu dieser Zeit geradezu allgegenwärtig: Nummer eins in den Charts, auf den Titelseiten der Hochglanzmagazine, in den Schlagzeilen der Zeitungen. Sie reisten um die halbe Welt und waren der heißeste Act der ganzen Musikbranche. Es gab solche und solche Popstars. Aber die Spice Girls waren zu der Zeit die absolut gefragtesten. Und da stand ich nun und wollte mich unbedingt mit einer von ihnen verabreden.

Was also sollte ich tun? Ihr einen Brief schreiben?

»Liebe Posh Spice. Du wirst mich sicher nicht kennen, aber ich habe das Gefühl, dass wir uns ausgezeichnet verstehen würden, wenn wir uns kennen lernen könnten. Ich weiß nicht, wie dein Terminplan aussieht, aber mich findest du jeden zweiten Samstag im Old Trafford.«

Man hört ja immer wieder diese Geschichten von besonders angesagten Promis, die genau wissen, wie man solche Sachen arrangiert. Das galt jedoch nicht für mich. Ich konnte meine Leute nicht einfach bitten, Kontakt mit ihren Leuten aufzunehmen, und der einzige Typ auf der ganzen Welt, der damals ein Auge auf »die mit dem Bubikopf« geworfen hatte, war ich mit Sicherheit auch nicht. Schließlich kramte meine Schwester Joanne für mich eine Ausgabe der Musikzeitschrift *Smash Hits* heraus, in der ich zumindest ein paar Informationen über Victoria fand, zum Beispiel ihren Familiennamen. Das war schon einmal ein Anfang.

Etwa einen Monat später spielten wir auswärts in London gegen Chelsea. Vor dem Spiel wusste irgendjemand in der Kabine zu berichten, dass einige der Spice Girls im Stadion gesichtet worden seien.

Wer konnte es sein? Ob Posh dabei war? Wo mochten sie sitzen? Irgendwie gelang es mir, meine Aufregung zu verbergen. Vielleicht war das ja die Chance, auf die ich gewartet hatte. Ich fand bald heraus, dass es Victoria war, die unser Spiel zusammen mit Melanie Chisholm besuchte. Als ich nach der Partie die Spielerlounge betrat, betete ich darum, dass sie dort war.

Ich traf mich mit Mum und Dad. Und tatsächlich! Victoria und Melanie standen in einer Ecke und unterhielten sich. Nach einer Weile kam ihr Manager auf mich zu und stellte sich vor:

»Hallo David. Mein Name ist Simon Fuller. Ich betreue die Spice Girls und würde dich gern mit Victoria bekannt machen.«

Ich spürte, wie kleine Schweißperlen auf meine Stirn traten. Plötzlich kam es mir in der Lounge unerträglich heiß vor. Sie kam zu mir herüber. Ich hatte keine Ahnung, was ich sagen sollte. Deshalb war alles, was ich hervorbringen konnte:

»Hallo, ich bin David.«

Victoria machte einen ziemlich lockeren Eindruck. Wahrscheinlich hatte sie mit Mel schon das eine oder andere Glas Wein getrunken. In jenem Spiel hatte ich mit einem Volleyschuss ein Tor erzielt und hoffte, dass sie wenigstens ein bisschen beeindruckt war. Doch wie sich bald herausstellte, hatte sie ihre Brille vergessen. Überhaupt hatte sie nicht die leiseste Vorstellung, was in diesem Spiel eigentlich vor sich gegangen war. Sie schaute mich an, und ich vermutete, dass sie keinen Schimmer hatte, wer ich war. Man United? Chelsea? Hatte ich überhaupt heute gespielt? Dann erinnerte sie jemand daran, dass sie aus einem Album mit Fußballaufklebern mein Konterfei ausgesucht hatte. Das war ein paar Tage zuvor während eines Kamerashootings gewesen, bei dem die Girls in Mannschaftstrikots posierten. Sie war die Einzige, die noch nicht wusste, welches sie auswählen sollte, weil sie sich überhaupt nicht für Fußball interessierte. Deshalb sah sie sich die Fotos an, um sich mit Hilfe der Optik für ein Team zu entscheiden. Offensichtlich hatte mein Bild allerdings nicht allzu viel mit der Realität gemein.

»Ich bin Victoria.«

Das war alles. Mir wollte partout nichts einfallen, was ich als Nächstes sagen könnte. Simon Fuller gab sich redlich Mühe, noch ein wenig über das Spiel zu plaudern. Ich kann mich jedoch an kein einziges Wort mehr erinnern. Dann ging sie zurück zu Melanie. Ich wandte mich wieder meinen Eltern zu. Doch ich konnte meinen Blick einfach nicht von ihr wenden. Ich starrte sie quer durch den Raum ziemlich unverhohlen an und bemerkte, dass auch sie mich ansah. *Ich muss irgendwie an ihre Telefonnummer kommen oder zumindest noch ein paar Worte mit ihr wechseln.* Doch es gelang mir nicht. Auf einmal war sie verschwunden, woraufhin auch ich die Lounge verließ. Die Sache konnte ich wohl als erledigt betrachten. Meine große Chance war vertan. Enttäuscht ging ich zum Bus und konnte mich nur mühsam davon abhalten, meinen Kopf vor lauter Frust immer wieder gegen die Rückseite des Vordersitzes zu schlagen.

Als ich im Laufe der darauf folgenden Woche endlich aufgehört hatte, mich selbst zu bemitleiden, versuchte ich, mehr über die Frau meiner Träume in Erfahrung zu bringen. Trotz der verpatzten Gelegenheit bestärkte mich dieses Zusammentreffen nur noch mehr in meiner Überzeugung. Ich sah mir im Fernsehen den Beitrag mit den Spice Girls an, in dem sie sich in den Fußballtrikots präsentierten. Victoria war im United-Dress zu sehen, und der dazugehörige Bildtext lautete, sie fände David Beckham attraktiv. Ich wusste nicht, wie es bei solchen Gelegenheiten zuging, und ob ihre Aussage vielleicht frei erfunden war. Aber zumindest schöpfte ich wieder neue Hoffnung. Und beim nächsten Heimspiel tauchte sie tatsächlich wieder im Old Trafford auf.

Diesmal allerdings mit allen Schikanen. Vor dem Spiel wurde sie von Martin Edwards, dem Präsidenten von United, fürstlich bewirtet. Nach der ersten Spielhälfte verkündete sie zusammen mit Melanie auf dem Spielfeld das Halbzeitergebnis. Nach dem Spiel kam sie wieder in die Spielerlounge, in der Hand ein Glas Champagner. Ich ging hinein und begrüßte als Erstes meine Eltern. Aber diesmal fiel es mir leichter, auf sie zuzugehen. Sie sah traumhaft aus in ihrer engen Hose im Armylook und dem knappen khakifarbenen Top mit atemberaubend tiefem Ausschnitt. Ihre Figur war absolut umwerfend. Ich hoffte, dass sie keinen falschen Eindruck von mir bekam, weil ich ununterbrochen auf ihr Dekolleté starrte. Aber kurz über ihrem Brustbein entdeckte ich einen winzigen Schönheitsfleck, so klein wie eine Sommersprosse, von dem ich meinen Blick einfach nicht wenden konnte.

Wieder fiel mir nichts ein, wie ich das Gespräch fortsetzen sollte. Meine innere Stimme rief: *Du bist es. Du bist die Frau meines Lebens.*

Aber so etwas sagt man natürlich nicht zu jemandem, mit dem man bisher nicht mehr als drei Worte gewechselt hat. Noch dazu, wenn die eigenen Eltern und etliche Teamkollegen unmittelbar daneben stehen. Joanne war ebenfalls gekommen und schien mit Victoria wesentlich ungezwungener plaudern zu können als ich. Meine Schwester war die Einzige, die eine vage Vorstellung davon hatte, wie es gerade um mein Seelenleben stand. Schließlich kam ich auf die Idee, den Kavalier zu spielen und an der Bar eine Runde Drinks für uns zu ordern. Einen Moment später stand Victoria neben mir. Wahrscheinlich wussten wir beide eigentlich ziemlich genau, was wir sagen wollten, fanden nur nicht den richtigen Einstieg in ein Gespräch. Was ist das eigentlich für ein Gefühl, ein Popstar zu sein? Wie lebt es sich, wenn man seinen Lebensunterhalt mit Fußball verdient? Wir wollten beide miteinander reden, und sobald erst einmal der Anfang gefunden war, konnten wir gar kein Ende mehr finden. Als ich mich endlich daran erinnerte, wo ich war, sah ich mich im Raum um und wunderte mich: *Wo sind denn alle auf einmal hin verschwunden?*

Mum und Dad waren noch da. Wahrscheinlich dachten sie die ganze Zeit entsetzt: *O nein, keine von den Spice Girls!* Außer ihnen saßen noch ein oder zwei andere Leute in der Lounge herum. Sie schienen gespannt darauf zu warten, was als Nächstes geschehen würde. Als Victoria kurz die Toilette aufsuchte, hämmerte es in meinem Kopf: Jetzt oder nie! Als sie zurückkam, murmelte ich etwas von einer Einladung zum Abendessen, obwohl noch gar keine konkreten Pläne hatte. Ich hatte mir noch nicht einmal Gedanken darüber gemacht, wo wir hingehen könnten. Mit dieser Einladung war ich lediglich meinem Instinkt gefolgt: Ich wollte einfach nicht, dass sie ging. Victoria sagte, sie müsse zurück nach London, da die Spice Girls am darauf folgenden Montag nach Amerika fliegen würden. Aber sie bat mich um meine Telefonnummer. Sofort schossen mir die Gedanken durch den Kopf. *Was? Damit du gleich wieder vergessen kannst, dass du sie überhaupt bekommen hast? Oder sie verlieren? Oder gar nicht auf die Idee kommen anzurufen?*

»Nein Victoria, ich werde mir lieber deine Nummer notieren.«

Sie kramte in ihrer Handtasche und förderte die Bordkarte ihres

Fluges nach Manchester vom selben Morgen zu Tage. Darauf schrieb sie ihre Handynummer, strich sie jedoch gleich wieder durch und gab mir stattdessen die Festnetznummer im Hause ihrer Eltern. Dieses kostbare Stück Papier hütete ich wie einen Schatz und achtete sorgfältig darauf, dass es nicht verloren ging. Ich besitze es noch immer. Sobald ich nach Hause kam, schrieb ich die Nummer auf ein halbes Dutzend anderer Zettel und verteilte sie für den Fall der Fälle in allen Zimmern.

Normalerweise brauche ich nach einem Spiel ewig, bis ich endlich einschlafen kann. Noch fünf oder sechs Stunden später spüre ich das Adrenalin in meinem Körper. Doch in jener Nacht schwirrte mir der Kopf zusätzlich von meinem Treffen mit Victoria. Irgendwann musste ich schließlich doch eingeschlafen sein, denn am nächsten Tag wachte ich erst sehr spät auf. Ungefähr um elf Uhr nahm ich den Telefonhörer in die Hand und wählte *die Nummer*. Die Stimme am anderen Ende klang wie ihre, aber da ich mir nicht ganz sicher war, fragte ich so höflich ich konnte:

»Ist Victoria da?«

Zum Glück war ich nicht gleich mit der Tür ins Haus gefallen, denn es war ihre Schwester Louise.

»Nein, sie ist im Fitnessstudio. Wer ist denn dran? Ich werde ihr ausrichten, dass sie zurückrufen soll.«

Jeder von uns war als Teenager irgendwann einmal bis über beide Ohren verliebt. Bestimmt gibt es noch andere Menschen, die wie ich in Liebesdingen zur Dramatisierung neigen, selbst wenn sie schon über zwanzig sind. *Sie ist also im Fitnessstudio. Tja, das war's dann wohl. Wahrscheinlich hat sie ihrer Schwester aufgetragen, mich am Telefon abzuwimmeln.* Ich warf mich nach dem Anruf zwar nicht nieder und trommelte verzweifelt mit den Fäusten auf den Boden, aber genauso fühlte ich mich. Dabei war ich mir so sicher, dass es etwas werden musste mit Victoria und mir. Aber offensichtlich ging es ihr nicht so. Also würde aus dem schönen Traum nichts werden. Ich saß trübsinnig auf dem Bett und starrte auf das Telefon. Ich weiß nicht mehr, wie lange. Eine halbe Stunde? Eine Stunde? Es fühlte sich an wie eine ganze Woche. Plötzlich klingelte der Apparat.

»David? Hier ist Victoria.«

Wir knüpften nahtlos dort an, wo wir am Abend zuvor im Old Trafford aufgehört hatten. Wir gerieten ins Plaudern und versuchten vermutlich beide, die richtigen Worte für das zu finden, was wir eigentlich sagen wollten. Ich hatte zwar in Manchester schon einmal einen Versuch unternommen, wagte es aber trotzdem noch einmal:

»Was hast du heute noch vor?«

»Nichts Besonderes.«

»Ich bin zwar in Manchester, aber mit dem Auto bin ich schnell da. Wir könnten zusammen ausgehen.«

Fünf Stunden später war ich an der Waschanlage in Chingford. Das Auto sollte schließlich picobello aussehen. Ich war mir zwar nicht sicher, ob Victoria meinen neuen Wagen toll finden würde – es war ein blauer BMW M3 Cabrio –, aber ich wollte diesmal nichts dem Zufall überlassen. Ich schrubbte ihn ausgiebig und bearbeitete ihn ausdauernd mit dem Staubsauger. Als ich dann bei meinen Eltern ankam, sah ich schlimmer aus als das Auto nach der Fahrt. Mum wusste, dass ich Victorias Nummer im Old Trafford bekommen hatte, und wahrscheinlich war ihr auf den ersten Blick klar, was mit mir los war, als ich bei ihr vor der Tür stand. Sie war ziemlich skeptisch im Hinblick auf die Spice Girls, kannte mich aber gut genug, um gar nicht erst zu versuchen, mir die Sache auszureden. Ich bin zwar genauso sensibel wie sie, aber wenn ich mein Herz erst einmal verloren habe, dann lege ich die gleiche Sturheit an den Tag wie Dad.

Hastig zog ich saubere Kleidung an: ein weißes T-Shirt, ein beigefarbenes Jackett, meine Timberland-Schuhe und eine Versace-Jeans. Ich fühlte mich, als kleidete ich mich für die wichtigste Show meines Lebens an. Ich rief die andere Hauptdarstellerin an, und wir verabredeten uns. Der Treffpunkt war nicht gerade feudal: eine Bushaltestelle vor dem Castle – einer Kneipe in Woodford, die wir beide kannten. Später fanden wir heraus, dass wir dieses Lokal irgendwann einmal zur gleichen Zeit besucht hatten, ohne es zu bemerken.

Sie kam in ihrem violetten MG und stoppte den Wagen. Ich ging zu ihr hinüber und setzte mich auf den Beifahrersitz. Meine Aufregung war grenzenlos. *Wie sollte ich mich verhalten? Sie auf die*

Wange küssen? Ihr die Hand geben? Mit einem leichten Zittern in der Stimme murmelte ich:

»Alles in Ordnung?«

Ich hatte mein Auto zum Glänzen gebracht, mich selbst in Schale geworfen, aber mir fehlte jede Idee, wie wir den Abend verbringen sollten.

»Wo wollen wir hinfahren?«, fragte Victoria lächelnd.

»Hm. Hast du einen besonderen Wunsch?«

Wir fuhren die Straße entlang und hatten beide keine Vorstellung, wo es hingehen sollte. Sicher waren wir uns lediglich, dass wir den Abend gemeinsam verbringen wollten. Ich wusste, dass ihr Manager Simon immer ziemlich aufgeregt war, wenn es um Männergeschichten der Mädels ging. Alles, was sich in der Spiceworld ereignete, stand damals schon in sämtlichen Zeitungen, bevor es tatsächlich geschah. Außerdem wollte ich ihre Gesellschaft an diesem Abend eigentlich mit niemandem teilen. Also fuhren wir weiter auf der Suche nach einem Ort, an dem wir ungestört waren.

Der zweite Grund, warum wir kein Aufsehen erregen wollten, war die Tatsache, dass sie zu dieser Zeit noch mit ihrem damaligen Freund Stuart zusammen war. Er war gerade mit ihrem Vater zum Skiurlaub in Frankreich. Victoria schenkte mir diesbezüglich von Anfang an reinen Wein ein. Sie legt anderen gegenüber eine bedingungslose Ehrlichkeit an den Tag; darin sind wir beide uns sehr ähnlich. Wir hatten uns gerade erst kennen gelernt, aber sie wollte, dass wir von Beginn an offen miteinander umgingen. Es gab an jenem Abend nur einen einzigen problematischen Augenblick, nämlich als Victoria auf ihrem Handy einen Anruf von Stuart bekam, während wir zusammen im Auto herumfuhren. Ich war damals gerade Single, erzählte Victoria jedoch alles über die Beziehungen, die in meinem Leben wichtig gewesen waren. Da gab es Deana, mit der ich drei Jahre zusammen war, als ich neu nach Manchester kam. Sie war eine wichtige Bezugsperson für mich gewesen, als ich im Teenageralter zum ersten Mal das Elternhaus verlassen hatte. Dann war da noch Helen, meine letzte Freundin. Unsere Beziehung dauerte anderthalb Jahre, bis sie sich zurückzuziehen begann, als der Rummel um diesen jungen Kerl aus London, der sich einen Namen bei United machte, immer größer wurde.

Während wir an den überfüllten Kneipen im Nordosten Londons vorbeifuhren, erzählte mir Victoria von Stuart und noch vieles mehr. Wenn man die Liebe seines Lebens trifft, gibt es schließlich eine Menge Gesprächsstoff. In jener Nacht machten wir den Anfang, und alles ließ sich ausgesprochen gut an. Nach ungefähr einer Stunde hatte ich eine Idee:

»Ich kenne da ein kleines chinesisches Lokal.«

Es war ein Restaurant in Chingford, in dem ich ab und zu mit Mum und Dad gegessen hatte – vollkommen unspektakulär, hatte jedoch einen entscheidenden Vorteil: Immer wenn ich dort gewesen war, waren wir die einzigen Gäste. Ich lotste Victoria dorthin, wir stellten das Auto ab und gingen hinein. Ausgezeichnet: Es war vollkommen leer. Wir setzten uns und gaben unsere Bestellung auf:

»Eine Coke und eine Diet Coke bitte.«

Die Inhaberin des Lokals schaute uns unwillig an. *Na prima, solche Sparfüchse sind mir am liebsten.* Sie hatte nicht die leiseste Ahnung, wer wir waren. Dass sie mich nicht erkannte, wunderte mich nicht. Aber Victoria? Dieses Lokal war eben eine kleine Welt für sich.

»Hier gibt nix Getränk ohne Essen.«

Ich erklärte ihr, dass wir einfach nur in Ruhe etwas trinken wollten. Aber davon wollte sie nichts hören:

»Das ist ein Speiserestaurant, verstehen Sie?«

Sie war drauf und dran, uns an die Luft zu setzen. Ich bot an, ein komplettes Gericht zu bezahlen, wenn wir dafür nur unsere Getränke bekamen, aber zu spät. Ehe wir uns versahen, fanden wir uns um elf Uhr nachts draußen vor dem Lokal wieder. Jetzt war es Victoria, die eine Idee hatte:

»Wir könnten meine Freundin besuchen.«

Diese Freundin war niemand anders als Melanie Chisholm. Wo war ich da nur hineingeraten? Ich ging mit einem Spice Girl aus, und nun wollten wir noch bei einer anderen von ihnen vorbeischauen. War meine Aufregung bei diesem ersten Rendezvous überhaupt noch zu steigern?

Als wir ankamen, öffnete Melanie im Pyjama die Tür. Sie hatte schon im Bett gelegen. Kaum hatten wir die Wohnung betreten, rutschte mir das Herz in die Hose. An der Tür klebte ein riesiges Poster des Liverpool FC. *Das halte ich nicht aus.*

Ich setzte mich, während Victoria und Melanie für zehn Minuten verschwanden. Wahrscheinlich plauderten sie in der Küche miteinander. Ich dagegen saß im Wohnzimmer auf dem Sofa und kam mir wie ein Idiot vor. Als die beiden zurückkamen, versuchte ich mich zusammenzureißen. Ich fühlte mich wie bei einer höchst seltsamen Teegesellschaft. Ich glaube, auch Victoria war ein wenig aufgeregt. Wir saßen jeder in einer anderen Sofaecke, als hätte man uns nicht richtig miteinander bekannt gemacht. Sie unterhielten sich die ganze Zeit, und ich hörte ihnen zu. Ich weiß nicht mehr, ob ich überhaupt ein einziges Wort sagte, während wir dort waren.

Ein oder zwei Stunden später saßen wir wieder in Victorias MG und setzten unsere Besichtigungstour der schönsten Sehenswürdigkeiten entlang der M25 fort. Einmal fuhren wir am Haus ihrer Eltern vorbei. Vielleicht tat sie das ja bewusst, damit ich in Zukunft wusste, wo ich sie finden konnte. In den frühen Morgenstunden kamen wir schließlich zum Castle zurück. Da die Spice Girls am nächsten Tag in die Vereinigten Staaten flogen, hieß es vorerst Abschied nehmen. Ich stieg in mein Auto und winkte ihr noch einmal. Victoria versprach, gleich anzurufen, sobald sie in New York angekommen sei. Unser erstes Rendezvous war zwar nicht besonders romantisch, aber ich fand es großartig. Wusste ich doch, dass wir uns einfach nur kennen lernen mussten. Liebe auf den ersten Blick? Nein, es ging alles noch viel schneller.

Und das bezog sich nicht nur auf Victoria. In jener Saison 1996/97 gewann United wieder die Meisterschaft, und das Traumziel des Alten rückte endlich in greifbare Nähe: für den Verein erneut den Europapokal zu holen. Wenn man sich gegen die besten Mannschaften Europas behaupten muss, scheint es, als müsse man das Fußballspielen noch einmal ganz von vorn lernen. Gegen einige dieser Teams hatte United in den vergangenen zehn Jahren immer wieder gespielt. Ich denke dabei vor allem an Barcelona, Juventus Turin und Bayern

München. Manchmal denke ich, die Champions League dient vor allem dazu zu ermitteln, auf welchem Niveau im europäischen Maßstab sich die eigene Mannschaft befindet.

Im Herbst 1996 wurden wir gleich zweimal – zu Hause und auswärts – 1:0 von Juve geschlagen. Obwohl wir häufig im Ballbesitz waren, gelang es uns einfach nicht, uns gegen sie zu behaupten. Trotzdem qualifizierten wir uns für die Zwischenrunde. Und dann kam dieser unglaubliche Abend im Old Trafford, als wir Porto im Viertelfinale 4:0 besiegten. Von diesem Tag an begann man, United als ernst zu nehmenden Teilnehmer dieser Konkurrenz wahrzunehmen. In jenem Jahr gelangten wir ins Halbfinale gegen Borussia Dortmund und rechneten uns dort gute Chancen aus. Aber stattdessen steckten sie uns völlig in den Sack. Wie so viele deutsche Teams spielten sie sehr diszipliniert und strategisch ausgefeilt. Auch ihre Verteidigung funktionierte hervorragend. Ihr linker Verteidiger, Jörg Heinrich, war in diesen beiden Spielen so ziemlich die härteste Nuss, die ich je zu knacken hatte. Nachdem sie uns in der ersten Runde in Dortmund 1:0 geschlagen hatten, hofften wir auf einen Sieg im Old Trafford. Doch sie bestätigten dieses Ergebnis und zogen ins Finale ein, wo sie dann gegen Juventus gewannen.

Diese Spiele gegen Dortmund waren wirklich niederschmetternd. Trotzdem hätte diese Saison für mich nicht besser laufen können. Ich lief mit der Nummer 10 in beinahe jedem Spiel auf und erzielte Tore von der Sorte wie damals bei den Ridgeway Rovers – ähnlich jenem Treffer im Selhurst Park gegen Wimbledon von jenseits der Mittellinie oder dem Volleyschuss gegen Chelsea an der Stamford Bridge, als ich Victoria zum ersten Mal begegnete. Die Krönung des Ganzen war, dass ich von der PFA, der Professional Footballer's Association, zum besten Nachwuchsspieler des Jahres gewählt wurde. Wenn einem die Gegner, denen man jede Woche in der ersten Liga gegenübersteht, eine solche Anerkennung zuteil werden lassen, dann drängt sich zwangsläufig der Gedanke auf, irgendwie auf dem richtigen Weg zu sein.

Es war einfach großartig, für United zu spielen. Wir hatten den besten Cheftrainer im ganzen Land und obendrein den definitiv besten Co-Trainer. Der Alte sagte zwar ein paar wenig schmeichelhafte Dinge über Brian Kidd, als dieser von Old Trafford wegging, um den Trainerposten bei den Blackburn Rovers zu übernehmen. Dennoch bin ich davon überzeugt, dass sie ein ausgezeichnetes Gespann bildeten. Kiddo ist ein ausgezeichneter Coach; das wird jeder ohne zu Zögern bestätigen, der schon einmal mit ihm zusammengearbeitet hat. Ich finde, dass er großartig zwischen dem Boss und den Spielern agierte. Jeder in der Kabine wusste, dass Brian »einer von uns« war. Nach dem Training oder im Anschluss an ein Spiel musste sich niemand in Acht nehmen, was er sagte oder tat. Kiddo hatte immer noch einen Scherz für uns auf Lager.

Aber er wusste auch sehr genau, wann Ernsthaftigkeit das Gebot der Stunde war. Im Training arbeiteten wir wirklich hart, was uns bei Kiddo jedoch nicht so vorkam, weil er jede Einheit anders aufbaute. Dadurch kam bei niemandem Langeweile auf, und die neuen Abläufe hielten die Spieler auf Trab. Scholesy, Nicky Butt und die Neville-Brüder kannten Brian schon viel länger als ich; er war ein United-Urgestein. Wahrscheinlich war das auch einer der Gründe, warum er mit den Leuten vom Verein so gut zurechtkam. Ich bin sicher, dass ich nicht der Einzige bin, der es ihm zu verdanken hat, dass es nicht zu ernsthafteren Auseinandersetzungen mit dem Alten kam. Er arbeitete jedoch niemals gegen den Boss oder versuchte seine Autorität zu untergraben. Trotzdem hatten wir das Gefühl, dass er sich wirklich für die Belange der Spieler einsetzte und für gute Stimmung in der Kabine sorgte.

Zu dieser positiven Atmosphäre trug auch unser Erfolg bei. Zwar waren wir enttäuscht über unser Ausscheiden auf europäischer Ebene, doch der Gewinn der Meisterschaft im Mai 1997 zum zweiten Mal in Folge war ebenfalls eine hervorragende Leistung. Am Ende lagen wir mit sieben Punkten klar an der Tabellenspitze, wobei die Konkurrenz allerdings auch nicht gerade schlief. Liverpool, Newcastle und Arsenal gingen im Laufe der Saison abwechselnd in Führung. Wir konnten uns den Titel sogar schon ein paar Wochen vor Saisonschluss sichern, obwohl es schon ein wenig merkwürdig anmutete, dank der Niederlage einer anderen Mannschaft Meister zu werden. An jenem Montagabend spielten wir im Old Trafford 3:3 gegen Middlesbrough. Jedes Spiel, in dem Gary Neville ein Tor schießt, ist einfach unvergesslich. Am Dienstag spielte dann Liverpool – die einzige Mannschaft, die uns den Titel noch streitig machen konnte – im Selhurst Park. Die Begegnung wurde live im Fernsehen übertragen. Ich wollte mir das Spiel zusammen mit Gary bei Ben Thornley zu Hause ansehen. Eigentlich mag ich Fußballübertragungen im Fernsehen nicht besonders. Angesichts dessen, was auf dem Spiel stand, konnte ich die Anspannung einfach nicht ertragen. Schließlich ging ich mit Gary eine Runde spazieren, sodass wir die gesamte zweite Halbzeit verpassten.

Als wir zurückkamen, stand Wimbledon als Sieger fest – was nichts anderes bedeutete, als dass wir Meister waren. Wenn man eine begehrte Trophäe errungen hat, kann man normalerweise nach dem Spiel auf dem Spielfeld und anschließend in der Kabine ordentlich Dampf ablassen. Doch an diesem Abend im Jahre 1997 saßen wir in Ben Thornleys Wohnzimmer und wussten nicht wohin mit all unserem Adrenalin. Deshalb brachen wir das vom Verein verhängte Ausgehverbot, was ich nur dieses einzige Mal tat. Am Donnerstag stand ein Spiel gegen Newcastle auf dem Programm, weshalb wir die Abende eigentlich zu Hause verbringen und früh schlafen gehen sollten. Im Allgemeinen trinke ich nur in Maßen und gehe eher selten in Klubs. Doch dieser Abend war schon etwas Besonderes. Immerhin hatten wir die Premier League gewonnen. Da konnten wir doch nicht einfach in der Stube sitzen und so tun, als wäre nichts gewesen! Also machten wir drei uns auf den Weg ins Zentrum von Manchester und tranken das eine oder andere Bierchen über den Durst. Ich bin mir sicher, dass der Alte davon erfuhr, schließlich weiß er immer alles über jeden Spieler. Aber wir bekamen keinen Ärger deswegen. Außerdem gab es schließlich nichts zu bemängeln, da wir zwei Abende später unentschieden gegen Newcastle spielten.

Aber der größte Gewinner in dieser Saison war höchstwahrscheinlich mein Mobilfunkanbieter. Vom ersten Moment an war mir klar, dass ich verrückt war nach Victoria. Meine Gedanken drehten sich jeden Tag, den wir getrennt waren, fast ununterbrochen darum, wie und wann ich sie das nächste Mal treffen konnte. Kaum gab es ein Wiedersehen, musste sie mit den Spice Girls schon wieder nach Amerika jetten. Wir telefonierten oft stundenlang miteinander, und die Telefonrechnungen erreichten Schwindel erregende Höhen. Trotzdem waren sie die beste Investition, die ich je in meinem Leben getätigt habe. Bei den wenigen Gelegenheiten, wenn wir uns persönlich getroffen hatten, war ich meist so aufgeregt, dass mir beinahe der Atem stockte. Seltsam, wie anders es am Telefon war, da schien es mir die natürlichste Sache der Welt zu sein, vor dieser Frau mein ganzes Leben – und meine Gefühle – auszubreiten und ihr dabei zuzuhören, wie sie das Gleiche tat. Als sie dann wieder in England war, hatten wir beide den Eindruck, uns schon sehr lange zu kennen. Nach und nach merkten wir, wie wichtig wir einander inzwischen geworden war. Egal, was die Telefongesellschaft daran verdient hat, mir scheint die Summe angesichts der Bedeutung dieser Telefonate immer noch lachhaft.

Auch die Blumenhändler machten mit mir keine schlechten Geschäfte. In jedes neue Hotel, das Victoria bezog, schickte ich ihr Blumen und dazu noch fast einen Monat lang jeden Tag eine rote Rose. Ich konnte es kaum erwarten, dass sie endlich heimkam. Die meisten Leute denken wahrscheinlich, unser gemeinsames Leben besteht nur aus einer einzigen Aneinanderreihung glamouröser Partys – mit Stars, Luxus und Fototerminen. Doch nichts von alledem entspricht auch nur ansatzweise der Wahrheit. Für uns ist nichts so wichtig, wie ungestört Zeit miteinander verbringen zu können. Beim ersten Rendezvous fuhren wir mit dem Auto herum, wurden beim Chinesen vor die Tür gesetzt und hockten bei einer Freundin auf dem Sofa. Unser zweiter gemeinsamer Abend war nicht weniger unspektakulär. Wir verabredeten uns wieder auf dem Parkplatz eines Lokals, diesmal war es das City Limits – so extravagant gingen wir aus. Auf dem Weg dorthin passierte mir etwas Kurioses. Ich hielt an einer Tankstelle an und kaufte mir eine Packung Kaugummi. Kaum wollte ich danach jedoch aus der Ausfahrt biegen, sah ich, wie Victoria angefahren kam, aus ihrem Wagen sprang und genau das Gleiche tat wie ich zuvor. Brauchten wir beide nur frischen Atem, oder wollten wir einfach unsere Nerven beruhigen? Vermutlich beides. Ich fuhr weiter zum City Limits und parkte dort.

Als Victoria eintraf, stieg ich aus, ging zu ihrem MG hinüber und setzte mich neben sie. Angesichts der geringen Größe des Autos war der Abstand zwischen dem Fahrer- und dem Beifahrersitz erstaunlich groß. Diesmal fuhren wir nirgendwo hin. Wir redeten einfach miteinander. Und wir küssten uns zum ersten Mal. Während des Trainings hatte ich mir eine Schramme am Finger geholt. Victoria langte an mir vorbei ins Handschuhfach und holte einen Pflanzenspross hervor. Es war Aloe Vera. Sie strich mit der Pflanze über die Schramme und gab mir den Spross. »Das wird deine Verletzung heilen.«

Sie hatte ihn mitgebracht, weil ich am Telefon wahrscheinlich die kleine Verletzung erwähnt hatte. Als ich ein oder zwei Wochen später in meinen Kühlschrank schaute, lag die Aloe Vera noch immer darin und begann in ihrer Tüte langsam zu vergehen. Doch da hatte das darin enthaltene Zaubermittel bereits seine Wirkung getan. Am Ende des Abends auf dem Parkplatz des City Limits hatte ich das Gefühl, dass die Träume eines ganzen Jahres gerade Wirklichkeit zu werden begannen.

Am nächsten Tag schlug ich vollkommen über die Stränge und ließ einen großen Strauß Rosen und eine Prada-Handtasche ins Haus ihrer Mutter liefern. Erstaunlich, was man aus der Rubrik »Vorlieben und Abneigungen« in der Musikzeitschrift *Smash Hits* so alles erfahren kann. Noch heute schicke ich ihr manchmal Geschenke dieser Art – das steckt eben in mir. Wenn man einen Menschen liebt, möchte man ihn doch verwöhnen, ihn überraschen, ihm seine Gefühle für ihn zeigen. Das kann man in Form eines Wochenendausflugs tun oder mit einer Schale Obst am Morgen, das man in Herzform arrangiert. Ich weiß, dass Victoria meine romantische Ader schätzt. So mancher, der diese Zeilen liest, hält mich daraufhin vielleicht für einen Softie. Aber so bin ich nun einmal. Es gibt mir zum Beispiel ein gutes Gefühl, wenn ich Brooklyn mit seinem kleinen Bruder oder mit anderen Kindern sehe. Ich versuche, sanft mit den Kleinen umzugehen und achte auf ihre Bedürfnisse. Ich denke, dass ich diese Anteile meiner Persönlichkeit von Mum geerbt habe. Was man in der Kindheit sieht und erlebt, prägt einen Menschen unter Umständen für sein ganzes Leben. Es gibt andere, tiefer liegende Dinge, die man von Anfang an mitbekommen hat. Später besteht die Aufgabe dann darin, diese weiterzugeben.

Als ich Victoria das nächste Mal traf, beschlossen wir, dass ich diesmal fahren sollte. Das hieß jedoch nicht, dass wir eine bessere Idee hatten, wo es hingehen würde. Victoria wurde von ihrer Mutter und ihrem Bruder Christian am zweifelhaften Ort unserer Rendezvous, dem bei uns so beliebten Parkplatz des Lokals City Limits, abgesetzt. Als sie aus dem mütterlichen BMW stieg, beugte sich Christian zu seiner Mutter herüber und flüsterte ihr zu:

»Wenigstens fährt er ein anständiges Auto.«

Irgendwo hatte ich gelesen, dass Victoria etwas für Aston Martins übrig hatte. Deshalb sprach ich in einem Autohaus vor und lieh mir einen nagelneuen DB7 aus, indem ich vorgab, an einem Kauf interessiert zu sein. Wenn Victoria Wert darauf gelegt hätte, hätte ich natürlich nicht gezögert, ihn tatsächlich zu kaufen. Nachdem wir uns wieder ein paar Minuten mit der üblichen Problematik »Ich weiß nicht, wohin wir fahren könnten. Hast du einen besonderen Wunsch?« beschäftigt hatten, beschlossen wir, hinunter nach Southend zu fahren. Ich war früher als Kind mit Mum, Dad und Lynne dort oft zum Baden gewesen. Wer hatte sich damals schon Sorgen um den Zustand des Strandes oder die Wasserqualität gemacht? Wir waren kaum zu bremsen und sprangen immer gleich in die See, sobald wir ankamen. Als wir jetzt auf dem Nordring waren, fiel mir plötzlich ein, dass es in diesem funkelnagelneuen Wagen gar keinen Straßenatlas gab. Dummerweise konnte ich mich nicht mehr an die Strecke erinnern. Damals war Dad immer gefahren, und ich hatte wahrscheinlich die ganze Zeit hinten mit Joanne herumgeblödelt und deshalb kein bisschen auf den Weg geachtet.

Natürlich konnte ich vor Victoria nicht zugeben, dass ich mich verfahren hatte, noch bevor wir London verließen. Also fuhr ich einfach immer weiter – bis nach Cambridge, wie sich schließlich herausstellen sollte. Dort hielten wir an und gingen irgendwo im Stadtzentrum Pizza essen. Im Lokal drehte sich zwar der eine oder andere erstaunt nach uns um, aber das machte uns nichts aus. Victoria und ich fühlten uns ganz ungestört. Danach fuhren wir zurück nach London, wo ich sie zum Haus ihrer Eltern brachte. Ganz unerwartet war aus unserem Treffen doch noch ein richtiges Rendezvous mit Restaurantbesuch geworden, auch wenn wir mehr als hundert Kilometer nördlich von unserem ursprünglichen Ausflugsziel gelandet waren.

Auch unser nächstes Treffen war sehr angenehm. Wir saßen in der letzten Reihe in einem Kino in Chelsea und sahen uns *Jerry Maguire* mit Tom Cruise an. Aber eigentlich war der Film Nebensache; was für mich zählte, war einzig die Frau, deren Hand ich gerade hielt. Aber das eigentlich Aufregende an jenem Abend war unser anschließender Besuch bei Victorias Eltern zu Hause, als ich Tony und Jackie kennen lernte. Kaum hatten wir das Haus betreten, fühlte ich mich schrecklich unsicher. Ich nahm auf dem Sofa Platz; es war eine große braune Ledercouch, deren Bezug durch kleine Knöpfe gehalten wurde. Ich konnte die ganze Zeit an nichts anderes denken als daran, welches Geräusch ich wohl erzeugen würde, sobald ich mich bequem zurücklehnte.

Victorias Mum kam von oben herunter und stellte sich vor. Wenn man Jackie zum ersten Mal trifft, wirkt sie unter Umständen ein wenig abweisend. Zumindest kam es mir an diesem Abend so vor. Aber wahrscheinlich lag es ebenso sehr an mir, dass ich als neuer Freund der Tochter den voreiligen Schluss zog, die Mutter müsse sich mir gegenüber ein wenig unterkühlt verhalten. Obwohl dies gar nicht ihre Absicht war.

»Und Sie sind also der Fußballer.«

Victorias Eltern interessierten sich nicht im Geringsten für Fußball. Aber da in ihrer Nachbarschaft noch zahlreiche andere Fußballer lebten, waren sie mit einigen älteren Spielern persönlich bekannt. Nachdem Jackie also das Gespräch eröffnet hatte, war nun Tony an der Reihe zu fragen:

»Und in welcher Mannschaft spielen Sie?«

Aus irgendeinem Grund hatte ich den Eindruck, dass sie nicht sonderlich begeistert davon waren, dass ihre Tochter mit einem Fußballer liiert war. Vielleicht projizierten sie anfangs auch den schlechten Ruf anderer auf mich, zumindest so lange, bis wir uns persönlich kennen lernten und sie sich selbst eine Meinung bilden konnten. Möglicherweise dachten sie, alle Fußballer seien schrecklich laut und großspurig. Ich saß dagegen die ganze Zeit bei ihnen auf dem Sofa und war so aufgeregt, dass ich so gut wie kein Wort hervorbrachte. Aber zumindest warfen sie mich nicht hinaus, sondern sagten uns nach einer Weile gute Nacht und zogen sich nach oben zurück. Vermutlich ist es ganz natürlich, dass alle Eltern zunächst denken, der neue Freund sei nicht gut genug für ihre geliebte kleine Tochter. Ich nehme an, dass auch dieser Gedanke eine Rolle spielte, wenn sie am Anfang ein wenig misstrauisch mir gegenüber waren. Andererseits hatten sie aber auch genug Vertrauen zu Victoria und ließen sich deshalb darauf ein, mich erst einmal kennen zu lernen. Darüber bin ich außerordentlich froh. Wenn man eine Frau heiratet, wird man dadurch immerhin auch zu einem Teil ihrer Familie. Obwohl ich mir das Verhältnis nach diesem ersten Abend als eher unterkühlt vorgestellt hatte, begegneten sie mir seitdem umso herzlicher.

Ich glaube, Victoria und ich waren so glücklich darüber, dass wir einander gefunden hatten, dass wir bereitwillig jeden Fremden daran hätten teilhaben lassen. Doch unsere Beziehung sollte ein Geheimnis bleiben, so hatte es Simon Fuller entschieden. Ich denke, Victoria konnte seine Gründe auch durchaus nachvollziehen, zumindest am Anfang. Hatte ich dann des Recht, dagegen aufzubegehren? Ehrlich gesagt, war die ganze Heimlichtuerei auch irgendwie ein bisschen aufregend. Einmal war Victoria wegen eines Konzertes der Spice Girls in Manchester. Am selben Abend feierte United eine Party aus Anlass der gewonnenen Landesmeisterschaft. Victoria war bereits am Tag zuvor angereist und hatte bei mir zu Hause in Worsley übernachtet. Wir vereinbarten, dass ich nach der Vereinsfeier in das Hotel kommen sollte, wo sie übernachten würde. Die anderen Mädels waren auch dort, deshalb konnte sie nach dem Gig nicht einfach so nach Nordmanchester verschwinden.

Gegen ein Uhr nachts verließ ich unsere Party. Da Victoria im Midland-Hotel wohnte, nahm ich ein Taxi quer durch die Stadt. Vom Wagen aus rief ich sie an und sagte, dass ich zu ihr unterwegs sei. Ich trug einen Regenmantel und sah darin vermutlich aus wie ein Krimiheld. Ganz in diesem Sinne schlich ich mich dann auch ins Hotel und gelangte über die Hintertreppe zum Zimmer der Hauptdarstellerin. Ziemlich verschlafen öffnete Victoria die Tür, doch später hielt ich sie die halbe Nacht mit Gesprächen wach. Irgendwann am nächsten Morgen klopfte sehr früh jemand an ihre Tür. Ich verschwand schleunigst im Badezimmer und versteckte mich dort. Auch diese Szene kam mir aus unzähligen Krimis hinlänglich bekannt vor. Irgendwann schlich ich mich schließlich auf demselben Weg, auf dem ich gekommen war, aus dem Midland und hielt ein Taxi an, das mich nach Worsley bringen sollte. Erst als wir schon ein Stück gefahren waren, stellte ich fest, dass ich nur etwas Kleingeld bei mir hatte. Deshalb verfolgte ich genau die Anzeige des Taxameters und ließ mich zweihundert Meter von meinem Haus entfernt absetzen, denn weiter reichte mein Geld nicht.

Noch nie hatte ich für jemanden so viel empfunden wie für Victoria. Bereits kurz nach unserem Kennenlernen wusste ich, dass ich sie heiraten, mit ihr Kinder haben und immer mit ihr zusammen sein wollte. Das hätte ich ihr schon bei unserem ersten Rendezvous sagen können, als wir in ihrem MG eine Runde auf der M25 drehten. Ich war mir dessen von Anfang an ganz sicher. Gleich zu Beginn unserer Beziehung waren wir meistens getrennt: Sie tourte durch die Welt, und ich befand mich inmitten einer aufregenden Saison mit United. Deshalb brauchten wir unsere vierstündigen Telefonate, um etwas aus dem Leben des anderen zu erfahren und miteinander vertraut zu werden. Ich bin nicht gerade ein begnadeter Redner, zumindest nicht, bevor ich jemanden wirklich gut kenne. Aber vielleicht war die räumliche Entfernung in diesen Anfangstagen gar nicht so ungünstig für uns. Wenn wir dann einmal die Gelegenheit für persönliche Begegnungen hatten, fühlten wir uns einander schon bald sehr nahe. Trotzdem plagte mich noch manchmal meine Schüchternheit, und ich musste gelegentlich meine Scheu überwinden, wenn ich Victoria von meinen Gefühlen erzählen wollte. Aber davon ließ ich mich nicht abhalten. Ich erinnere mich noch genau an einen Abend im Haus ihrer Eltern. Wir lagen nebeneinander, und unsere Unterhaltung war die einfachste und schönste, die zwei Menschen miteinander führen können:

›ben von links nach rechts: »Wo
teht denn das gestrige Spielergebnis
on United?«

etzter Aufruf nach Barcelona …

ou Camp bestand keineswegs nur
us Sightseeing.

echts: Wenigstens wusste ich, wer
erry Venables ist.

nten: Barcas britische Stars, unter
nen Steve Archibald, Mark Hughes
nd Gary Lineker, mit drei Preisträgern
es Bobby-Charlton-Fußballwett-
ewerbs.

Ganz links: Spitzenklasse. Mein Sportlehrer an der Chingford-Highschool, der leider inzwischen verstorbene John Bullock.

Links: Mein neues Zuhause. Die United-Quartiergeberin Eve Cody.

Unten: Familie mit viel Silber. Feststimmung 1996 bei Victoria, meiner Schwester Joanne, meiner Eltern und mir anlässlich des Double-Gewinns von United.

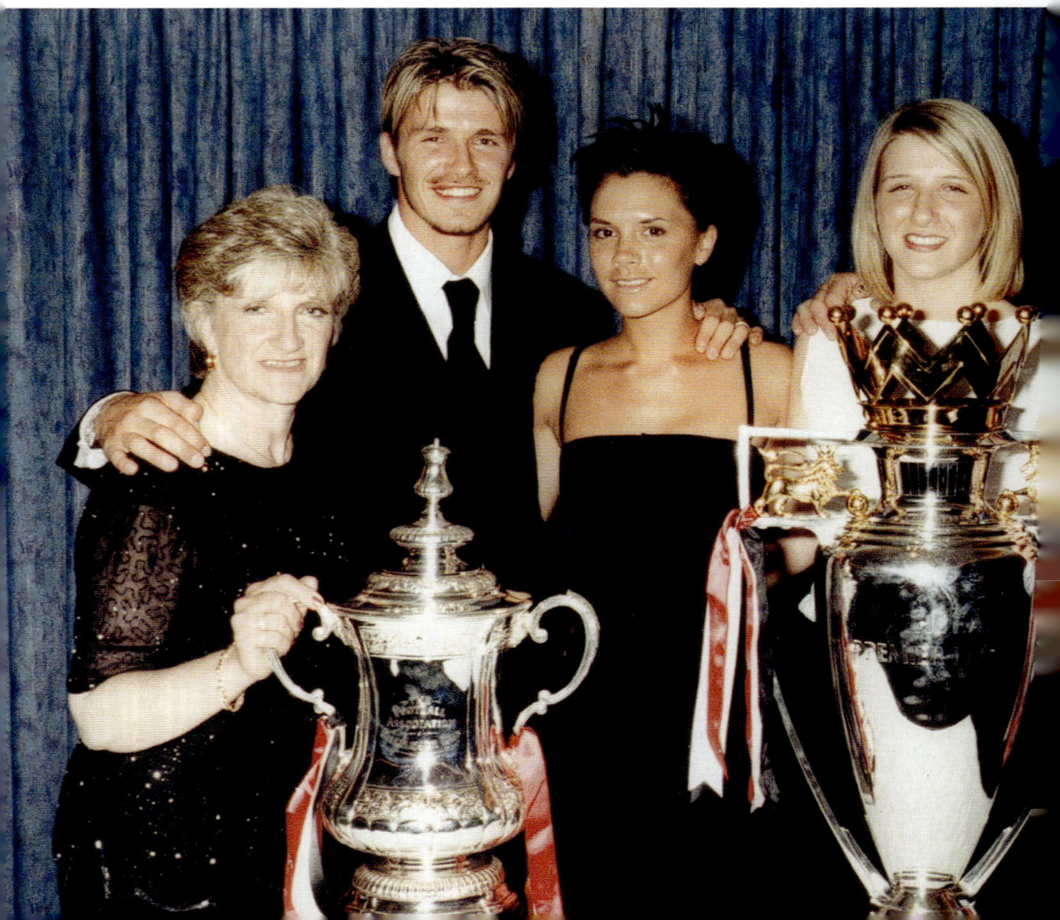

Ganz oben: Tolle Sache. Die Siegermannschaft des FA-Jugendpokals 1992. Ich bin der zweite von links in der ersten Reihe.

Oben: Die Hochzeit von Lynne und Colin im Oktober 1999.

Das muss wahre Liebe sein.

Rechts: Vaterstolz und Vaterfreuden. Brooklyn und Romeo.

Ganz links: Ganz neue Bühne. Mein Debüt in der Nationalelf am 1. Septembe 1996 gegen Moldawien in Kischinjow.

Mitte links: 1997 PFA-Auszeichnung als Nachwuchsspieler des Jahres, zusammen mit anderen Preisträgern wie Alan Shearer und Peter Beardsley.

Links: Jubel mit The King, Eric Cantona.

Unten: »Wir werden's dir zeigen, Beckham.« Upton Park 1998.

Rechts: Ein folgenschwerer Fehler. Saint-Etienne, WM 1998.

Ganz rechts: An Trainer Glenn Hoddle vorbei zur englischen Spielerbank.

Dr. Martens
WEST

Ein Pärchen in Rot:
Gary Neville und ich.

»Ich glaube, ich liebe dich, Victoria.«

»Ich glaube, ich liebe dich auch.«

Unser Glück ganz für uns zu behalten, entsprach nicht gerade meinen Vorstellungen. Aber ich respektierte die Zwänge, in denen sich Victoria befand. Ich war in die Spiceworld eingetreten und hatte Verständnis dafür, wie wichtig es für die Girls und ihr Management war, alles unter Kontrolle zu halten. Ich sprach mit niemandem über das, was zwischen mir und Victoria vor sich ging. Meine Eltern ahnten sicher, dass irgendetwas im Busch war. Aber bei United wäre ich nie auf die Idee gekommen, morgens in der Kabine aufzukreuzen und damit zu prahlen, dass ich etwas mit einem Popstar laufen hatte. So etwas lag mir vollkommen fern. An einem Montag nach einem wunderbaren Wochenende mit Victoria kam ich zum Training und Ben Thornley fragte mich, warum ich denn so gut gelaunt sei.

»Ich habe da ein tolles Mädchen kennen gelernt.«

»Wer ist es denn?«

»Ach, eben ein Mädchen aus London.«

Sofort begann die Gerüchteküche zu brodeln. Irgendwann musste es ja geschehen. Seitdem ist unser Leben von Gerüchten begleitet. Kurz nachdem unser Verhältnis in der Öffentlichkeit bekannt geworden war, bekam Victoria regelmäßig Anrufe, in denen jemand behauptete, der Presse lägen Beweisfotos vor, wie ich in meinem Auto ein anderes Mädchen küsste. Frei erfundene Geschichten dieser Art kommen immer noch hin und wieder vor. Natürlich ist es schwieriger, so etwas zu widerlegen, als einfach eine derartige Behauptung aufzustellen. Aber inzwischen haben wir uns an die Klatschgeschichten gewöhnt und durchschaut, wie und warum sie funktionieren. Sie haben uns fast von Anfang an begleitet. Damals wie heute haben wir genug Vertrauen zueinander. Wenn man mit jemandem zusammen ist, den man wirklich liebt, dann weiß man tief im Innersten, was wahr ist und was nicht.

Als unserer Verhältnis ans Licht kam, kampierte zeitweise jeden Tag ein halbes Dutzend Fotografen vor meiner Haustür in Worsley und wartete darauf, dass Victoria irgendwann auftauchen würde. Ich hatte so etwas noch nie zuvor erlebt, wohingegen Victoria diese Situation nur allzu gut kannte. Ich glaube, sie war diejenige, die irgendwann anrief und sagte, sie käme jetzt bei mir vorbei, um endlich Schluss zu machen mit der Geheimniskrämerei. Immerhin wussten wir, was wir einander bedeuteten. Deshalb hielten wir es für besser, wenn wir entscheiden konnten, wann und wo wir vor der Öffentlichkeit bekannt geben wollten, dass wir tatsächlich ein Paar sind. In der Fantasie der meisten Menschen ist unsere Geschichte nichts als eine schillernde Showbiz-Romanze. In diesem Zusammenhang möchte ich allerdings daran erinnern, dass die ersten gemeinsamen Fotos von uns auf dem Weg zum Zeitungsladen bei mir um die Ecke aufgenommen wurden.

Kaum war die Story heraus, geschah schier Unglaubliches: Blitzlichtgewitter überall wo wir auftauchten, fast jeden Tag wurde das Thema in sämtlichen Zeitungen durchgehechelt, und jedermann hatte eine Meinung über uns und unser Leben. Die Aufmerksamkeit galt natürlich vor allem Victoria, denn die Spice Girls sorgten in diesen Tagen permanent für Schlagzeilen, sobald sie auch nur mit den Augen blinzelten. Wenn ich ehrlich bin, machte diese Seite mein Zusammensein mit Victoria noch aufregender, als es ohnehin schon war. Der ganze Rummel erinnerte mich jeden Tag aufs Neue daran, wie gut sie in dem war, was sie tat. Ich liebte einfach alles, was mit ihr zu tun hatte: ihr Aussehen, ihre Persönlichkeit, ihr Temperament. Und diese Beine. Aber was mich besonders ansprach waren ihr Talent und die Anerkennung, die ihr deswegen zuteil wurde. Mir war durchaus bewusst, dass ich nicht der Einzige war, der diesen Star anhimmelte.

Ich erkannte, was geschehen würde. Victoria vermutlich ebenfalls. Jedenfalls dauerte es nicht lange und wir begannen über eine Verlobung nachzudenken. Ich fragte sie sogar, was für einen Ring sie sich wünschte. Da sie eine Frau mit einem ziemlich individuellen Geschmack war, beschrieb sie mir auf der Stelle einen besonders geformten Diamanten – an einem Ende länger und schmaler als am anderen, fast wie ein Segel geformt. Da sie viel mit den Spice Girls unterwegs war, trafen wir vorerst noch keine Entscheidung. Doch nachdem wir sechs Monate zusammen waren, arrangierte ich für uns ein Wochenende in einem stimmungsvollen alten Hotel in Cheshire.

Von Manchester aus war es schnell über die M6 erreichbar, und wir checkten am frühen Abend nach einem United-Heimspiel ein.

Instinktiv spürte ich, dass es der richtige Zeitpunkt war. Eine Woche darauf würden die Spice Girls wieder auf Tour gehen, sodass wir erst in einem Jahr wieder mehr als ein paar Tage am Stück zusammen in England verbringen konnten. Von unserem Fenster hatte man eine herrliche Aussicht auf einen See und die umliegenden Felder. Es war August, und wir aßen auf dem Zimmer zu Abend. In der Ferne ging gerade die Sonne unter. Wir waren beide in Handtücher gehüllt, was als Kostüm für das nachfolgende Schauspiel eigentlich nicht gerade angemessen schien. Trotzdem wagte ich es. Nach dem Essen saß Victoria auf dem Bett. Ich kniete mich vor sie hin und fragte sie, ob sie mich heiraten wolle. Ich hatte schon immer den Wunsch gehabt, zu heiraten und Kinder zu haben, und nun hatte ich die Frau gefunden, mit der ich den Rest meines Lebens verbringen wollte. Glücklicherweise sagte diese Frau an jenem Abend in Cheshire tatsächlich Ja. Auch wenn ich auf diese Antwort von ihr gehofft hatte, ist das Glücksgefühl schwer zu beschreiben, als sie dieses »Ja« tatsächlich sagte. Ich fühlte mich wie elektrisiert, so als würde Strom durch mein Rückgrat fließen.

Ich lege in diesen Dingen viel Wert auf Tradition. Das bedeutete jedoch, dass mein Heiratsantrag vor Victoria erst der Anfang war. Ich konnte mir gut vorstellen, dass sie meine diesbezüglichen Ansichten teilte. Somit stand mir also das Schwierigste noch bevor, ich musste bei Victorias Dad offiziell um ihre Hand anhalten. Wenn ich nur daran dachte, war ich mindestens genauso aufgeregt wie vor meinem Elfmeter gegen Argentinien bei der Weltmeisterschaft 2002. Ich hatte keine Vorstellung, wie, wann oder wo ich es wagen sollte. Als ich bei ihnen in Goff's Oak zu Besuch war, reichte mir niemand auch nur einen kleinen Finger. Als ich Jackie bat, Tony Bescheid zu sagen, dass ich mit ihm reden wollte, antwortete sie nur:

»Nein, David. Das musst du schon selbst tun.«

Nach einer Weile gelang es mir, meinen zukünftigen Schwiegervater in das alte Zimmer meines zukünftigen Schwagers zu lotsen. Nachdem ich ihn gefragt hatte, ob wir kurz ein paar Worte unter vier

Augen wechseln könnten, stapften wir gemeinsam die Treppe hinauf. Dabei fühlte ich mich wie auf dem Weg zu einer Hinrichtung. Ich betrat Christians ehemaliges Zimmer, wobei ich an einem Bettpfosten hängen blieb und mir schmerzhaft einen Zeh anstieß. Zum Glück ging Tony hinter mir und bemerkte nichts davon. Ich sah ihn an, und auch er blickte mir erwartungsvoll entgegen. Atemlos überlegte ich, wie ich die Worte am besten herausbringen sollte. Zudem wirkte der Schmerz in meinem Fuß nicht unbedingt förderlich auf meine Konzentration.

»Tony, ich habe Victoria gefragt, ob sie mich heiraten möchte. Ist das in Ordnung?«

Das war nicht gerade die einfallsreichste Rede, die ein zukünftiger Schwiegersohn je gehalten hatte. Er antwortete darauf ganz beiläufig, gerade so, als hätte ihn jemand gefragt, ob er zum Kaffee gern Kirschkuchen essen würde:

»Ja. Kein Problem.«

Allem Anschein nach hatte ich mir also völlig umsonst den Kopf derart zerbrochen. Da ich wusste, wie sehr Tony und Jackie an ihrer Victoria hingen, wurde mir klar, dass seine entspannte Reaktion auf unsere Verlobung als Zustimmung zu werten war. Offensichtlich waren sie zu dem Entschluss gekommen, dass ich nicht gerade der Schlechteste für sie war. Im Prinzip hatten sie mich bereits in ihre Familie aufgenommen, und dies war einfach nur der nächste, folgerichtige Schritt. Vielleicht hätte ich mir all mein Herzklopfen und die große Frage sparen können. Aber für mich hatte beides, mein Kniefall vor Victoria und die Bitte an Tony um die Hand seiner Tochter, mehr als nur Showcharakter. Ich wollte diese Dinge nur ein einziges Mal in meinem Leben tun, weshalb ich ihnen eine enorme Bedeutung beimaß. Ich wollte einfach nur sicher sein, dass ich dabei nichts falsch machte. All dies habe ich so ausführlich geschildert, um zu erklären, warum ich relativ wenig Erinnerungen an die United-Saison 1997/98 habe. Wahrscheinlich wollte ich damit so gut es geht überspielen, dass wir bis zum Mai keine einzige Siegermedaille vorzuweisen hatten. Für uns war dies eine vollkommen neue Erfahrung. Wir sind eine Generation, die in den neunziger Jahren zusammen groß geworden ist. Wir gewannen Jugendpokale und die Reserve League, und als wir dann in die erste Mannschaft wechselten, knüpften wir einfach dort an, wo wir als Jugendliche aufgehört hatten. Die Saison endete äußerst schmerzlich für uns, mussten wir doch lernen, wie es sich anfühlte zu verlieren. Plötzlich war Arsenal auf den Plan getreten und erreichte das, was eigentlich unser Ziel gewesen war: das Double in Meisterschaft und Pokal. Ohne respektlos gegenüber Arsenal sein zu wollen, muss ich jedoch anmerken, dass diese Enttäuschung unseren Glauben an uns selbst nicht schmälern konnte. Auch wenn Arsenal seine Spiele gewann, hatten wir bei United den Eindruck, dass wir den Landesmeistertitel deshalb verloren, weil wir unsere Spiele nicht für uns entscheiden konnten. Unser Selbstvertrauen war noch immer stark, wenngleich wir uns zeitweise nicht genug abverlangten.

Notgedrungen mussten wir auf Roy Keane verzichten, der sich im Oktober einen Kreuzbandriss zugezogen hatte und anschließend nahezu für die gesamte Saison ausfiel. Keine Mannschaft der Welt kann problemlos auf seine besten Spieler verzichten, aber wenn United auf Roy verzichten muss, dann fehlt dem übrigen Team mehr als nur seine Spielstärke. Er war und ist noch immer ein einflussreicher Spieler. Was seine Qualitäten als Triebkraft und Spielführer angeht, ist er absolut unübertroffen. Er ist nicht nur ein begnadeter Fußballer, er besitzt obendrein die Fähigkeit, seine Mitspieler mit seiner Leidenschaft und Entschlossenheit zu Höchstleistungen zu treiben. Niemand kann das Gewicht ersetzen, das Roy in der Mannschaft besitzt. Doch dieses Thema wurde unter uns während der Spielzeit nie angesprochen. Obwohl die Medien und Anhänger immer wieder Bezug darauf nahmen, konzentrierten wir uns vor allem auf unsere Spiele. Erst im Nachhinein wurde mir bewusst, wie schmerzlich wir Keane damals vermissten.

Trotzdem hatte ich Glück in dieser Zeit, ebenso wie Nicky Butt, Paul Scholes und die Neville-Brüder. Einerseits mussten wir zwar die Niederlage von United verarbeiten, aber andererseits erhielten wir die großartige Chance, gemeinsam in der englischen Nationalmannschaft zu spielen, in einer ausgesprochen erfolgreichen noch dazu.

Als die Saison im Mai 1998 endete, mussten wir zwar noch unsere Wunden aus der Niederlage gegen Arsenal lecken, doch eigentlich war gar keine Zeit, uns lange selbst zu bedauern. Kaum war das letzte Spiel der Liga beendet, packte ich auch schon meine Sachen für die Reise nach La Manga in Spanien. Dort würde ich mich zusammen mit den anderen United-Spielern im englischen Nationalkader auf den großartigsten Sommer vorbereiten, den wir je erlebt hatten. Nach der langen Saison in England fühlte ich mich zwar noch ein wenig schlapp, was den anderen vermutlich ähnlich ging, aber das spielte jetzt keine Rolle. Immerhin stand meine erste Teilnahme an einer Weltmeisterschaft unmittelbar bevor. Frankreich '98 sorgte für neue Träume und Erwartungen – als ob mir als zukünftigem Ehemann nicht ohnehin der Kopf schon reichlich schwirrte. Aber ich konnte es kaum erwarten, dass das Turnier – und damit eine neues Kapitel – endlich begann.

6

Don’t Cry for Me, Argentina

»Und du bist also der Fußballer?«

Viele englische Fußballfans legen mehr Wert darauf, dass ihr Team die Landesmeisterschaft gewinnt, als darauf, dass die Nationalmannschaft den Weltmeistertitel holt. Dafür habe ich vollstes Verständnis. Die Spielergebnisse des eigenen Vereins verfolgt man schließlich 365 Tage im Jahr und fiebert bei jedem einzelnen Spiel mit. Im Falle der Nationalelf dagegen ist das anders. Zwar kann man sich der Euphorie bei wichtigen Spielen im Rahmen großer Turniere zeitweise nicht entziehen, aber die Unterstützung für die eigene Mannschaft ist eben von Dauer. Als ich noch jünger war, habe ich ähnlich gedacht. Obwohl mir selbstverständlich bewusst war, dass ich im Nationalteam mein Land vertreten würde, blieb mein Augenmerk hauptsächlich auf United gerichtet. Erst als ich Stammspieler wurde, rückte eine mögliche Aufnahme in den englischen Nationalkader ernsthaft in mein Blickfeld.

Als Kind nahm mich Dad häufig mit zu Schülerländerspielen, bei denen die beteiligten Spieler kaum älter waren als ich. Aber daran, dass wir jemals ein Spiel der englischen Mannschaft besucht hätten, kann ich mich nicht erinnern. Als Teenager spielte ich Fußball in der District bzw. County League, doch an Höheres war nicht zu denken. Erst nachdem ich bei United eingestiegen war, wurde ich zu Auswahlspielen der FA National School eingeladen. Ich nahm zwar daran teil, jedoch immer in dem Bewusstsein, einen eventuell angebotenen Platz an der Schule nie und nimmer annehmen zu wollen. Wie sich herausstellte, stand eine solche Frage allerdings ohnehin nicht zur Debatte, weil mich die Trainer in Lilleshall, dem damaligen Standort der Schule, mit meinen sechzehn Jahren für zu klein befanden. Einige Spieler, die ich kenne – beispielsweise Teamkameraden aus der Nationalmannschaft wie Michael Owen und Sol Campbell – haben diese Schule besucht und erinnern sich noch gern an ihre Zeit dort zurück. Ich dagegen hielt davon nichts. Für mich gab es nur eine einzige Schule, wo ich das Fußballspielen lernen wollte – und das war Old Trafford. Welche besseren Lehrer hätte ich mir wünschen können als Nobby Stiles, Eric Harrison und Alex Ferguson?

Für jeden Spieler ist es eine große Ehre, sein Land in der Welt vertreten zu dürfen. Doch diese Entscheidung liegt nicht in seiner Hand. Man kann dafür nichts weiter tun, als sich auf das Spiel im Verein zu konzentrieren und darauf zu hoffen, dass man irgendwann die Aufmerksamkeit eines Verantwortlichen gewinnt. Als Jugendlicher hatte ich genug damit zu tun, mich bei United zu etablieren. Nach der ersten Saison mit dem Double-Gewinn gelangten wir allesamt ins Rampenlicht – und damit auch ins Blickfeld für den Nationalkader. Als dies für mich dann tatsächlich Wirklichkeit wurde, ging alles viel schneller als erwartet und war weitaus spannender, als ich mir je erträumt hatte. So wurde ich beinahe über Nacht von einem hoffnungsvollen Vereinsspieler zu einem Stammmitglied des englischen Nationalteams, das um eine gute Platzierung in der Endrunde der Fußball-WM 1998 in Frankreich kämpfte.

Terry Venables war unmittelbar nach der Europameisterschaft 1996 von seinem Posten als Nationaltrainer zurückgetreten. Seinen Nachfolger, Glenn Hoddle, hatte ich bereits am Ende der Saison 1995/96 während des U21-Turniers im französischen Toulon kennen gelernt. Da wir wussten, dass Glenn der nächste Cheftrainer des englischen Teams sein würde, war es für uns ziemlich aufregend, dass er nach Frankreich gekommen war. Er sah sich ein paar Spiele an und stellte sich uns vor. Als Spieler war Glenn eines meiner großen Vorbilder gewesen. Ich bewunderte ihn nicht nur für seine technischen Fähigkeiten – er war einer, der echte Hollywood-Pässe schießen konnte –, sondern auch für seine Art, ein Spiel anzugehen. Einmal gelang es mir nach einem Spiel sogar, ein Autogramm von ihm auf meinem Nationaltrikot zu ergattern. Ich weiß nicht genau, ob er mich während des Toulon-Turniers zum ersten Mal spielen sah, aber an dem betreffenden Abend war zumindest ich mit meiner Leistung sehr zufrieden. Er hielt sich mir gegenüber zwar äußerst bedeckt, doch zu Beginn der neuen Saison tauchte in meinem Hinterkopf erstmals der Gedanke an eine Mitgliedschaft im Nationalteam auf.

Es passiert nicht allzu oft, dass ein Spieler aus völlig heiterem Himmel in die englische Nationalelf berufen wird. So etwas kommt selten überraschend. Ich hatte großes Glück. Ich spielte in einem erfolgreichen United-Team und hatte zudem im Selhurst Park ein Tor geschossen, das den Menschen im Gedächtnis haften blieb. Anscheinend weiß ein englischer Nationalcoach ohnehin alles über jeden Spieler, doch mein Start in die neue Saison war von allerhand Spekulationen in der Presse begleitet. Man brachte mich als Nationalspieler der Zukunft ins Spiel, dessen Chance möglicherweise bereits gekommen war. Die meisten Spieler haben zu diesem Thema eine Geschichte auf Lager, die ein aufregendes Telefonat beinhaltet oder Schilderungen, wie ihr Vereinstrainer sie irgendwann während des Trainings beiseite nahm und ihnen die Neuigkeit überbrachte. Ich dagegen erfuhr von meiner Berufung auf dem Sofa meiner Eltern. Zusammen mit Mum war ich beim Blättern im Videotext auf die entsprechende Information gestoßen. Am 1. September 1996 fand in Moldawien ein WM-Qualifikationsspiel statt. Als ich in der Liste, die Glenn Hoddle für dieses erste Spiel in seiner Eigenschaft als Nationaltrainer aufgestellt hatte, den Namen Beckham entdeckte, sprang ich wie vom Blitz getroffen vom Sofa auf. Ich war selbst erstaunt, wie sehr ich mich darüber freute. Mum und ich umarmten uns laut lachend, und im nächsten Moment eilte ich auch schon zum Telefon, um Dad auf der Arbeit anzurufen. Im ersten Moment wusste er gar nicht, was er sagen sollte. Aber natürlich war er stolz auf mich. Genauso stolz wie ich selbst. Jetzt sollte ich also meine große Chance bekommen.

Wenn ich in meiner Karriere vor einer neuen Herausforderung stehe, fühle ich mich anfangs immer wie ein kleiner Schuljunge. Dies galt insbesondere für die Zeit, in der ich mich darauf vorbereitete, erstmals mit dem Nationalteam zu trainieren. Bei der Vorstellung, mit so erfahrenen und prominenten Spielern wie Paul Gascoigne, David Seaman und Alan Shearer zusammenzuarbeiten, schlug mit das Herz bis zum Hals. Ich war einundzwanzig Jahre alt, fühlte mich jedoch wie ein kleiner Junge, dem man ein lang ersehntes Treffen mit seinen großen Vorbildern ermöglicht. Mit diesen Spielern war ich groß geworden und hatte sie immer wieder im Fernsehen gesehen – und plötzlich sollte ich mich mit ihnen zusammen auf eine WM-Qualifikation vorbereiten?

Alex Ferguson reagierte großartig. Er freute sich aufrichtig für mich und gab mir mit auf den Weg, dass ich vor allem Spaß bei der Sache haben solle:

»Spiel so gut du kannst, wenn du die Gelegenheit dazu bekommst. Versuch einfach, genauso zu spielen, wie hier bei United.«

Ich befolgte seinen Ratschlag. Ich traf in Bisham Abbey mit dem Nationalkader zusammen, und mein erstes Training mit Glenn und den anderen war das beste, das ich bis dahin je absolviert hatte. Ich konnte mich gegen die anderen Spieler durchsetzen, produzierte großartige Flanken und spielte gut gezielte Pässe. Es gelang mir sogar, ein paar Treffer vorbei an David Seaman in der oberen Ecke zu landen. Von solchen Trainingseinheiten kann man normalerweise nur träumen. Es mutete geradezu ein wenig seltsam an, wie perfekt alles lief.

Ich bin mir nicht sicher, welchen Einfluss meine Trainingsleistung auf Glenn Hoddle hatte, jedenfalls stellte er mich von Anfang an auf. Für mich war es außerordentlich hilfreich, dass ich etliche Spieler um mich herum, wie etwa Gary Neville, Gary Pallister oder Paul Ince, bereits sehr gut kannte. Und tatsächlich legten wir gleich einen ausgezeichneten Start vor: An den Vorbereitungen für das erste Tor, das Nicky Barmby schoss, waren Gary Nev und ich maßgeblich beteiligt. Wenige Minuten später erzielte Gazza einen zweiten Treffer. Von da an wussten wir, dass wir nicht verlieren würden. In der zweiten Halbzeit gelang Alan Shearer noch ein drittes Tor. Wie so häufig bei Debüts war das Spiel nicht direkt spektakulär zu nennen, aber ich hatte von der ersten Minute an das Gefühl, wirklich dazuzugehören. Auch am dritten Tor in diesem Spiel, das dann der Kapitän schoss, war ich beteiligt. Vielleicht bewahrte ich in meinem Länderspieldebüt vor allem deshalb die Nerven, weil ich nicht zuvor schon viele Jahre lang darauf gehofft hatte. Ich blieb einfach meinem Stil treu, so wie es der Alte mir geraten hatte. Meine Feuertaufe als internationaler Fußballer fand somit am 1. September 1996 – es war ein Sonntagnachmittag – auf einem buckeligen Spielfeld in einer Stadt namens Kischinjow vor etwa 10 000 Zuschauern statt.

Glenn Hoddle war höchstwahrscheinlich ebenfalls recht erfreut über meine Leistung. In der Qualifikation für Frankreich 1998 spielte ich in jeder einzelnen Begegnung mit. Dreizehn Monate später benötigten wir in Rom gegen Italien ein Unentschieden, um Gruppensieger zu werden. Nachdem wir in Wembley gegen Italien 1:0 verloren hatten, ging man allenthalben davon aus, dass es noch eine Relegationsrunde geben würde, bevor feststand, wer sich qualifizieren würde. Noch vor dem Rückspiel war dies die verbreitete Ansicht. Italien hatte zu diesem Zeitpunkt die letzten fünfzehn Begegnungen im Stadio Olimpico gewonnen. Hinzu kam, dass unser Kapitän Alan Shearer verletzungsbedingt ausfiel. An seiner Stelle würde an jenem Abend Ian Wright spielen. Selbst den angereisten englischen Fans, die fest daran glaubten, dass wir es schaffen würden, bereiteten wir eine Überraschung. Denn niemand hatte erwartet, dass wir so gut spielen würden. Wir verwandelten dieses Spiel in einen herrlichen Abend für England.

80 000 Zuschauer waren ins Stadion gekommen. Vor dem Spiel hatte es zwar in der Menschenmenge einige Zusammenstöße gegeben, doch sobald wir das Spielfeld betraten, war die Atmosphäre einfach fantastisch. Obwohl unsere Mannschaft vor allem aus jungen Spielern bestand, lieferten wir eine wahrhaft professionelle Vorstellung ab. Wir schlugen die Italiener mit ihren eigenen Waffen, indem wir außerordentlich diszipliniert spielten. Jeder wusste genau, was er zu tun hatte, sodass uns ein brillantes Zuspiel gelang und wir häufig

im Ballbesitz waren. Alle Spieler zeigten eine glänzende Leistung, doch besonders in der Anfangsphase setzte Paul Gascoigne erstklassige Maßstäbe für die ganze Mannschaft. Jedes Mal, wenn er den Ball zu fassen bekam, worum er sich eifrig auf dem gesamten Spielfeld bemühte, gab er ihn nicht wieder her und ließ sich nicht aus der Ruhe bringen. Er spielte mit allen Raffinessen, die man sich nur vorstellen konnte. Es hatte den Anschein, als wollte er dem Gegner zurufen: *Wir können mit dem Ball genauso gut umgehen wie ihr.* Genau das war es, was wir als Mannschaft brauchten.

Obwohl die Italiener, deren Siegeswille genauso stark war wie unserer, verbissen angriffen, behielten wir die Nerven. Gegen Ende der zweiten Halbzeit erhielt Angelo Di Livio eine rote Karte. Von diesem Zeitpunkt an waren sich vermutlich die meisten Zuschauer daheim am Fernseher und im Stadion fast sicher, dass wir es geschafft hatten. Ich muss jedoch zugeben, dass ich von diesem Moment an bis zum Spielende starke Zweifel hegte. Als sich Ian Wright vorgekämpft hatte und dann am Torhüter vorbei jedoch nur den Pfosten traf, dachte ich besorgt: *Wird es einer von diesen Abenden? Wir sind schon so nahe dran. Werden sie jetzt kontern und ein Tor schießen?*

Die Italiener starteten ihren Gegenangriff, wobei Christian Vieri einen Kopfball über die Torlatte setzte. Sekunden später ertönte der Abpfiff. Alles sprang begeistert von den Bänken auf und kam aufs Spielfeld gerannt. Glenn und sein Co-Trainer hüpften vor Freude auf und nieder. Sie hatten uns wirklich hervorragend auf dieses Spiel vorbereitet. Paul Ince wirkte mit seinem bandagierten Kopf wie der Held des Tages – er hatte während des Spiels einen Stoß mit dem Ellbogen abbekommen. Wrighty tanzte wie wild umher und umarmte jeden, den er nur irgendwie zu fassen bekam. Die Fans auf der Tribüne hinter der überdachten Trainerbank tanzten ebenfalls vor Freude und sangen überglücklich die Melodie aus *Gesprengte Ketten.* Ich blickte ergriffen um mich und versuchte, das alles zu fassen. Ich spielte erst seit reichlich einem Jahr in der Nationalelf, und nun feierten wir hier unser Ticket nach Frankreich zur Weltmeisterschaft im nächsten Sommer. Ich war so unglaublich stolz darauf, dabei zu sein.

Für Paul Gascoigne muss dieser Abend ein geradezu berauschendes Erlebnis gewesen sein. Er war mit der englischen Mannschaft auf Lazios Heimatspielfeld zurückgekehrt und hatte deshalb besonderen Grund zum Feiern. Zu Hause begann man sich bereits zu fragen, ob er seinen Leistungszenit überschritten hatte. Und nun lieferte er eine absolut unvergessliche Vorstellung ab. Ich frage mich noch immer, ob es Gazzas Fähigkeiten und seine an jenem Abend gezeigte Energie und Spielfreude waren, die uns 1998 in Frankreich fehlten. Mir ist durchaus klar, dass Glenn Hoddle seine Gründe hatte, Paul nicht aufzustellen. Trotzdem denke ich, dass wir mit Gazza im Team deutlich besser abgeschnitten hätten. Selbst wenn er nur für zwanzig Minuten eingewechselt worden wäre. Paul stärkte die Mannschaft, wie nur er es konnte. Er besaß die Fähigkeit, ein Spiel ganz allein herumzureißen. Wir alle hätten ihn gern dabeigehabt.

Verschlimmert wurde die Lage noch zusätzlich durch die Art und Weise, wie Paul und die anderen davon erfuhren, dass sie nicht zu den zweiundzwanzig endgültig für das Turnier nominierten Spielern gehörten. Das Ganze ähnelte ein wenig einem Fleischmarkt: »Dich nehmen wir. Dich nehmen wir nicht.« Diese Vorgehensweise war definitiv falsch. Siebenundzwanzig Spieler bereiteten sich gemeinsam im südspanischen La Manga auf die Weltmeisterschaft vor, bevor der Trainer abschließend über die Aufstellung entschied. Es war eine nervliche Zerreißprobe, weil natürlich jeder herauszufinden versuchte, wer nicht mit nach Frankreich fahren würde. *Es könnte jemand aus meinem Verein sein, ein Teamkamerad. Aber auch mich könnte es treffen.* Eines Nachmittags nach dem Training bekamen wir im Hotel Termine für Einzelgespräche mit dem Trainer zugeteilt: Im Abstand von jeweils fünf Minuten wollte Glenn jedem von uns persönlich eröffnen, was er mit ihm vorhatte. Doch der Zeitplan ging von Anfang an nicht auf. So saß ich also irgendwann zusammen mit fünf anderen Spielern im Korridor und wartete darauf, aufgerufen zu werden. Diese Art, mit den Spielern umzugehen, war einfach lächerlich.

Als ich endlich an der Reihe war, wurde alles ganz schnell abgehandelt. Wenn ich daran zurückdenke, erscheint es mir umso unverständlicher, wie für mich die WM schließlich verlaufen ist. Ich betrat den Raum, und Glenn sagte sogleich:

»Es versteht sich natürlich von selbst, dass du nominiert bist, David.«

Das war alles. Zumindest dauerte diese Unterredung nicht länger als veranschlagt. Ich gehörte also tatsächlich zu den 22. Aber was war mit den anderen? Den ganzen Tag kursierten irgendwelche Gerüchte, was natürlich nicht verwunderlich ist, wenn alle nur darauf warten, endlich herauszufinden, was der Trainer mit ihnen vorhat. Zu allem Überfluss gab es im Trainingslager irgendwo eine undichte Stelle, denn in den Zeitungen tauchten immer wieder Meldungen auf, die nur aus Mannschaftskreisen nach außen gedrungen sein konnten. Man behauptete, es werde einen gewaltigen Paukenschlag geben, indem ein sehr prominenter Spieler bei der Aufstellung außen vor bliebe. Alles deutete darauf hin, dass es sich dabei um Gazza handeln würde. Doch niemand wusste Genaueres, weder die Presse, noch die Spieler selbst.

Am selben Tag etwas früher waren wir unten am Pool; neben mir sonnte sich Paul. Plötzlich drehte er sich auf seinem Liegestuhl zu mir herum.

»Weißt du was, David? Ich habe dich wirklich gern. Du bist ein hervorragender junger Spieler und ein prima Kerl. Ich spiele wirklich gern mit dir Fußball.«

Verblüfft schaute ich ihn an. Meinte er wirklich mich? Immerhin war er einer der besten englischen Fußballer aller Zeiten.

»Ich möchte unbedingt zu dieser Weltmeisterschaft fahren, David. Ich möchte so gern mit dir in dieser WM spielen.«

Das sagte er nicht nur einmal. Vermutlich war auch zu ihm das Gerücht gedrungen, dass er möglicherweise nicht aufgestellt werden könnte.

Als der Trainer ihm schließlich eröffnete, dass er nicht zu den zweiundzwanzig gehörte, drehte Paul vollkommen durch. Gary Neville bewohnte das Zimmer neben Gazza und hörte mit an, wie Gazza tobte und Möbel umwarf. Ich muss allerdings zugeben, dass ich mir zu dem Zeitpunkt, als wir davon erfuhren, mehr Gedanken um einige meiner Mannschaftskameraden von United machte.

Die Tatsache, dass Gary und Phil Neville, Paul Scholes, Nicky Butt und ich uns so nahe standen, machte das Ausscheiden von Phil und Butty umso schwerer. Ein paar Tage zuvor hatte jemand aus dem Umfeld des Trainers Phil noch zugezwinkert, so als wollte man ihm sagen, er sei dabei. Dadurch fiel es ihm noch viel schwerer, die Enttäuschung zu ertragen. Als ich davon erfahren hatte, ging ich gleich zu ihnen hinauf. Da ihr Heimflug bereits in einer Stunde ging, standen sie mit gepackten Koffern in ihrem Zimmer. Ich umarmte Phil Neville herzlich. Wir fünf waren zusammen groß geworden, und nun mussten zwei von ihnen heimfahren. Für Gary dürfte es besonders schwer gewesen sein, sich von seinem Bruder zu verabschieden. Jetzt im Rückblick erscheint es natürlich so, dass Butty und Phil ihre große Zeit im internationalen Fußball noch vor sich hatten. Paul Gascoigne hingegen verpasste damals seine letzte Gelegenheit, sein Land noch einmal vertreten zu können.

Ich war keinesfalls der Einzige, der die heimgeschickten Jungs bedauerte und irritiert war über die Art und Weise, wie man sie von der Entscheidung in Kenntnis setzte. Am nächsten Morgen stand eine Trainingseinheit auf dem Programm, die dann so ziemlich die schlechteste war, an die ich mich überhaupt erinnern kann. Die Stimmung war schauerlich. Man erwartete von uns, dass wir einfach weitertrainierten, als wäre nichts geschehen. Mir wurde bewusst, dass die Weltmeisterschaft bereits in wenigen Tagen begann. Dennoch hatte ich das Gefühl, wir bräuchten ein wenig Zeit zum Ausspannen, um uns als Gruppe zusammenzufinden. Aber Glenn ließ die Zügel niemals locker. Selbst wenn wir einmal einen Abend frei hatten, fanden wir uns alle in einem Raum mit Bar im Untergeschoss des Hotels wieder – mit geschlossenen Vorhängen, damit uns ja niemand zu nahe kam. Dabei hätten wir eigentlich ab und zu etwas Abwechslung nötig gehabt. Es hätte uns gut getan, ein oder zwei Stunden an der Rezeption zu sitzen, ein paar Autogramme zu geben und mit den englischen Fans zu plaudern. Alle waren ziemlich niedergeschlagen, aber niemand sprach diese unerträgliche Situation offen an. Die nicht aufgestellten Spieler waren abgereist, und Glenn erwartete von uns, dass wir die emotionale Seite verdrängten und einfach weitermachten wie bisher. Die Stimmung war höchst seltsam, und während des gesamten Trainings hatte ich den Eindruck, dass alle Spieler an diesem Tag mit ihren Gedanken ganz woanders waren.

In meinen ersten Monaten als Nationalspieler verhielt sich Glenn Hoddle mir gegenüber wirklich ausgesprochen fair. Es machte mir Spaß, bei ihm zu trainieren. Diese Einstellung teilten, glaube ich, alle anderen Spieler. Ich war stolz auf das, was wir mit ihm als Trainer in der Qualifikation für diese WM erreicht hatten. Warum sich das Blatt dann irgendwann wendete – noch dazu so plötzlich – werde ich wohl nie ganz nachvollziehen können. Eine Ahnung davon, dass dieses Turnier nicht ganz so verlaufen könnte, wie von mir erträumt, bekam ich erstmals nach einem Freundschaftsspiel. Es fand wenige Tage vor Beginn der WM in unserem Trainingslager in La Baule statt, wo wir gegen eine bunt zusammengewürfelte Lokalmannschaft antraten. Es war keine groß angelegte Veranstaltung. In dieser Begegnung erlitten wir eine Niederlage. Dabei gebe ich offen zu, dass ich in diesem Spiel nicht gerade brillierte, was für die anderen ebenso galt. Dies wurde zwar nie thematisiert, aber der Trainer gab sich anschließend mir gegenüber ziemlich distanziert. Manchmal spürt man einfach, dass der Chef sauer ist. Man fühlt sich unbehaglich, als bekäme man die kalte Schulter gezeigt. Allerdings wäre ich nicht im Traum auf die Idee gekommen, dass ich in unserem ersten WM-Spiel nicht dabei sein könnte. Immerhin war ich in jedem unserer Spiele im Vorfeld dieser WM aufgelaufen.

Aber da sollte ich mich täuschen, und zwar gewaltig. Wenige Tage vor unserem Eröffnungsspiel gegen Tunesien in Marseille forderte Glenn uns draußen auf dem Trainingsgelände auf, uns im Kreis hinzusetzen, damit er uns die Startaufstellung bekannt geben könnte. Seine einleitenden Worte muteten seltsam an. Er sagte, er erwarte auch von den nicht aufgestellten Spielern, dass sie trotzdem an den Pressekonferenzen teilnahmen und sich nach außen hin gaben, als sei die Zusammensetzung der Mannschaft noch nicht bekannt. In gewisser Weise war Glenns Vorgehensweise nicht sonderlich überraschend. Er liebte es, allenthalben Rätselraten auszulösen. Vor dem Spiel in Rom gegen Italien hatte ich mir eine leichte Erkältung eingefangen. Damals erklärte er vor der Presse, ich hätte gesundheitlich schwer zu kämpfen. Er sorgte sogar dafür, dass ich das Training zehn Minuten früher verließ. Es sollte alles schlimmer aussehen, als es war. Eigentlich wollte ich keine Trainingsminute verpassen, aber er bestand darauf. Seiner Ansicht nach sei es von Vorteil, wenn die Italiener im Unklaren darüber blieben, wer bei uns antreten würde. Hier in La Baule, zwei Tage vor Beginn unserer WM, sah die Sache jedoch anders aus. Mir ist seitdem klar geworden, dass Glenns Spielchen diesmal nicht der Verwirrung der Presse oder der Tunesier dienen sollten. Vielmehr zielten sie darauf ab, einen jungen Spieler zu testen, was die Dinge für mich allerdings komplizierter machte als unbedingt notwendig.

Er gab bekannt, wer für das Spiel gegen Tunesien nominiert war, indem er die Namen einfach von einer Liste ablas. Ich denke, tief in mir hatte ich bereits geahnt, was kommen würde. Die letzten Tage waren für mich nicht sonderlich gut gelaufen. Dennoch: Als mein Name dann nicht unter den elf vorgelesenen war, fühlte ich mich, als hätte mir jemand seine Faust in die Magengegend gerammt. Ich spürte Übelkeit in mir aufsteigen. Für den Bruchteil einer Sekunde hoffte ich, einfach nur überhört zu haben, wie Glenn den Namen »Beckham« aussprach. Ich sah zu Gary Neville hinüber, und auch er sah mich an. War er ebenfalls erstaunt? Oder wollte er nur sehen, wie ich reagierte? Natürlich versetzte diese Abstrafung meinem Stolz einen gehörigen Schlag. Es erfordert schon eine gehörige Portion menschlicher Reife, so etwas zu überwinden. Was mir besonders zu schaffen machte, war der Umstand, dass ich die Gründe des Trainers für diese Entscheidung nicht verstand.

Ich habe immer versucht, beim Training eine professionelle Einstellung an den Tag zu legen. Trainieren macht mir beinahe genauso viel Spaß wie die Spiele selbst. Doch an diesem Morgen war alles nur reine Zeitverschwendung. Ich fühlte mich entsetzlich deprimiert. Außerdem war ich so wütend, dass ich mich nicht dazu durchringen konnte, vernünftig zu arbeiten. Glenn muss gesehen haben, dass ich mit der Situation nicht zurechtkam. Eigentlich hätte ich wissen müssen, was als Nächstes kam: Unmittelbar nach dem Training gab er bekannt, wer an diesem Nachmittag den Journalisten Rede und Antwort stehen sollte. Wie nicht anders zu erwarten, stand mein Name auf seiner Liste. Es war entsetzlich. Ich konnte meine Gefühle noch nie besonders gut verbergen. Außenstehende merken mir sofort an, wenn ich unglücklich oder niedergeschlagen bin. Ich brachte die Pressekonferenz mühevoll hinter mich. Obwohl ich darin keinerlei Andeutungen machte, schien offensichtlich zu sein, dass mit mir irgendetwas nicht stimmte. Unmittelbar danach bekamen einige der anderen Spieler, die mit den Journalisten bei der WM-Berichterstattung zusammenarbeiteten, Anrufe, in denen sie gefragt wurden: »Stimmt etwas nicht mit David? Wurde er vielleicht bei der Aufstellung nicht berücksichtigt?«

Viele Trainer haben eine Vorliebe dafür, bewusst Spielchen mit der Presse oder dem Gegner zu treiben. In diesem Fall schienen die Spielchen des Nationaltrainers allerdings auf einen der eigenen Spieler abzuzielen. Das war es, was mich am meisten verärgerte. Ich wollte es mir nicht gleich eingestehen, aber seit dieser Pressekonferenz war mir die Freude an der WM '98 vollends vergangen. Ich wusste nicht, was ich tun sollte oder wen ich um Rat fragen konnte. Als Erstes rief ich Victoria an. Sie war entsetzt und hätte mir sicher am liebsten vorgeschlagen, abzureisen und direkt nach Amerika zu kommen, wo die Spice Girls gerade auf Tour waren. Davon sagte sie allerdings nichts, und das war auch gut so, denn ich bin nicht sicher, ob ich der Versuchung widerstanden hätte. Danach telefonierte ich mit Dad. Auch er konnte es zunächst nicht glauben und versicherte mir, dass ich nicht überreagierte. Er bestärkte mich, indem er sagte, meine Bestürzung sei nur allzu verständlich.

Daraufhin wurde mir klar, dass ich unbedingt mit Glenn reden musste. Ich weiß noch genau, wie ich an der Hotelrezeption stand und nichts und niemanden um mich herum wahrnahm. Dann sah ich den Trainer kommen; er war gerade auf dem Weg zum Golfplatz.

»Ich muss unbedingt mit dir über diese Angelegenheit sprechen. Warum hast du mich fallen lassen? Ich muss den Grund dafür wissen.«

Glenn sah mich an: »Ich habe den Eindruck, dass dir die richtige Einstellung fehlt.«

Es dauerte einen Moment, bis ich verstand, was er meinte.

»Wie kommst du denn darauf? Wie kannst du annehmen, dass ich nicht die richtige Einstellung zum wichtigsten Fußballturnier der Welt habe? Meine Gedanken sind auf nichts anderes gerichtet. Wie sollten sie auch?«

Kurze Zeit später fand ich heraus, was höchstwahrscheinlich hinter der ganzen Sache steckte. Eine Woche zuvor hatten wir zum Ausspannen einen Tag frei gehabt. Wir konnten Golf spielen, unsere Familie treffen oder sonst etwas tun, wonach uns gerade der Sinn stand. Die meisten Teamkameraden verbrachten den Tag auf dem Golfplatz. Da ich kein großer Golfspieler bin, wollte ich jede Gelegenheit nutzen, mit meiner Familie zusammenzusein. Victoria war an diesem Tag extra ins Flugzeug gestiegen und nach Frankreich gekommen. So verbrachten wir den Tag am Hotel und genossen die Zweisamkeit. Wir gingen schwimmen, sonnten uns und holten Versäumtes nach. Doch davon war Glenn ganz und gar nicht begeistert. Die anderen Spieler waren auf dem Golfplatz, und ich kapselte mich ab. Daraus schloss er sogleich, dass ich mich nicht genügend auf meine Mannschaft und die WM konzentrierte. *Alle spielen zusammen Golf, während er die Zeit mit seiner Freundin verbringt – das kann nicht gut sein für den Mannschaftsgeist.*

Mir schienen diese Gedankengänge ziemlich abwegig, und ich konnte das alles noch immer nicht ganz fassen. Wenn er unbedingt wollte, dass wir unsere Freizeit gemeinsam verbrachten, warum räumte er uns dann erst eine Wahlmöglichkeit ein? Vielleicht war dies ja ein weiterer Versuch seinerseits, die jungen Spieler und insbesondere mich zu testen? Aber weshalb trieb er mit einem 23-Jährigen oder mit den anderen solche Spielchen, wenn die Atmosphäre im Trainingslager doch eigentlich von enormer Bedeutung war?

Da stand ich nun an der Hotelrezeption und fühlte mich vollkommen haltlos und verloren. Aber ich konnte mich einfach nicht mit der Situation abfinden.

»Weißt du was? Ich sehe das völlig anders. Kann sein, dass meine Karriere noch ziemlich jung ist. Trotzdem habe ich das Gefühl, dass alles Bisherige auf dieses Turnier abzielte. Wie kannst du also annehmen, dass ich hierher komme und mit meinen Gedanken woanders bin? Es geht hier immerhin um die Weltmeisterschaft. So sehe ich das. Aber wahrscheinlich machst du sowieso, was du willst.«

Und genau das tat Glenn auch. Er blieb dabei, mich nicht aufzustellen, und begab sich dann eilends zum Golfplatz. Es war offensichtlich, dass es ihn nicht im Geringsten interessierte, was ich zu sagen hatte. Es war ihm vollkommen gleichgültig und bereitete ihm augenscheinlich nicht das leiseste Kopfzerbrechen. Dieser Augenblick war sehr, sehr schmerzlich.

»Ich habe eben den Eindruck, dass dir die richtige Einstellung fehlt.« So einfach ist das.

Wir traten die Reise nach Marseille an, wo unsere Eröffnungspartie stattfand, doch eigentlich wollte ich dort gar nicht hin. Das soll nicht heißen, dass ich nur an mich dachte. Natürlich wollte ich, dass unsere Mannschaft gut spielte. Aber ich kann nicht leugnen, dass ich wirklich verzweifelt war über meine ausgebliebene Nominierung. Zu Hause habe ich ein Foto von mir, auf dem ich während des Spiels gegen Tunesien neben der Spielerbank stehe. Mein Gesichtsausdruck spricht Bände – ich sehe aus, als wollte ich im nächsten Moment alles hinschmeißen. Ich war tief enttäuscht und schämte mich. Die Weltmeisterschaft ist das Größte, was einem Fußballer passieren kann, und was tat ich? Ich wünschte mich weit weg von dort.

Es war schlimm genug, nicht zur Mannschaft zu gehören, aber was mich wirklich krank machte, war der angebliche Grund, weshalb man mich fallen ließ. Ließ man mich außen vor, nur weil ich diesen einen Tag mit Victoria verbringen wollte? Ging dies Glenn oder sonst jemanden irgendetwas an? Auch wer mein Leben jenseits des Fußballs kritisch betrachtet, muss zugeben, dass ich mich auf dem Spielfeld durch nichts ablenken lasse. Meine volle Konzentration gilt ausschließlich dem Spiel. Wie konnte der Trainer mich nur so falsch einschätzen?

Unser nächster Gegner hieß Rumänien. Da wir gegen Tunesien gewonnen hatten, wäre es höchst überraschend gewesen, wenn ich diesmal von Anfang an aufgestellt worden wäre. Ich erörterte das Problem mit Gary, Dad und Alex Ferguson. Alle sprachen mir Mut zu und waren übereinstimmend der Ansicht, dass ich ungerecht behandelt worden sei. Außerdem erwarteten die englischen Fans anscheinend, dass jüngere Spieler wie Michael Owen oder ich ihre Chance bekamen. Als wir beide uns gegen Rumänien an der Seitenlinie aufwärmten, tat es mir gut zu hören, wie die Anhänger meinen Namen skandierten. Nach einer halben Stunde verletzte sich Paul Ince, und ich wurde für ihn eingewechselt; ich gab keine ganz schlechte Vorstellung ab. Ebenso Michael – er erzielte sogar ein Tor, wenngleich wir wegen eines generischen Treffers kurz vor Schluss 2:1 verloren.

Ich war froh, dass die WM auch für mich endlich begonnen hatte. Zudem erfüllte mich Stolz darüber, dass die Fans so laut gejubelt hatten, als ich in dieser zweiten Partie aufs Spielfeld kam. Aber bei dieser WM sollte nichts glatt laufen. Kaum hatte ich das Gefühl, dass die Dinge sich für mich positiv entwickelten, bekam ich den nächsten Dämpfer versetzt. Glenn Hoddle teilte der Presse mit, dass er Michael Owen und mich für das dritte Spiel gegen Kolumbien in der Hoffnung eingeplant hatte, dass wir uns bis dahin für die nächste Runde qualifiziert hätten. Damit erweckte er den Eindruck, dass er uns quasi als Ersatz betrachtete, wenn er seinen Spitzenspielern eine Pause gönnen wollte. Trotzdem war es großartig, endlich spielen zu können. Nur Glenns Anmerkungen hinterließen wieder einmal einen schalen Nachgeschmack.

In unserem Trainingslager in La Baule gab es ein kleines Spielfeld, das nicht allzu oft benutzt wurde. Dorthin konnte man sich zurückziehen, wenn man einmal ganz für sich am Ball üben wollte. Am Tag vor dem Spiel gegen Kolumbien kaufte ich ein paar Batterien und marschierte mit einem großen Stereogerät und zwei Netzen voller Bälle zu diesem Platz. An diesem Nachmittag herrschte sengende Hitze. Deshalb war ich nur mit Shorts und Trägerhemd bekleidet. Ich legte den amerikanischen Rap-Sänger Tupac ein und drehte auf volle Lautstärke. Dann trainierte ich ein paar Stunden lang für mich allein. Dabei übte ich vor allem Freistöße.

Der Tag, an dem das Spiel stattfand, war Mums Geburtstag, der 26. Juni. Bevor wir ins Stadion fuhren, telefonierte ich mit ihr. Ihr Geburtstagswunsch? Ich sollte ein Tor für sie schießen.

Der Freistoß gegen Kolumbien war das erste Tor, das ich für England erzielte. Eigentlich müsste ich mich in diesem Zusammenhang an jede Einzelheit erinnern: an das Foul, die Mauer, den Winkel. Aber selbst in jenem Moment war das Tor selbst weit weniger wichtig als die Bedeutung, die es für mich hatte. Sobald ich gegen den Ball getreten hatte, wusste ich, dass ich eine Chance hatte. Und dann rannte ich auch schon überschäumend vor Freude in Richtung Eckfahne. Graeme Le Saux versuchte, den Arm um mich zulegen, und Sol Campbell sprang mir auf den Rücken. Ich kenne Sol schon seit wir zwölf waren und bei Tottenham trainierten. Er wusste genauso gut wie alle anderen, wie wichtig dieses Tor für mich war. Aber selbst nach meinem Treffer konnte ich mich nicht so richtig darüber freuen. Ein Teil von mir wollte hinüber zu Glenn Hoddle laufen und ihm zurufen: *Da siehst du. Was sagst du jetzt?*

Schade, dass ich es nicht getan habe, denn auf dem Weg zur Trainerbank wäre mir vielleicht eingefallen, was ich mir vor dem Spiel vorgenommen hatte: Im Falle eines Treffers wollte ich Terry Byrne und Steve Slattery, die Masseure der englischen Nationalmannschaft, um den Hals fallen. Terry und Slatts waren mir in allen Höhen und Tiefen immer gute Gesprächspartner. Sie können gut zuhören, und es macht einfach Spaß, mit ihnen zusammen zu sein. Sie sagen frei heraus, was sie denken, und nicht, was man ihrer Meinung nach gern hören möchte. Im Laufe der Jahre ist Terry für mich ein wirklich guter Freund geworden. Nach dem Spiel rief ich sofort alle Welt an – so sehr freute ich mich über meine Leistung, unseren Sieg und den Einzug in die nächste Runde. Ich glaubte, mit diesem Freistoß dem Trainer etwas bewiesen zu haben.

Aber würde er mich in der zweiten Runde gegen Argentinien aufstellen? Ich wusste nach wie vor nicht so recht, was ich von Glenns Einstellung mir gegenüber halten sollte. Vor unserer Abreise nach Saint-Etienne ereignete sich noch eine weitere unschöne Episode. Ab und zu sollten wir am Nachmittag auf Glenns Geheiß zur Lockerung einen Spaziergang machen, in Trainingsanzug und Turnschuhen. Diesmal ging es jedoch auf den Trainingsplatz, wo er überraschend ankündigte, er wolle mit uns eine neue Freistoßtechnik üben. Dabei ging es darum, dass jemand den Ball in die Höhe schoss und ich ihn mit einem Volleyschuss über die Mauer ins Tor beförderte. Ich dachte besorgt an die Gefahr einer Zerrung in der Kniesehne, da wir uns zuvor kein bisschen aufgewärmt hatten. Als Glenn mich dann aufforderte, das Gesagte auszuführen, lobbte ich den Ball lediglich über die Mauer, statt ihn mit ganzer Kraft zu spielen. Daraufhin wurde Glenn richtig wütend:

»Kannst du es nicht, oder was? Wenn du es nicht hinbekommst, dann vergessen wir es eben.«

Ich war seiner Anweisung nicht nachgekommen, weil eine Verletzung zu diesem Zeitpunkt das Letzte war, was ich gebrauchen konnte. Die Stimmung zwischen uns blieb auch im Nachhinein angespannt, obwohl Glenn den Vorfall nie wieder erwähnte. Diese Auseinandersetzung gehörte zu denen, die im Gedächtnis bleiben, und zwar nicht nur dem, der unmittelbar daran beteiligt war, sondern auch den anwesenden Teamkollegen. Trotzdem war ich der Ansicht, dass ich mir meinen Platz im nächsten Spiel redlich verdient hatte und hoffte das Beste.

Wenn England gegen Argentinien spielt, ist das immer eine große Sache. Dafür gibt es verschiedene Gründe, die nicht alle nur mit Fußball zu tun haben. Die Rivalität zwischen den beiden Ländern ist eine der ältesten und beständigsten in diesem Sport. Was wir als Derby bezeichnen, heißt in Argentinien *classico*. Damit sind nicht nur Spiele zwischen Nachbarmannschaften gemeint, wie etwa Manchester United gegen Manchester City oder England gegen Schottland, sondern auch Begegnungen mit historischer Dimension, wie zum Beispiel United gegen Liverpool oder England gegen Deutschland. Ihrer Ansicht nach gibt es nur ein *classico* zwischen zwei Mannschaften von verschiedenen Kontinenten – und das heißt England gegen Argentinien. Kein Wunder also, dass darum immer viel Wirbel gemacht wird, was bei der Partie 1998 in Saint-Etienne nicht anders war. Ich freute mich auf die Begegnung und war sehr gespannt darauf. Obwohl diese WM für mich von Beginn an mit viel Unsicherheit und emotionalen Rückschlägen verbunden war, fühlte ich mich gut vorbereitet. Ich konnte nicht ahnen, was mich während des Spieles und im Anschluss daran erwarten würde.

Der Abend nahm einen guten Anfang. Für beide Seiten war es ein großartiges Spiel. Nach nur fünf Minuten ging Argentinien durch einen Strafstoß von Batistuta in Führung, woraufhin Alan Shearer jedoch ebenfalls vom Elfmeterpunkt aus den Ausgleichstreffer erzielte. Sein letzter Strafstoß für England lag damals bereits über ein Jahr zurück, aber wir wussten alle, dass der Ball ins Netz gehen würde. Fünf Minuten später hatte ich mich mit dem Ball in Richtung Tor vorgearbeitet und gab an Michael Owen ab, der daraufhin ein fantastisches Tor schoss. Dem Gegner gelang ebenfalls ein weiterer Treffer, und so stand es zur Halbzeitpause 2:2. In der Kabine wurde lediglich kurz die Verteidigung bei Zanettis Freistoß angesprochen, der zum zweiten gegnerischen Tor geführt hatte. Wir konnten es kaum erwarten hinauszugehen und die zweite Spielhälfte in Angriff zu nehmen; wir wollten das Spiel unbedingt gewinnen. Ich konnte ja nicht ahnen, dass mich da draußen die Katastrophe erwartete.

Ich halte Diego Simeone für einen guten Fußballer. Er spielt ausgezeichnet, ist im Spiel jedoch ziemlich anstrengend, weil er ständig um seinen Gegner herumtanzt, ihm gegen die Knöchel tritt und einfach keine Ruhe gibt. Er weiß genau, dass er damit sein Gegenüber geradezu herausfordert. Vielleicht hatte er auch besonders aufmerksam zugehört, als Glenn Hoddle vor dem Turnier anmerkte, er sei besorgt im Hinblick auf mein Temperament in Stresssituationen. Bis zu jenem verhängnisvollen Moment hatte ich in diesem Spiel allerdings keinerlei Probleme mit ihm. Doch dann, kurz nach Beginn der zweiten Halbzeit, rasselte er von hinten auf mich. Als ich dann am Boden lag, machte er Anstalten, meine Haare zu zerzausen. Schließlich zerrte er auch noch daran. Und schon schnellte mein Bein hoch. Es war eine ganz instinktive Reaktion, aber natürlich die vollkommen falsche. Man darf sich einfach nicht zu solchen Retourkutschen hinreißen lassen. Auch wenn ich provoziert wurde, wusste ich doch im selben Moment, dass ich dies keinesfalls hätte tun dürfen. Simeone ging natürlich sofort zu Boden, als hätte ihn jemand angeschossen.

Ich habe einen großen Fehler gemacht. Jetzt bekomme ich einen Platzverweis. Gary Neville kam angelaufen, legte mir den Arm um die Schulter und gab mir dann einen Klaps auf den Rücken.

»Was war denn das eben? Warum hast du das getan?«

Gary machte mir keine Vorwürfe, sondern wollte nur wissen, warum ich nach Simeone getreten hatte. In diesem Moment wusste ich keine Antwort auf diese Frage – und ich weiß sie bis heute nicht. Der Schiedsrichter Kim Nielsen sagte kein Wort zu mir, sondern zog einfach die rote Karte aus der Tasche. Diesen Anblick werde ich wohl mein Lebtag nicht vergessen. Wenn man sich im Nachhinein das Video anschaut, sieht man Simeone, der sich benimmt, als müsse er gleich auf die Intensivstation. Veron erklärt dem Schiedsrichter, was seiner Meinung nach jetzt geschehen müsse. Der Schiri zückt daraufhin die rote Karte. Batistuta nickt, weil er die Entscheidung für gerechtfertigt hält. Und ich trotte in Richtung Kabine vom Platz. Dabei sehe ich nicht einmal wütend aus. Mein Gesichtsausdruck deutet vielmehr an, dass ich mich in einer anderen Welt befand. Simeone hatte mir eine Falle gestellt, und ich war mitten hineingetappt. Was auch immer ich in meiner Karriere noch erleben werde, diese sechzig Sekunden werde ich niemals vergessen.

In der Kabine angekommen, rief ich Victoria in den Staaten an. Da ich die Wiederholung der Szene im Fernsehen nicht gesehen hatte, wollte ich wissen, wie genau alles zugegangen war. Sie verfolgte das Spiel in einer New Yorker Bar und sagte, dass alles irgendwie seltsam gewirkt habe. Niemand konnte sich erklären, warum ich einen Platzverweis bekommen hatte. Weshalb? Weiter gab es nichts dazu zu sagen.

Ich ging in den Waschraum und stellte mich unter die Dusche. Ich duschte sehr lange, so als könnte ich das Geschehene dabei einfach wegspülen. Plötzlich kam Steve Slattery in die Kabine gerannt und rief:

»Wir haben einen Treffer gelandet! Der Torschütze war Sol!«

Ich sprang aus der Dusche, doch im nächsten Moment war er schon wieder da und berichtete, dass dieses Tor nicht gewertet wurde. Ich zog meinen Trainingsanzug an. Da kam ein französischer FIFA-Mitarbeiter herein und bat mich zum Drogentest. Wenigstens gab es dort einen Fernseher, so dass ich das Spiel weiterverfolgen konnte. Als neunzig Minuten um waren, durfte ich gehen. Die Verlängerung sah ich mir vom Verbindungstunnel aus an, der zum Spielfeld führte. Doch ich nahm kaum wahr, was sich vor mir abspielte. Es scheint, als hätte der Platzverweis alle anderen Erinnerungen an das Spiel ausgelöscht. In dem Moment, als David Batty seinen Elfmeter verschoss und die Argentinier ihren Torwart feierten, wurde es mir wirklich bewusst: *Morgen werde ich heimfahren.*

Jene Nacht war die schlimmste in meinem ganzen Leben. Und doch gab es etwas Wundervolles, das ich mich tröstete: Bald würde ich bei Victoria sein, die mit unserem ersten Kind schwanger war. Als ich mit der englischen Mannschaft am Tag vor dem Spiel gegen Argentinien in Saint-Etienne aus dem Flugzeug stieg, hatte ich eine Nachricht auf meiner Mailbox:

»David, hier ist Victoria. Ruf mich bitte zurück so schnell du kannst.«

Ich stieg in den Bus und wählte ihre Nummer.

Sie sagte: »Ich habe Neuigkeiten für dich.«

»Was denn?«

»Wir sind schwanger.«

Ich konnte es gar nicht fassen. Ich hatte das Bedürfnis, auf meinen Sitz zu steigen und die Nachricht laut hinauszuschreien. Ich freute mich wie verrückt. In der winzigen Toilette des Mannschaftsbusses sprang ich auf und nieder und umarmte mich selbst. Ich war so unsagbar glücklich. Solche Neuigkeiten möchte man am liebsten mit anderen teilen, aber ich durfte es natürlich niemandem sagen.

Was diesen Abend in Saint-Etienne angeht, kann ich mich nur an bestimmte Details erinnern, so als wären nur sie von den Lampen beleuchtet, die nachts die Gegend rings um ein Stadion erhellen: an den Platzverweis, das Telefonat mit Victoria, den Gedanken, Vater zu werden und das Treffen mit Dad nach dem Spiel auf dem Parkplatz. Aber der Rest? Liegt im Dunkeln – vielleicht zu meinem eigenen Schutz. Das Spiel geht zwar weiter, aber es wirkt, als betrachte ich es durch das falsche Ende eines Teleskops; all meine Wut und Frustration und Scham; und die Ungläubigkeit, dass mir so etwas passieren konnte.

Nach Spielende liefen die Spieler vor die Zuschauertribüne, wo die englischen Fans versammelt waren. Es gelang mir nicht, mich unter sie zu mischen. Deshalb wandte ich mich um und ging zurück in die Kabine. In diesem Moment gab Glenn Hoddle ein TV-Interview, in dem er sagte, dass England sicher gewonnen hätte, wenn unsere Mannschaft vollzählig gewesen wäre. Natürlich interpretierten die Zeitungen und alle anderen seine Aussage so, dass ich schuld an der Niederlage Englands gegen Argentinien war.

Als die Spieler zurück in die Kabine kamen, herrschte betretenes Schweigen. Al setzte sich neben mich. »Es tut mir so Leid, Al«, war das Einzige, was ich herausbrachte. Alan starrte nur auf den Fußboden. Was hätte es auch zu sagen gegeben? Was in jedem Spieler nach der Partie vor sich ging, kann nur der Betreffende selbst wissen. Ich werde jedoch nie vergessen, dass es Tony Adams war, der schließlich auf mich zukam. Als ich das erste Mal mit Tony im Nationalteam spielte, hatte er mir einen mächtigen Schrecken eingejagt. Bei einem Qualifikationsspiel in Georgien stand er in der Kabine ein paar Minuten vor Spielbeginn auf. »Okay, Jungs, das ist unser Spiel! Wir haben es verdient. Wir sind hergekommen, um zu gewinnen!« Es war nicht nur die Lautstärke, in der Tony sprach, sondern auch die Leidenschaft und Entschlossenheit in seiner Stimme, die mich schockierten. Diese Verbissenheit war mir völlig neu. In diesem Augenblick wurde in mir ein ganz neues Maß von Ehrgeiz geweckt. Nicht, dass mir meine Leistung vorher egal gewesen wäre, aber die Intensität, die Tony an den Tag legte, motivierte mich am Beginn meiner internationalen Laufbahn ungemein. Die Niederlage Englands in Saint-Etienne schmerzte ihn genauso sehr wie alle anderen, zumal er, wie er damals vermutete, möglicherweise nie wieder für sein Land spielen würde. An diesem verhängnisvollen Abend war es nur schwer auszuhalten in der Kabine. Eine größere Enttäuschung als diese war kaum vorstellbar. Trotzdem kam Tony zu mir herüber und legte mir die Hand auf die Schulter.

»Was auch immer hier geschehen ist, ich halte dich für einen prima Kerl und einen ausgezeichneten jungen Spieler. Ich bin stolz darauf, mit dir für England gespielt zu haben. Diese Erfahrung wird dich stark machen. Hinterher wirst du ein noch besserer Spieler sein.«

Als wir das Stadion verließen, warteten Mum und Dad am Bus auf mich. Ich ließ mich in Dads Arme fallen und begann hemmungslos zu schluchzen. Ich konnte gar nicht wieder aufhören. Wenn ich heute daran denke, schäme ich mich dafür, aber damals überkam es mich einfach. Irgendwann beruhigte ich mich doch, und Dad schob mich in den Mannschaftsbus. Ich setzte mich und lehnte meinen Kopf gegen das kühle Fenster. Gary Neville stieg nach mir ein und nahm neben mir Platz. Er sah mein verheultes Gesicht. Da ich aussah, als würde ich jeden Moment wieder anfangen, ermahnte er mich:

»Die anderen sollten dich besser nicht so sehen. Lass dich doch nicht so gehen. Du hast dir nichts zu Schulden kommen lassen. Es ist nun einmal passiert.«

Ich sah ihn an.

»Victoria ist schwanger.«

Garys Augen weiteten sich.

»Na siehst du. Dann musst du dich jetzt erst recht zusammenreißen und bei ihr sein. Das ist doch die beste Neuigkeit, die man sich vorstellen kann. Überleg doch einmal. Das war ein Fußballspiel. Aber jetzt geht es um ein neues Leben.«

Als Seba Veron zu United kam, unterhielten wir uns über die Reaktion der argentinischen Spieler oder zumindest einiger von ihnen, als sie mich mit Dad am Bus stehen sahen. Während ihr Bus vom Parkplatz rollte, sahen wir, wie sie sich nach dem englischen Bus umdrehten – sie lachten und schwangen mit freiem Oberkörper ihre Trikots über dem Kopf.

Wir fuhren direkt zum Flughafen und flogen zurück nach La Baule, wo wir unsere letzte WM-Nacht verbrachten. Einige Spieler zogen sich sofort in ihre Zimmer zurück, während andere noch etwas trinken gingen. Ich saß mit Terry, Slatts und Steve McManaman im Aufenthaltsraum. Normalerweise tranken wir noch eine heiße Schokolade und gingen dann kurz nach Mitternacht schlafen. Aber an diesem letzten Abend meinte Terry, ich bräuchte etwas Stärkeres. Also trank ich ein paar Bier. Normalerweise bin ich bei Alkohol eher zurückhaltend, aber an jenem Abend half mir das Bier, meinen Schmerz ein wenig zu betäuben. Wir saßen zu viert etwas ratlos herum, keiner war sonderlich gesprächig – es gab ohnehin nicht viel zu sagen. Erst gegen vier Uhr morgens ging ich in mein Zimmer, obwohl wir schon um neun aufstehen mussten, damit wir die Concorde erreichten, die uns zurück nach England brachte.

Noch in derselben Nacht traf ich Vorbereitungen für meine Reise in die USA. England war bei der Weltmeisterschaft ausgeschieden. Ich wollte so viel Zeit wie möglich mit Victoria verbringen, bevor die Vorbereitung für die neue Saison begann. Meine Eltern waren von Saint-Etienne aus direkt nach England geflogen, und wir trafen uns am nächsten Tag auf dem Flughafen Heathrow. Eine Mitarbeiterin stellte uns freundlicherweise ihr Büro zur Verfügung, wo wir die Stunden bis zu meinem Anschlussflug in die Staaten verbringen konnten. Ich übergab Mum und Dad mein Gepäck und zog mich für den Weiterflug um. Da ich wusste, dass ich sie mindestens vierzehn Tage lang nicht sehen würde, wollte ich ihnen die Neuigkeit lieber persönlich statt am Telefon überbringen. Ich erzählte ihnen, dass Victoria schwanger war.

Sie zeigten sich ziemlich überrascht und auch ein wenig besorgt. Vielleicht lag es daran, dass sie schon einen Vorgeschmack der öffentlichen Reaktion auf meinen Platzverweis erlebt hatten. Joanne, die ebenfalls dabei war, freute sich mit mir, Mum war dagegen auffallend ruhig, und Dad fragte nur:

»Bist du sicher, dass es nicht zu früh ist?«

Dann mussten wir uns voneinander verabschieden. Ich marschierte zur Abflughalle, wo ich mein Gepäck aufgab. Man hatte mich gewarnt, dass die Presse mir auflauern würde, aber die Lage schien ruhig zu sein. Nachdem ich die Formalitäten erledigt hatte, dachte ich, es geschafft zu haben, weil meiner Meinung nach niemand durch die Passkontrolle gelangt sein konnte. Aber da irrte ich mich gewaltig. Aus dem Augenwinkel sah ich eine Gruppe von Fotografen und Kameraleuten auf mich zukommen. Unter ihnen war auch dieser kleine Typ, den ich von anderen Gelegenheiten bereits kannte. Er rannte stets penetrant neben seinem Opfer her, flüsterte ihm irgendetwas ins Ohr und versuchte, auf diese Weise eine Reaktion zu erzwingen.

»Haben Sie Ihre Mannschaft im Stich gelassen, David? Haben Sie

Ihr Land enttäuscht? Ist Ihnen klar, was Sie getan haben, David? Verlassen Sie deshalb sofort das Land?«

Bis zur Wartehalle musste ich etwa zweihundert Meter zurücklegen. Ich hängte mir meine Tasche über die Schulter, starrte stur geradeaus und marschierte los, ohne ein Wort zu sagen. Es muss ein irrer Anblick gewesen sein, mit all diesen Leuten im Schlepptau. Vielleicht erweckte es auch in den Medien einen schlechten Eindruck, so als wollte ich davonlaufen. Aber ich wusste nur eines: Ich musste weitergehen. Ich konnte mir jetzt keine falsche Reaktion leisten. Ich brauchte in diesem Moment niemanden, der mir sagte, wie schuldig ich mich fühlen müsste. Schließlich ging es mir ja bereits elend genug. Ich wollte einfach nur meine Augen schließen und bei Victoria sein. Was sollte ich also anderes tun, als die Kameras einfach auszublenden?

Ich schaffte es bis ins Ziel und saß ein paar Minuten später wieder in einer Concorde. Die Reportermeute in Heathrow hatte mir gezeigt, was mich erwartet hätte, wenn ich in England geblieben wäre. Als das Flugzeug startete, hoffte ich, alles zurücklassen zu können; zwar nicht meine eigene Enttäuschung über das, was in Saint-Etienne geschehen war, aber zumindest die Medien, die das Ganze wieder und wieder aufwärmten.

Die Ankunft auf dem JFK-Flughafen in New York mutete ein wenig furchteinflößend an. Ich war zwar schon in Amerika gewesen, aber noch nie allein. Ich passierte die Sicherheitskontrolle. Die dortigen Beamten sahen aus, als ob mit ihnen nicht zu spaßen sei – schwer bewaffnet und mit dunkler Sonnebrille wollten sie genau wissen, was diese oder jene Tasche enthalte. Ich hatte dafür gesorgt, dass mich ein Fahrer abholte. Als ich die Ankunftshalle betrat, wurde ich dort bereits von unzähligen Fotografen, Kamerateams und Journalisten erwartet. *Ich bin hier in New York. Eigentlich sollte genau das hier nicht passieren.*

Ich sprang schleunigst in den Wagen. Als ich die Tür schließen wollte, zerrte von außen jemand daran, sodass es mir nicht gelang, sie heranzuziehen. Es war wirklich albern. Ich spielte Tauziehen mit irgendwelchen Leuten, die ich nicht kannte. Kaum war es mir gelungen, die eine Tür zu schließen, wurde eine andere aufgerissen, und eine Fotografin begann mich hemmungslos auf dem Rücksitz abzulichten. Ich konnte gar nicht glauben, was da vor sich ging. Eigentlich war ich davon ausgegangen, dass ich in Amerika vor all dem Ruhe haben würde. Aber stattdessen fand ich mich mitten in einer filmreifen Szene wieder. Daheim in England hatte ich so etwas noch nie erlebt.

Nachdem es uns endlich gelungen war, die Türen zu verriegeln, fuhren wir direkt zum Madison Square Garden, wo die Spice Girls an diesem Abend auftraten. Meine Organisation war allerdings nicht ganz perfekt, und so wusste ich nicht einmal, wie ich mir Zutritt verschaffen sollte. Ich lief ringsherum auf der Suche nach einem Bühneneingang, bis ich endlich einen der Tourmanager entdeckte, der mich hineinbrachte. Auf dem Weg zu den Garderoben der Mädels passierte etwas Seltsames: Als wir einen Korridor entlangliefen, kam uns plötzlich Victoria entgegen. Doch sie erkannte mich nicht gleich und ging prompt an mir vorbei. Wahrscheinlich lag es daran, dass ich eine recht voluminöse Jacke trug und mir nach dem Wahnsinn auf dem Flughafen eine Mütze tief ins Gesicht gezogen hatte. Zudem rechnete sie nicht so früh mit meiner Ankunft. Ich wandte mich um, aber da kam sie auch schon zurückgerannt. Ich hielt sie einfach fest und wollte sie gar nicht mehr loslassen. In der Garderobe, wo ich kurz die anderen Mädels begrüßte, zwängten Victoria und ich uns dann in einen winzigen Duschraum, wo sie mir eine Aufnahme von unserem Baby zeigte. Es war überwältigend. Unser Kind sah aus wie eine kleine Erbse; es war wesentlich früher aufgenommen als die Bilder, die man in England zu sehen bekommt. Ich bebte förmlich vor Aufregung. Dieses Gefühl ist einfach unbeschreiblich – jeder Vater wird das bestätigen.

Wir gingen zurück zu den anderen Spice Girls. Sie begannen plötzlich, mich zu umarmen und zu küssen. Ich konnte es kaum fassen.

»Ach, beinahe hätte ich es vergessen. Gleich kommt uns jemand besuchen«, sagte Victoria auf einmal.

Und hereinspaziert kam Madonna. Sie setzte sich und begann locker mit Victoria und den anderen Mädels zu plaudern. Ich saß nur schweigend daneben und passte auf, dass mein Mund vor Erstaunen nicht offen stand. Dann wandte sie sich an mich:

»Und du bist also der Fußballer?«

Woher wusste Madonna, wer ich war? Natürlich fühlte ich mich ziemlich geschmeichelt. Aber wieder einmal fehlten mir die Worte für eine vernünftige Antwort. Madonna hatte mit mir gesprochen, als würde sie mich kennen. Dies war einer dieser Momente, in denen man genau weiß, dass alles, was man sagen wird, irgendwie ungeschickt klingt.

»Ja.«

Für die Mädels wurde es langsam Zeit, auf die Bühne zu gehen. Ich fand das Konzert absolut fantastisch. Aber die Auftritte der Spice Girls waren eigentlich immer großartig. Man spürte, wie viel Temperament, Talent und harte Arbeit darin steckte. Egal, ob es um ein Fußballspiel geht oder um ein Popkonzert – die Zuschauer, die dafür bezahlt haben, erwarten für ihr Geld zu Recht eine angemessene Gegenleistung. Und die Spice Girls wurden dieser Erwartung immer gerecht. Was meine spielerische Leistung als Fußballer angeht, versuche ich stets, so professionell wie möglich zu sein. Victoria und die anderen Mädels legten in ihrer Show eine geradezu unglaubliche Professionalität an den Tag. Während der folgenden zwölf Tage verwandelte ich mich sozusagen in ihr Groupie Nummer eins. Es war zwar nicht gerade mein erholsamster Urlaub, aber ich genoss ihn ungemein. Ich reiste mit ihnen im Tourbus, bewohnte mit Victoria luxuriöse Hotelzimmer und ging jeden Abend auf eines ihrer atemberaubenden Konzerte.

Ich weiß noch genau, wie ich Victoria an jenem ersten Abend im Madison Square Garden vor mir auf der Bühne betrachtete. Dies war einer der wichtigsten Konzertsäle der Welt, es waren Unmengen von Zuschauern gekommen, sie sah toll aus und klang einfach super. Und doch gab es inmitten all der Lichter, des Trubels und der auf- und abspringenden Menschenmassen einen stillen, verschwiegenen Ort, den nur ich kannte, weil ich wusste, dass Victoria unser Baby in sich trug. Den ganzen Abend stand mir dieses erste Bild von Brooklyn klar vor Augen.

Eigentlich hatte ich bis zu jenem Sommer 1998 ein ziemlich sorgloses Leben geführt. Welche Enttäuschungen musste ich denn schon hinnehmen? Seit meiner Kindheit hatte ich immer davon geträumt, eines Tages bei Manchester United zu spielen, und dieser Traum war tatsächlich Wirklichkeit geworden. Kaum war ich im Old Trafford angekommen, wurde ich auch schon in die erste Mannschaft geholt. Zusammen mit einer Reihe hoch motivierter und talentierter Spieler in meinem Alter gewann ich Meisterschaften und Pokale. Und dann bekam ich förmlich über Nacht den Ruf in die Nationalmannschaft; ich sollte dazu beitragen, mein Land bis ins Finale des wichtigsten Turniers überhaupt zu bringen. Im Nachhinein betrachtet war mir das Glück vielleicht ein bisschen zu schnell hold gewesen. Ich war nicht ausreichend darauf vorbereitet, mit solch harten Rückschlägen umzugehen, wie ich sie im Juni 1998 einstecken musste. Ich weiß genau, wie enttäuscht die englischen Spieler und Fans an diesem Abend in Saint-Etienne waren. Im Zentrum des Sturmes war auch für mich das Geschehene niederschmetternd. Doch im Alter von 23 Jahren war ich mit der Situation vollkommen überfordert, dass mir allein die ganze Schuld an der Niederlage gegen Argentinien angelastet wurde.

Wie jeder andere Mensch habe ich in meinem Leben eine Menge Lektionen lernen müssen. Der Unterschied bei einem prominenten Fußballprofi ist nur, dass sich alles gleich im Licht der Öffentlichkeit abspielt. Die Toleranzgrenze für Irrtümer ist weitaus niedriger, und man hat viel weniger Zeit, sich mit seinen Fehlern auseinander zu setzen. Ich will mich nicht darüber beschweren, denn immerhin wehte mich der Wirbel, der nach dem Platzverweis in meinem Leben herrschte, anschließend quer über den Atlantik direkt in die Arme der Frau, die ich liebte. Vierundzwanzig Stunden nach dem bis dahin schlimmsten Moment meines Lebens stand ich mit einer unscharfen Ultraschallaufnahme in der Tasche im Madison Square Garden und fühlte mich wie der glücklichste Mensch auf der ganzen Welt. Am Abend zuvor schien mein Leben noch auf einem französischen Spielfeld in Scherben zu liegen, und schon am nächsten Tag gewann ich die schönste Erkenntnis schlechthin: Ich werde Vater. Ich hatte keine Ahnung, was mich erwarten würde, wenn ich nach England zurückkehrte oder wie ich damit umgehen sollte. Aber eines war sicher: Wenn ich dem klitzekleinen Wesen auf Victorias Bild ein guter Vater sein wollte, dann war es jetzt höchste Zeit, dass ich lernte, erwachsen zu werden.

7

Danke, dass ihr zu mir gehalten habt

»Wenn wir aussteigen, werden sie am Gate von der Polizei erwartet.«

Alex Ferguson besitzt viele Qualitäten, die ihn zu einem großartigen Cheftrainer machen. Wenn ich an Frankreich '98 zurückdenke, dann sticht eine ganz besonders hervor: Der Boss steht zu seinen Spielern und stärkt ihnen den Rücken, auch in den schlechtesten Zeiten.

»Komm einfach nach Manchester zurück«, sagte er zu mir. »Komm hierher, hier mögen und unterstützen dich alle. Den anderen kannst du entgegentreten, wenn die Saison anfängt.«

Manche Leute kritisieren den Boss für diese Einstellung, aber darauf kann ich nur entgegnen, dass seine Loyalität den Spielern gegenüber bedeutet, dass sie einen unerschütterlichen Respekt vor ihm als Menschen haben und ihm in seiner Funktion als Cheftrainer blind vertrauen. Ein Grund, warum ich überhaupt zu United wollte, war seine Haltung gegenüber hoffnungsvollen Neueinsteigern: Der Boss vermittelte ihnen das Gefühl, in eine Familie aufgenommen zu werden, nicht nur in einen Fußballverein. Und dieses Gefühl hatte ich in Old Trafford immer, daran konnten alle Konfrontationen und Reibereien zwischen uns beiden nichts ändern. Und das ist das Verdienst des Alten. Dass er mich unterstützte, half mir sehr, den Sommer 1998 und die Anfangsphase der folgenden Saison zu überstehen.

Während ich bei Victoria in Amerika war, konnte ich verfolgen, was die englische Presse über die Ereignisse in Saint-Etienne zu berichten hatte. Wahrscheinlich hätte ich auf die Leute hören sollen, die mir davon abrieten, das zu tun. Auch aus mehreren Tausend Meilen Entfernung trafen mich Schlagzeilen wie »TEN HEROIC LIONS, ONE STUPID BOY« sehr hart. Mir war klar, was ich getan hatte, aber die Reaktion der Medien schoss doch wohl weit über das Ziel hinaus. Hier ging es schließlich nur um ein Fußballspiel. Ein äußerst wichtiges Fußballspiel, natürlich. Aber rechtfertigte das eine solche Behandlung durch die Presse? Ich hatte Konsequenzen erwartet, aber diese geballte Wut schockierte mich. Ich konnte die Enttäuschung über Englands Ausscheiden bei der WM nachvollziehen, aber einige Berichte, besonders die, die am Tag nach dem Spiel gegen Argentinien geschrieben wurden, hetzten die Leute richtig auf. Und der Hass verbreitete sich wie eine Krankheit.

Ich selbst war zwar weit weg, aber dafür gerieten die Daheimgebliebenen an meiner Stelle unter massiven Druck. Ich sprach mit Mum und Dad. Als sie aus Saint-Etienne zurück nach London kamen, kampierten bereits mehr als dreißig Leute vor ihrem Haus. Ihr Telefon wurde angezapft, und jedes Mal, wenn sie die Haustür öffneten, stürzten Kamerateams auf sie zu. Die Presseleute stellten sogar einen kleinen Tisch und Stühle auf dem Gehweg auf, damit sie gemütlich Kaffee und Tee trinken konnten, während sie meinen Eltern auflauerten. Solange ich mit Victoria in den Staaten war, rührten sie sich nicht von dort weg. Ich hatte mich an diese Neugier bereits gewöhnt, das brachte mein Leben mit Victoria mit sich, aber für meine Eltern war es eine völlig neue Situation, und schließlich waren ja nicht sie bei einer Weltmeisterschaft vom Platz geschickt worden. Beide litten sehr unter dieser Belagerung, aber sie hatten einander, und deshalb standen sie es durch. Sie haben mir immer noch nicht alles erzählt, was sich in den ersten paar Tagen nach dem Spiel gegen Argentinien abgespielt hat. Vielleicht wollen sie nicht, dass ich es erfahre. Vielleicht wollen sie selbst nie mehr daran denken. Ich habe mit dieser Zeit in meinem Leben abgeschlossen, aber einiges verfolgt mich noch immer. Mein Gesicht als Dartscheibe, mein Abbild an einem Laternenpfahl aufgeknüpft, die inszenierten Interviews mit Fans:

»Beckham ist eine Schande für sein Land. Er sollte nie wieder für England spielen.«

Die meisten Artikel, die über mich geschrieben wurden, erschienen auf Titel- und Nachrichtenseiten und waren nicht von Fußballjournalisten verfasst worden, obwohl auch ein paar von denen ziemlich viel Gift verspritzten. Ich habe alles aufbewahrt. Es ist keine schwarze Liste oder so ähnlich, aber wenn man schon Sachen sammelt, dann muss man alles sammeln. Im Haus meiner Eltern warteten immer haufenweise Artikel darauf, in Sammelalben zu wandern. Wir haben alle aufgehoben, seit ich ein Junge war. Zwei oder drei Leute sind inzwischen an die Öffentlichkeit gegangen und haben bedauert, dass sie damals bei der Hetze gegen mich mitgemacht haben. Piers Morgan, der Herausgeber des *Mirror*, in dem die Sache mit der Dartscheibe erschienen war, besaß genug Anstand zuzugeben, dass sie damals zu weit gegangen waren. Wenn ich mich an all die anderen verletzenden Artikel erinnere, kann ich nur hoffen, dass die Leute, die sie geschrieben haben, genauso denken. Ich fühle mich immer noch komisch, wenn ich jetzt, als Mannschaftskapitän von England, auf Pressekonferenzen das Wort ergreife. Aber ich glaube, mein Verhältnis zu den Leuten, die über die Nationalmannschaft berichten, ist ganz anständig, und es erfüllt mich mit Stolz, dort meine Mannschaftskollegen zu vertreten.

Aber viele dieser Journalisten waren auch schon in diesem Sommer vor fünf Jahren dabei, und sicherlich erinnern sie sich noch genauso gut wie ich daran, wie die Dinge damals zwischen mir und den Medien standen. Als ich wieder in England war, vermied ich fast ein Jahr lang bewusst jedes Gespräch mit der Presse. Das war keine Rache für das, was über mich gesagt und geschrieben worden war. Ich wusste, dass man mich mit Argusaugen beobachtete, und ich wollte nicht in eine Situation geraten, in der ich vielleicht etwas sagen würde, das ich später bereuen müsste.

Ich bekam schon im Flugzeug, das mich aus den Staaten zurückbrachte, einen deutlichen Eindruck von dem, was meine Familie während meiner Abwesenheit durchgemacht hatte. Der Chefsteward kam auf dem Rückflug nach London zu meinem Sitz, etwa eine Stunde vor der Landung in Heathrow.

»Wenn wir aussteigen, werden sie am Gate von der Polizei erwartet.«

Ich dachte, er mache Witze. *Was will die Polizei von mir? Mich verhaften? Mich beschützen?* Das ging doch wohl ein bisschen zu weit, oder? Tatsächlich. Ein halbes Dutzend uniformierte Beamte wartete auf mich. Wir liefen zusammengedrängt durch das Terminal, ich in der Mitte, sie um mich herum. Ich konnte mir das Lachen kaum verkneifen. *Was soll denn das hier werden?* Die Antwort bekam ich früh genug. Wir gingen in die Ankunftshalle und eine Woge von Kamerateams, Fotografen und Journalisten brandete auf uns zu. Sie schrien nach Fotos, nach einem Kommentar von mir, nach irgendeiner Reaktion. Die Polizisten schafften mich schnell durch die Halle und verfrachteten mich auf den Rücksitz des Autos, das draußen auf mich wartete. Es war beängstigend, und es sollte noch schlimmer kommen.

Ein paar Tage später begann die Vorbereitungsphase für die neue Saison, und ich befand mich wieder im Old Trafford. Jetzt konnte ich mich wenigstens ein paar Stunden am Tag völlig auf Fußball konzentrieren und alles andere ausblenden. In der Umkleidekabine gab es ein paar gutmütige Sticheleien, aber meine Teamkollegen wussten, dass ich schwer zu kämpfen hatte, und in einer solchen Situation stärken Spieler einander immer den Rücken. Ich war froh, dass ich wieder bei ihnen war und spielen konnte. Es lenkte mich ab, und das half mir, Mum und Dad gegenüber den Kopf nicht hängen zu lassen. Sie mussten schon genug ertragen, mich völlig aufgelöst zu sehen, hätte alles nur noch schlimmer für sie gemacht. Die Polizei hatte ihnen geraten, mich nach Manchester zu begleiten, allein sei ich in dem Haus in Worsley nicht sicher, meinten sie. Dad fuhr mich jeden Morgen zum Training ins Cliff, und nach der Arbeit holte er mich dort wieder ab. Ich hätte das nie von ihnen verlangt, ich hatte ihnen sogar angeboten, sie in den Urlaub zu schicken, damit sie das Ganze eine Weile hinter sich lassen konnten. Aber meine Eltern wollten wahrscheinlich lieber in meiner Nähe bleiben.

Ich glaube, fast niemand kann sich vorstellen, wie mein Leben in den ersten Monaten nach der Weltmeisterschaft aussah. Selbst meine Freunde konnten es sich nicht vorstellen, bis sie es am eigenen Leib erfuhren. Einige Tagen nach meiner Ankunft aus Amerika traf ich mich nach dem Training mit Dave Gardner. Wir wollten in der Innenstadt von Manchester zu Mittag essen. Wir gingen in ein Restaurant, das wir oft besuchten, es heißt The Living Room. Normalerweise ist es sehr gemütlich, und wir gingen oft hin, weil die Leute uns kannten, aber in Ruhe essen ließen. An diesem Nachmittag war alles anders. Dave und ich schlenderten zur Tür herein, und auf einmal waren mir mitten in dem Western, in dem der Held im falschen Saloon von Deadwood Gulch landet. Die Leute drehten sich um und starrten uns mit mörderischen Blicken an. Es war der reinste Horror. Wir schlichen uns in eine Ecke und vergruben die Köpfe in unseren Speisekarten.

»Ich geh nie wieder mit dir essen, Kumpel«, flüsterte Dave Gardner. »Dazu bin ich viel zu gern am Leben.«

In den nächsten paar Monaten witzelten wir oft darüber, dass wir das Haus nie ohne kugelsichere Westen und Schutzhelme verlassen sollten. Die Anspannung war nur mit Galgenhumor zu ertragen.

Was den Fußball betraf, so musste der Boss nicht viel sagen. Er hatte im Sommer neue Spieler unter Vertrag genommen. Die internationalen Fußballstars Jaap Stam, Dwight Yorke und Jesper Blomquist stießen zum Verein. Wir hatten ein klares Ziel vor Augen. Wir wollten die mäßige Leistung des letzten Jahres unter allen Umständen wieder wettmachen. Wir mussten diesmal einfach besser abschneiden, für uns, für den Verein und für unsere Fans. 1998/99 musste eine herausragende Saison werden. Ich glaube, mir lag persönlich am meisten daran. Ich begann die Saison mit der Gewissheit, dass es für mich nach der Weltmeisterschaft jetzt um alles oder nichts ging, um meine Zukunft als Fußballer in England.

Das erste Meisterschaftsspiel der Saison war für uns ein Heimspiel gegen Leicester City. Ich glaube, so nervös, wie an diesem Nachmittag, war ich noch nie vor einem Fußballspiel. Die Zuschauer im Old Trafford hatten mich immer unterstützt, aber galt das auch jetzt noch?

Wie würden sie auf mich reagieren? Wie würde ich reagieren? Mein letztes wichtiges Spiel war in Saint-Etienne gewesen, und am Morgen des Spiels gegen Leicester City quälten mich insgeheim nagende Selbstzweifel. Wie konnte ich sicher sein, dass mir heute nicht das Gleiche passierte wie bei dem Spiel gegen Argentinien? Ich wusste nicht genau, warum ich so unkontrolliert auf Simeones Provokation reagiert hatte, also konnte ich auch nicht wissen, ob ich mich heute wieder in die gleiche Bredouille bringen würde. Inzwischen kann ich die Sache viel besser beurteilen. Damals war ich noch ziemlich unreif, ein brennend ehrgeiziger Spieler, dem der Sieg über alles ging. Ich wartete sehnlichst auf den Anstoß gegen Leicester, aber gleichzeitig fürchtete ich die neunzig Minuten, die mir bevorstanden.

Und im Endeffekt spielten wir länger als neunzig. Die Heimfans waren an diesem Nachmittag einfach großartig zu mir. Tausende standen auf und jubelten jedes Mal, wenn ich einen Eckball schlug. Sie wollten mir zeigen, dass sie zu mir standen, und das bedeutete mir unheimlich viel. Mit 60 000 Fans von United hinter dir kannst du es mit dem Rest der Welt getrost aufnehmen. Das Spiel lief allerdings nicht so glatt, am Ende der ersten Halbzeit lagen wir 2:0 zurück. Teddy Sheringham schoss dann das 2:1 und in der Nachspielzeit bekamen wir einen Freistoß direkt außerhalb des Strafraums von Leicester. Ich machte mich bereit, und ein unheimliches Schweigen senkte sich über das gesamte Stadion. Niemand, der dort war, wird es je vergessen. Ich hörte nur die Stimme in meinem Kopf. *Bitte geh rein. Bitte geh rein.*

Ich traf den Ball mit der Innenseite meines rechten Fußes, und er hob sich und flog wie in Zeitlupe über die Mauer und landete in der Ecke des Tores. In der kurzen Zeit, die der Ball brauchte, um am Torwart vorbeizufliegen, erkannte ich schon, wie perfekt dieser Moment war. Ich rannte mit ausgestreckten Armen zu der Eckfahne und vollführte eine ungeschickte Pirouette. Die United Fans brüllten so laut, dass sie mich auf keinen Fall gehört hätten, aber was ich ihnen damit sagen wollte, war: *Ich wusste nicht, was mich erwarten würde. Danke, dass ihr zu mir gehalten habt. Dieses Tor ist für euch.*

Solange ich auf dem Platz war, hatte ich das Gefühl, die Dinge unter Kontrolle zu haben. Egal, wie schwierig es mit den Zuschauern bei Auswärtsspielen war, ich konnte immer weiterspielen. Wenn ich einen Ball vor mir hatte, dann gab es nichts, was mir wirklich etwas anhaben konnte. Der Rest meines Lebens wurde dafür immer seltsamer. Victoria war die meiste Zeit auf Tournee, und Mum und Dad waren wieder in London, sie mussten schließlich arbeiten. Abends war ich allein zu Hause. Eine Nacht werde ich nie vergessen. Das Haus in Worsley war mit einer Alarmanlage ausgestattet, also machte ich mir um einen Einbruch keine Sorgen. Aber in dieser Nacht weckte mich ein lauter Krach, der von draußen zu kommen schien. Mir rutschte das Herz in die Hose, ich hatte keine Ahnung, was los war, aber ich befürchtete das Schlimmste. Die Polizei hatte mir eine Nummer gegeben, die ich im Notfall anrufen sollte, aber ich wollte mir die Sache erst mal selbst ansehen. Ich wollte sie nicht anrufen, nur weil eine Katze versuchte, in meine Mülltonne zu klettern.

Ich stieg aus dem Bett und schlich die Treppe hinunter. Ich lehnte mich vor und spähte durch das Fenster im Treppenabsatz. Am hinteren Zaun stand dieser Typ, er starrte mit verschränkten Armen zu mir hoch. Mir schoss durch den Kopf, dass ich nichts anhatte. Er starrte mich einfach nur an, als stünde er unter einer seltsamen Hypnose. Er bewegte sich nicht, und auch ich war wie erstarrt. Schließlich öffnete ich das Fenster und schrie zu ihm runter.

»Was willst du?«

Er bewegte keinen Muskel. Er antwortete nicht. Er stand einfach nur da und glotzte mich an, es war ihm völlig egal, dass ich ihn gesehen hatte. Da bekam ich es wirklich mit der Angst zu tun. Ich weiß nicht, wie lange wir zwei da standen und uns ansahen. Ich hatte keine Ahnung, was da vor sich ging und wie ich um Himmels willen damit umgehen sollte. Ich rief dann die Polizei, aber als sie auftauchte, war der Mann verschwunden. Sogar jetzt läuft es mir noch eiskalt den Rücken herunter, wenn ich daran denke.

Ich war schon vor dem Spiel gegen Leicester aufgeregt gewesen, obwohl es im Old Trafford stattgefunden hatte, sozusagen im Schoß der United-Familie. Das erste Auswärtsspiel der Saison wurde mit großer Spannung erwartet. Wir mussten gegen West Ham antreten, und im Upton Park hatten sie seit dem Transfer von Paul Ince schon einige Übung darin, einem United-Spieler das Leben schwer zu machen. Dort erwartete mich der richtige Druck. Seltsamerweise freute ich mich sogar irgendwie darauf. Ich musste da jetzt durch, wenn ich die Sache überstehen und für den Rest der Saison hinter mir lassen wollte. Ich musste mich dieser Herausforderung stellen, und zwar so bald wie möglich. Ich werde nie vergessen, wie wir vor dem Spiel im Upton Park ankamen. Ich lief durch den Mittelgang im Bus und versuchte zu erkennen, was sich draußen abspielte. An der Bustür wartete ein Polizist auf mich. Zuerst dachte ich, er stünde auf dem Treppchen, er war so riesig, dass er den ganzen Türrahmen ausfüllte. Seine Größe schien ein Warnzeichen für das Ausmaß der Feindseligkeiten zu sein. Auf dem Parkplatz warteten sie auf mich, Hunderte von Menschen, denen die Wut ins Gesicht geschrieben stand. Damals war ich völlig fassungslos, und jetzt, da ich selbst Vater bin, kann ich es noch viel weniger begreifen: Väter brüllten wüste Beschimpfungen und schleuderten mir jedes Schimpfwort, das ihnen einfiel, ins Gesicht, und die ganze Zeit standen ihre sechs- oder siebenjährigen Söhne neben ihnen, schauten zu ihnen auf und nahmen sich ein Beispiel an diesem Verhalten.

Erst später, als ich Bilder von der tobenden Menge sah, begriff ich, wie aufgeheizt die Stimmung damals war. Ich habe ein Foto zu Hause, das mir immer noch die Haare zu Berge stehen lässt. Ich spiele einen Eckball, und man erkennt ganz deutlich den Gesichtsausdruck der Zuschauer hinter mir. Man kann die Aggression buchstäblich spüren, das Foto hat sie konserviert. Und es geht nicht mehr darum, dass ich ein beschissener Fußballer bin, der nie wieder für England spielen sollte. Damit hat es nichts mehr zu tun. Mit Fußball hat das überhaupt nichts mehr zu tun. Was diese Blicke sagten, war:

»Wenn wir dich in die Finger kriegen, dann bist du erledigt, Beckham!«

Dieser Hass lässt mich immer wieder nachdenklich werden. Wenn Fußball solche Emotionen auslösen kann, was hat er dann überhaupt für einen Sinn? Wenn dich auf dem Spielfeld irgendetwas aus deiner Konzentration reißen würde, und du solche Momente tatsächlich mitkriegtest, was würdest du dann tun? Den Platz verlassen? Ich kann so etwas einfach nicht verstehen. Zu meinem Glück war ich robust und wusste, dass ich dies alles erhobenen Hauptes durchstehen konnte. Als das Spiel 0:0 endete, entfuhr mir ein Seufzer der Erleichterung. Wahrscheinlich hatte ich mir diesen Tag so schrecklich vorgestellt, dass die Realität weit weniger schlimm war als erwartet. Die Aggressionen der Fans nach der Weltmeisterschaft hörten nach diesem Nachmittag in West Ham zwar nicht auf, aber für mich als Spieler bei United stellten sie danach kein Problem mehr dar.

Am Anfang der Saison wusste ich nicht, ob ich es heil in den Mai schaffen würde. Am Ende war es dann die unglaublichste Saison, die unser Team – vielleicht sogar jeder Fußballer in diesem Land – je erlebt hat. Ich weiß nicht, ob United jemals wieder das Tripel nach Hause bringt, oder ob sonst jemand das schafft, aber eines weiß ich genau: So wie wir das gemacht haben, passiert es nie wieder. Jedes Team, das nach uns kommt, muss sein eigenes Drehbuch dafür schreiben, denn nur diese Gruppe Spieler von United konnte die Geschichte auf diese Art erzählen. Und für mich persönlich hielt diese abenteuerliche Saison zusätzlich noch etwas ganz Besonderes bereit, und dadurch wurden die Ereignisse des Frühjahrs und Sommers 1999 märchenhaft. Gerade, als die Leute anfingen zu realisieren, was dieses Fußballteam schaffen konnte, trat Brooklyn in mein und Victorias Leben. Und ein paar Monate nach Uniteds unglaublichem Abend im Camp Nou, an dem das Unmögliche möglich wurde, trat ich, David Robert Joseph Beckham vor den Altar und heiratete das Mädchen meiner Träume.

Ein paar Teams haben in den letzten Jahren für United die Maßstäbe gesetzt, an denen sich der Verein im europäischen Wettkampf misst. Zwei dieser Mannschaften waren in unserer Gruppe in der Champions League, und die Spiele waren fantastisch. Gegen Barcelona erreichten wir vor Weihnachten zweimal ein 3:3 Unentschieden, und gegen Bayern München spielten wir 1:1 und 2:2. Wir gewannen zwar keins der Spiele, aber das Ergebnis zeigte ganz deutlich, dass wir uns mit den Besten messen konnten. Außerhalb von Old Trafford begann man zu denken, das dieses Jahr Uniteds Jahr werden könnte. Wir dachten nie über so was nach, zumindest nicht schon so früh.

Aber Selbstvertrauen kann sich auch entwickeln, ohne dass man darüber spricht.

In der Meisterschaft spielten wir in dieser Saison verdammt guten Fußball. Dwight Yorke und Andy Cole konnten einfach nicht damit aufhören, Tore zu schießen. Die beiden ergänzten sich von Anfang an perfekt. Einmal schlugen wir Everton im Goodison 4:1 und Leicester in der Filbert Street 6:2. Dann überrannten wir Forest im City Ground 8:1, das war das erste Spiel mit Steve McClaren als Co-Trainer, nachdem Brian Kidd den Cheftrainerposten bei Blackburn übernommen hatte. Was für ein Nachmittag! Ole Gunnar Solskjaer wurde eingewechselt und erzielte innerhalb von zehn Minuten vier Tore. Steve stand nach dem Spiel in der Umkleidekabine und sah uns an. Er war der Neue, und er wusste nicht recht, was er sagen sollte. Er fand genau den richtigen Ton:

»Nicht schlecht, Jungs. Geht das jede Woche so?«

Natürlich lief alles schon sehr gut für uns, als Steve Kiddos Posten übernahm, und in seiner ersten Saison bei United entschied er sich weise dafür, das, was der Boss und Brian aufgebaut hatten, nicht durcheinander zu bringen. Er konzentrierte sich darauf, unseren Schwung am Laufen zu halten. Ich halte Steve für einen der besten Trainer im Land, und wahrscheinlich hatte er mehr damit zu tun, dass wir das Tripel gewannen, als man gemeinhin meint. Meine Generation hatte eng mit Leuten vom Kaliber eines Eric Harrison oder Brian Kidd zusammengearbeitet, und wir fragten uns natürlich, ob der Boss jemanden auftreiben konnte, der in die Fußstapfen der beiden treten konnte. Wir hatten Gerüchte gehört, das Steve von Derby zu uns wechseln wollte. Kurz bevor es so weit war, hatten wir noch ein Spiel gegen sie im Old Trafford. Steve saß mit Jim Smith auf der Trainerbank von Derby. Er redete ununterbrochen auf seine Spieler ein und auf jeden anderen, der sich in Hörweite befand. Ich sehe ihn immer noch vor mir, wie er auf der äußersten Ecke der Besucherbank kauert und wie wild sein Notizbuch voll kritzelt, ohne auch nur einen Atemzug lang mit dem Geplapper aufzuhören. Ich spielte eine Halbzeit lang auf dieser Spielfeldseite außen und hörte jedes Wort. *Mein Gott, Kumpel! Hältst du denn nie den Mund?*

Ein paar Tage später wurde uns Steve als neuer Mannschaftstrainer vorgestellt. Ich hatte seit meinen Anfängen bei den Ridgeway Rovers unglaublich viel Unterstützung erfahren, deshalb kann ich nicht sagen, wer der beste Trainer war oder das beste Training durchzog. Aber ich kann mit großer Sicherheit behaupten, dass Steve McClaren ganz spezielle, sehr individuelle Eigenschaften besaß. Sein technisches Können und seine Organisation waren genauso herausragend wie seine Fähigkeit, auf dem Übungsplatz seine Anliegen zu vermitteln. Er war immer offen für Neues. Wenn er von einer Sache gehört hatte, probierte er sie aus, und wenn sie funktionierte, dann übernahmen wir sie, und wenn nicht, dann hatte es nichts geschadet, sie auszuprobieren. Er kam im Februar 1999 nach Old Trafford und gewann sehr schnell den Respekt der Spieler.

Uniteds Team ist sehr wettkampforientiert, das gilt auch fürs Training. Die Spieler gehen mit sich und dem Trainingspersonal ziemlich ruppig um, und kämpfen leidenschaftlich um den Ball. Manchmal bricht der Boss eine Session sogar ab, wenn sich die Stimmung zu sehr aufheizt. So ist es bei unserem Verein nun mal, schon in der Jugendmannschaft. Das ist der besondere Kick, man will unbedingt gewinnen, selbst wenn es nur um die Fünf-gegen-fünf-Spiele freitagmorgens beim Training geht. Steve verstand das auf Anhieb, und ihm war auch sofort klar, dass es bei uns immer um den Ballbesitz ging, darauf konzentrierte er auch das Training. Und er brachte uns zum Lachen. Er ist sehr fantasievoll, und wenn er das auslebt, wird er genau zu dem Spieler, an den er gerade denkt. Damals hielt er sich für Glenn Hoddle und donnerte wie der seine Pässe über das Trainingsgelände. Wir waren schon auf Hochtouren, als Steve zu uns stieß, aber er hielt uns bis zum Camp Nou am Laufen, auch wenn er uns erst in der nächsten Saison seinen ureigensten Stempel aufdrückte.

Uniteds Einstellung zum Pokal wurde in den vergangenen Jahren ziemlich hart kritisiert, besonders, als wir ihn 2001 nicht verteidigten, weil wir zu der im Jahr 2000 eingeführten FIFA-Vereinsweltmeisterschaft nach Brasilien eingeladen wurden. Dazu kann ich nur sagen, dass der Boss diesen Wettkampf genauso liebt wie seine Spieler, auch weil er in der Saison, in der wir das Tripel holten, so wichtig für uns war. Das Spiel gegen Liverpool in der dritten Qualifikationsrunde war eines der besten Spiele der Saison von 1998/99. Direkt nach dem Anpfiff erzielte Mark Owen ein Tor für Liverpool, und dann kämpften wir achtzig Minuten lang, ohne dass auch nur eine gute Torchance dabei herauskam. Im Old Trafford herrschte die beste Stimmung, die ich dort je erlebt habe. Das lag vielleicht daran, dass es hier um ein Pokalspiel ging und deshalb viel mehr Fans von Liverpool im Stadion waren als bei einem Meisterschaftstreffen. Ole Gunnar Solskjaer wurde eingewechselt, in dieser Saison wurde er dauernd eingewechselt. Und fast sofort erzielte er den Ausgleich. Und exakt am Ende der zweiten Halbzeit schoss er dann das Siegtor. Das Stadion explodierte, dieses eine Mal war die dramatische Spannung genauso groß wie die Rivalität zwischen den Klubs. Und United hatte gewonnen.

Pokalfußball ist immer etwas Besonderes. In der Champions League wird es für die Fans und die Spieler erst richtig interessant, wenn es in die K.o.-Runden geht. 1999 mussten wir im Viertelfinale gegen Inter Mailand ran. Das war sowieso ein wichtiges Spiel, aber im Vorfeld wurde vor allem die Tatsache hochgespielt, dass bei diesem Spiel die erste Begegnung – nach der Weltmeisterschaft und Saint-Etienne – zwischen David Beckham und Diego Simeone, der für Inter spielte, stattfinden würde. Die Frage nach dem Sieger bekam nur die halbe Aufmerksamkeit, die andere Hälfte richtete sich auf die Frage, ob sich zwei gewisse Gegner bei der Hinrunde im Old Trafford vor dem Spiel die Hand geben würden oder nicht.

Für mich zählte nur das Spiel, alles andere war mir egal. Ich hatte mir allerdings vorgenommen, nach dem Spiel Simeones Trikot zu ergattern. Es hängt jetzt gerahmt bei mir an der Wand, neben den anderen Trikots großer Spieler, gegen die ich im Laufe meiner Karriere angetreten bin. Außerdem war ich sowieso mit etwas anderem beschäftigt, dem einzigen Ereignis, das dieses Fußballspiel verblassen lassen konnte. Victoria sollte unseren Sohn zur Welt bringen, es konnte jeden Tag so weit sein. Ich saß im Aufenthaltsraum für die Spieler im Old Trafford und wartete auf die Mannschaftsbesprechung, als mein Handy klingelte. Victorias Nummer wurde angezeigt.

Das ist es. Jetzt geht es los. Es stellte sich aber heraus, dass Victoria mir nur sagen wollte, dass alles in Ordnung war. Sie hatte ein Stechen verspürt, aber es ging ihr gut, und sie wünschte mir Glück. Ich konnte also mit klarem Kopf in die Mannschaftsbesprechung gehen. Bei Spielen in der Champions League schütteln sich die gegnerischen Spieler vor dem Anstoß der Reihe nach die Hände. In dem Moment, in dem Simeone und ich uns gegenüberstanden, ging ein wahres Blitzlichtgewitter los. Während des Spiels hatten wir wenig miteinander zu tun, nur einmal stießen wir beinahe zusammen, und er erwischte mich am Knöchel, keine Ahnung, ob absichtlich oder nicht. Die Hauptsache war, dass ich nicht darauf reagierte. Für uns wurde der Abend großartig, Dwight Yorke verwandelte zwei meiner Flanken und wir gewannen mit 2:0. Inter war ein schwieriger Gegner, und dieses Ergebnis war genau richtig. Victoria hatte nachher einen glücklichen Mann am Hörer. Sie musste lachen, als ich ihr erzählte, dass ich Simeones Trikot ergattert hatte und er mir einen Schmatz auf die Wange gedrückt hatte, als wir das Spielfeld verließen. Wir vereinbarten, dass ich am nächsten Tag nach dem Training nach London kommen würde.

Nach diesem Sieg und einer erholsamen Nacht fühlte ich mich endlich befreit. Jetzt konnte ich nach vorne schauen und den Platzverweis und alles, was er nach sich gezogen hatte, hinter mir lassen. Wie die anderen Leute darüber dachten, konnte ich sowieso nicht beeinflussen. Richtig abschließen konnte ich mit den Ereignissen von Saint-Etienne aber erst im Sommer 2002. Aber weil das Spiel gegen Inter so gut verlaufen war und Simeones Trikot auf meinem Rücksitz lag, fuhr ich mittags sorglos und glücklich auf dem M6 nach London. In ein paar Stunden würde ich bei der werdenden Mutter sein.

Ich kaute gerade auf einem Schokoriegel herum, als der Anruf kam und ich fast an dem Ding erstickte.

»David? Hier spricht Victoria. Der Doktor sagt, ich soll ins Krankenhaus. Das Baby kommt heute Abend.«

Im Laufe meiner Karriere als Fußballer habe ich viele Erlebnisse gehabt, die nur wenige Menschen nachvollziehen können, aber wie ich mich nach diesem Anruf fühlte, kann wohl jeder Vater verstehen.

Vor lauter Aufregung, Angst und Vorfreude – das war schließlich das wichtigste Ereignis meines bisherigen Lebens – hatte ich das Gefühl, ich müsste mich gleich übergeben. Ich warf den Schokoriegel weg und hielt mich am Lenkrad fest, bis ich aufhörte zu zittern. Ich fuhr wie ein Wilder nach London.

Als ich bei Victorias Eltern in Goff's Oak ankam, war Victoria im Badezimmer. Die Schmerzen hatten sich verändert, und sie wusste, was das bedeutete. Sie sah mich an.

»David, ich bin furchtbar aufgeregt.«

Da bist du nicht die Einzige. Ich wusste nicht, was ich sagen sollte. Wir machten uns fertig und fuhren ins Portland-Krankenhaus. Victoria würde einen Kaiserschnitt bekommen, der Doktor hatte entschieden, das sei für sie und das Baby am sichersten. Alles passierte unheimlich schnell. Wir hatten kaum Victorias Tasche in ihrem Zimmer abgestellt, als wir auch schon in den kleinen Raum neben dem Operationssaal geführt wurden, wo sie an einen Tropf angeschlossen wurde und ihre Epiduralanästhesie bekam. Während dieser paar Minuten war unsere Anspannung wohl am größten. Dann versuchten wir hektisch, für mich einen Kittel und eine Hose aufzutreiben, am Ende trug ich eine blaue Krankenhaushose, die mir mindestens fünf Nummern zu groß war. Aber es war mir ganz recht, mich über mein Aussehen amüsieren zu können, dann musste ich nicht darüber nachdenken, was gleich hinter den Doppeltüren zum OP geschehen würde. Victoria wurde durch diese Türen geschoben und auf das Bett im Operationssaal gelegt. Ich folgte ihr, nahm ihre Hand fest in meine und sagte ihr, dass ich sie liebte.

»Was passiert gerade?«, fragte sie mich. »Ich spüre nämlich überhaupt nichts.«

Und das war gut so, denn da hatten sie schon den Einschnitt gemacht. Ich war noch nie in einer Umgebung gewesen, die mir so fremd und seltsam vorkam wie dieser Raum. Ich versuchte, mich auf Victoria zu konzentrieren und zu vergessen, wo ich war. Sie schaute mich an:

»Ich habe Riesenhunger. Kannst du mir ein bisschen Räucherlachs besorgen?«

Während der Schwangerschaft war sie nach dem Zeug ganz verrückt gewesen – deshalb mag Brooklyn wahrscheinlich Fisch lieber als rotes Fleisch –, aber dass sie gerade jetzt darauf Lust bekam, traf mich ziemlich unvorbereitet. Ich wartete gespannt und beobachtete alles mit wild klopfendem Herzen, und auf einmal bekam die Mum Appetit auf einen kleinen Snack! Im nächsten Augenblick war unser Baby auch schon da, eine Schwester hielt es hoch. Ich konnte ihn sehen, Victoria noch nicht. Wegen des Kaiserschnitts legten sie Brooklyn auf einen Tisch und reinigten seine Atemwege mit einem kleinen Schlauch, den sie in Mund und Nase einführten. Die Schwester wickelte ihn dann ganz fest in ein Handtuch und reichte ihn mir. Victoria wurde noch genäht, deshalb durfte ich ihn zuerst halten. Das klingt vielleicht selbstsüchtig, aber ich genoss dieses Privileg unglaublich, dieses wunderbare Gefühl. Ich durfte es nun schon zweimal erleben, und nichts in meinem Leben, sei es auf einem Fußballfeld oder sonst wo, kommt an den unglaublichen Moment heran, in dem ich, fassungslos staunend, meinen Sohn zum ersten Mal in den Armen hielt. Ich trug Brooklyn die paar Schritte rüber zu seiner Mum, und legte ihn neben ihren Kopf auf das Kissen. Hier lagen die beiden mir wertvollsten Menschen auf der Welt, sie sahen sich so ähnlich, und sie waren beide wunderschön. Dieses Bild trage ich für immer in meinem Herzen bei mir.

Ich wollte immer Kinder haben. Vielleicht, weil ich mit meiner kleinen Schwester aufgewachsen bin. Vielleicht, weil Mum und Dad so gute Eltern waren. Ich weiß nicht, woran es liegt, aber ich weiß noch genau, wie neidisch ich auf die älteren Spieler war, als ich bei United anfing, weil sie hin und wieder in der Saison ihre Kinder mitbringen durften. Die saßen dann an der Seitenlinie und sahen Dad beim Spielen zu. Und das fand ich wunderbar. Ich wollte das auch, und ich will ehrlich sein: Ich habe mir immer einen Sohn gewünscht. Am liebsten zwei Söhne. Ich liebe Joanne sehr, aber ich wollte immer noch einen kleinen Bruder dazu, und das weiß sie, wir lachen darüber. An diesem Nachmittag im Portland-Krankenhaus blickte ich hinunter auf Victoria, die sich neben unseren neugeborenen Sohn kuschelte, und ich wusste, dass ich gesegnet war, egal, was sonst in meinem Leben passierte oder noch passieren würde.

Ich erinnere mich, dass Victoria sich zu mir drehte, als ich Brooklyn in den Armen wiegte:

»Was immer auch geschehen mag, verlass ihn bitte nicht.«

Wir hatten nach dem Sommer und kurz vor Brooklyns Geburt Drohungen erhalten. Wir hatten schon vorher über Sicherheitsvorkehrungen gesprochen, und ich begleitete die Schwester, als sie Brooklyn zum Waschen und Anziehen mitnahm, obwohl das bedeutete, dass ich Victoria solange allein lassen musste. Abends besuchte uns die ganze Familie im Krankenhaus. Wir waren eingesponnen in einen Kokon aus Menschen, die wir liebten. Ich verbrachte die Nacht in Victorias Zimmer, obwohl es kein zweites Bett gab. Victoria lag im Krankenhausbett, denn sie war wegen der Operation immer noch an Schläuche und Monitore angeschlossen, und Brooklyn lag in seiner Krippe. Ich lag auf dem Boden mit einem Handtuch als Kopfkissen und drückte meinen Kopf gegen die Tür, so dass niemand sie öffnen konnte. Vielleicht war das ein bisschen überängstlich, aber man kann nie wissen. Alles was ich wusste war, wie glücklich ich war. Ich, Victoria und Brooklyn atmeten und schliefen zusammen friedlich in dem kleinen Raum, bis der Morgen anbrach.

Alex Ferguson war unter den Ersten, die ich anrief. Ich erzählte ihm, dass es jetzt noch einen Beckham auf der Welt gab, und er gratulierte mir von Herzen. Er hat selbst Söhne, und ich glaube, er verstand, was ich fühlte. Nach den Glückwünschen sagte er mir, ich solle das Training in Manchester jetzt erst mal vergessen und bei Victoria und Brooklyn bleiben. Es reiche völlig aus, wenn ich am Tag vor dem nächsten Spiel wieder da sei. An diesem Samstag spielte ich gegen Chelsea und fuhr gleich danach wieder nach London zurück. Zuerst hatte Brooklyn Schwierigkeiten, seine Milch bei sich zu behalten. An diesem Abend hatte Victoria ihn weiß und grün angezogen, und ich kam gerade rechtzeitig zur Tür herein, um zu sehen, wie sein letztes Essen sich auf seinen Kleidern und dem Bett verteilte. Ein ganz spezieller Willkommensgruß für mich, eine Vorbereitung auf den Spaß, den es machte, ein Dad zu sein.

Der Tag, an dem Victoria und Brooklyn nach Hause kamen, war völlig verrückt, und keine besonders gute Erfahrung. Wir konnten uns in etwa vorstellen, wie es vor dem Portland zuging. Wenn man aus dem Fenster sah, stach einem gleich das Banner ins Auge, das irgendjemand vor den Geschäften auf der anderen Straßenseite aufgehängt hatte: »BROOKLYN: HIER LANG«. Wir hatten mit der Polizei und dem Krankenhaus bereits vorher die Entlassung arrangiert, und sie gaben uns alle nur mögliche Unterstützung. Das Auto durfte durch den Hintereingang fahren, und die hinteren Fenster waren durch Vorhänge abgeschirmt. Wir unternahmen alles Nötige, um uns schnell an der Armee aus Journalisten, Fotografen und Schaulustigen vorbeizuschleusen. Ich wollte die Heimreise für unseren erst ein paar Tage alten Sohn und seine erschöpfte Mutter ein bisschen weniger beängstigend und aufregend machen. Das Ganze verwandelte sich immer mehr in eine generalstabsmäßig geplante Operation, und natürlich war ich nur im Weg, als ich meinen Teil erledigen wollte. Ich hatte noch nie vorher einen Babysitz in ein Auto eingesetzt, ich verhedderte mich in den Gurten, stellte das Ding falsch herum rein und versuchte, es so irgendwie zusammenzuwursteln. Am Ende rettete mich die Hebamme und baute den Sitz für mich ein.

Wir verstauten uns und unser Gepäck im Auto und zogen dann die Vorhänge zu, das bedeutete, dass wir, außer den zahllosen Blitzlichtern der Kameras, so gut wie gar nichts von dem Aufruhr mitbekamen, der draußen herrschte. Wir sahen uns alles später im Fernsehen an. Wir schossen aus dem Tor, bogen nach links, dann nach rechts und noch mal nach rechts auf die Marylebone Road ab. Die Presseleute hatten auf der ganzen Strecke Autos postiert, die uns so lange aufhalten sollten, bis die Knipser ihre Bilder gemacht hatten. Die Polizei hatte das allerdings mitbekommen und daraufhin die Hauptstraße ein paar Minuten lang für den Verkehr gesperrt, sodass wir durchfahren konnten. Unser Chauffeur Frank war großartig, er stieg aufs Gas, und vierzig Minuten später waren wir endlich, wo wir sein wollten. Wir saßen gemütlich und sicher mit einer Tasse Tee in Tonys und Jackies Wohnzimmer. Wir lebten buchstäblich bei den Adams', bis wir vor ein paar Jahren unser eigenes Haus im Süden kauften. Und wo könnte eine frischgebackene Mutter sich besser erholen als bei ihrer Familie?

Die Großeltern umsorgten das Baby, und für ein paar Minuten waren Victoria und ich miteinander alleine. Wir tranken unseren Tee und sahen uns an. Für alle frischgebackenen Eltern kommt irgendwann dieser Moment der Wahrheit, da bin ich mir ganz sicher. Die Erkenntnis, dass der Ernst des Lebens begonnen hat und dir keiner sagen kann, was du jetzt tun musst. Du atmest tief durch. *Also gut. Und was passiert jetzt?*

Victoria stillte etwa einen Monat lang. Ich habe einen starken Beschützerinstinkt, was meine Familie betrifft, und in diesen ersten Tagen, wenn ich meine zukünftige Frau und meinen Sohn zusammen betrachtete und zusah, wie sie ihn mit Milch und Liebe fütterte, wurde er übermächtig. Aber so toll dieses Gefühl auch war, nach ein paar Wochen ertappte ich mich bei dem Gedanken. *Soll ich dir was sagen? Ich will dir dabei helfen, ihn zu füttern.*

Das Stillen erschöpfte Victoria sehr, das geht wohl jeder Mutter so, und so gab sie nach und schickte mich zur Drogerie, wo ich die Regale mit den Babysachen plünderte. Ich brachte alles mit: Flaschen, Wärmer, Pumpen, Sterilisatoren. Ich sah bestimmt aus wie ein verrückter Wissenschaftler, als ich daheim alles aufbaute. Ich bin trotzdem froh, dass ich es getan habe. Das ganze Gefummel, das nötig war, damit ein bisschen von Mums Milch in einer Flasche landete, lohnte sich: Ich werde nie vergessen, wie ich Brooklyn das erste Mal fütterte. Mein Junge! Er lag in meinen Armen und nuckelte so gierig an seinem Fläschchen, als hinge sein Leben davon ab.

Es war eine fantastische Zeit. Für United ergaben sich aufregende Perspektiven, und wenn irgend möglich, fuhr ich zu Victoria und Brooklyn nach London. Sie zogen erst später zu mir in die neue Wohnung, die wir in Alderley Edge gekauft hatten. Ich übertrieb es aber auch nicht mit dem Autofahren, obwohl ich mich hinter dem Lenkrad eigentlich entspanne. Fahren ermüdet mich nicht, und im Auto kann ich ein bisschen mit mir allein sein, dazu habe ich sonst selten die Gelegenheit. Trotzdem fuhr ich die Strecke nie während der Tage vor einem Spiel. Manche Leute dachten, ich mutete mir zu viel zu, aber jedes Mal wenn ich die beiden Menschen, die mir am meisten bedeuteten, sehen konnte, gab mir das riesigen Auftrieb und lud meine Batterien auf. Dann kam ich nach Old Trafford zurück und hätte Bäume ausreißen können. Die beiden nicht zu sehen, das hätte mich fertig gemacht.

Brooklyns erste Monate waren ziemlich hart für Victoria. Sie hatte so viel Zeit und Energie in die Spice Girls und ihre Karriere investiert, und plötzlich musste sie damit aufhören und all ihre Liebe und Aufmerksamkeit diesem winzigen Baby schenken, das völlig von ihr abhängig war. Ich glaube, jede Mutter weiß, wovon ich rede. Es war zwar genau das, was Victoria gewollt hatte, aber es war für sie eine gewaltige Umstellung. Ihr komplettes Leben änderte sich über Nacht von Grund auf, und darauf hatte sie nichts auf der Welt vorbereitet. Es wurde sogar noch schlimmer für sie, als sie nach Manchester zog und ihre Familie und ihre Freunde zurücklassen musste.

Das Haus von Tony und Jackie könnte aus der Serie *Neighbours* stammen. Ständig kommt jemand vorbei, und es ist immer etwas los. In Alderley Edge war es vollkommen anders. Wir gingen selten aus, und es besuchte uns auch kaum jemand spontan. Ich ging zum Training, und Victoria blieb alleine zu Hause und fühlte sich in der Wohnung eingesperrt. Nicht mal im Garten hatte sie ihre Ruhe, ständig tauchten Fotografen auf und streckten ihre Objektive über das hintere Gartentor. Victoria deprimierte das sehr, aber sie hielt durch, und das erfüllt mich auch heute noch mit Dankbarkeit und Stolz. Wir hatten uns beide entschieden, dass das Beste für Brooklyn auch das Beste für uns war. Und das hieß, dass wir drei, unsere kleine Familie, so viel Zeit zusammen verbrachten wie möglich.

Ab April 1999 hatte ich zwei Spiele pro Woche, ich konnte also nicht mehr so oft nach London fahren. Auch deshalb zog Victoria mit Brooklyn nach Norden. Es bedeutete mir unendlich viel, dass sie dort waren, während die Saison an mir vorbeiflog und mit jedem neuen Match immer intensiver wurde. Wenn ich nach der Arbeit nach Hause eilte, dann warteten mein Junge und seine Mutter schon auf mich.

Dieser Frühling war voll gepackt mit großen Spielen, aber eines sticht in meiner Erinnerung besonders hervor. Das Spiel, nach dem alles möglich erschien. Du kannst jeden Spieler und jeden Fan von

United fragen, welches Spiel gemeint ist, und sie werden ohne zu zögern antworten: Mittwochabend im Villa Park, am 14. April 1999. Das Wiederholungsspiel im Halbfinale des FA-Pokals gegen Arsenal. Es hatte uns schwer enttäuscht, dass wir am Samstag zuvor das erste Spiel nicht gewonnen hatten, es endete 0:0. Aber sobald wir am Abend der Wiederholung auf dem Spielfeld waren, kündigte sich an, dass etwas ganz Besonderes bevorstand.

Ein Halbfinale ist immer aufregend, dieses fand abends statt, unter dem Licht der Flutlichtanlage, das machte es besonders dramatisch. Arsenal war United im Kampf um die Meisterschaft am dichtesten auf den Fersen, und heute würde sich, falls nötig mit Hilfe von Nachspielzeit und Elfmeterschießen, entscheiden, wer ins Pokalfinale einziehen würde. Uns kam es vor, als kämpften wir um das Double, so viel stand auf dem Spiel und so viel bedeutete dieses Match für die beiden Klubs. Vierzig Minuten vor dem Anstoß saß ich in der Umkleidekabine und dachte: *Ich habe noch kein Tor gegen sie geschossen. Stell dir vor, vielleicht triffst du heute!*

Villa Park hatte mir bis jetzt immer Glück gebracht, im letzten Halbfinale hatte ich hier das entscheidende Tor gegen Chelsea erzielt. Und heute, gegen Arsenal, musste ich nur eine Viertelstunde auf meine große Chance warten. Der Ball rollte kurz vor dem Strafraum auf mich zu, und ich donnerte ihn zum ersten Mal an Dave Seaman vorbei ins Tor. Ich weiß nicht, was ich erwartet hatte, aber ich fühlte mich zweigeteilt. Der eine Teil vollführte Freudentänze, der andere Teil wollte zu Dave rübergehen und mit ihm über die Sache lachen, genau wie wir beim Torschusstraining mit der englischen Nationalmannschaft immer lachten. Wenn er dort errät, was ich vorhabe, dann fängt er den Ball lässig, um mir zu zeigen, dass ich mich schon ein bisschen mehr anstrengen muss. Wenn er mir nicht auf die Schliche kommt und ich treffe, dann kriegt er sein Fett ab. Ein Teil von mir wollte an diesem Abend in Villa Park zu Dave rennen, ihm auf den Rücken springen und ihm eine lange Nase drehen. Ich freute mich riesig über das Tor, aber im Spielverlauf passierte noch so viel, dass es wohl nur mir in Erinnerung geblieben ist.

Wenn du bei einem wichtigen Spiel einen Treffer landest, hoffst du natürlich, dass dein Tor das Match entscheidet. Aber Arsenal machte ordentlich Dampf, und in der zweiten Halbzeit kontrollierten sie das Spiel. Dennis Bergkamp erzielte den Ausgleich und fünf Minuten später wurde Roy Keane wegen der zweiten gelben Karte vom Platz geschickt. Sie dachten, sie hätten uns am Wickel. Wir konnten nur die Zähne zusammenbeißen und das Beste hoffen. *Egal, was passiert, noch ein Tor kriegen sie nicht!* Kurz vor Schluss bekam Arsenal einen Freistoß zugesprochen, und zwar an derselben Stelle, von der aus ich mein Tor geschossen hatte. Das war so lange her, dass es sich nicht mehr wie das gleiche Spiel anfühlte. *Oje, Bergkamp übernimmt ihn. Der trifft immer!*

Zum Glück belehrte uns Peter Schmeichel eines Besseren, tauchte nach links ab und hielt. Ich rannte zu ihm, um ihm zu gratulieren, und umarmte ihn. Aber er blaffte mich an: »Jetzt zeigen wir's ihnen!« und stieß mich von sich, er stieß mich richtig weg, und ich taumelte zurück.

Nach neunzig Minuten stand es 1:1, und wir gingen in die Verlängerung. Langsam kam es mir vor, als befände ich mich in einem Trainingsspiel, Angriff gegen Verteidigung, und Arsenal drängte auf unseren Strafraum. Aber dann geschah es. Zehn Minuten vor dem Elfmeterschießen unterlief ausgerechnet Patrick Vieira, einem der weltbesten Mittelfeldspieler, ein Fehlpass an der Mittellinie. Ryan Giggs schnappte sich den Ball und rannte einfach los. Giggsy hatte noch Kraft in den Beinen, weil er erst eine Stunde nach Spielbeginn eingewechselt worden war. Er rannte immer weiter, umging ein paar Verteidiger und schaffte es, als ihm der Ball vom Schienbein abprallte, auch an Martin Keown vorbei, der sich noch dazwischen warf. Ryan befand sich links vom Arsenal-Tor und lief im spitzen Winkel darauf zu. *Jetzt bringt er ihn quer durch den Fünf-Meter-Raum.*

Stattdessen drosch er den Ball beim kurzen Pfosten ins obere Netz. Getroffen! Die United-Tribüne explodierte. Giggsy rannte vor der Tribüne entlang und schwenkte sein Trikot in der Luft. Auf einmal waren haufenweise Fans auf dem Spielfeld. Ich rannte auch zu ihm, und ich habe immer noch den Geruch der Fans in der Nase, die sich um uns drängten. Ein Kerl, der das ganze Spiel über Kette geraucht haben musste, umarmte mich, und danach stank mein Trikot für die restliche Spielzeit nach Rauch. Ich bekam den Geruch einfach nicht mehr aus der Nase.

Nach dem Abpfiff strömten die United-Fans in fast beängstigendem Ausmaß wieder auf den Platz. Ein paar Leute nahmen mich auf die Schultern, jemand versuchte, einen meiner Stiefel als Souvenir mitzunehmen, und jemand anders zerrte an meinem Trikot. Ich lehnte mich vor und versuchte, in dem ohrenbetäubenden Lärm einem der Fans, die mich trugen, etwas zu sagen:

»Wenn ihr mich schon auf den Schultern tragt, könnten wir dann versuchen, irgendwie in Richtung Unkleidekabine zu gehen?«

Wie gesagt, es wurde langsam beängstigend, und ich blieb eine Ewigkeit auf dem Platz hängen. Ich war der Letzte, der sich befreien konnte, aber natürlich genoss ich trotzdem jeden Augenblick. So was erlebt man schließlich nicht alle Tage, auch nicht als Spieler für United. Irgendwie schaffte ich es dann schließlich in die Umkleidekabine zurück. Dort war die Stimmung natürlich großartig, aber völlig anders als das Chaos, das draußen herrschte. Alle, auch der Boss, saßen einfach nur da und strahlten. Wir hatten etwas ganz Besonderes erlebt, eines der besten Spiele meiner gesamten Laufbahn. Genau wie unser nächstes Halbfinale, das wir am folgenden Mittwochabend bestritten.

Im Hinspiel des Halbfinales der Champions League hatten wir uns gegen Juventus nicht gerade mit Ruhm bekleckert. Im Old Trafford hatten sie ein 1:1 erreicht, das war wegen des Auswärtstors fast so viel wert wie ein Sieg. Jetzt mussten wir in Turin gewinnen. Aber man gewann einfach kein Auswärtsspiel in Turin, das galt als unmöglich. Nach den ersten fünf Minuten lag Juventus 1:0 vorne und machte uns richtig Dampf. Nach zehn Minuten lagen sie 2:0 vorne und machten uns immer noch richtig Dampf. Ich musste an das Halbfinale in Dortmund denken und an unsere verpatzten Chancen. Würden wir es dieses Jahr etwa schon wieder nicht ins Finale schaffen?

Manchmal reißt eine brillante Aktion, wie die von Ryan Giggs in Villa Park, bei einem verfahrenen Spiel das Ruder herum. Manchmal aber rettet die gesamte Mannschaft die Situation, und genau das passierte im Stadio Delle Alpi. Vielleicht fühlte sich Juventus zu sicher, auf jeden Fall schafften wir zum ersten Mal im Spielverlauf ein paar anständige Pässe. Nach zwanzig Minuten lagen wir zwar immer noch 2:0 zurück, aber wir waren noch voll im Spiel. Ich geriet in die Nähe von Gary Neville und sagte zu ihm:

»So gut sind sie nicht, Gaz. Wir können noch gewinnen.«

Ein paar Minuten später verwandelte Roy Keane meine Ecke von links mit einem fantastischen Kopfball: 2:1! Keane hat unzählige großartige Spiele für uns absolviert, aber sogar für ihn war dieser Abend etwas Besonderes. Kurz nach seinem Tor wurde er verwarnt, was bedeutete, dass er fürs Finale gesperrt war, falls wir es schafften. Aber er ließ den Kopf nicht hängen. Er wollte nur eines: Dieses Spiel für United gewinnen. Dem hatten wir nichts entgegenzusetzen. Dem hatte auch Juventus nichts entgegenzusetzen. Nach unserem Treffer änderte sich die Stimmung auf dem Spielfeld schlagartig. Bei Juventus machte sich Panik breit, und noch vor der Pause schaffte Yorkie den Gleichstand; und fünf Minuten vor dem Abpfiff schoss Andy Cole das Siegtor.

Jeder Spieler will unbedingt an den wichtigsten Spielen für seinen Verein und sein Land teilnehmen, und das Champions-League-Finale war für United eine ganz spezielle Mission. Jeder wusste, dass der Boss sich nichts sehnlicher wünschte, als es zu gewinnen. Und nach diesem Spiel in Turin schien der Traum zum Greifen nah. Wir waren gut in Form und hatten gerade zur rechten Zeit eine Glückssträhne erwischt. Wir fühlten uns, als könne uns nichts und niemand aufhalten. Unser Teamgeist war in dieser Saison besonders stark, und wir fühlten uns absolut unbesiegbar. In den letzten Monaten der Saison 1998/99 war eigentlich jedes Spiel ein kleines Pokalfinale für sich. Wenn wir auch nur ein Spiel in der Liga, dem Pokal oder der Champions League verloren hätten, wäre es mit dem Tripel aus und vorbei gewesen. Keiner wusste, ob sich eine solche Chance jemals wiederholen würde, deshalb wollte niemand auch nur ein einziges Spiel verpassen. Der Alte bot uns zwar Ruhepausen an, aber wir waren so in Fahrt, dass uns das Adrenalin nach jedem Spiel suggerierte, dass wir am nächsten Tag gleich weiterspielen konnten, auch wenn uns fast die Beine abfielen.

Bei der Meisterschaft kämpften wir mit Arsenal um den Titel, die Entscheidung war genauso knapp wie im Pokal-Halbfinale, und Arsenal hatte bis kurz vor Schluss die Nase vorn. Wir hatten jeder noch zwei Spiele zu absolvieren, und am Abend vor unserem Spiel in Blackburn musste Arsenal auswärts gegen Leeds antreten. Wir hatten seit Wochen darauf gewartet, dass ihnen endlich ein Fehler unterlief. Ich sah mir das Elland-Road-Spiel im Fernsehen an. Die Spannung war unerträglich, untätig zusehen zu müssen macht einen fast verrückt, oder? Kurz vor dem Abpfiff schoss Jimmy Floyd Hasselbank ein Tor, und ich fühlte mich, als hätte ich es selbst geschossen. Am nächsten Abend endete unser Spiel im Ewood Park 0:0. Wenn wir jetzt noch die Spurs am letzten Spieltag schlugen, gehörte der Meistertitel uns! Das Tripel hing von zehn Tagen im Mai ab, und der Countdown begann im Old Trafford bei unserem letzten Spiel um die Meisterschaft.

In der Presse wurde gemutmaßt, dass wir leichtes Spiel haben würden, weil die Spurs um jeden Preis verhindern wollten, dass Arsenal Meister wurde. Aber als es so weit war, fiel uns besonders die erste Halbzeit alles andere als leicht. *Wir sind so weit gekommen. Warum spielen wir jetzt so lausig?* Ich vergab eine richtig gute Kopfballchance, dann traf Dwight Yorke den Pfosten, und mir nichts dir nichts war Tottenham schon vor unserem Tor, und Les Ferdinand schoss das 1:0. Das lief gar nicht nach Plan. Kurz vor der Halbzeitpause spielte mir aber jemand den Ball geschickt zu, und ich donnerte ihn in die obere Ecke. Ich rannte los, um zu feiern. Ich sah mir das Spiel später auf Video an, und mein Gesichtsausdruck nach meinem Ausgleichstor versetzte mir einen richtigen Schock. Ich habe diesen Ausdruck schon oft gesehen, auf den Gesichtern der Spieler von Preston nach meinem Freistoßtor und in Blackburn, als ich den Fehler machte, mich mit Roy Keane anzulegen. Auch auf den Gesichtern der United Fans, die sich im Old Trafford drängelten. Aber bei mir selbst habe ich noch nie dieses Verlangen gesehen. Ich wollte so sehr gewinnen, dass es aussah wie Raserei. *Lächle doch, Kumpel. Du hast gerade ein*

Tor geschossen. Aber zu diesem Zeitpunkt entlud sich all die Frustration der ersten Halbzeit, und die Anspannung, die herrschte, weil so viel auf dem Spiel stand. Ich rannte einfach brüllend auf die Fans zu.

Der Chef war ein bisschen ruhiger als ich, und nach der Halbzeit nahm er einen Wechsel vor. Wir waren genauso überrascht wie die Zuschauer, dass er Yorkie rausnahm und durch Andy Cole ersetzte, aber schon nach ein paar Minuten stellte sich heraus, dass es genau die richtige Entscheidung gewesen war. Kurz nach Beginn der zweiten Halbzeit umspielte Andy den Torwart und schoss das Siegtor. Am Ende gab es noch ein paar brenzlige Situationen, aber wir hatten es geschafft. In der Umkleidekabine sprach nach dem Spiel niemand von Newcastle im Wembley oder Bayern im Camp Nou. Niemand erwähnte das Tripel. Das war auch gar nicht nötig. Es hing auch so in der Luft der Umkleidekabine und schwirrte in meinem Kopf herum, bestimmt auch in den Köpfen der anderen Spieler. *Das ist es. Wir können es schaffen!*

Ich freute mich auf die zwei Pokalfinalspiele in einer Woche, bedeutete das doch, dass wir zwei neue Anzüge bekamen. Ich glaube, Gary Neville hatte für Wembley am Samstag Prada gewinnen können. Blaue Anzüge, weiße Hemden, blaue Krawatten. Sahen gar nicht schlecht aus. Ich meldete mich freiwillig für Europa. Ich wollte uns für die Champions League etwas ganz Besonderes organisieren. Die einzige Auflage vom Cheftrainer war, dass auf der Einstecktasche des Jacketts das Vereinswappen von United sein musste. In diesem Jahr hatte mich Donatella Versace, die mit Victoria gut bekannt war, zur Frühjahrsmodenschau nach Mailand eingeladen. Als ich sie anrief und sagte, wir stünden im Europacupfinale, bot sie mir an, unsere Anzüge zu entwerfen. Ein hellgrauer Anzug mit weißem Hemd und anthrazitfarbener Krawatte, die mit einem kleinen United-Wappen verziert war. Auf der Jacke prangte ein viel größeres Wappen. Vielleicht bin ich voreingenommen, aber ich fand die Outfits umwerfend. Man hat mir immer eingehämmert, dass es wichtig ist, sich angemessen zu kleiden, wenn man seine Mannschaft und seinen Verein repräsentiert. Ich konnte doch Stuart Underwood, Eric Harrison, die

Jungs und den Boss nicht hängen lassen, schließlich ging es hier um das Camp Nou.

Das Finale gegen Newcastle war relativ unkompliziert, damit hatte keiner gerechnet. Wir waren in Topform und spielten richtig gut. Nach Teddys erstem Tor wusste jeder auf dem Platz, dass das Double uns gehörte. In der Woche vor dem Spiel hatte der Boss mir gesagt, dass er mit dem Gedanken spielte, mich ausruhen zu lassen. Wegen einiger Verletzungen und Keanes Sperre mangelte es uns für den nächsten Mittwoch an Mittelfeldspielern. Natürlich traf er ganz alleine die Entscheidung, dass ich am Samstag schließlich doch spielte, aber ich weiß noch, wie sehr ich ihn bekniete, mich spielen zu lassen. Es ging schließlich um das Pokalfinale. Ich wollte keinen Moment davon verpassen.

Etwas ziemlich Heftiges passierte noch an diesem Samstagnachmittag, an dem wir Newcastle 2:0 schlugen. Bei einem Zweikampf mit Gary Speed erwischte er mich mit dem Ellbogen unglücklich am Mund, und ich riss mir die Lippe auf. Es brannte schrecklich und tat das ganze Spiel lang weh. Als wir die Stufen vor der Königlichen Suite hinaufstiegen, um den Pokal in Empfang zu nehmen, blutete ich noch ziemlich stark. Gary Neville wickelte sich sein Hemd um die Hand und versuchte, mir das Blut abzuwischen. Ich hatte keine Ahnung, wie schlimm ich aussah, aber ich wusste ganz genau, dass es so wehtat, dass mir niemand zu nahe kommen durfte. In dem Hotel, in dem wir übernachten sollten, traf ich Victoria, die zum Abendessen gekommen war. Wir waren in unserem Zimmer, und ich nahm einen Schluck Mineralwasser. Plötzlich merkte ich, dass es aus meiner Lippe tropfte und verstand zuerst gar nicht, warum. Der Riss war glatt durchgegangen. Ich machte den Mund zu und pustete. Eine kleine Wasserfontäne spritzte durch das Loch. Ein seltsamer Partytrick zur Feier des Pokalgewinns.

Wenn ich an diese Zeit zurückdenke, dann fühlte es sich damals an, als hätten wir vor dem Europacupfinale gegen Bayern München ein paar Wochen Vorbereitungszeit gehabt. Aber tatsächlich fand das Spiel schon vier Tage später statt, am folgenden Mittwoch. Die Zeit schien beinahe stillzustehen. Für uns alle war das eine neue Erfahrung, und wir erlebten jeden Augenblick der Spannung vor dem Spiel wie in Zeitlupe. Schließlich war das aber auch der absolute Wahnsinn. Wir hatten den Meistertitel und den Pokal schon in der Tasche, deshalb standen wir überhaupt nicht unter Druck. Alle waren sehr entspannt und freuten sich einfach nur auf das Spiel. Nie werde ich vergessen, was der Boss uns in der Umkleidekabine sagte, kurz bevor wir durch den Spielertunnel zum größten Spiel unseres Lebens liefen:

»Glaubt mir eines, Jungs. Wenn ihr heute Abend am Europapokal vorbeilaufen müsst, ohne ihn zu berühren, ihn ansehen müsst, ohne ihn hochzuheben, dann wird das das Schrecklichste sein, was euch im Fußball zustoßen kann. Gebt alles, damit ihr nach dem Spiel nicht erkennen müsst, dass ihr die Chance, das Ding zu gewinnen, einfach verpatzt habt.«

Ich weiß nicht, inwieweit uns die Warnung des Alten zusätzlich motivierte. Dass mir der genaue Wortlaut im Gedächtnis haften blieb, bedeutet schon einiges. Aber eins weiß ich genau: Jedes Wort, das er über den Schmerz und die Enttäuschung gesagt hat, stimmt.

Wir mussten sie nicht ertragen, aber wenn man sich das Video vom Spiel ansieht, kann man sie genau erkennen, auf den Gesichtern der Spieler von Bayern München, die ihre Verlierermedaillen abholen. Manche werfen einen Blick auf den Pokal, der auf United wartet, und man sieht in ihren Augen, dass sie am Boden zerstört sind. Manche bringen es nicht einmal über sich, den Kopf zu heben und den Pokal anzusehen.

Brooklyn war erst zwei Monate alt, und Victoria wollte eigentlich nicht nach Barcelona fliegen. Sie geht nur zu wenigen Auswärtsspielen von United. Sie ist vorsichtig geworden, genau wie ich. Aber an diesem Abend ging es um das Europacupfinale und das Tripel. Also kümmerten sich Tony und Jackie um Brooklyn und Victoria kam mit ein paar Sicherheitsleuten, die auf sie aufpassten, zum Spiel. Sie kennt sich mit Fußball nicht sehr gut aus, aber sie unterstützt mich und genießt die Feierlichkeit und Spannung wichtiger Spiele. Ich freute mich sehr, dass sie angereist war, aber kurz vor dem Anpfiff wurde ich unruhig. Wenn Victoria zu einem Spiel kommt, kann ich mich erst entspannen, wenn ich sie auf der Tribüne entdecke und sehen kann, dass alles in Ordnung ist. Im Camp Nou brauchte sie ziemlich lange bis zu ihrem Platz, und ich sah dauernd zu der Stelle hoch, an der sie sein musste. Erst als wir vor dem Anstoß wieder auf den Rasen liefen, sah ich sie und war beruhigt. Ich glaube, Victoria war froh, dass sie bei dem Spiel dabei war. Ich weiß noch, was sie später zu mir sagte:

»Das war unglaublich. So etwas habe ich in meinem ganzen Leben noch nicht erlebt.«

Damit nahm sie mir die Worte aus dem Mund. Unglaublich, ja, das war es. Wegen der Verletzungen und Sperren spielte ich gegen Bayern im zentralen Mittelfeld. Der Boss sah es immer am liebsten, wenn ich Rechtsaußen spielte, egal, was ich darüber denke oder andere Leute sagen. Aber weil Scholesy und Keane gesperrt waren, vertraute er mir das zentrale Mittelfeld an und lobte meine Leistung hinterher sogar vor der Presse. Das bedeutete mir sehr viel. Und ich fühlte mich wohl auf meiner Position neben Nicky Butt. Ich stand im Zentrum des Geschehens und war das ganze Spiel über gefordert.

Es wurde hart. Es wurde ein unglaublich hartes Spiel, und um ehrlich zu sein, nicht das allerbeste. Bayern ging früh in Führung. Sie waren sehr stark und sehr gut organisiert, wie alle deutschen Mannschaften. Wir kannten sie, und sie kannten uns. Wir hatten am Anfang der Saison in den Gruppenspielen zweimal unentschieden gespielt. Heute schienen sie sicher zu sein, dass sie die Kontrolle über das Spiel hatten. Und in der Mitte der zweiten Halbzeit sah es eher nach einem zweiten Tor für die Bayern als nach dem Ausgleich für uns aus. Peter Schmeichel hielt ein paar unmögliche Bälle, und sie verpassten ein paar Chancen. Diese zwanzig Minuten spornten uns aber noch mehr an. Einer ihrer Bälle prallte an der Latte ab und fiel Peter in die Hände. *Diese Chancen! Warum treffen sie nicht noch mal? Einfach weitermachen, es ist noch nicht vorbei. Wir sind noch im Spiel.*

Plötzlich kam unsere Chance. Wir hatten keine Ahnung, wie lange es noch bis zum Abpfiff dauerte. Ich kam an den Ball, trickste meinen Gegenspieler aus und spielte den Ball nach links, und Ole, der vor ein paar Minuten eingewechselt worden war, holte eine Ecke raus. Ich rannte rüber und übernahm sie. Obwohl das Spielfeld im Camp Nou riesig ist, hat man bei den Eckfahnen kaum Platz für den Anlauf. Ich sah Peter auch zu den Bayern rennen und atmete tief durch.

Versau es nicht. Lass ihn reinschweben, und versuch, eine gefährliche Gegend zu treffen.

Ich schickte den Ball rüber. Er sprang zu Giggsy, der ihn nicht richtig traf und dann weiter zu Teddy Sheringham, der auch gerade ins Spiel gekommen war. Er haute ihn rein. Teddy war nah am Abseits, aber nicht drin, und wir hatten den Ausgleich. Es stand 1:1. Die Menge riss es von den Sitzen hoch. Ich dachte, ich drehe durch. Ich schwöre, ich hätte am liebsten losgeheult. Die ganze Saison traf uns in diesem Moment mit voller Wucht. Ich war völlig fertig. Ich schaute rüber zu Gary, der mit sich selbst feierte. Er war überglücklich, aber seine Beine konnten ihn nicht mehr zu uns tragen. Alle Leute von unserer Bank rannten zu uns. Jeder einzelne Mensch auf dem Spielfeld, und jeder einzelne Zuschauer dachte wohl das Gleiche. *Verlängerung.*

Der Gedanke an weitere dreißig Minuten Fußball war noch gar nicht richtig angekommen. Wahrscheinlich war der Boss der Einzige, der an diesem Abend im Camp Nou nicht bereits an den Abpfiff dachte. Ich schaute kurz zur Bank. Steve McClaren wollte dem Boss irgendetwas sagen, er wollte das Team neu formieren. Der Boss ignorierte ihn völlig und winkte nur ab. Bildete ich mir das nur ein, oder ahnte der Boss tatsächlich, dass wir noch ein Tor schießen würden? Er brüllte uns zu, wir sollten schnellstens zur Mittellinie und sofort weiterspielen.

Fast augenblicklich bekamen wir wieder eine Ecke. Alles war so schnell gegangen, dass ich auf meinem Weg zum Ball sehen konnte, dass die United-Fans immer noch aufgeregt in ihre Handys schrien und Teddys Tor feierten. Ich glaube, die Bayern hatten auch noch gar nicht verkraftet, was da gerade passiert war. Im Bruchteil einer Sekunde hatte ich den Ball ins Feld gepeitscht, und Ole erwischte ihn und schoss ihn ins Netz. Tor! Sogar nach dem erneuten Freudentaumel und obwohl das zweite Tor schon weit in die Nachspielzeit fiel, trieb Bayern den Ball noch mal nach vorne. Ich hatte keine Kraft mehr in den Beinen. Keiner hatte mehr Kraft in den Beinen. *Oh nein. Bitte schießt jetzt kein Tor!*

Jemand kickte den Ball aus unserem Strafraum und dann ertönte der Abpfiff. Der schrille Pfeifton durchfuhr mich wie ein Stromschlag. Plötzlich durchströmte mich ein letzter, gewaltiger Energieschub. Keine Ahnung, wo ich noch Energie versteckt hatte, aber ich rannte – oder besser gesagt sprintete –, mit ausgestreckten Armen über die gesamte Länge des Spielfelds zu unseren Fans. Die meisten Jungs hatten sich einfach fallen lassen, wo sie gerade standen, sie waren vor Erschöpfung kollabiert. Wahrscheinlich hätte ich das auch tun sollen, aber ich konnte nicht anders. Der Lärm, der bei den Fans von United ausbrach, als der Abpfiff ertönte, war ohrenbetäubend, und wie aus der Kanone geschossen rannte ich zu ihnen. Ich glaube, solche Momente, solche Stürme der Begeisterung werde ich nie wieder erleben.

Es kam uns vor, als wären wir noch Stunden nach dem Spiel auf dem Rasen. Wir feierten eine Privatparty unter dem Spanischen Himmel. Die Jungs, die gespielt hatten, die Jungs, die nicht mitgespielt hatten und Tausende von United-Fans, die das Camp Nou für diesen Abend in Besitz genommen hatten. Es waren die gleichen Anhänger, die mich in Old Trafford am Anfang der Saison so herzlich empfangen hatten. Die zu mir gehalten hatten, egal, was mir die anderen an den Kopf warfen. In den Gesichtern der Leute sah man, wie viel ihnen das, was gerade geschehen war, bedeutete. Und sie konnten sehen, wie viel Freude es den Spielern von United machte, mit ihnen zu feiern. Für mich war das besonders wichtig. Ohne die Fans beim ersten Spiel in der Meisterschaft 1998/99 hätte ich hier vielleicht gar nicht gestanden, wo ich jetzt stand. Im Camp Nou, am letzten Abend der Saison. Ich werde nie vergessen, was sie für mich getan haben. Und ich weiß, dass auch sie nicht vergessen werden, was wir in den letzten Minuten dieses wichtigsten aller Spiele für sie getan haben.

Als wir endlich in den Umkleideraum zurückfanden, ging es dort bereits hoch her. Überall wurde Champagner versprüht, und Albert, der Zeugwart, landete im Whirlpool. Alle sangen, schrien und lachten durcheinander. Wir hatten verdammt viel Fußball gespielt, jetzt durften wir ein bisschen Dampf ablassen. Irgendwann zogen sich dann alle um. Wir freuten uns auf unsere Familien. Ich blieb einfach noch eine Weile in der Kabine sitzen und schaute dem Treiben um mich herum zu. Ich versuchte zu begreifen, was wir heute Abend erreicht hatten. Ich schaute in eine Ecke des Raumes, und dort stand er, der riesige Europapokal, ganz alleine auf einer Bank.

Das ist meine Chance. Ich suchte den Vereinsfotografen.

»Machst du ein paar Bilder von mir, wie ich ihn halte?«

Ich lief zurück durch den Tunnel, an der kleinen Kapelle vorbei aufs Spielfeld. Die Hälfte der Flutlichter war noch angeschaltet, die andere Hälfte war bereits dunkel und warf bizarre Schatten über den riesigen Rasen. Die leeren Tribünen zeichneten sich im Dunkeln undeutlich ab. Ich konnte immer noch einen Nachhall der Massen spüren, die während des Spiels hier gejubelt und geschrien hatten. Es war ein seltsames Gefühl. *Vor vierzig Minuten oder einer Stunde war alles hier noch voller Menschen und wir haben hier gespielt. Wir waren hier am Verlieren.*

Und dann sah ich auf den Pokal, den ich vor mir auf dem Rasen abgestellt hatte, und mir lief ein Schauer über den Rücken. Für einen Moment kam ich mir wieder vor wie der 13-jährige Junge, der hier zum ersten Mal aufs Spielfeld gejoggt war. Der dem Treffen mit Barcelonas Spitzenspielern aufgeregt entgegengefiebert hatte und davon träumte, auf ihrem Rasen zu spielen. Ich hob den Europapokal hoch und der Fotograf fing an zu knipsen. Es ist einer der stolzesten Momente im Leben eines jeden Fußballspielers, und ich stand da, im Dämmerlicht, mit der Siegermedaille um den Hals und spürte, wie mich Demut vor den Ereignissen des heutigen Abends erfüllte. Das gleiche Gefühl hatte ich später am Abend noch mal, als die Spieler das Zimmer betraten, in dem das Abendessen serviert wurde. Victoria war da und Mum und Dad auch. Alle Familien und guten Freunde waren gekommen. Alle standen von ihren Stühlen auf und applaudierten. Meine – zukünftige – Ehefrau nannte es unglaublich. Und da hatte sie verdammt Recht.

Ich hielt mich immer noch an der Trophäe fest, hatte es mir zur

Aufgabe gemacht, sie sicher aus dem Stadion zu bringen. Ich ging auf den Parkplatz und suchte nach unserem Bus. Es war niemand mehr unterwegs, und es lag eine fast unheimliche Stille in der Luft. Man hörte ein paar Stimmen, aber sie klangen meilenweit entfernt. Ich sah auf und sah, wie Dad aus dem Dunkel auftauchte und auf mich zukam. Er war in Begleitung von Mum und ein paar anderen Leuten. Wir hatten nicht geplant, uns hier zu treffen, ich dachte, ich träfe sie im Hotel. An diesem Abend waren 90 000 Menschen im Camp Nou, und wem laufe ich zufällig über den Weg? Meinen Eltern. Außer uns war niemand mehr da.

Dad brauchte nichts zu sagen, er umarmte mich einfach. Ich glaube, er weinte oder kämpfte zumindest mit den Tränen, und auch meine Augen wurden feucht. Wir beide wussten noch genau, wie wir uns vor einem knappen Jahr auf einem anderen Parkplatz getroffen hatten, nach dem Spiel gegen Argentinien in Saint-Etienne. Meine Eltern wussten am allerbesten, was mit mir seit dieser Nacht alles geschehen war. Es war ja in gewisser Weise auch ihnen passiert. So ist das nun mal, wenn man Kinder hat. Ihr Leben wird zum wichtigsten Teil deines eigenen. Inzwischen wusste ich ja, was es heißt, ein Vater zu sein. Also setzte ich den Pokal ab und umarmte meinen Dad auch.

8

Ja, ich will

»Beckham. Hierher! Ich will mit dir reden!«

»Victoria fühlt sich im Norden nicht wohl ...«

»David wechselt zu Arsenal ...«

»... oder er kauft sich einen Hubschrauber und fliegt damit dreimal die Woche nach Manchester.«

Wir hatten uns bei London ein Haus gekauft, und die Gerüchteküche brodelte heftig. Natürlich war die Wahrheit viel simpler, und das ganze Hin und Her war frei erfunden. Die Zeitungen brauchten einen Aufmacher, also verzichteten sie auf alles, was langweilig und offensichtlich war und schrieben etwas, über das man auf der Straße reden konnte. In Wahrheit hatte Victoria keinerlei Probleme mit Manchester oder mit der Tatsache, dass ich dort arbeitete. Und mir lag nichts ferner, als bei United auszusteigen. Aber sogar den Boss brachten die Geschichten durcheinander, und er maß unserem Hauskauf eine übertriebene Bedeutung bei. Nachdem ihm der Tratsch zu Ohren gekommen war, nahm er mich zur Seite.

»Warum hast du dir dieses Haus gekauft?«

Er befürchtete wahrscheinlich, dass ich es mir in den Kopf gesetzt hatte, von Essex aus täglich zum Training zu pendeln, und auch nach unserem Gespräch glaubte er noch fast ein Jahr lang, dass ich das heimlich machte. Ihm war überhaupt nicht klar, dass unser Haus nur eine Baustelle war. Ich versuchte, es ihm zu erklären.

»Ich komme aus London, und deshalb habe ich mir dort ein Haus gekauft. Wenn meine Karriere als Profifußballer beendet ist, werde ich wieder dorthin zurückziehen. Dort leben nämlich meine Familie und viele meiner Freunde. Und das war's. Mr. und Mrs. Beckham haben eine Familie gegründet, und wir haben unser erstes Kind. Und wenn ich mich aus dem Berufsleben zurückziehe, dann will ich in London leben, weil dort meine Heimat ist.«

Ich glaube, das war eine instinktive Entscheidung, weil Brooklyn in unser Leben getreten war und wir bald heiraten wollten. Wir wollten ein Nest bauen, in dem wir Kinder großziehen konnten, wir wollten ein Heim. Wir hatten ziemlich genaue Vorstellungen davon, wo wir die Beckhams ansiedeln wollten. Nordöstlich von London, nahe bei unseren Eltern mit guter Verkehrsanbindung. Wir brauchten Platz, damit Brooklyn in Sicherheit herumtollen konnte, ohne dass ihm ständig fremde Leute über die Schulter schauten. Wir wollten unsere Freunde und Verwandten zu uns einladen können, ohne dass sie sich gegenseitig auf den Füßen herumtrampelten. Wir wollten auch mal eine größere Party veranstalten. Was ich für mich wollte? Platz für einen Billardtisch und eine Wand, die lang genug für meine Sammlung signierter Trikots war.

In Hertfordshire fanden wir schließlich ein passendes Haus am Rande des kleinen Dorfes Sawbridgeworth. Das erste Haus, das wir besichtigt hatten, gehörte dem Boxpromoter Frank Warren. Mir gefiel es, aber Victoria hatte Bedenken. Sie fand, es wäre zu groß für uns. In das Haus in Sawbridgeworth verliebte sich Victoria auf den ersten Blick. Haus und Grundstück hatten genau die richtige Größe. Ich weiß, dass die Leute es Beckingham Palace nennen, aber im Grunde ist es einfach ein Haus, in dem eine Familie sich wohl fühlen kann. Man kann dort auch ohne eine Armee von Dienstboten den Haushalt führen.

Es musste noch eine Menge am Haus getan werden, und das gefiel Victoria fast am besten daran. Wir sind uns sehr ähnlich, was unseren individuellen Geschmack betrifft, wir übertreiben beide gern mal, aber dezent. Victorias besondere Gabe bestand darin, dass sie genau wusste, was sie tun musste, damit wir uns dort richtig wohlfühlen konnten. Und ihr Vater nahm sich die Zeit, die Einzelheiten des Projekts mit der nötigen Fachkenntnis zu organisieren. Wenn er sich nicht gerade um seine eigenen Bauprojekte kümmern musste, fungierte Tony als ehrenamtlicher Projektmanager für Sawbridgeworth. Ich wette, er hatte keine Ahnung, was er sich damit aufhalste. Wir hatten ihn um Hilfe gebeten, weil wir jemanden brauchten, dem wir vertrauen konnten, und es dauerte vier Jahre, bis alles so aussah, wie es sich Victoria vorgestellt hatte, als wir zum ersten Mal durch das Eingangstor fuhren.

Bei Sawbridgeworth ging es darum, Wurzeln zu schlagen. Bis ich das Fußballspielen an den Nagel hänge, bin ich aber ein ganz gewöhnlicher Fußballer. Als Profi musst du akzeptieren, dass Training und Spiele der Mittelpunkt deines Lebens sind. Es geht einfach nicht anders. Sogar mein Hochzeitstag, einer der wichtigsten Tage meines Lebens, musste sich nach Uniteds Kalender richten. Wir quetschten ihn irgendwie in den Spielplan. Zumindest musste ich im Sommer 1999 nicht zu einer Welt- oder Europameisterschaft, das nahm einen Teil des Drucks weg. Irgendwann verebbte das unglaubliche Hochgefühl, das mich nach Camp Nou im Mai völlig ausgefüllt hatte, und irgendwann war ich auch bereit, die Siegermedaille, die ich danach tagelang um den Hals trug, mal abzunehmen. Jetzt hatte ich den Kopf wieder frei und konnte mich voll und ganz auf die Planung und den Trubel des Beckham'schen Pokalfinales konzentrieren: Der Hochzeit von David und Victoria am 4. Juli.

Der große Tag erforderte eine Menge Vorbereitungen, mit denen ich ehrlich gesagt, nicht allzu viel zu tun hatte. Wir wussten, was wir wollten, im Groben jedenfalls. Prinz und Prinzessin hatten sich gefunden, und damit war für uns ein Märchen wahr geworden. Genau so wollten wir unsere Hochzeit. Aber um die Details kümmerte sich Victoria mit unerschöpflicher Energie. Wir hatten uns für unsere Familie und unsere Freunde etwas ganz Besonderes überlegt, und die Braut hatte jeden Tag neue Ideen. Wir sprachen über alles, und auch noch im größten Wirbel der Organisation wusste ich, dass meine Meinung zählte. Aber Victoria, ihre Mum und ihre Schwester Louise übernahmen die volle Verantwortung dafür, dass alles nach Plan lief.

Sicherheit war zu einem unverzichtbaren Bestandteil unseres Lebens geworden, besonders nach der Saison von 1998/99 und den Ereignissen nach der Weltmeisterschaft. Aber wir wollten uns diesen Tag nicht verderben lassen und unseren Freunden und Familien auch nicht. Wir wollten auch nicht durchbrennen und ganz geheim heiraten. Wir wollten einen Hochzeitstag, an den sich die Menschen, die uns etwas bedeuteten, noch lange erinnern würden. Das bedeutete leider auch enorme Sicherheitsvorkehrungen, und deshalb trafen wir zwei bedeutsame Entscheidungen. Zum einen entschieden wir uns für eine Abmachung mit einer Zeitschrift. Uns wurde klar, dass *OK!* alles dafür tun würde, ihren Exklusivbericht zu schützen, und dass das gleichzeitig auch unsere Privatsphäre schützen würde. Zum anderen entschieden wir, dass wir jemanden brauchten, der die Braut entlastete. Also engagierten wir Peregrine Armstrong-Jones, einen Hochzeitskoordinator. Ich hatte noch nie jemanden kennen gelernt, der Peregrine hieß. Ein piekfeiner Typ, aber sehr nett. Er erledigte seine Aufgabe mit Bravour; er begriff sehr schnell, was uns vorschwebte, und setzte es perfekt in die Wirklichkeit um.

Zusammen entdeckten Victoria und Peregrine unser Schloss in Irland, genauer gesagt in Luttrellstown. Es bot allen Komfort, den wir uns vorgestellt hatten, und hielt noch etwas ganz Spezielles für uns bereit, auf das wir nie gekommen wären, wenn es dort nicht auf uns gewartet hätte. Die Kirche des Ortes war mit dem Auto in ein paar Minuten zu erreichen, aber in den Parkanlagen des Schlosses verbarg sich etwas viel Besseres, ein uraltes, halbzerfallenes Lustschlösschen an einem Bächlein. Es war magisch, der perfekte Platz für das Jawort. Die Braut und ihr getreuer Helfer warfen nur einen Blick darauf und entschieden sich sofort dafür, so heruntergekommen es auch war. Peregrine machte sich an die Arbeit und verwandelte den Ort in ein Bild aus alten Zeiten, mit Lauben aus Zweigen, kleinen märchenhaften Lichtern und einem Blumenmeer, Platz genug für ungefähr dreißig unserer engsten Verwandten und Freunde, die große Party sollte später im Schloss stattfinden.

Ich genoss jede Minute der Vorbereitungen. Es machte mir Spaß, das Essen und die Weine vorzukosten und die Musik auszuwählen. Alles lief erstaunlich glatt, trotz aller komplizierten Details. Aber dann war es an der Zeit, das Brautkleid über die Irische See zu transportieren. Ich durfte Victorias Brautkleid ja bis zu unserer Hochzeit nicht sehen. Die Leute von *OK!* waren so sehr um ihre Exklusivstory besorgt, dass sie uns extra ein kleines Privatflugzeug charterten, das uns nach Irland bringen sollte. Brooklyn, ich, Victoria, ihre Eltern, ihre Schwester Louise mit Liberty, ihrem Baby, und ihr Bruder Christian, wir alle hatten uns schon in das Flugzeug gequetscht, als uns die Crew eröffnete, dass der gewaltige Karton mit dem großen Geheimnis leider nicht in den Laderaum passte. Also mussten wir das Kleid auspacken, damit es durch die Flugzeugtür ging und wir es im Passagierraum mitnehmen konnten. Zwanzig Minuten stand ich mit fest geschlossenen Augen auf dem Rollfeld, und dann musste ich dem Ding auf dem ganzen Flug nach Dublin den Rücken zukehren. Dort wiederholte sich die ganze Prozedur. Ich durfte das Kleid nicht sehen, und die Kameras sollten es natürlich auch nicht vor die Linsen bekommen. Schade, der Nachmittag hätte einen guten Stummfilm abgegeben.

Wir waren schon zwei Tage vor unserer Hochzeit im Schloss. Mum und Dad folgten am nächsten Tag, und die anderen Gäste trudelten am Abend ein. Am Vorabend der Hochzeit luden wir zum festlichen Diner für alle, und nach dem Essen spazierten Victoria und ich durch den Schlosspark. Wir gingen zu dem großen Festzelt, in dem der Hochzeitsempfang stattfinden würde. Vor dem Eingang war ein kleiner Laubengang aus Zweigen, Stechapfelranken und Blumen, durch den die Gäste ins Zelt gelangen würden. Ich hatte eine Flasche Champagner und zwei Gläser mitgenommen. Gerade sagte ich Victoria noch einmal, wie sehr ich sie liebte, als ein sanfter Regen einsetzte. An diesem warmen Sommerabend passte er einfach perfekt. Ich hätte mir nichts Romantischeres vorstellen können.

Schließlich trennten sich die Wege von Braut und Bräutigam für den restlichen Abend. Im Schloss residierte Victoria bereits in unserer Hochzeitssuite, der schönsten im Hotel. Ich musste mich mit einem anderen Gästezimmer ein Stockwerk tiefer begnügen. Bevor ich schlafen ging, feierte ich noch ein bisschen mit den anderen Spielern von United und einigen Freunden. Für einen Junggesellenabschied waren wir ziemlich brav. Wir waren alle einigermaßen erledigt, nahmen ein paar Drinks und spielten ein paar Runden Billard. Zwei Uhr nachts, und ich war nüchtern. Aber ich wollte am nächsten Morgen einigermaßen präsentabel sein und vor allem sichergehen, dass ich mich an jeden einzelnen Augenblick erinnerte.

Ich ging in mein Zimmer und grübelte über meine Rede nach. Ich wollte Mum und Dad für alles danken, das sie mir gegeben hatten, und Lynne und Joanne auch. Dann natürlich Tony, Jackie und Victorias Geschwistern dafür, dass sie mich mit offenen Armen in ihre Familie aufgenommen hatten. Christian war für mich inzwischen der Bruder, den ich mir immer gewünscht hatte. Und schließlich Victoria, die zu diesem Zeitpunkt bereits meine Ehefrau sein würde. Um meine wahren Gefühle mit den richtigen Worten auszudrücken, brauchte ich wahrscheinlich ein Glas Champagner und eine himmlische Eingebung. Ich rief Peregrine an.

»Entschuldige, Peregrine, aber meine Rede sitzt noch nicht richtig. Ich weiß nicht, ob das rüberkommt, was ich sagen will. Oder ob ich mich richtig ausdrücke.«

Er war noch wach, jedenfalls tat er so.

»Kein Problem. Ich bin gleich bei dir.«

Fünf Minuten später stand ich am Fußende des Bettes und Peregrine saß vor mir in einem Sessel.

»Leg los. Wenn ich die Rede höre, kann ich dir ein paar Tipps geben. Ich bin dein Publikum.«

Ich war ein bisschen verlegen, aber Peregrine versicherte mir, dass mir das morgen genauso gehen würde. Dies hier sei eine gute Übung. Sobald ich anfing, räusperte er sich laut und hustete. Ich kämpfte weiter, und er verlegte sich darauf, ständig Kommentare einzuwerfen.

»Das war nicht witzig.«

Er zappelte auf seinem Stuhl herum, er tat alles, um mich aus der Ruhe zu bringen. Er fand meine Rede nicht schlecht, wir stellten ein paar Sachen um, aber am großen Tag brauchte ich nicht einmal meine Notizen. Er wollte mich nur darauf vorbereiten, wie es sein könnte, wenn ich aufstand und vor Publikum sprach. Nachdem Peregrine mit mir fertig war, wollte ich nur noch ins Bett. Wenigstens hatte ich Hilfe bekommen. Gary Neville, der Trauzeuge, war ganz auf sich allein gestellt. Am nächsten Morgen tigerte ich den Flur entlang und steigerte mich immer weiter in meine Nervosität hinein. Ich landete vor Garys Tür und hörte ihn drinnen reden. Er telefonierte sicher nicht, denn sein Zimmer hatte keinen Anschluss und die Mauern des Schlosses waren so massiv, dass es fast an ein Wunder grenzte, wenn man irgendwo Handyempfang hatte. Mich packte die Neugier. Ich wollte wissen, was er da trieb und öffnete so leise als möglich die Tür. Gary stand vor dem Spiegel, hielt sich ein Deo als Mikrofon vors Gesicht und übte seine Rede. Ich wusste nach der letzten Nacht genau, was er gerade durchmachte, aber ich prustete trotzdem los. Gary auch. Uns stand ein großer Tag bevor. Ich begriff, wie ernst er seine Aufgabe nahm, als die Nagelpflegerin hereinkam. Gary ließ sich für meine Hochzeit eine Maniküre verpassen, zum ersten Mal in seinem Leben!

Die Gäste, die an der Trauung im Lustschlösschen teilnahmen, fanden sich allmählich ein. Ich ging in die Eingangshalle und begrüßte sie. Das gehörte sich so, und gleichzeitig lenkte es mich ein bisschen von meinem Lampenfieber ab. Melanie, Emma und Mel B. von den Spice Girls waren unter den ersten Gästen. Sie waren sehr nett zu mir, obwohl ich in ihrer Gegenwart immer schüchtern wurde. Mit den Mädels musste wenigstens nicht ich die Unterhaltung vorantreiben, das erledigten sie von ganz alleine. Sie waren genauso aufgeregt wie ich und wollten jede Einzelheit erfahren. Mum und Dad waren auch da und gaben mir Boden unter den Füßen.

Normalerweise fährt doch der Trauzeuge zur Trauung, oder? Das war nichts für mich. Ich bin der schlechteste Beifahrer der Welt. Ich war überzeugt davon, dass Gary das Auto in den Graben fahren würde, obwohl das Schlösschen kaum zwei Minuten entfernt war. Außerdem war das Auto des Bräutigams ein Bentley Continental. Ich würde mir nicht nehmen lassen, den selbst zu fahren, ich hatte ihn ja schließlich auch bezahlt. Wir fuhren runter, und ich sah zum ersten Mal das Innere des Lustschlösschens. Hubschrauber kreisten auf der Jagd nach Schnappschüssen über unseren Köpfen, aber nachdem ich erst einmal die alten, moosbedeckten Stufen erklommen hatte, die ins Innere führten, hörte man nur noch das Rauschen des Bächleins. Es war, als hätte sich die Tür zu einem Märchen geöffnet. Kleine Lichter blinkten über unseren Köpfen, überall leuchteten rote Rosen, die Wände waren von Efeu überwuchert, und es duftete nach Wald. Victoria hatte dies alles bis ins letzte Detail geplant, und es war wunderschön. Ich spürte den ersten Kloß im Hals und musste kräftig schlucken.

Der Bischof von Cork, der die Zeremonie vornehmen würde, stand bereits in seiner purpurfarbenen Robe da. Ein sehr netter Mann. Riesenfan von Manchester United, natürlich. Er hatte dafür gesorgt, dass das Schlösschen gesegnet wurde, sodass die Trauung hier stattfinden konnte. In Irland gibt es zwölf Bischöfe, und seit unserer Hochzeit nennen die anderen elf den Bischof von Cork »Purple Spice«.

Ich stand vor dem Altar, den Peregrine aus Zweigen und Ästen gebaut hatte, und wartete darauf, dass alle ihre Plätze einnahmen. Geige und Harfe ertönten. Es war vollkommen und friedlich, und ich zitterte wie Espenlaub. Ich schwitzte auch, es war unheimlich warm. Unsere ganze Familie war gekommen, Tanten, Onkel, meine Nan und mein Grandad, die Mädels, mein Kumpel Dave Gardner und Gary Nevilles Eltern. Ein paar Dutzend Leute. Und wir alle warteten gespannt. Ich hörte, wie ein Auto vor dem Schlösschen vorfuhr: Victoria.

Ich schwankte, schon bevor ich sie sah. Die Musik schwoll an. *Ich falle hier gleich in Ohnmacht.*

Tony, Victorias Vater, erschien in der Tür. *Jetzt ist es so weit. Ich bin ohnmächtig.*

Victoria betrat die Kirche. Ich drehte mich zur Tür um. Ich trug Brooklyn auf dem Arm, und ich fühlte meine Augen feucht werden. Und dann sah ich Victoria. Ich habe sie geheiratet, weil ich alles an ihr liebe, ihr Aussehen, ihren Charakter, ihren Sinn für Humor. Sie ist der Mensch, den ich besser kenne und verstehe als irgendjemanden sonst. Wir sind füreinander bestimmt. Aber als sie jetzt durch das Schlösschen zum Altar schritt, sah ich jemand vollkommen anderen. Es war ein unglaubliches Gefühl, und es fällt mir sehr schwer, es in Worte zu fassen. Es war, als sähe ich diese wunderbare Person zum ersten Mal. Lag es an dem Kleid? Oder der Umgebung? An der Tatsache, dass wir gleich Mann und Frau sein würden? Victoria war alles, das ich kannte und wollte, aber plötzlich war sie noch viel mehr. Ich dachte, ich wäre mir über meine Gefühle für sie im Klaren, aber ich war völlig unvorbereitet darauf, wie ich mich in diesem Moment fühlte. Victoria war schöner, als ich je realisiert hatte, schöner, als ich es mir je hätte vorstellen können.

Das Taschentuch hätte man auswringen können. Victoria kam zu mir und stellte sich neben mich. Überwältigt beugte ich mich zu ihr und küsste sie. Die Braut sah mich an, als wollte sie sagen:

»Das haben wir doch gestern Abend alles geübt. Ich glaube, das war noch nicht dran.«

Die Zeremonie begann, und alles lief prima, bis wir dann tatsächlich »Ja, ich will« sagen sollten. Da war es mit unserer Fassung endgültig vorbei. Stimmen wurden zittrig, die Tränen liefen nur so herunter. Bei uns beiden diesmal. Wir ließen unsere Hochzeitssachen zum Empfang an, zu dem die restlichen Gäste geladen waren. Nur Elton John und sein Partner David Furnish hatten es leider nicht geschafft zu kommen. Elton hatte uns vorher sogar versprochen, uns beim Empfang ein Ständchen zu bringen, aber am Morgen der Hochzeit wurde er leider krank. Er machte sich wahrscheinlich größere Sorgen darüber, dass er uns im Stich lassen musste, als darum, wie schlecht es ihm ging. Wir waren nur froh, dass es nichts Ernstes war.

Am Essen im Festzelt nahmen fast 300 Freunde und Verwandte teil. Es war ein wundervolles Gefühl, all die Menschen zusammen zu sehen, die einem etwas bedeuten, und alle amüsierten sich. Victoria und ich zogen uns vor dem Dessert um. Ich fand meinen Anzug toll und hätte ihn wahrscheinlich angelassen, aber Victoria hatte keine Wahl. Zu ihrem Kleid gehörte ein Korsett, das ein Schneider namens Mr. Pearl für sie angefertigt hatte. Ein irrer Typ, der selbst auch ein Korsett trug und sich sogar eine Rippe hatte entfernen lassen, damit seine Taille schmaler aussah. Aber nach dem Essen wurde Victorias Kleid langsam ziemlich unbequem, also gingen wir mit Brooklyn in die Hochzeitssuite und zogen uns andere Kleider an.

Wir saßen jeder auf einem Thron am Kopf der Tafel, und Brooklyn hatte einen dazu passenden Kinderstuhl. Das natürlich nicht ganz ernst gemeint, aber wir waren ja schließlich in einem Schloss, oder?

Und einen Tag lang waren wir Schlossherr und Schlossherrin. Unser kleiner Knappe trug auch einen purpurfarbenen Anzug und sah fantastisch aus. Aber sobald wir wieder beim Empfang waren, entschied Brooklyn, dass er etwas gegessen hatte, das ihm nicht bekommen war, und er übergab sich auf sich selbst und mich. Deine Kids sorgen immer dafür, dass du nichts zu ernst nimmst, verlass dich drauf.

Ihn und mich selbst von Erbrochenem zu säubern war genau die richtige Vorbereitung auf die Festreden.

Ich glaube, ich kam ganz gut weg, dank meinem Sohn und Peregrine. Später machte nur ein Witz die Runde, nämlich dass ich offensichtlich alle paar Minuten gesagt hatte:

»Meine Damen und Herren, ich möchte damit beginnen …«

Tony war als Nächster dran, und seine Rede traf genau den richtigen Ton. Sie war sehr liebevoll, und Victoria und ich hatten mal wieder einen Kloß im Hals.

»David und Victoria wuchsen fünfzehn Minuten voneinander entfernt auf. Sie sind sich zwar nie begegnet, aber sie haben beide den gleichen Hintergrund und wurden ganz ähnlich erzogen. Beide haben etwas aus sich gemacht und sehr hart daran gearbeitet, ihr Leben zu gestalten. Als Victoria Tanzunterricht nahm, ging David zum Fußballtraining. Was sie erreicht haben, ist das Ergebnis harter Arbeit. Und es ist ein Glück für sie beide, dass sie sich nach so langer Zeit gefunden haben.«

Und dann ergriff Gary das Wort. Ohne mir Bescheid zu sagen, hatte sich mein Trauzeuge von Victoria einen Sarong ausgeliehen. Als es Zeit für seine Rede war, hatten alle genug Wein getrunken und waren in genau der richtigen Stimmung für ihn. Ich hatte keine Ahnung, was er sagen würde. Oder was er sonst noch vorhatte. Es fing auf jeden Fall gut an, als er in seinem Sarong aufstand. Gary war wirklich witzig, aber den größten Witz brachte er eher unfreiwillig. Er vergaß nach jedem Witz, das Mikrofon zu senken. Er hatte offensichtlich alles vergessen, was er mit dem Deo geübt hatte. Man hörte Gary ständig über seine eigenen Witze lachen. Er war so aufgeregt wie ich, aber er war großartig. Der ganze Tag war großartig.

Obwohl wir uns für den Abend Peregrines Kindermädchen ausgeliehen hatten, brachten Victoria und ich Brooklyn oben selbst ins Bett. Dann gingen wir in das Zelt, in dem die Party stattfinden sollte. Überall lagen Kissen und Polster, und alles war mit Tüchern abgehängt, ein sehr orientalisches, an Indonesien erinnerndes Ambiente. Natürlich gehörte der erste Tanz Braut und Bräutigam, und nach und nach drifteten die Leute nach dem Essen ins Zelt. Dann hatten wir ein paar Stunden lang Zeit, die Runde zu machen, alle zu begrüßen, uns zu unterhalten und Fotos zu machen, bevor alle um Mitternacht draußen das große Feuerwerk anschauten. Es war umwerfend, nicht einmal Victoria oder ich hatten gewusst, was uns da erwartete. Ein krönender Abschluss für einen perfekten Tag.

Ich war so glücklich, stolz und zufrieden wie noch nie. Victoria und ich freuten uns wahnsinnig, Ehefrau und Ehemann zu sein. Und wenn es einem selbst so geht, dann nimmt man natürlich an, dass sich alle anderen genauso darüber freuen. Eigentlich freuen sich Cheftrainer auf der ganzen Welt, wenn ihre Spieler heiraten und sesshaft werden. Aber während der ersten Tage und Wochen nach unserer Hochzeit kam ich mir vor wie die berühmte Ausnahme, die die Regel bestätigt.

Die Vorbereitungsphase für die nächste Saison stand vor der Tür, aber als typischer Frischvermählter wollte ich unbedingt in die Flitterwochen fahren. Die erste Mannschaft war ohnehin noch nicht da, die meisten waren auf Tour in Australien, und wir Nationalspieler, die wir früher im Sommer für die internationalen Verpflichtungen trainiert hatten, hatten ein paar Tage zusätzlich frei bekommen. Ich bat eigentlich nur noch um ein paar Tage mehr, damit Victoria und ich eine Woche in den Urlaub fahren konnten. Vielleicht war das ein Fehler. Eigentlich fragte ich gar nicht selbst, sondern mein Agent Tony Stephens fragte. Er hatte Martin Edwards, den Präsidenten von United, geschäftlich getroffen. Sie hatten über die Hochzeit gesprochen, und Tony hatte erwähnt, dass ich ein paar Tage Sonderurlaub gut brauchen könnte, damit es sich für mich und Victoria überhaupt lohnte, ein exotisches Urlaubsziel anzufliegen. Wir hatten keine Lust, nach einem endlosen Flug praktisch sofort wieder umzudrehen und zurückzukommen. Martin Edwards sah da kein Problem, aber als die

Sache dem Boss zu Ohren kam, hatte er wohl den Eindruck, dass ich ihn hintergangen hatte. Zusätzlich zu der Abreibung am Telefon musste ich mich noch mit hektischen Flitterwochen abfinden und mich dann zurückmelden, um mit der B-Mannschaft zu trainieren. Die anderen Nationalspieler kamen alle nach mir an, und der Rest der A-Mannschaft befand sich immer noch auf der anderen Seite des Erdballs.

Wir hatten vor kurzem das Tripel geschafft, und wir begannen die neue Saison in dem Glauben, dass wir es noch mal schaffen konnten. Aber das war egal. Der Boss würde schon dafür sorgen, dass das keinem zu Kopf stieg. Wahrscheinlich wollte er mich in die Wirklichkeit zurückholen. Schließlich hatte ich gerade das beste halbe Jahr meines Lebens hinter mir und das Gefühl, die Dinge im Verein und zu Hause könnten gar nicht besser laufen. Wenn der Boss mich nach meiner Meinung gefragt hätte, dann hätte ich ihm sagen können, dass der Dämpfer, den er mir am Anfang der Vorbereitungsphase verpasste, völlig unnötig war. Aber so läuft es eben bei United. Beim kleinsten Anzeichen von Übermut holt dich sofort jemand – ein Kollege, ein Verantwortlicher oder der Alte höchstpersönlich – wieder runter. Ich fand es nicht richtig, wie der Boss reagiert hatte, aber ich konnte ihn verstehen. Er tat das, was er für die Mannschaft für richtig hielt. Mir blieb nichts anderes übrig, als die Zähne zusammenzubeißen und mich ordentlich reinzuhängen.

Seit dem großartigen Halbfinale gegen Arsenal fühlte sich die Mannschaft unbesiegbar, wir gingen in jedes Spiel mit der Gewissheit, dass wir gewinnen würden. Und dieses Selbstvertrauen trug uns auch in die Saison 1999/2000. Wir legten einen guten Start hin und blickten in den folgenden neun Monaten fast nie zurück. Auch gelegentliche Niederlagen – Chelsea wischte den Boden 5:0 mit uns – brachten uns nicht aus dem Schwung. Ich war privat unheimlich glücklich, und das machte das Fußballspielen noch schöner, für United und für England. Sogar am absoluten Tiefpunkt, nach Frankreich '98, hatte ich nie daran gezweifelt, dass ich mein Land wieder vertreten würde. Ich war stolz darauf, ein internationaler Spieler zu sein und ich wollte nie aussteigen, auch wenn mir das eine Menge Druck genommen hätte. Ich zweifelte nur daran, dass ich unter der Führung von Glenn Hoddle eine langfristige Zukunft als Nationalspieler hatte. Ich hatte immer das Gefühl, dass er mich eines Tages aus dem Team drängen würde.

Im Herbst 1998 hatten wir uns bei der EM-Qualifikation nicht gerade mit Ruhm bekleckert. Die Englandfans waren sauer, und die Medien vertraten die Meinung, dass ein neuer Nationaltrainer her musste. Aber als das geschah, war es ein richtiger Schock, vor allem wegen der Art, wie es geschah. Ich weiß nicht, wie viel davon Glenns Schuld war und wie viel einfach durch die Presse aufgebauscht wurde. Als ich zum ersten Mal über seine religiös motivierten Äußerungen über Behinderte, Karma und die Übertragung von Schuld aus einem früheren Leben hörte, war mir sofort klar, dass das ein Skandal werden würde. Über Nacht hatte auf einmal jeder etwas dazu zu sagen, sogar der Premierminister. Sobald eine Geschichte es auf die Titelseite schafft, entwickelt sie eine Dynamik, die durch nichts aufzuhalten ist. Anfang Februar, nur ein paar Tage nach der Veröffentlichung des Interviews, war Glenn Geschichte. In der FA wurde die Sache auf einer hektischen Pressekonferenz bekannt gegeben. Ich hatte echte Schwierigkeiten mit ihm als Nationaltrainer gehabt, aber für Glenn war das ein schrecklicher Nachmittag, und ich fühlte mit ihm.

Howard Wilkinson war unser Übergangstrainer für ein paar Freundschaftsspiele. Die FA ernannte schließlich einen Mann, der sich vollkommen von seinem Vorgänger unterschied. Ich hatte Kevin Keegans Mannschaften immer bewundert, und mir imponierte, was er über Fußball zu sagen hatte. Ich respektierte seine Leidenschaft und seine Ehrlichkeit. Ich freute mich sehr auf Englands erstes Spiel mit ihm als Trainer, ein Qualifikationsspiel gegen Polen im Wembley.

Meiner Meinung nach wäre in einer perfekten Welt der perfekte Trainer eine Mischung aus Hoddles und Keegans Stärken. Glenn ist ein hervorragender Trainer, aber er hat mit manchen Spielern Probleme. Kevin kommt mit jedem Spieler fantastisch klar. Schon bei dem ersten Training in Bisham Abbey vor dem Spiel gegen Polen wirkte Kevins Enthusiasmus ansteckend. Er vermittelte uns eine Vorstellung davon, was wir als Spieler für England erreichen konnten. Der Samstag war ein schöner Frühlingstag, und alle standen voll hinter der Sache. Und die Fans standen hinter uns. Scholesy schaffte einen Hattrick, und wir überrannten Polen völlig. Jeder im Land hielt Kevin für den richtigen Mann für den Nationaltrainerposten, und er brauchte nur diesen Sieg. Das 3:1 überzeugte ihn davon, den Job zu übernehmen.

Im Mannschaftslager herrschte unter Kevin gute Stimmung, aber die EM-Qualifikation war trotzdem kein Zuckerschlecken. Im entscheidenden Spiel traten wir gegen Schottland an. In Hampden Park gewannen wir am Samstag 2:0, aber beim Spiel im Wembley, das am darauf folgenden Mittwoch stattfand, erzielte Schottland noch vor der Halbzeit ein Tor durch Don Hutchinson, und am Ende des Spiels gingen wir fast unter. Aber wir hatten uns qualifiziert und jetzt sechs Monate Zeit zu vergessen, wie knapp es gewesen war. Wir konzentrierten uns stattdessen darauf, rechtzeitig in Topform zu kommen. Ich war zuversichtlich und hatte Vertrauen in Kevin als Nationalcouch, und zwar aus gutem Grund.

Mitte Oktober hatten wir innerhalb einer Woche zwei Qualifikationsspiele für die EM 2000. Wir spielten im Wembley gegen Luxemburg und vier Tage später in Warschau gegen Polen. Am Freitagabend vor dem ersten dieser für England so wichtigen Spiele war ich in meinem Zimmer im Hotel der Nationalmannschaft, als mein Handy klingelte. Victoria war dran, sie rief von ihren Eltern aus an. Sie wusste, dass das Hotel am Vorabend eines Spiels keine Anrufe zu mir durchstellen durfte. Die Verbindung war sehr schlecht, aber zwischen dem Rauschen und Knacken hörte ich, was ich hören musste. Die Polizei hatte sie kontaktiert. Sie hatten einen Hinweis erhalten und sie glaubten, dass jemand Victoria und Brooklyn kidnappen wollte, während ich im Wembley für England Fußball spielte. Mir war, als öffnete sich ein Abgrund unter meinen Füßen. *Was soll ich jetzt tun? Mit wem soll ich darüber sprechen?* Es half Victoria wahrscheinlich wenig, dass ich so schockiert war, dass ich kaum begriff, was sie mir da gerade erzählt hatte. Mir fiel nichts anderes ein als:

»Ich ruf dich gleich zurück!«

Ich sprach sofort mit Gary Neville, der wie aus der Pistole geschossen sagte:

»Du musst es dem Trainer sagen. Geh sofort zu Kevin.«

Ich schaffte es bis zu seinem Hotelzimmer, klopfte an und ging sofort rein. Kevin sah mir gleich an, dass etwas nicht stimmte. Ich zitterte. Mir war schlecht. Ich konnte kaum atmen, aber ich erzählte ihm, was passiert war. Kevin sagte sofort, er könne sich gut vorstellen, wie ich mich fühlte. Wenn man so die Kontrolle verloren hat wie ich in diesem Moment, dann ist es genau das, was du hören musst, bevor du irgendetwas anderes aufnehmen kannst.

»David, ich war auch schon mal in so einer Situation. Als ich in Deutschland gespielt habe, erhielten meine Frau und ich Morddrohungen. Ich weiß, wie furchtbar das alles ist. Wir müssen schnellstens zu deiner Frau und deinem Sohn.«

Inzwischen war es zehn Uhr abends. Innerhalb von Minuten saß ich mit Kevin und Ray Whitworth, dem Sicherheitsbeauftragten der Nationalmannschaft, im Auto und rief Victoria an. Ich sagte ihr, wir seien unterwegs. Wir fuhren zu Tony und Jackie. Obwohl er weder Victoria noch ihre Eltern kannte, hatte Kevin die Situation sofort unter Kontrolle. Er kannte mich und sah sofort, wie aufgelöst Victoria war. Wir brauchten jetzt jemanden, der ruhig blieb und wusste, was zu tun war.

»Am sichersten seid ihr in unserem Hotel. Wir haben das ganze Hotel gebucht, und unsere eigenen Sicherheitsleute sind dort. Da kommt niemand rein. Packen Sie ein paar Sachen ein, und holen Sie Brooklyn. David und ich gehen schon vor und organisieren die Zimmer. Wir treffen uns dort, wenn Sie fertig sind.«

Tony und Jackie kamen auch mit. Kevin war unser Retter in der Not gewesen, und er hatte uns, ohne auch nur eine Sekunde zu zögern, geholfen, obwohl am folgenden Nachmittag ein wichtiges Spiel anstand. Das hatte nichts damit zu tun, dass er ein toller Trainer war. Kevin hatte sich für uns eingesetzt, weil er uns helfen konnte, und nicht, weil er sich dazu verpflichtet gefühlt hatte. Ich werde nie vergessen, wie er sich in dieser Nacht verhalten hat. Wir waren in den besten, sichersten Händen. Wir hatten uns schon vorher gut verstanden, und so ist es selbstverständlich immer noch. Aber er hätte für jeden Spieler das Gleiche getan. Ich glaube sogar, er hätte unter diesen Umständen für absolut jeden das Gleiche getan. Er ist ein großer Mann.

Victoria und Brooklyn schliefen bei mir im Zimmer, und am nächsten Morgen war Kevin nur darum besorgt, dass ich mich bei dem, was ich tat, auch wohl fühlte.

»David, ich weiß, was du letzte Nacht durchgemacht hast. Wenn du spielen willst, dann tu das, mir wäre das sehr recht. Wenn dir nicht wohl dabei ist, auch gut. Überleg es dir einfach. Du weißt am besten, wie es dir geht. Mach einfach, was du für richtig hältst.«

Ich spielte, und wir schlugen Luxemburg 6:0. Das bedeutete, dass das Spiel in Polen für unsere Qualifikation entscheidend war. Es war ein ungeheuer wichtiges Spiel, und Kevin stand unter extremem Erfolgsdruck. Trotzdem führten wir am Sonntagabend vor unserer Abreise das gleiche Gespräch noch einmal.

»Wenn du bei deiner Familie bleiben willst, dann mach dir darüber keine Gedanken. Du musst nicht mitkommen, du kannst hier bleiben und dich um Victoria und Brooklyn kümmern, wenn du willst.«

Ich setzte mich mit Victoria zusammen und fragte sie, was sie für das Beste hielt. Mein Instinkt riet mir zu bleiben, aber sie schätzte die Situation richtig ein.

»Wir kommen klar. Wir haben ja jetzt Leute, die auf uns aufpassen. Es geht um deine Arbeit, und es geht um England. Du solltest fahren.«

Ich fuhr also, und Victoria hatte Recht. Genau das brauchte ich jetzt, obwohl es ein fürchterliches Spiel war und 0:0 endete. Das bedeutete ein paar Monate Wartezeit auf das Ergebnis des Spiels Schweden gegen Polen. Die Polen erlitten eine Heimniederlage und das bedeutete, dass wir das Entscheidungsspiel gegen Schottland geschafft hatten.

Weihnachten 1999 war alles unter Dach und Fach, England würde an den Europameisterschaften 2000 teilnehmen, auch wenn wir nicht gerade spektakulär gespielt hatten. Aber in der Zwischenzeit gab es einen Jahrtausendwechsel, und United machte sich auf eine

Reise um die halbe Welt. Als amtierender Europapokalsieger war der Verein zur ersten FIFA-Vereinsweltmeisterschaft nach Brasilien eingeladen worden. Das war zweifellos eine Ehre und gut für United sowie für Englands Vereinsfußball. Die Sache hatte nur einen Haken. Der Wettbewerb sollte im Januar in Brasilien stattfinden, aber vorher brach ein Sturm der Entrüstung los, als bekannt wurde, die FA habe beschlossen, United vom Pokalwettbewerb 1999/2000 auszuschließen, weil wir an dem Wochenende, an dem die dritte Runde gespielt wurde, nicht im Land sein würden.

Jeder, der etwas mit Fußball zu tun hatte, gab seinen Senf zu diesem Streit dazu. Wie alle wissen, ist der Pokalwettbewerb ein fantastisches Turnier, der älteste K.o.-Wettkampf der Welt. Es hieß, dass mit dieser Entscheidung alle Tradition und Glaubwürdigkeit des Turniers aufs Spiel gesetzt worden sei. Manchmal glaubte ich fast, dass das Problem nur ein Vorwand war, um United eins auszuwischen. Meiner Meinung nach konnten wir unter den gegebenen Umständen gar nichts anderes tun, als zu fahren, und das war auch allen klar. Das Turnier war ein Weltereignis und ein FIFA-Wettkampf. Würden wir die Teilnahme absagen, hätte das nicht nur unseren Ruf beschädigt, sondern den des gesamten englischen Vereinsfußballs.

Wir diskutierten in der Umkleidekabine genauso aufgeregt darüber wie die Leute außerhalb des Vereins. Wir freuten uns darauf, nach Brasilien zu fahren und gegen Vereine aus der ganzen Welt anzutreten, aber es wurmte uns alle, dass wir den Pokal verpassten. Wir dachten an das Halbfinale gegen Arsenal in der vorigen Saison oder das Finale gegen Newcastle, diese Spiele und der ganze Wettkampf bedeuteten uns eine Menge. Es fühlte sich falsch an, den Pokal nicht zu verteidigen. Vielleicht hätte man uns ein Freilos für die vierte Runde geben können, damit wir in den Wettkampf einsteigen konnten, wenn wir wieder da waren. Keine Ahnung. Das musste die FA mit dem Verein klären. Letzten Endes lag die Entscheidung sowieso nicht bei uns. Man entschied, uns nach Brasilien zu schicken, und damit basta. Man gewöhnt sich mit den Jahren unheimlich an den Ablauf der englischen Fußballsaison, und gerade, als es ans Riesentöten ging, als schlammige Spielfelder und fürchterliches Wetter auf dem

Programm standen, machten wir uns auf den Weg in die Sonne, Strand und hochsommerliche Hitze inklusive.

Ich persönlich bereue nicht, dabei gewesen zu sein. Ich hätte das Turnier um nichts in der Welt versäumen wollen, obwohl es inzwischen längst in Vergessenheit geraten ist und mir persönlich dort etwas Dummes passierte. Dem Team tat es sehr gut, so lange zusammen unterwegs zu sein und unsere Batterien für die restliche Saison aufzuladen. Wir hätten die Meisterschaft auch so gewonnen, glaube ich, aber es schadete nichts, dass wir erholt und ziemlich braun gebrannt aus Brasilien zurückkamen. Für mich war es im Endeffekt ein richtiger Urlaub. Beim ersten Spiel gegen Necaxa aus Mexiko erhielt ich einen Platzverweis, was bedeutete, dass ich beim nächsten Spiel aussetzte und erst beim dritten Spiel gegen South Melbourne für zwanzig Minuten auf dem Platz war. Da waren wir aus dem Wettbewerb schon längst ausgeschieden.

Meine erste rote Karte als Spieler für United. Es war fürchterlich. Ich ging in ein Duell um einen hohen, nachfedernden Ball bei der Mittellinie. Meine einzige Motivation für die Grätsche war, in Ballbesitz zu kommen, also war ich vollkommen schockiert, als der Schiedsrichter mich vom Platz warf. Als ich mir später die Aufzeichnung ansah, musste ich zugeben, dass es im Fernsehen wirklich nach bösem Foul aussah. Meiner Meinung nach stimmte das nicht, und ich war froh, dass der Boss das genauso sah. Nach dem Spiel war er mächtig sauer, nicht auf mich, sondern auf die Schiedsrichter. Für meinen Platzverweis war, so meine ich, hauptsächlich die Überreaktion des anderen Spielers verantwortlich. Mir hätte klar sein sollen, dass wir hier in Südamerika waren. Hier liefen manche Dinge offensichtlich ein klein bisschen anders. Ich war am Abend nach dem Spiel völlig fertig, aber ehrlich gesagt war ich nach ein paar Tagen schon nicht mehr ganz so enttäuscht über mein Pech. Vielleicht lag es daran, dass ich am Pool lag und faulenzte, während die anderen Spieler vor dem Spiel gegen Vasco da Gama in ihren Hotelzimmern sitzen mussten.

In Brasilien gefiel es mir unheimlich gut. Eines Abends spazierte ich alleine zur Copacabana. Ich hatte zwar schon viel über diesen

Strand gehört, aber ihn mit eigenen Augen zu sehen war eine unbeschreibliche Erfahrung. Der Strand schien sich kilometerlang in die Ferne zu erstrecken. Alle paar Meter waren Torpfosten und kleine Flutlichtanlagen aufgestellt, und so weit das Auge reichte, sah man Kids, die im Sand Fußball spielten. Es müssen Tausende gewesen sein. Kein Wunder, das Brasilien Weltmeister ist. Die Jugendlichen veranstalteten Matches oder übten Tricks, jonglierten und spielten Fußballtennis. Sie schlugen Haken und zeigten in Zweier- und Dreiergruppen ihre Wendigkeit. So viel Talent auf einem Haufen hatte ich noch nie gesehen. Ein paar erkannten mich und baten mich um ein paar Freistöße, die die Jungs dann in Tore verwandelten. Falls Fußball eine Seele hat, dann ist sie hier, an diesem Strand. Ich werde den Abend mit diesen Kids nie vergessen.

In Brasilien war es im Januar sehr heiß. Perfektes Wetter für einen Urlaub, oder einen Abendspaziergang am Strand. Aber für ein Fußballturnier? Wir alle lernten unsere Lektion. Man lacht immer über Engländer im Ausland und wie sie sich in der Sonne verhalten. Bei diesem Turnier enthielten die Witze weit mehr als ein Körnchen Wahrheit, wir schwitzten schon nach dem kurzen Weg vom Bus zum Eingang des Maracanã-Stadions. Wir liefen zur Umkleidekabine, und zwei Jungs unterhielten sich gerade über die brütende Hitze. Dann wurde es plötzlich ganz still. In der Mitte des Raumes standen sieben Betten, über denen Sauerstoffmasken hingen. Wir waren sprachlos. *Auf was haben wir uns hier bloß eingelassen?*

Wir gingen uns aufwärmen, obwohl das um ein Uhr mittags bei fast 40 Grad Außentemperatur vielleicht nicht ganz der passende Ausdruck ist. Albert Morgan, der Zeugwart von United, hatte nur unsere reguläre Ausrüstung mitgenommen. Die Mexikaner joggten in Unterhemden an uns vorbei, und wir kämpften in unseren schwarzen Trainingsoberteilen um die winzigen schattigen Plätze an den Seitenlinien unter den Tribünen. Albert ist ein toller Kerl, aber diesen Nachmittag wird er so schnell nicht vergessen. Wir zogen ihn noch wochenlang damit auf. Aber wir alle werden uns auf ewig an diese dreizehn Tage in Brasilien erinnern. Es war eine Ehre, den Verein dort zu repräsentieren und all diese Menschen kennen zu lernen. Die Kids an der Copacabana und andere Jugendliche aus Jugendprojekten in den *Favelas*, den Slums, die wir besuchten, als wir in Rio waren. Es war ein großes Privileg, so viel über die Lebensumstände der Menschen dort lernen zu dürfen.

Wir kamen bester Laune zurück. Ich hatte eine tolle Zeit verlebt, aber jetzt konnte ich es kaum erwarten, Victoria und Brooklyn endlich wiederzusehen. Ich freute mich auch richtig auf den Schlamm, den Wind, den Regen und den Rest der Saison. Wir verpassten nun leider den Pokalwettbewerb, aber kein anderes Team hatte während unserer Abwesenheit unseren Vorsprung in der Meisterschaft eingeholt. Und wir waren auch noch in der Champions League. Unser erstes Spiel zu Hause war gegen Arsenal, und beinahe hätten sie uns kalt erwischt. Es endete allerdings unentschieden 1:1, und sie hätten den Sieg dringender gebraucht als wir. Ab dann machten wir einfach genauso weiter wie vor unserer Pause. Ich war entspannt und ging völlig im Fußball auf, also warum hätte ich mir um irgendetwas Sorgen machen sollen? So lief ich geradewegs in einen Hinterhalt, aber ich glaube nicht, dass ich auf die Situation besser vorbereitet gewesen wäre, wenn ich schon vorher etwas davon geahnt hätte.

Am Samstag, den 12. November, machte uns Newcastle 3:0 fertig. Das besserte die Laune des Alten vor dem nächsten wichtigen Spiel gegen Leeds am folgenden Wochenende nicht gerade. Alle waren ziemlich gereizt. Die meisten Spieler bekommen ein paar Tage frei, wenn unter der Woche kein Spiel stattfindet. Bei uns war es nicht anders. Ich war in London und wollte am Mittwochabend zurückfahren, damit ich am Donnerstag morgen zum Training konnte. Aber dann wurde Brooklyn krank. Wahrscheinlich ist man beim ersten Kind noch besonders ängstlich und besorgt, weil man als frischgebackener Elternteil noch keine Erfahrung mit Kinderkrankheiten hat. Vielleicht hätte ich heute, bei Romeo, nicht mehr solche Angst ausgestanden. Um sieben Uhr abends hatte Brooklyn Fieber und war völlig apathisch. Ich hatte ihn auf dem Schoß, und er reagierte auf nichts mehr. Wir hatten keine Ahnung, was mit ihm los war, und alle Eltern werden nachvollziehen können, wie beängstigend das ist. Als endlich der Doktor kam und uns informierte, dass Brooklyn eine Magen-

Darm-Entzündung hatte, hatte ich mich schon entschieden, am Abend noch zu Hause zu bleiben und mich früh am nächsten Morgen nach Manchester fahren zu lassen.

Brooklyn ging es schlecht, und ich konnte das kaum ertragen. Als wir ihn endlich zum Einschlafen gebracht hatten, war es schon mitten in der Nacht. Ich schlief ein paar Stunden in dem Bett neben seiner Wiege. Morgens um sechs war ich unterwegs, ich wollte auf der Fahrt noch ein bisschen Schlaf nachholen. Aber mir ging mein Junge nicht aus dem Kopf. Er war so krank, und es fühlte sich so falsch an, ihn und Victoria alleine zu lassen. Victoria hatte mir gesagt, ich solle ruhig zur Arbeit gehen, Brooklyn wäre bald wieder gesund, aber instinktiv fühlte ich, dass ich nach Hause gehörte, wenigstens bis ich sicher sein konnte, dass Brooklyn über den Berg war. Ich musste mit eigenen Augen sehen, dass es ihm besser ging. Nach zwanzig Minuten Fahrt bat ich den Fahrer umzudrehen. Und selbst wenn ich die Konsequenzen geahnt hätte, ich hätte es wieder so gemacht.

Ich rief bei United an und versuchte, Steve McClaren zu erreichen. Ich hatte in den neun Jahren, die ich als Profi spielte, nur einen einzigen Tag Training verpasst. Ich war mir sicher, dass der Verein Verständnis für meine Gründe aufbringen würde. Ich erreichte Steve nicht persönlich, also hinterließ ich ihm eine Nachricht.

»Brooklyn ist ziemlich krank. Ist es in Ordnung, wenn ich mir heute frei nehme? Ich würde gerne bei ihm bleiben.«

Niemand rief zurück.

Im Nachhinein hätte ich natürlich sagen sollen, dass ich aus London und nicht aus Manchester anrief. Aber weil ich mit dem Boss schon öfter wegen meines Familienlebens aneinander geraten war, dachte ich, er regt sich bloß auf, wenn er das Wort London hört. Um zehn Uhr war Brooklyn wach, und es ging ihm offensichtlich schon viel besser. Innerhalb von einer Stunde saß ich in meinem Auto und war auf dem Weg nach Manchester. Ich rief bei Steve an und erreichte ihn endlich. Es war ungefähr Mittag, und die Jungs hatten ihr Training schon beendet, also fragte ich ihn, ob ich nachmittags nach Carrington kommen sollte, um alleine ein bisschen zu trainieren. Er sagte mir, das sei nicht nötig.

»Aber David, ich muss dir leider sagen, dass der Boss ziemlich sauer ist.«

Meiner Meinung nach hatte ich mir zwar nichts vorzuwerfen, aber das wollte ich mit Steve nicht am Telefon ausdiskutieren. Ich dachte, am nächsten Morgen wäre die Sache erledigt. Aber da täuschte ich mich gewaltig.

Ich kam am Freitagmorgen zum Training, und Steve empfing mich mit den Worten, der Chef sei wütend auf mich und wolle mich sprechen. Ich machte mit dem Training weiter, ich nahm an, der Boss wolle mich erst hinterher bei sich sehen. Stattdessen tauchte er auf, als wir gerade einen neuen Spielzug einstudierten, sprach kurz mit Steve und schrie dann zu mir rüber:

»Beckham. Hierher! Ich will mit dir reden!«

Plötzlich befand ich mich vor der versammelten Mannschaft mitten im schönsten Streit mit dem Cheftrainer von Manchester United. Ich versuchte mich zu verteidigen, aber der Boss wollte nichts davon hören.

»Geh und trainier mit der B-Mannschaft!«

Vor den anderen Jungs war das eine Riesenbeleidigung, ein schwerer Schlag fürs Selbstbewusstsein, besonders wenn man sich keiner Schuld bewusst war. Ich weigerte mich schlichtweg und sagte, ich würde wieder in den Carrington-Komplex gehen. Ich stürmte in die Umkleidekabine, zog mich an und lief zu meinem Auto. Aber irgendetwas hielt mich zurück. *Am Samstag ist ein wichtiges Spiel. Benimm dich wie ein Profi, mach die Sache nicht noch schlimmer.*

Ich ging wieder rein und zog mich noch mal um. Dann ging ich in die Turnhalle und arbeitete allein. Nach etwa einer halben Stunde kam Roy Keane auf seinem Weg in die Umkleidekabine vorbei. Ich wusste nicht genau, was eigentlich abging oder wie ich reagieren sollte. Ich fragte Roy nach seiner Meinung, und er sagte sie mir geradeheraus.

»Du solltest mit dem Boss reden!«

Das hätte Roy in meiner Situation getan. Ich hätte nicht auf ihn hören sollen. Ich ging zum Büro, klopfte an die Tür und lief in das schlimmste Donnerwetter, das ich im Lauf meiner Karriere erlebt habe. Er warf mir vor, dass ich meine Prioritäten falsch setzte. Ich entschuldigte mich für meine Fehleinschätzung der Situation, aber ich kroch nicht zu Kreuze.

»Ich wollte ja zur Arbeit kommen, aber ich finde, meine Familie sollte die oberste Priorität haben. Mein Sohn war krank, und deshalb war ich nicht beim Training.«

Das sah der Boss anders.

»Deine Hauptverantwortung ist der Verein, nicht deine Familie.«

Um eines klarzustellen, ich verstand den Standpunkt des Teamchefs schon, obwohl ich ihn nicht teilte. Er musste an den Verein denken, und wir befanden uns in einer heißen Phase der Saison. Dass diese Meinungsverschiedenheit in einen hitzigen Streit mündete, lag an einem Foto, das am Morgen in der Zeitung erschienen war. Es zeigte Victoria am Abend des Donnerstags, an dem ich morgens nicht zum Training erschienen war, auf einem Wohltätigkeitsball. Am späten Nachmittag war Brooklyn wieder ganz der Alte, und Victoria hatte sich, während er schlief, dazu entschlossen, eine seit langer Zeit bestehende Verpflichtung zu erfüllen, die bedeutete, dass sie ein paar Stunden lang nicht zu Hause war. Aber der Boss sah das ganz anders.

»Du hast den Babysitter gespielt, während deine Frau sich herumgetrieben hat!«

Das Wort »herumgetrieben« und der abfällige Ton, in dem es vorgebracht wurde, brachten bei mir das Fass zum Überlaufen.

»Reden Sie gefälligst nicht so über meine Frau! Wie würde es Ihnen gefallen, wenn ich so abfällig über Ihre Frau sprechen würde?«

Ich hätte erst später zu ihm gehen sollen. Dass er sauer sein würde, war mir klar, aber ich hätte nicht erwartet, dass ich auch so wütend werden würde. Er sagte mir, ich sei aus dem Spiel gegen Leeds draußen. Ich bräuchte mich gar nicht erst bei dem restlichen Team blicken zu lassen.

Ich ging wieder runter, zog mich um und ging nach Hause. Ich konnte es nicht fassen. Der Boss konnte mich wegen dieser Bagatelle doch nicht für Elland Road sperren! Aber genau das tat er. Später am Tag kam ich zur üblichen Zeit noch mal vorbei, ich hoffte, die Lage hätte sich beruhigt. Dann fuhr ich mit den anderen über Nacht nach

Leeds, und am nächsten Morgen gab der Boss im Hotel die Mannschaftsaufstellung bekannt. Ich war nicht dabei. Auf dem Platz nannte er die Auswechselspieler. Ich saß nicht einmal auf der Bank. Inzwischen war die Geschichte bis zur Presse vorgedrungen, und am nächsten Tag erschienen in der Zeitung Fotos, auf denen zu sehen war, wie ich auf der Tribüne zusah, wie wir 1:0 gewannen. Ich glaube, die Situation geriet hauptsächlich wegen der Publicity außer Kontrolle. Vielleicht hatten die Fotos von mir beim Verlassen des Trainingsgeländes am Freitag und die Artikel, die sie begleiteten, den Boss dazu gezwungen, ein Exempel zu statuieren und seine Drohung, mich zu sperren, in die Tat umzusetzen.

Nach dem Spiel gegen Leeds war ich ein paar Tage weg und kam meinen internationalen Verpflichtungen nach. Als wir wieder in Manchester waren, setzte ich mich mit dem Boss, Steve McClaren und Gary Neville zusammen, um die Sache endgültig zu klären. Wenigstens war dies kein öffentliches Treffen, und das half uns dabei, den Ärger aus der Welt zu schaffen. Nachdem jeder gesagt hatte, was er sagen wollte, fasste der Boss die Sitzung abschließend zusammen:

»Gut, vergessen wir das Ganze. Lasst uns nach vorne schauen, Okay?«

Ich war zutiefst erleichtert. Es gab auf der ganzen Welt keinen Menschen, mit dem ich mich weniger streiten wollte als mit Alex Ferguson. Nicht nur, weil er wirklich furchtbar sein kann, wenn er durchdreht, und nicht nur, weil er die Macht hat, mich aus Spielen auszuschließen. Sondern weil er derjenige ist, der mir meine gesamte Karriere überhaupt erst ermöglicht hat. Ich betrachtete ihn seit meinem ersten Tag bei Manchester United als Vaterfigur in meiner zweiten Familie. Old Trafford war nun schon so lange meine Heimat, wie vorher mein Elternhaus. Auch wenn es mich manchmal sehr verletzte und wütend machte, wie der Boss mich behandelte, wusste ich doch immer, dass ihn nur der Wunsch leitete, das Richtige für United zu tun. Und ich vergaß nie, wie viel er für mich persönlich seit meiner Jugend, als Spieler und als Mensch, getan hatte. Vielleicht war ich überhaupt nur deshalb so wütend, weil mir die Beziehung zum Trainer so viel bedeutete.

An diesem Nachmittag war ich nach dem Training im Trafford Centre einkaufen. Als ich wieder auf dem Weg zu meinem Auto war, klingelte mein Handy. Es war der Boss.

»Wo zum Teufel steckst du?«

»Was?«

»Wo zum Teufel steckst du?«

»In meinem Auto.«

»Lüg mich nicht auch noch an. Du bist in Barcelona, oder?«

Ich musste mich anstrengen, um nicht lauthals loszulachen.

»Ich bin in meinem Auto. Ich fahre gerade aus dem Trafford Centre raus.«

Der Alte glaubte mir kein Wort.

»Mein Kumpel hat dich gerade am Flughafen von Barcelona gesehen.«

Was sollte ich ihm darauf jetzt erwidern? Ich beschrieb ihm den Parkplatz, auf dem ich stand und zählte ihm die Läden auf, in denen ich gewesen war. Es folgte langes Schweigen.

»Na gut. Wiedersehen.«

Später fand ich heraus, dass er fünf Minuten vor seinem Anruf schon bei Gary angerufen hatte. Er fragte ihn, wo ich sei und erzählte ihm, was er gehört hatte. Wegen unseres langen Gespräches am Vormittag dachte Gary inbrünstig, als er den Hörer auflegte:

»Dave, sei nach allem, was passiert ist, bitte nicht in Spanien!«

Die Geschichte wurde immer seltsamer. Ich konnte nicht fassen, dass wir dieses Gespräch wirklich geführt hatten. Der Boss kennt jeden in Manchester, und er weiß alles über seine Spieler. Ständig erzählen ihm Leute, was sie gesehen oder gehört haben. Jetzt hatte ihm gerade einer erzählt, dass er mich in Barcelona aus dem Flugzeug hatte steigen sehen. Das Problem bei solchen Geschichten ist, dass sie den Boss unheimlich aufregen, egal, ob sie wahr sind oder frei erfunden. Und das schadet natürlich mir und jedem anderen, über den solcher Klatsch die Runde macht. Vom professionellen Standpunkt aus habe ich, glaube ich, ein ziemlich vorbildliches Leben geführt. Ich passe auf mich auf, ich trinke nicht und bin auch nicht bis morgens unterwegs. Wenn ich nach London fuhr, um bei meiner Familie oder meinen Freunden zu sein, dann achtete ich immer darauf, dass meine Arbeit durch die Fahrerei nicht beeinträchtigt wurde. Wenn am Samstag ein Spiel anstand, dann war ich allerspätestens Mittwochabend auf dem Weg nach Manchester. Die Gerüchte, die über mich in Umlauf waren und die zu dem Streit geführt hatten, den wir gerade erst überwunden hatten, verleiteten den Trainer aber zu der Annahme, ich sei jeden zweiten Tag auf der Autobahn unterwegs. Die Tatsache an sich hätte ihm nichts ausgemacht, das wusste ich. Aber er glaubte ernsthaft, dass der Teil meines Lebens, der nicht vom Fußball bestimmt war, mich von dem ablenkte, was seiner Ansicht nach das Allerwichtigste war. Für United Spiele zu gewinnen. Ich hätte mir den Mund fusselig reden können, um ihn vom Gegenteil zu überzeugen. Aber genützt hätte es nichts. Ich konnte nur eines tun, um die Dinge ins Reine zu bringen. Spielen.

Wir waren in sensationeller Form. Der Brasilienaufenthalt hatte uns die nötige Erholung vom Meisterschaftsstress verschafft, und ich glaube, wir kamen ungeheuer gestärkt zurück. Nach dem Spiel gegen Leeds bekam ich meinen Patz in der Stammelf zurück. Von den restlichen Spielen der Saison endeten zwei unentschieden, alle anderen gewannen wir und wurden Meister mit 18 Punkten Vorsprung zum Zweitplazierten Arsenal, und das sagt mehr als tausend Worte. Wir hatten in diesem Jahr nur drei Spiele verloren, und damit konnten wir leben. Den Pokal konnten wir leider nicht verteidigen, aber die größte Enttäuschung der Saison war, dass wir auch in der Champions League dieses Ziel nicht erreichten. Unsere Erfahrung mit der Europameisterschaft hatte uns gelehrt, wie man die Gruppenrunden übersteht, auch wenn man mal ein Spiel verliert oder nicht in Topform ist. Aber in den K.o.-Runden geht es anders zur Sache, da wird richtiger Pokalfußball gespielt, und zwar gegen die besten Mannschaften der Welt. Im Viertelfinale 2000 standen wir Real Madrid gegenüber.

Das Hinspiel im Bernabeau endete 0:0. Real spielte großartigen Fußball, aber wir hatten einige Chancen – gegen Real hat man immer Chancen – und spielten gut. Ein Auswärtstor in Spanien hätte uns gereicht. Nach diesem Ergebnis waren wir ganz wild darauf, daheim im Old Trafford gegen sie anzutreten. Wir dachten, wir könnten sie schlagen. Auch unsere Anhänger und die Presse waren dieser Meinung. Real nicht. Es war noch die Zeit vor Zidane, Figo und Ronaldo, aber Real hatte großartige Spieler. Ich glaube, der Boss hat mal gesagt, dass er Raul für den besten Fußballer der Welt hält. Sie schossen fantastische Tore in Manchester und schlugen uns, bevor wir richtig loslegen konnten. Es war keine Schande, gegen sie zu verlieren, schließlich gewannen sie am Ende die Champions League. Aber wir waren am Boden zerstört. Wir hatten unsere Chancen nicht genutzt.

Es ähnelte ein wenig der ersten Halbzeit unseres Spiels gegen sie 2003 in Madrid. Im Old Trafford hatten sie eine magische Viertelstunde am Anfang der zweiten Halbzeit. Alles, was sie versuchten, klappte, und wir kamen einfach nicht an sie ran. Ihr linker Mittelfeldspieler Redondo, ein Argentinier, brachte den Ball mit einem unglaublichen Rückzieher an Henning Berg vorbei, schoss eine präzise Flanke, und Raul schubste den Ball ins Tor. Brillant. Wir hatten in der ersten Halbzeit ein Tor einstecken müssen, dann erzielte Raul seine zwei Tore, und nach einer knappen Stunde Spielzeit lagen wir in einem Spiel, dass wir nicht aus der Hand gegeben hatten, 3:0 zurück. In der letzten halben Stunde rissen wir uns zusammen. Ich machte ein Tor, und Scholesy brachte einen Elfmeter ins Netz, aber Real ließ nicht nach, und wir waren draußen.

Ich freute mich über mein Tor, obwohl es die Niederlage natürlich nicht wettmachen konnte. Ich war an Roberto Carlos vorbeigetänzelt und hatte den Ball in die obere Ecke platziert. Ich habe schon ein paar Mal gegen ihn gespielt, mit United gegen Real, und mit England gegen Brasilien. Jeder sagt, was für ein toller Stürmer er ist, aber er ist auch ein Spitzenverteidiger, wie man an diesem Abend sehen konnte. Er ist der beste linke Verteidiger, den es im Fußball gibt. Es heißt immer, er lässt hinter sich zu viel Raum offen, wenn er vorwärts stürmt, aber der Kerl bringt dich noch zum Zweikampf, selbst wenn du fünf oder zehn Meter Vorsprung vor ihm hast. Ich spielte sehr gerne gegen ihn. Wenn Roberto Carlos auf dem Platz war, hieß der Gegner entweder Real Madrid oder Brasilien, und damit wusste man, dass man gerade gegen die Besten der Welt antrat.

Nach unserem Ausscheiden aus dem Europacup durften wir natürlich nicht herumsitzen und Trübsal blasen, egal, wie sehr wir darauf gehofft hatten, den Pott noch einmal zu holen. Aber eine unserer Stärken ist der Umgang mit Niederlagen. Da ist United wirklich etwas ganz Besonderes. Während eines Spiels gibt sich das Team nie geschlagen, egal, wie der Spielstand aussieht. Und wenn wir ein Spiel verloren haben, dann versuchen wir, im nächsten Spiel alles zu geben, um diese Schlappe wieder wettzumachen, egal, wie enttäuscht wir über die Niederlage waren. Der gleiche Geist beflügelt United auch bei Erfolgssträhnen wie die in der Saison 1999/2000, mit denen man eine Meisterschaft gewinnt. Der Cheftrainer verkörpert diese Einstellung genau so sehr wie die Assistenztrainer, das fängt schon bei Nobby Stiles und Eric Harrison an. Und sie vermitteln diese Einstellung auch ihren Spielern. Sogar im Jugendfußball erholten wir uns immer schnell von Tiefschlägen, sowohl während des Spiels als auch nach einer Niederlage.

Vielleicht sind wir einfach stur. Wir geben uns nicht mit dem Zweitbesten zufrieden, der Wunsch nach Perfektion und der Wille, danach zu streben, sind fest mit United verbunden. Diese professionelle Haltung lief durch den gesamten Verein, und die Gruppe, die zusammen in den Neunzigern heranwuchs, verkörperte diese Stärken besonders auffällig und besonders intensiv. Die Nevilles, Paul Scholes, Ryan Giggs, Nicky Butt und ich. Roy Keane machte sich immer über die »Klasse von 92« lustig, aber gerade er weiß es am meisten zu schätzen, wenn die anderen Mitglieder seiner Mannschaft wirkliche Kämpfer sind.

Zwischen uns herrschte ein Zusammengehörigkeitsgefühl, das man nicht kaufen oder heranzüchten kann. Es wurde immer stärker, je länger wir zusammen bei United waren. Wir vertrauten einander blind, und niemals stellte sich bei uns ein Einzelner über die anderen. Wir hätten uns niemals im Stich gelassen, und eines änderte sich nie: Wir lebten dafür, Fußball zu spielen. Für Manchester United Fußball zu spielen. In den letzten Jahren, besonders nach 2002, dem Jahr in dem wir keine Trophäe mit nach Hause nahmen, wurden einige Stimmen von Fachleuten und sogar von United-Anhängern laut, die behaupteten, es sei an der Zeit, sich von der »Klasse von ’92« zu trennen. Ich habe die Gruppe inzwischen verlassen, aber was die anderen betrifft, fürchte ich, der Verein würde mit ihnen etwas verlieren, was für den Erfolg des Klubs so wichtig ist, nämlich den Geist von United. Nur bei ganz wenigen Vereinen kann man etwas Ähnliches finden, und ich glaube, Manchester United würde ihn niemals ersetzen können.

9

Die Deutschen

»Geht einfach hinaus und genießt das Spiel...
Wir haben die bessere Mannschaft.«

Manchmal scheint es niemanden zu interessieren, dass Fußball ein Mannschaftssport ist. Wenn irgendetwas schief geht, ist der Schuldige meist sehr schnell ausgemacht. So ist es auch mit der englischen Nationalelf. Bei der Weltmeisterschaft 1998 war ich es, der den Schwarzen Peter zugeschoben bekam; 2002 musste Dave Seaman daran glauben. Bei der Europameisterschaft im Jahr 2000 fand sich Phil Neville unversehens in der Rolle des Sündenbocks wieder, weil wir die Erwartungen der Öffentlichkeit nicht erfüllt hatten. Die Medien und ein Teil der Fans brauchen anscheinend stets einen Helden oder Buhmann. Damit will ich nicht sagen, dass die Menschen nicht das Recht hätten, sich ihre eigene Meinung über die Nationalmannschaft zu bilden. Doch manchmal frage ich mich schon, ob ihnen nicht bewusst ist, dass diese Schimpfkanonaden auch uns zu Ohren kommen. Selbst wenn viele Fußballer immer wieder betonen, niemals Zeitung zu lesen oder Radio zu hören, steht es außer Frage, dass wir natürlich von solchen Urteilen erfahren. So stark und unverwundbar wir uns auch nach außen hin geben mögen – solche Schuldzuweisungen gehen selbstverständlich nicht spurlos an uns vorüber.

Doch das ewige Herumhacken auf einzelnen Spielern findet keineswegs nur auf internationaler Ebene statt. Im Herbst 2002 schien irgendein Fluch auf United zu liegen, weshalb wir deutlich hinter den in uns gesetzten Erwartungen zurückblieben. Die Gründe dafür waren vielfältig und hatten unter anderem mit Verletzungen und Spielersperren zu tun. Außerdem befand sich die Mannschaft insgesamt in einem Formtief. Darüber hinaus hatte ich mit persönlichen Problemen zu kämpfen, auf die ich später noch näher eingehen werde. Für manche Leute schien festzustehen, dass Ryan Giggs der Verantwortliche für die ganze Misere war. Innerhalb des Vereins teilte man diese Ansicht allerdings keineswegs – weder von Seiten der Spieler, noch im Trainerlager. Doch die United-Anhänger waren teilweise äußerst unzufrieden, was die Zeitungen und Radiosender natürlich nur allzu gern aufgriffen. Das Ganze kam für uns Spieler und insbesondere für Ryan selbst ziemlich überraschend, waren doch die Fans für uns in den vergangenen Jahren immer eine große Stütze gewesen. Vor allem der eigene Vereinsnachwuchs konnte sich ihrer Sympathien bislang eigentlich immer sicher sein.

Als die Geschichte in den Medien herumgereicht wurde, stellten sich die meisten Anhänger hinter Giggsy. Mochte er auch gerade ein Formtief haben, wäre doch niemand, der etwas von Fußball verstand, auf die Idee gekommen, seine Qualitäten als Weltklasse-Fußballer in Frage zu stellen, nur weil die Mannschaft sich gerade nicht auf Erfolgskurs befand. Selbstverständlich haben die Anhänger das Recht, ihre Meinung über United offen auszusprechen; schließlich kommen sie für die Gehälter der Spieler und der anderen Vereinsmitarbeiter auf. Die Spieler haben die Aufgabe, den Erwartungen der Fans gerecht zu werden, das ist nun einmal ihr Job. Aber ich habe überhaupt kein Verständnis dafür, wenn man einen einzelnen Spieler auf diese Weise fertig macht. Damit macht man es ihm und der übrigen Mannschaft nur noch schwerer, als es ohnehin schon ist. Ich halte die Fans im Old Trafford im Allgemeinen für toleranter als die meisten anderen. Sie kennen das Spiel und ihre Spieler. Echte United-Anhänger haben zu keiner Zeit daran gezweifelt, dass Giggsy wieder zu seiner alten Form zurückfinden würde, was er ja im Laufe der letzten sechs Monate jener Saison auch getan hat.

Was die Nationalmannschaft angeht, kommt es immer wieder vor, dass ein einzelner Spieler die ganze Last einer Niederlage auf seinen

Schultern zu tragen hat. Wenn man bedenkt, dass wir auf internationaler Ebene unser Land vertreten und nicht nur unseren Verein, dann wird deutlich, wie schmerzlich und demütigend solche Schuldzuweisungen an Einzelne sind. Immerhin verfolgen bei großen Turnieren Millionen von Fans jeden unserer Spielzüge am Fernseher. Als wir jünger waren, schlossen wir bei den Vorbereitungen für Länderspiele aus Spaß gelegentlich Wetten ab, wer im Falle einer Niederlage wohl diesmal der Sündenbock sein würde. Jetzt im Rückblick erscheinen mir solche Scherze gar nicht mehr so lustig. Wenn man einzelne Spieler an den Pranger stellt, untergräbt man damit nicht nur die Moral des Betroffenen, sondern schwächt gleichzeitig die gesamte Mannschaft, wie im Fall unseres Nationalteams geschehen.

Englische Nationalspieler sind fortwährend einem gewissen Druck ausgesetzt, was ich durchaus nachvollziehen kann; schließlich bin ich ebenfalls Patriot. Ich bin ein Fan unserer Mannschaft und wünsche mir, dass wir als Land so gut wie möglich abschneiden. Im Falle von Welt- und Europameisterschaften bin ich allerdings der Ansicht, dass zu massiver Druck von außen manchmal dazu führt, dass die Spieler nicht mutig genug agieren. Sie gehen Risken aus dem Weg und wagen es nicht, aus sich herauszugehen. Im Hinterkopf mancher Akteure spielt immer die Angst vor dem Versagen mit. Auch die Erinnerung an die Geschehnisse um meine Person 1998 oder um Phil Neville bei der EM 2000 ist nach wie vor lebendig. Schaut man sich dagegen Brasilien an, muss man feststellen, dass sie ungeachtet der äußeren Umstände stets recht locker auftreten. Im WM-Viertelfinale 2002 sah ich, wie Ronaldo während der Partie ungezwungen mit dem Schiedsrichter lachte und scherzte, obwohl wir 1:0 in Führung lagen.

Natürlich mag es eine Rolle spielen, dass keiner von den Brasilianern bei einem Verein in Brasilien verpflichtet ist. Vielleicht machen sie sich deshalb weniger Sorgen darüber, was passieren könnte, wenn alles schief läuft. Die englischen Spieler hingegen wissen genau, welche Reaktion sie gegebenenfalls daheim erwartet. Obwohl ich es bereits am eigenen Leib erlebt hatte, ging mir nach der WM 2002 eine Frage nicht aus dem Kopf: Was wäre über mich gesagt und geschrieben worden, wenn ich den Elfmeter gegen Argentinien verschossen hätte? Vielleicht habe ich ja Unrecht. Ich habe nie mit meinen Teamkollegen über dieses Thema gesprochen. Trotzdem kann ich mich des Eindrucks nicht erwehren, dass uns bei wichtigen Begegnungen manchmal die Angst vor Fehlern davon abhält, die Leistung zu zeigen, zu der wir eigentlich fähig sind und wie sie die Fans von uns erwarten.

Die EM 2000 lief – warum auch immer – für uns nicht so, wie wir es uns vorgestellt hatten. Als Schuldiger musste Phil Neville herhalten. Aber auch Kevin Keegan hatte eine Menge Kritik einzustecken. Doch der Mannschaftsgeist, den Kevin in uns geweckt hatte, seit er Nationaltrainer war, ließ uns alle spüren, dass wir im selben Boot saßen. Wir wussten, dass wir alle unseren Teil dazu beigetragen hatten, dass England so früh ausgeschieden war. Obwohl wir uns bereits in der Qualifikation schwer taten, starteten wir mit frohen Erwartungen in das Turnier. Vor unserer Abreise nach Belgien und Holland ging es diesmal im Trainingslager in Frankreich deutlich entspannter zu als im Vorfeld der Weltmeisterschaft zwei Jahre zuvor unter Glenn Hoddle. Deshalb blickten wir dem Beginn des Turniers erwartungsvoll entgegen.

Wenn man an die ersten zwanzig Minuten unseres damaligen Eröffnungsspiels gegen Portugal in Eindhoven zurückdenkt, muss man schon zugeben, dass wir gut in Form waren und die richtige Einstellung hatten. Der Gegner wartete seinerseits mit einer hervorragenden Mannschaft auf, zu der unter anderem Weltklassespieler wie Luis Figo und Rui Costa gehörten. Sie setzten uns von Anfang an stark unter Druck, während wir bei jedem unserer Gegenangriffe gute Torchancen hatten. Ich spielte eine Reihe von Flanken, von denen Paul Scholes und Steve McManaman jeweils eine erfolgreich nutzen konnten. So lagen wir, noch bevor wir darüber nachdenken konnten, wie das Spiel sich entwickeln würde, bereits 2:0 in Führung. Ehrlich gesagt, waren wir selbst beinahe ein wenig überrascht von dieser Entwicklung. Eigentlich hätten wir das Spiel in dieser Situation gewinnen müssen, doch kurz darauf startete Figo im Alleingang durch und platzierte den Ball in der oberen Ecke, woraufhin sich das Blatt komplett wendete.

Von diesem Moment an ging einfach alles schief, was nur irgendwie schief gehen konnte. Kurz vor der Halbzeitpause gelang dem Gegner dann der Ausgleichstreffer. Michael Owen schied verletzt aus und Steve McManaman unmittelbar danach ebenfalls. In der zweiten Halbzeit gelang den Portugiesen schließlich das entscheidende Siegestor.

Für einen neutralen Zuschauer war diese Partie sicher außerordentlich spannend. Doch für uns und natürlich auch für die englischen Fans bedeutete es eine herbe Enttäuschung. Es war frustrierend zu erleben, wie uns das Spiel allmählich entglitt, nachdem wir so gut begonnen und sogar zwei Tore erzielt hatten. Auch das Wissen, hervorragenden Fußball gezeigt zu haben und von einer Spitzenmannschaft geschlagen worden zu sein, machte die Last nicht leichter. Obwohl ich mit meiner Leistung insgesamt zufrieden sein konnte, fühlte ich mich nach Spielende ziemlich deprimiert. Eine 3:2-Niederlage war nicht gerade der Start, den wir uns erhofft hatten. Nach dem Abpfiff tauchte ich für ein paar Minuten in meine eigene Welt ab. Vielleicht hätte ich mich erhobenen Hauptes für das Kommende wappnen sollen, denn als ich vom Spielfeld trottete, wartete bereits erheblicher Ärger auf mich.

Victoria war extra für dieses Spiel nach Holland gekommen. Sicher wollte sie mir damit Kraft geben, aber ich hatte ihretwegen schon vor dem Anstoß ein ungutes Gefühl. Man hatte uns im Vorfeld zugesichert, dass unsere Familien in einem sicheren, abgetrennten Bereich sitzen würden, doch nichts dergleichen war geschehen. Ich sah sie ungeschützt inmitten der Menschenmassen sitzen. Ich fragte mich ernsthaft, wie es dort wohl um Victorias Sicherheit bestellt sei. Sie war zusammen mit ihrem Dad gekommen. Die beiden mussten vor und nach dem Spiel arge Anfeindungen von Leuten hinnehmen, die sich selbst als englische Fans bezeichneten. Unter solchen Umständen wird sie nie wieder auch nur ein einziges Spiel besuchen.

Einige dieser Schwachköpfe erwarteten mich dann auch, als ich das Spielfeld verließ. Während ich auf den Verbindungstunnel zuging, nachdem wir unseren Anhängern applaudiert hatten, sah ich im Zuschauerbereich hinter den Trainerbänken fünf oder sechs Typen stehen. Sie begannen sofort, zuerst mich und dann Victoria auf übelste Weise niederzumachen. Aber das Schlimmste war, dass sie anschließend auch Brooklyn lautstark beschimpften. Wenn ich daran denke, was für abartige Sachen sie da schrien, wird mir noch heute ganz übel. Obwohl ich vollkommen außer mir war, biss ich die Zähne zusammen. Was kann man in einem solchen Fall schon tun? Leider steht man solchen Pöbeleien mehr oder weniger machtlos gegenüber. Deshalb streckte ich ihnen einfach meinen Mittelfinger entgegen und lief in die Kabine.

Seit Frankreich '98 passierte es mir immer wieder, dass ich im Stadion und auch außerhalb von irgendwelchen Leuten verbal attackiert wurde. Ich hatte mich beinahe schon daran gewöhnt. Diese Erfahrungen schmerzten zwar stets von neuem, aber mit der Zeit legte ich mir ein dickes Fell zu. Was mich jedoch wirklich schockierte, waren die Anfeindungen, denen Victoria und ich ausgesetzt waren, seit wir geheiratet und eine Familie gegründet hatten. Statt uns ein wenig Privatleben und Respekt zuzugestehen, schien danach alles nur noch schlimmer zu werden. Es ist völlig unklar, welche Gründe diese Menschen für ihre Beschimpfungen hatten. War es Neid? Verachtung? Bloße Langeweile? An diesem Nachmittag in Eindhoven jedenfalls, nachdem ich neunzig Minuten lang mit der Nationalelf über das Spielfeld gehetzt war und wir am Ende nicht einmal ein anständiges Ergebnis vorzuweisen hatten, war mir endgültig der Geduldsfaden gerissen. Die Kommentare dieser Typen verletzten und empörten mich so sehr, dass ich einfach reagieren musste.

Nachdem ich mit den übrigen Spielern den Tunnel durchquert hatte, betrachtete ich die Sache als erledigt. Glücklicherweise lief in dem Moment, als es passierte, Kevin Keegan nur wenige Schritte hinter mir und hatte jedes Wort mit angehört, das in meine Richtung gegrölt worden war. Er erwähnte den Vorfall in der Kabine jedoch mit keinem Wort. Es war wichtiger, das soeben absolvierte Spiel auszuwerten und nach vorn zu blicken, da wir im nächsten Spiel in Charleroi auf Deutschland treffen würden. Ich zog mich um und stieg hinter ein paar Teamkameraden in den Bus. Dann rief ich Victoria an. Sie berichtete mir, was ihr und Tony am Ein- und Ausgang des Stadions passiert war. Wahrscheinlich hatte ich nicht einmal Zeit, ihr meine eigenen Erlebnisse zu schildern, denn in diesem Moment kam Paul Ince auf mich zu und fragte:

»Hast der Menge den Finger gezeigt?«

Ich nickte nur genervt.

»Sie haben ein Foto davon gemacht. Jemand von der Presse hat mir gesteckt, dass es morgen in den Zeitungen erscheinen wird.«

Als wir im Hotel ankamen, hatte Kevin in der Zwischenzeit seinerseits erfahren, was geschehen war. In der Pressekonferenz nach dem Spiel hatte man ihn daraufhin angesprochen. Als wir beim Abendessen saßen, kam er zu mir herüber:

»David, ich habe alles mit angehört. Mach dir keine Sorgen. Versuch die Zeitungsmeldungen einfach zu ignorieren. Ich habe jedes Wort registriert. Sei unbesorgt, ich stehe hinter dir.«

Diese Worte wiederholte er immer wieder, wenn er auf dieses Thema angesprochen wurde. Er erklärte vor der Presse und vermutlich auch vor Vertretern des britischen Fußballverbandes, die eventuelle Konsequenzen befürchteten, dass er den Vorfall miterlebt habe und entschlossen hinter mir stünde. Kevin war es auch, der öffentlich machte, wie weit die Verbalattacken gegangen waren und welche persönlichen Beleidigungen und Gehässigkeiten mir dabei entgegengeschleudert wurden. Unglaublich, so etwas über jemanden zu denken, geschweige denn, es ihm auch noch öffentlich ins Gesicht zu schreien. In dieser Situation hätte ich mir keine bessere Unterstützung wünschen können, als ich sie von unserem Trainer erhielt. Kevin Keegan stand fest an meiner Seite. Das Gleiche hätte unter diesen Umständen auch Alex Ferguson getan. Sowohl Kevin als auch der Alte wissen genau, wie wichtig für einen Spieler eine solche Sicherheit ist. Sich darauf verlassen zu können, dass ihr Trainer in der Öffentlichkeit für sie einsteht, egal, was hinter den Kulissen abläuft, ist äußerst hilfreich.

In Eindhoven schien es mir jedoch, dass Kevin nicht nur deshalb für mich eintrat, weil ich einer seiner Spieler war, sondern weil er wirklich geschockt und angewidert darüber war, was er da aus der Menge gehört hatte. Wie sich herausstellte, war er damit nicht der

Einzige. Natürlich machten die Zeitungen am nächsten Tag viel Aufhebens um die Sache. Und selbstverständlich gab es auch einige Kommentatoren, die erneut die Vorwürfe aufwärmten, die man mir bereits zur Genüge nach den Ereignissen in Saint-Etienne gemacht hatte: *Er ist ein Idiot, eine Schande und sollte nie wieder für sein Land spielen.* Doch diesmal war die Situation eine ganz andere. Diesmal hatte ich den Nationaltrainer hinter mir, und die Öffentlichkeit war über den Auslöser für meine Reaktion besser informiert. In Eindhoven war ich nicht von einem argentinischen Mittelfeldspieler provoziert worden, sondern von Leuten, die sich mit dem Georgskreuz und am Souvenirstand gekauften englischen Nationaltrikots schmückten. Vielleicht konnten die Menschen meine Reaktion diesmal eher nachvollziehen, wenngleich sie auch nicht gutzuheißen war. Zwei Jahre lang hatte man immer wieder gegen mich gehetzt, und nun war meine Geduld am Ende. Einige Reporter und Anhänger erkannten, dass man mir übel genug mitgespielt hatte und ich Kevins Rückhalt verdient hatte. Beinahe postwendend hatte ich Gefühl, dass die öffentliche Meinung sich radikal veränderte.

Es kommt schon vor, dass einem das eigene Gedächtnis ein Schnippchen schlägt. Nicht immer überschlagen sich die Ereignisse tatsächlich so dramatisch wie in der Erinnerung. Doch nach dem Vorfall in Eindhoven änderte sich alles förmlich über Nacht. Ich werde nie vergessen, was geschah, während wir uns vor dem Spiel gegen Deutschland aufwärmten. Seit meinem Platzverweis gegen Argentinien genossen es die englischen Fans immer wieder, Schmähungen gegen mich loszulassen. Da halfen auch meine Spiele mit United nichts. Vor allem damals in Wembley hatten sich die United-Spieler schon an die Beschimpfungen gewöhnt. Einige Fans ließen sich sogar zu Buhrufen hinreißen, sobald die Namen von Gary oder Phil Neville erwähnt wurden. Diese Beleidigungen, die wir bei Auswärtsspielen mit unserem Verein einstecken mussten, setzten sich dann auch bei Länderspielen fort, in denen wir aufliefen. Doch zumindest für mich änderte sich dies schlagartig nach den Geschehnissen in Charleroi.

Fünf Tage nach unserer Niederlage gegen Portugal traten wir in einem winzigen Stadion in einer belgischen Kleinstadt gegen Deutschland an. In der Innenstadt hatte es zuvor Zusammenstöße von Anhängern gegeben, doch davon hielt man uns bewusst fern. Für uns war vor allem die Stimmung im Stadion von Bedeutung. Die Spielstätte wirkte ein wenig provinziell, da die Zuschauerbänke direkt am Spielfeldrand begannen. Die Geräuschkulisse war eindrucksvoll, am lautesten waren die englischen Fans. Als wir fünfunddreißig Minuten vor dem Anstoß zum Aufwärmen auf den Platz kamen, waren die Zuschauerränge bereits brechend voll.

Es war wirklich bemerkenswert. Als ich auf unsere Fans zulief, hörte ich sie zum ersten Mal in meinem Leben singen:

»One David Beckham. There's only one David Beckham …«

Wenn ich daran zurückdenke, läuft mir noch heute ein Schauer den Rücken hinunter. Damals wollte ich kaum meinen Ohren trauen. Wie schon erwähnt, bin ich sowohl Anhänger als auch Spieler der englischen Nationalmannschaft. Dass unsere Fans meinen Namen skandierten, bedeutete mir unendlich viel. Genauso, wie unsere Anhänger im Old Trafford mir halfen, über Saint-Etienne hinwegzukommen, ließen mich diese Fans in Charleroi vergessen, was nach dem Spiel gegen Portugal am Montag zuvor geschehen war. Es ist schon ein gewaltiger Unterschied, wenn man die Anhänger der eigenen Mannschaft – Menschen, die viel Geld für die Reise zu großen Turnieren ausgeben, um die eigene Nationalmannschaft zu unterstützen – auf seiner Seite weiß. Ich bin überzeugt davon, dass die allgemeine Einstellung mir gegenüber seit jenem Nachmittag eine radikale Wendung nahm. Wie wichtig Kevins Rückhalt dabei war, werde ich wohl nie erfahren. Aber ich bin mir ganz sicher, dass die Ereignisse von Eindhoven ganz wesentlich dazu beitrugen, den Menschen vor Augen zu führen, was ich im Laufe der letzten zwei Jahre an Anfeindungen ertragen musste.

Während ich zurück zur Kabine ging, um mich auf den Anstoß vorzubereiten, fühlte ich mich fantastisch. Als wir wieder herauskamen, wäre ich für mein Land wahrscheinlich durch jede Wand gegangen. Offen gesagt, mutete die Partie gegen Deutschland auch ungefähr so an. Es war ein sehr, sehr hartes Spiel. Die reichlich neunzig Minuten entpuppten sich als ziemlich qualvoll. Doch wenn man bedenkt, dass wir die Deutschen seit 1966 in keinem Entscheidungsspiel mehr geschlagen hatten, konnte sich das Ergebnis durchaus sehen lassen: 1:0 für England.

In der Begegnung gegen Portugal hatte ich jeweils die Vorlage für unsere beiden Tore geliefert und war demzufolge recht zuversichtlich, was meine eigene Leistung anging. Kurz nach der Halbzeitpause gab es in Charleroi für uns einen Freistoß ein paar Meter innerhalb der deutschen Spielfeldhälfte. Gary Neville kam auf mich zugerannt:

»Los, spiel ihn gleich ab.«

Man kann ihm so etwas einfach nicht übel nehmen. Gary bringt sich immer sehr engagiert ins Spiel ein, aber diesmal wollte ich nicht einfach nur an ihn abgeben und dann zum offenen Spiel zurückkehren.

»Ach, Gary, lass mich einfach machen.«

Wahrscheinlich war er nicht sonderlich glücklich über meinen langen Schuss, aber es war nun einmal meine Entscheidung. Der Ball flog in die Höhe, an zwei deutschen Verteidigern vorbei, bis Alan Shearer ihn kurz vor dem Pfosten annahm und ins Tor beförderte. Am Ende war dies der Siegestreffer. Inmitten des allgemeinen Jubels kam Gary zu mir:

»Klasse Flanke, Becks.«

Es klang so, als wäre es eigentlich seine Idee gewesen. Manchmal kann einem Gary schon den letzten Nerv rauben. Trotzdem kann ich mir niemanden vorstellen, mit dem ich lieber trainieren oder Fußball spielen würde. Seine Einstellung zum Spiel ist einfach großartig. Nach dem Abpfiff feierten wir alle zusammen auf dem Spielfeld, während die Fans vor Freude fast durchdrehten. Wir hatten Deutschland geschlagen und unser erstes Spiel in diesem Turnier gewonnen. Doch plötzlich kam Gary zu mir hinüber und sprach es deutlich aus:

»Wir sollten uns jetzt zurückziehen. Schließlich ist mit diesem Sieg noch gar nichts erreicht. Wir haben uns noch nicht einmal innerhalb unserer Gruppe qualifiziert.«

Damit hatte er Recht. Wir mussten uns immerhin noch gegen Rumänien behaupten. Um Gruppensieger zu werden, benötigten wir lediglich ein Unentschieden, doch wie das Spiel dann letzten Endes ausging, ist ja allgemein bekannt. Rumänien wartete mit einer guten, technisch anspruchsvoll spielenden Mannschaft auf, wenngleich ihnen Gheorghe Hagi fehlte, der gesperrt worden war. Aber es hätte nie so weit kommen dürfen, dass sie uns aus dem Turnier werfen; so gut waren sie schließlich nun auch wieder nicht. Nachdem wir zunächst mit einem Tor im Rückstand lagen, holten wir alsbald zum 2:1 auf. Von da ab hätten wir das Spiel gewinnen müssen. Doch nachdem ihnen der Ausgleich gelungen war, fehlte es uns wohl an Selbstvertrauen, noch einmal anzugreifen. Wir hatten uns zu sehr auf das Unentschieden versteift. Kurz vor Spielende machte uns dann eine Fehlentscheidung einen Strich durch die Rechnung, sodass statt England schließlich Rumänien im Viertelfinale stand.

Ich stand nahe der Mittellinie, als Phil Neville in einen gegnerischen Spieler rutschte und daraufhin auf Strafstoß entschieden wurde. Es war eine seltsame Situation. Irgendwie unwirklich. So etwas hätte nicht passieren dürfen. Es hatte den Anschein, als gehöre dieser Moment gar nicht zu dem Spiel, das wir die letzten neunzig Minuten über bestritten hatten. Phil tat mir unendlich Leid. Er hatte sich in dieser Partie und im gesamten Turnier hervorragend geschlagen. Nach dem Abpfiff dachte ich nur: Ich weiß genau, wie es jetzt weitergeht und was man über ihn sagen wird.

Ich ging zu ihm hinüber und legte meinen Arm um ihn. Aber ich wusste genau, dass ich nichts tun oder sagen konnte, um zu verhindern, dass man ihm die Schuld für unsere Niederlage gegen Rumänien und das Ausscheiden aus dem Turnier geben würde. Man ging mit ihm zwar nicht ganz so hart ins Gericht wie mit mir nach dem Debakel in Frankreich 1998, doch es war immer noch schlimm genug. Deshalb ist es kein Wunder, dass englische Nationalspieler an wichtige Begegnungen gelegentlich mit der Sorge im Hinterkopf herangehen, ob ihnen diesmal der große Patzer unterlaufen wird, für den sie anschließend an den Pranger gestellt werden. Wie bereits gesagt halte ich es für unabdingbar, dieses Denken zu überwinden, um die englische Nationalelf wirklich voranzubringen.

An jenem Nachmittag herrschte in Charleroi rings um das Spielfeld und in der Kabine nur allgemeine Fassungslosigkeit. Nach dem nur wenige Tage zurückliegenden klaren Sieg gegen Deutschland auf demselben Platz war dieses Ergebnis gegen Rumänien wahrhaft niederschmetternd. Durch den Sieg am Samstag zuvor waren allenthalben – bei den Fans, den Medien und nicht zuletzt bei uns Spielern selbst – Erwartungen geweckt worden, die dann im Bruchteil einer Sekunde wie eine Seifenblase zerplatzten. Es fiel schwer, damit umzugehen. Im Vorfeld war es beinahe unmöglich gewesen, sich von den Hoffnungen der englischen Fans nicht mitreißen zu lassen, und wie den Anhängern machte es uns schwer zu schaffen, so zeitig die Heimreise antreten zu müssen.

An die Minuten unmittelbar nach dem Spiel in der Kabine und die ersten Tage in England habe ich nur noch sehr verschwommene Erinnerungen. Ich musste vor allem daran denken, wie sich die Spieler von Bayern München wohl gefühlt haben müssen, als United 1999 den Europapokal gewann. Solche Niederlagen sind anders, als wenn der Gegner von Anfang an die Führung übernimmt, das gesamte Spiel dominiert und schließlich zwei oder drei zu null gewinnt. Von einer Minute auf die andere entschwindet alles, was eben noch zum Greifen nahe war. Alles geht so schnell, dass man weder Zeit noch Möglichkeit hat, irgendetwas dagegen zu tun. So etwas ist schwer zu ertragen. Die Gesichter der Bayern-Spieler an jenem Abend, als United in Barcelona gewann, drückten genau diesen Schmerz aus. Ich habe einen ungeheueren Respekt vor ihnen. Es gelang ihnen, die Enttäuschung zu überwinden und den Pokal zwei Jahre später zu holen. Aus ihrer Reaktion sprach eine Charakterstärke, zu der die englischen Nationalspieler nach der EM 2000 erst noch finden mussten.

Als wir wieder in England eintrafen, mussten nicht nur die Spieler herbe Kritik einstecken. Auch der Trainer wurde heftig attackiert, was zumindest einen Teil der Last von Phil Nevilles Schultern nahm. Betrachtet man einmal die Spielstrategie von Kevins Mannschaften einschließlich der Nationalelf, dann wird klar, dass so etwas früher oder später passieren musste. Während seiner Zeit in Newcastle war es ganz ähnlich. Für die Zuschauer hat das Spiel seiner Teams einen hohen Schauwert, doch sobald etwas schief läuft, haben sie schnell

Vorwürfe der Art parat, dass Kevin zu große Risiken eingeht und zu wenig Zeit in die Arbeit an der Verteidigung investiert. Dennoch kann ich nicht genug betonen, wie sehr ich ihn als Trainer und Menschen schätze. Als Spieler waren wir uns dessen bewusst, dass wir selbst für das Debakel in Belgien verantwortlich waren, egal, wie vehement alle mit dem Finger auf Kevin zeigten.

Im internationalen Fußball bleibt nie genug Zeit, wieder ganz von vorn zu beginnen und völlig neue Ideen zu entwickeln. Kaum ist ein Turnier zu Ende, steht schon wieder die Qualifikation für das nächste vor der Tür. Im Herbst 2000 bestritten wir die ersten Spiele für die Weltmeisterschaft 2002. In der ersten Begegnung mussten wir uns wiederum gegen Deutschland behaupten, diesmal in Wembley. Nach unserem Sieg gegen sie in Charleroi waren viele Beobachter übereinstimmend der Ansicht, ihre Mannschaft sei die schlechteste, die sie je aufgestellt hatten. Möglicherweise nahmen sie an, wir würden sie im Handumdrehen ein zweites Mal schlagen. Ungeachtet dessen, was im Sommer geschehen war, sahen wir uns erneut hohen Erwartungen gegenüber. Dieser Tag im Oktober hatte zudem den Vorteil, dass unser Spiel das letzte war, das in Wembley ausgetragen wurde. Danach sollte das Stadion abgerissen werden.

Im Vorfeld wurde darum eine Menge Wirbel gemacht. Es gab zahlreiche Rückblicke auf die Geschichte der Spielstätte. Besondere Erwähnung fand immer wieder der erfolgreichste Nachmittag überhaupt im Jahre 1966. Natürlich war das Wembley-Stadion bei unserem Spiel bestens besucht. Als wir zum Aufwärmen auf das Spielfeld kamen, hatte man eher den Eindruck, die Zuschauer seien zu einer Party gekommen als zu einem WM-Qualifikationsspiel. Die Begegnung selbst war so zermürbend und frustrierend, wie ich selten ein Spiel erlebt habe. Deutschland erzielte relativ frühzeitig ein Tor nachdem Dave Seaman einen Freistoß von Dietmar Hamann nicht halten konnte. Anschließend geriet das Spiel ins Stocken. Es gelang uns einfach nicht, in Schwung zu kommen. Der Gegner spielte sehr offensiv und hatte deutlich bessere Chancen auf ein weiteres Tor als wir auf den Ausgleichstreffer. Zu allem Überfluss verletzte ich mich am Knie und musste deshalb kurz vor Spielende ausgewechselt werden.

Ich nahm auf der Bank Platz, packte mich regensicher ein und lauschte der immer frostiger werdenden Atmosphäre in Wembley. Als der Abpfiff ertönte, stand es 1:0 für Deutschland. Von unseren Anhängern wurden wir zum Abschied vom altehrwürdigen Wembley-Stadion schließlich auch noch ausgebuht. Dieses letzte Spiel in Wembley zu verlieren – noch dazu gegen Deutschland – gehört zu meinen schlimmsten Erlebnissen als Fußballer. Als ich nur ein paar Meter vor Kevin Keegan an der Seitenlinie entlang in Richtung Kabine lief, hörte ich die Beleidigungen, die ihm von den umstehenden Fans zugerufen wurden. Sie griffen ihn zwar nicht persönlich an, machten jedoch kein Hehl daraus, was sie von ihm als Nationaltrainer hielten. Was sie schrien waren aufgewärmte Parolen aus den Klatschspalten der Zeitungen, deren Tenor lautete, es mangele ihm an Durchblick. So etwas war selbstverständlich eine Unverschämtheit gegenüber jemandem, der im Laufe seiner mehr als dreißigjährigen Karriere im Fußball so vieles erreicht hatte. Die Tatsache, dass Kevin nach dem Rücktritt von Glenn Hoddle der absolute Wunschkandidat gewesen war, geriet erstaunlich schnell in Vergessenheit.

Was nach dem Spiel in der Kabine geschah, hatte ich nun wirklich nicht erwartet. Allerdings konnte ich aufgrund der Schmährufe von Seiten der Fans nachvollziehen, warum Kevin sich so schnell entschieden hatte. Ich konnte ihn gut verstehen, fragte mich jedoch ernsthaft, ob ein solch radikaler Schritt wirklich nötig war. Wir waren alle ziemlich schockiert über das, was uns da eröffnet wurde. Wir hatten uns noch nicht einmal umgezogen. Die meisten Spieler hatten gerade ihre Wasserflasche in der Hand, als Kevin hereinkam und in der Mitte des Raumes stehen blieb. Dann teilte er uns mit, dass er sein Amt aufgeben werde:

»Ich möchte ehrlich zu euch sein. Und ehrlich zu mir selbst. Ich habe in diesem Job alles in meinen Kräften Stehende getan. Doch jetzt werde ich meinen Hut nehmen. Ihr habt noch viel Großes vor euch. Ihr seid hervorragende Spieler.«

Diese Entscheidung hatte Kevin definitiv ganz spontan getroffen, denn nicht einmal sein Assistent Arthur Cox, der ihn besser kannte als jeder andere von uns, hatte geahnt, was kommen würde. Er war dann auch der Erste, der seine Stimme erhob:

»Nein, Kevin. Das kannst du nicht tun.«

Ich kann mich noch genau an meine Reaktion erinnern:

»Wir brauchen dich aber als Nationaltrainer, Kevin.«

Erst scheiterten all unsere Ambitionen, und jetzt verloren wir auch noch Kevin Keegan. Doch ich fühlte mich nicht von ihm im Stich gelassen. Kevin ist einer der besten Trainer, mit dem ich je zusammenarbeiten durfte. Ich würde niemals ein schlechtes Wort über ihn verlieren. Er wusste, was er zu tun hatte und legte dabei eine große Entschlossenheit an den Tag.

Nachdem er zuerst uns mitgeteilt hatte, dass er zurücktreten werde, informierte er den Chef des britischen Fußballverbandes Adam Crozier. Erst danach trat er vor die Presse. Welch ein bedrückender Abschied, wenn man an die großartigen Ereignisse in Wembley und an unsere guten Zeiten mit Kevin zurückdenkt. Alles endete im Nieselregen; die Menschen bedachten ihn mit Wut und Enttäuschung, und die englische Nationalmannschaft war auf der Suche nach einem neuen Trainer. Wenn ich heute an jenen trostlosen Nachmittag zurückdenke, frage ich mich: *Warum haben wir damals nicht entschieden, noch ein weiteres Spiel in Wembley auszutragen? Das Stadion hätte eine weitere Chance auf einen angemessenen Abschied wirklich verdient gehabt.*

Wie sich später herausstellte, hätte diese Möglichkeit aufgrund der Verzögerungen beim Bau des neuen Nationalstadions in der Tat bestanden. Bleibt nur zu hoffen, dass unsere Niederlage gegen Deutschland nicht die einzige Erinnerung ist, die den Menschen beim Gedanken an Wembley in den Sinn kommt. Immerhin gab es ja noch die großartigen FA-Pokalfinalspiele, die EM 1996 und nicht zuletzt die Weltmeisterschaftsendrunde 1966. Wenn wir allerdings vor dem Spiel im Oktober 2000 gewusst hätten, dass wir diese Partie gegen Deutschland zwar verlieren, ein paar Monate später in München aber gewinnen würden, dann wäre für uns alles halb so schlimm gewesen. Aber es musste erst eine Menge passieren, bevor für unsere Nationalelf dieser Traum Wirklichkeit wurde.

Zu dieser Zeit beendeten auch einige wichtige Spieler ihre Laufbahn im Nationalteam bzw. ihr Karriereende stand kurz bevor, unter anderem Alan Shearer und Tony Adams. Eine Gruppe jüngerer Akteure, einschließlich meiner United-Generation, besaß inzwischen die Erfahrung zweier wichtiger Turniere – und zweier großer Enttäuschungen. Nach uns wartete schon eine ganze Reihe von hoffnungsvollen Nachwuchstalenten auf ihre große Chance. Als Kevin sich zurückzog, schien man sich allgemein einig zu sein, was zu tun sei, um der englischen Nationalelf wieder auf die Beine zu helfen. Vor der Ernennung von Sven-Göran Eriksson wurde das Team ein paar Spiele lang wieder von Howard Wilkinson betreut, anschließend fungierte Peter Taylor als Interimstrainer während eines Freundschaftsspiels in Italien. Der Tenor lautete:

»Es muss einmal ordentlich klar Schiff gemacht werden. Man sollte auf die jüngeren Spieler setzen.«

Vielleicht wusste Peter ja, dass er als Übergangstrainer nicht so in der Schusslinie stehen würde wie ein Nationaltrainer. Wahrscheinlicher ist jedoch, dass es einfach seine Art als Trainer war. Wie dem auch sei, er war jedenfalls derjenige, der den Mumm hatte, die Nationalelf vollkommen umzukrempeln. Er erkannte, was zu tun war und setzte dies auch konsequent in die Tat um. Dabei scherte er sich nicht um die Kommentare der Zweifler. Die jungen Spieler, die seitdem berufen wurden, sollten nicht vergessen, dass Peter der Erste war, der mit einer ganz neuen Generation an den Start ging. Dabei setzte er keineswegs ausschließlich auf neue Berufungen. Vielmehr gab er den jüngeren Kadern die Gelegenheit, als Mannschaft zueinander zu finden. Es ist unbestritten, dass Svens Einfluss außerordentlich prägend war.

Doch mit Peter fing alles an. Auch persönlich habe ich ihm viel zu verdanken. Ich werde nie vergessen, dass ich von Peter Taylor zum ersten Mal die Kapitänsbinde anvertraut bekam.

Bis dahin war ich nur einmal in meinem Leben Mannschaftskapitän gewesen. Das war während meines ersten Jahres im Old Trafford mit der Jugendmannschaft, als wir den Milk Cup in Nordirland gewannen. Mangelnde Erfahrung ist jedoch bekanntlich kein Hindernis für Träumereien. Nachdem ich mich im Nationalteam etabliert hatte, hegte ich – insgeheim, versteht sich – durchaus gewisse Ambitionen in dieser Richtung. Gleichwohl betrachtete ich diesen Schritt als die größte Ehre überhaupt. Ich war schon immer der Überzeugung, dass man seine eigenen Ziele stets so hoch wie möglich stecken sollte. Ich ging dabei so weit, das Gespräch mit Kevin Keegan zu suchen, nachdem Alan Shearer seinen Rückzug aus dem internationalen Fußball bekannt gegeben hatte. Mein Wunsch war es, dem Nationaltrainer mitzuteilen, dass ich mir durchaus zutraute, die Aufgabe des Kapitäns zu übernehmen. Kevin beantwortete mein Ansinnen weder mit ja noch mit nein. Doch er ließ mich wissen, dass ich seiner Meinung nach eines Tages sicher einen guten Kapitän abgeben würde.

Nach dem Rückzug von Kevin Keegan wurde allmählich über mein Interesse an diesem Posten spekuliert. Dazu möchte ich anmerken, dass es zu diesem Zeitpunkt in dieser Frage mindestens ebenso viele Gegner wie Befürworter gab. Natürlich konnte ich selbst nicht allzu viel dafür tun, außer wie alle anderen einfach abzuwarten. Am Abend, bevor Peter Taylor die Mannschaftsaufstellung für das Freundschaftsspiel gegen Italien bekannt geben wollte, war Victoria unterwegs, und ich übernachtete bei Gary Neville. Um etwa acht Uhr morgens klingelte mein Telefon. Da ich nicht gerade ein Frühaufsteher bin, war meine erste, verschlafene Reaktion ziemlich ungehalten: *Wer zum Teufel kann das denn sein?*

Ich griff nach dem Telefon und murmelte ein mühsames:

»Hallo?«

Die Stimme am anderen Ende klang hellwach.

»Hallo David, hier ist Peter Taylor.«

Im Handumdrehen kam ich zu mir und sprang blitzschnell aus dem Bett.

»Oh, hallo Peter. Wie geht's denn so?«

Doch der Interimstrainer hatte natürlich nicht angerufen, um fröhlich mit mir zu plaudern. Was er als Nächstes sagte, werde ich wohl nie vergessen:

»Tut mir Leid, dass ich so früh störe, aber ich werde in Kürze die Mannschaftsaufstellung bekannt geben. Ich habe eine sehr junge

Truppe mit etlichen neuen Spielern zusammengestellt. Dabei halte ich es für sinnvoll, wenn du den Kapitänsposten übernimmst. Es besteht für mich gar kein Zweifel daran, dass du dieser Aufgabe gewachsen bist. Das wollte ich dir nur mitteilen, bevor es irgendjemand anders von mir erfährt.«

Danach musste ich mich erst einmal fünf Minuten lang hinsetzen. Kurzzeitig schoss mir der Gedanke durch den Kopf, dass ich das alles möglicherweise nur geträumt haben könnte. Hatte dieses Telefonat tatsächlich stattgefunden?

Als mir das Gehörte wirklich klar wurde, saß ich wie versteinert da. Bei dem Gedanken daran fühlte ich mich unsagbar aufgeregt, stolz und enorm geschmeichelt. Als Erstes rief ich Victoria an, und danach gleich Mum und Dad. Solche Dinge werden erst dann real, wenn man sie seiner Familie mitgeteilt hat. Als ich danach noch immer auf der Bettkante saß, dachte ich:

Das ist fantastisch. Aber ich möchte nicht nur eine Partie lang Kapitän der englischen Nationalmannschaft sein. Ich möchte den Posten auf Dauer ausfüllen.

Als sich dieser Gedanke in meinem Kopf festgesetzt hatte, beruhigte ich mich ein wenig. Es gelang mir mühsam, nicht gleich zu Gary zu rennen und wie verrückt auf seinem Bett herumzuspringen. Später beim Frühstück berichtete ich ihm dann beinahe nüchtern:

»Ach übrigens, Gaz, ich bin gerade zum Kapitän der Nationalelf ernannt worden. Reichst du mal die Cornflakes herüber?«

Ich muss zugeben, dass ich bislang immer Gary in der Rolle des Kapitäns gesehen hatte, entweder bei United oder in der Nationalmannschaft. Und nun war diese Ehre zuerst mir zuteil geworden. Er freute sich genauso aufrichtig für mich, wie ich mich für ihn gefreut hätte. Es war schon ein erstaunlicher Tagesanfang noch vor Trainingsbeginn. Die Neuigkeit war bereits vor mir nach Carrington gelangt. Von den United-Teamkollegen musste ich mir deshalb einiges anhören. Sie machten sich einen Spaß daraus, mich den ganzen Morgen »Kapitän« zu rufen.

Über meine Herangehensweise an meine neue Aufgabe als Kapitän tauschte ich mich mit niemandem aus. Ich hatte meine Beobachtungen gemacht, wie andere den Posten ausfüllten. Aber ich kannte auch meinen Charakter und wusste, dass ich meinen eigenen Weg würde finden müssen. Mir war von Anfang an klar, dass die lautstarke, autoritäre Tour nichts für mich war. Vielmehr würde mein Ansatz darin bestehen, im Spiel hart zu arbeiten und dadurch hoffentlich ein Vorbild abzugeben. Es war ein großartiges Gefühl, erstmals in meiner Rolle als Kapitän mit der Mannschaft zusammenzutreffen. Trotzdem setzte ich mich selbst in gewisser Weise unter Druck, und es gelang mir nicht, den Moment wirklich entspannt zu genießen. Im Hinterkopf plagte mich die ganze Zeit der Gedanke, dass dies keine Eintagsfliege bleiben durfte. Ich würde einen neuen, auf Dauer berufenen Nationaltrainer davon überzeugen müssen, Peter Taylors Entscheidung zu übernehmen.

Ich freute mich wie ein Schneekönig über die Kapitänsbinde. Im Nachhinein bin ich Peter zudem auch überaus dankbar für die Zusammensetzung des Teams. Ich war Mannschaftsführer einer sehr jungen Truppe, was mir das Gefühl gab, ausreichend Erfahrung zu besitzen, um dieser anspruchsvollen Aufgabe gerecht zu werden. Wenn altgediente Kapitäne wie Paul Ince, Tony Adams oder Alan Shearer noch mit von der Partie gewesen wären, dann hätte mir dies den Job sicher ungleich schwerer gemacht. Trotzdem wurden von einigen Seiten Zweifel bezüglich meiner neuen Rolle geäußert. Doch Peter machte immer wieder deutlich, dass er fest an mich glaubte. Meine Teamkameraden gaben mir ebenfalls ein gutes Gefühl. Da die Mannschaft aus vielen sehr jungen Spielern bestand, fühlte ich mich gelegentlich beinahe wie ein Oldie.

Ich war so stolz wie selten zuvor in meiner Laufbahn, als ich unsere Elf hinaus auf das Spielfeld des Stadio Delle Alpi führte. Dabei spielte es für mich keine Rolle, dass es sich nur um ein Freundschaftsspiel handelte und das Stadion nicht ausverkauft war. Mochte Peter Taylor mit mir und der Mannschaft auch ein gewisses Risiko eingegangen sein – ich denke nicht, dass wir ihn oder England im Stich ließen.

Letzten Endes verloren wir zwar 1:0 gegen eine sehr stark aufspielende italienische Auswahl, was jedoch keineswegs unsere tatsächliche Leistung widerspiegelte. Emile Heskey setzte der gegnerischen Abwehr den ganzen Abend schwer zu. Wir hatten eine Menge ausgezeichneter Torchancen, konnten sie jedoch nicht nutzen.

Für mich persönlich besaß dieses Spiel mit der englischen Mannschaft eine ganz neue Dimension. Seit jenem Abend bekomme ich immer wieder gesagt, dass ich mich mit dem Überstreifen der Kapitänsbinde enorm verändert hätte. Ich weiß, welche Situation sie dabei vor Augen haben.

In der zweiten Halbzeit waren etwa zehn Minuten vergangen, und es stand noch immer 0:0. Im Verlaufe des Spiels hatten wir bereits etliche knappe Elfmeter-Situationen gehabt. Als ich einen abgeprallten Querschuss annehmen wollte, wurde ich plötzlich zur Seite gestoßen. Das Ganze ereignete sich im Strafraum, weshalb einige englische Spieler nachdrücklich auf das Foul hinwiesen. Ich ging zu Boden. Als ich mich wieder aufrappelte, begann Gattuso mich ziemlich aggressiv zu beschimpfen. Vielleicht meinte er, ich hätte nur markiert. Oder er dachte, wenn er sich so ereiferte, würde ihm dies Ärger mit dem Schiedsrichter ersparen. Ich ließ ihn reden, stand auf und wollte loslaufen, als er mich am Trikot packte. Ich drehte mich um und sah ihm direkt ins Gesicht. Dies war wieder einmal einer von diesen Momenten, in denen ich in der Vergangenheit gelegentlich falsch reagiert hatte. Doch in diesem Fall wollte ich mich keinesfalls provozieren lassen. Ich war Kapitän der englischen Nationalelf und musste über solches Verhalten erhaben sein. Ich wandte mich ab und lief zu den anderen.

Gattuso kam tatsächlich ungeschoren davon. Nur ein paar Minuten später startete er einen Angriff und erzielte aus knapp dreißig Metern Entfernung ein sensationelles Tor, das letztendlich der Siegtreffer war.

Peter Taylor hatte großartige Arbeit geleistet. An jenem Abend in Turin befand sich auch der neue Nationaltrainer unter den Zuschauern. Der Streit darüber, ob ein Ausländer wie Sven-Göran Eriksson die Nationalelf trainieren durfte, zog sich bereits seit einigen Wochen hin. Selbst in der Kabine diskutierte man diese Frage höchst kontrovers. Ich konnte die Befürchtungen gut verstehen. Die meisten Leute wünschten sich auf diesem Posten einen verantwortungsvoll agierenden Engländer. Doch wir waren damals in einer Situation, in der das Land verzweifelt auf einen sportlichen Erfolg wartete, und die Menschen endlich wieder einmal anständigen Fußball sehen wollten. Wir mussten den besten Mann dafür engagieren und konnten es uns nicht leisten, wählerisch zu sein, was seine Herkunft anging. Und immerhin war und ist Sven einer der angesehensten Trainer in diesem Sport. Die meisten Zweifler warfen ihre Vorbehalte bezüglich seiner schwedischen Nationalität glücklicherweise bald über Bord. Dafür sorgten einerseits die Resultate und andererseits die spielerische Leistung der Mannschaft.

Ich hatte Sven nie kennen gelernt, bevor er unser Nationaltrainer wurde. Wahrscheinlich hatte ich noch nicht einmal gegen einen der von ihm trainierten Vereine gespielt.

Doch im Fußball spielt der Ruf eines Trainers ein enorme Rolle. Es spricht sich äußerst schnell herum, wer zu den Besten gehört. Anhand dessen und aufgrund der Lorbeeren, die er sich bereits erworben hatte, wussten wir, dass wir es mit einem absoluten Spitzenmann zu tun hatten. Erstmals vorgestellt wurde ich Herrn Eriksson vor dem Training für die erste Partie unter seiner Regie; es war ein Freundschaftsspiel gegen Spanien im Villa Park. Als wir im Mannschaftshotel ankamen, übergab man mir eine Nachricht von ihm, in der er mich zu einer Unterredung bat.

Bei dieser Gelegenheit machten wir uns nur kurz miteinander bekannt, und er skizzierte grob, wie er seine neue Aufgabe angehen wollte. Im Vorfeld war Sven durch das ganze Land gereist und hatte sich Dutzende von Spielen angeschaut. Vor diesem ersten Spiel wurde eine Menge über ihn geredet. Man spielte ihm sogar einen Telefonstreich, indem ihn ein Moderator eines Radiosenders aus Manchester anrief und vorgab, Kevin Keegan zu sein. In diesem Telefonat bekam er unter anderem auch die Frage gestellt, ob er mich weiterhin als Kapitän einsetzen würde, die er mit ja beantwortete. Offensichtlich hatte ich diese Aussage nicht so ganz für bare Münze genommen, denn vor unserem ersten Treffen war ich sehr in Sorge gewesen.

Glücklicherweise bekam ich dann das, worauf ich so sehr gehofft hatte, gleich zu Beginn zu hören:

»Du wirst Kapitän bleiben. Ich denke, du kannst einen ausgezeichneten Nationalkapitän abgeben. Du bist als Spieler überzeugend genug, dass die anderen sich ein Beispiel an dir nehmen können. Deine Aufgabe ist es, etwaige Zweifel daran durch Leistung zu zerstreuen.«

Was er mir und dem übrigen Team dann erläuterte, war relativ simpel. Sven wollte, dass England guten und attraktiven Fußball spielte. Aber er erwartete von uns auch handfeste Ergebnisse. Das Training lief recht locker ab. Das lag vor allem daran, dass Steve McClaren, Peter Taylor und Sammy Lee zum Trainerstab gehörten. Es fand keine Revolution statt. Sven agierte sehr ruhig, ließ andere im Rahmen seiner Vorstellungen gewähren und griff nur ein, wenn er meinte, etwas klarstellen zu müssen. Wenn er dies tat, hörten ihm die Spieler stets aufmerksam zu. Abgesehen von seinem Ruf besaß Sven ein Auftreten, das jedem von uns Respekt und Aufmerksamkeit abverlangte. Die Spieler wussten vom ersten Tag an, dass er genau der Richtige für diesen Posten war. Die Regeln waren klar und verständlich und wurden nicht übertreten. Er behandelte uns wie erwachsene Männer, zollte uns Respekt und erwartete gleichzeitig verantwortliches Handeln von uns. Diese Vorgehensweise stieß nach meiner Beobachtung bei allen Nationalspielern auf Zustimmung.

Obwohl es sich nur um ein Freundschaftsspiel handelte, lag im Villa Park eine gewisse Spannung in der Luft. Es war offensichtlich, dass ein ganz neues Kapitel begonnen hatte, und wir schlugen Spanien dann auch tatsächlich mit 3:0. Wir wussten, dass die nächste WM-Qualifikation als erste Bewährungsprobe angesehen wurde. Nach der Niederlage gegen Deutschland und dem Unentschieden in Helsinki war die Partie gegen Finnland an der Anfield Road ein Spiel um alles oder nichts. Wenn wir nicht die vollen drei Punkte holten, würde es problematisch werden, in die Relegation zu gelangen; ganz zu schweigen von der automatischen Qualifikation durch einen Gruppensieg.

Dieses Spiel konnte man also mit Fug und Recht als echte Entscheidung bezeichnen. Als Mannschaft mussten wir also unbedingt ein gutes Ergebnis erzielen, und auch ich als Kapitän wollte endlich zeigen, was in mir steckte.

Im Villa Park war ich mit meiner eigenen Leistung nicht sonderlich zufrieden, obwohl die Mannschaft solide gespielt hatte. Vielleicht lag es daran, dass ich nur die erste Halbzeit auf dem Spielfeld war. An der Anfield Road standen die Aktien bereits vor dem Anstoß vollkommen anders. Die Erwartungen hingen wesentlich höher, und nicht nur ich war wirklich siegeshungrig. Wir hatten gerade damit begonnen, Spiele der Nationalelf nach der Schließung von Wembley in verschiedenen Spielstätten im ganzen Land auszutragen. Es war davon auszugehen, dass die Stimmung ausgezeichnet sein würde. Trotzdem wusste niemand so genau, wie man die United-Spieler im Heimstadion von Liverpool empfangen würde. Wie sich jedoch herausstellte, war diese Sorge vollkommen unbegründet gewesen. Als ich hörte, wie die Fans vor dem Anstoß meinen Namen skandierten, sträubten sich mir vor lauter Ergriffenheit die Nackenhaare. Dies war natürlich ein tolles Erlebnis für mich persönlich. Aber noch wichtiger war die Gewissheit, dass jedermann hinter dem Nationalteam und hinter Sven stand.

Wir spielten von der ersten Minute an ausgesprochen offensiv, was uns eine Vielzahl von Torchancen bescherte. Die gesamte Mannschaft sprühte geradezu vor Energie. Die Pässe kamen bilderbuchreif. Es war ein fantastisches Gefühl. Doch dann schoss Finnland ein Tor. Der Ball war an Gary Nevilles Knie abgeprallt und an Dave Seaman vorbei ins Tor gegangen – ein Zufallstreffer, der uns jedoch 1:0 ins Hintertreffen brachte. *Oh nein. Nicht schon wieder.*

Kurz vor Ende der ersten Halbzeit gelang dann Michael Owen nach einer Flanke von Gary der Ausgleich. Somit gingen wir recht optimistisch in die Pause, auch wenn unsere Zuversicht nicht von allen Anhängern geteilt wurde. Als wir in der zweiten Halbzeit wieder aufs Spielfeld kamen, erzielte ich ein Tor, das sich später als der Siegestreffer erweisen sollte.

Der Ball kam von links in den hinteren Bereich des Strafraums. Mit meiner Annahme hatte ich ihn bereits in einen günstigen Winkel gebracht. Ich trat kräftig dagegen, der Ball streifte kurz einen Verteidiger und landete schließlich in der äußersten Ecke. Dies war mein erstes Tor, das ich aus offenem Spiel heraus für England erzielte. Ich drehte mich um, und der Erste, der in mein Blickfeld kam, war Teddy Sheringham. Er wärmte sich gerade an der Seitenlinie auf. Ich nahm Anlauf und sprang ihm vor lauter Freude auf den Buckel. Gegen Ende leistete Dave Seaman einiges und bewahrte uns damit vor bösen Überraschungen. In wirklich wichtigen Spielen schien er stets zu Hochform aufzulaufen. Im Spielverlauf hatten sich uns noch etliche Chancen geboten, doch mein Tor hatte das Spiel für uns entschieden. Und das Beste daran war, dass es auf Seiten unseres Fanblocks gefallen war.

Dieser Sieg gegen Finnland war nötig gewesen, damit wir überhaupt im Rennen blieben. Bis zur Deutschland-Partie in München waren es noch fünf Monate. Zumindest bis dahin durften wir nicht ausscheiden. Vor uns lagen noch Qualifikationsspiele in Griechenland und Albanien sowie einige Freundschaftsspiele. Jetzt mussten wir uns als Mannschaft endgültig zusammenraufen. Sven vertraute den jungen Spielern, die er von Peter Taylor übernommen hatte. Es waren hauptsächlich Mittzwanziger, manche waren sogar noch jünger. Er gestand uns die Zeit und die Spiele zu, die wir brauchten, um genügend Selbstvertrauen aufzubauen. In diesen ersten Monaten breitete sich so etwas wie ein United-Feeling in der Nationalmannschaft aus, das noch immer spürbar ist. Dies bezieht sich jedoch keineswegs nur auf Gary, Phil, Butty, Scholesy und mich.

Es ist schwer zu sagen, was ein erfolgreiches Team ausmacht. Da sind zum einen die Rahmenbedingungen: gute Spieler, gute Trainer, gutes Management. Doch damit aus Einzelpersonen eine Mannschaft wird, ist schon ein wenig mehr vonnöten. Dies gilt insbesondere für eine Nationalelf, deren Spieler aus den verschiedensten Vereinen des ganzen Landes stammen. Dabei sind jedes Zusammensein, jedes gemeinsame Spiel, jeder Sieg und jede Niederlage von enormer Bedeutung.

Ein Nationaltrainer hat die Aufgabe, trotz Verletzungen und Formtiefs eine homogene Mannschaft zu entwickeln. Dazu bleibt ihm nicht viel Zeit, denn die englische Auswahl kommt, abgesehen vom Training vor einer Begegnung, nicht sehr häufig zusammen. Die Spieler haben dazu einen wichtigen Beitrag geleistet, wobei, wie schon gesagt, sicher auch das niedrige Durchschnittsalter der Mannschaft eine positive Rolle spielte. Doch auch Sven gebührt ein nicht geringer Teil der Anerkennung. Immerhin sorgte er für einen Mannschaftsgeist, wie ich ihn besser in der Nationalelf noch nicht erlebt habe.

In der Vergangenheit hatte es innerhalb des Teams eine starke Gruppenbildung gegeben. Man kam zum Training und wusste genau, mit wem man zusammen sein würde. Da gab es zum einen altersbedingte Präferenzen, aber auch Rivalitäten zwischen einzelnen Vereinen spielten eine Rolle. Natürlich ist es ganz normal, dass man vor allem die Gemeinschaft mit den eigenen Kameraden sucht. Wir United-Spieler bildeten dabei keine Ausnahme, sondern waren im Gegenteil bekannt dafür, dass wir am liebsten unter uns blieben. Doch daran hat sich seitdem eine Menge geändert. Innerhalb des derzeitigen Nationalteams besteht inzwischen ein echter Zusammenhalt und gegenseitiger Respekt, der im Spiel wirklich spürbar ist. Diese Entwicklung nahm in den Monaten ihren Anfang, nachdem Sven sein Amt angetreten hatte. Auch an der Art, wie der neue Trainer mit den Spielern umging, war eine Veränderung deutlich spürbar.

Ich erinnere mich noch gut an unseren 4:0-Sieg gegen Mexiko im Pride Park. Die Begegnung lag zwischen den Qualifikationsspielen im Frühjahr 2001. In dieser Partie gab es einen Moment, in dem die neue Atmosphäre aus dem englischen Trainingslager ganz besonders deutlich wurde, der in mir enorme Zuversicht weckte. In diesem Augenblick spürte ich, dass wir in München ein Ergebnis erzielen konnten, das uns zur Teilnahme an der Weltmeisterschaft im nächsten Jahr verhelfen würde. Gleich zu Beginn prallte mir ein mexikanischer Abwehrspieler direkt in den Rücken. Es war keine ernste Sache; ich humpelte ein wenig und konnte dann weiterspielen. Nur eine Minute später stieß Stevie Gerrard mit genau diesem Spieler zusammen, ganz legal, er hatte den Ball gespielt, woraufhin sich dieser am Boden wälzte. Diese Einstellung, auf seine Mitspieler zu achten, kenne ich nur allzu gut von United. Alle siegreichen Mannschaften legen sie an den Tag.

Wir bezwangen Griechenland in Athen und Albanien in Tirana, wodurch wir zumindest Favoriten für den zweiten Platz wurden und uns für die Relegation zum Einzug ins WM-Finale im darauf folgenden Sommer qualifizierten. Wir wussten, dass wir für einen Gruppensieg und die direkte Fahrkarte nach Japan und Südkorea einen Sieg in München brauchten. Obwohl unter Svens Regie alles sehr gut lief, glaubte höchstwahrscheinlich niemand daran, dass uns dies tatsächlich gelingen könnte. Die Deutschen in Deutschland zu besiegen ist einfach völlig ausgeschlossen. Somit waren die Erwartungen nicht sonderlich hoch, was einen erheblichen Teil des Drucks von uns nahm, der auf uns lastete. Wir mussten demzufolge nicht so sehr befürchten, unsere Anhänger zu enttäuschen. Der Einzige der nicht müde wurde zu betonen, dass er fest an unsere Siegchancen glaubte, war der Trainer.

Sven schwingt vor einem Spiel nicht gern große Reden vor der Presse, doch immer, wenn er auf die Partie gegen Deutschland angesprochen wurde, gab er zu Protokoll, dass wir stark genug für einen Sieg seien. Vielleicht war es ja sein Optimismus, den er über Monate hinweg und besonders in den Tagen vor der Begegnung an jenem 1. September versprühte, der sich schließlich klammheimlich auch im Bewusstsein der Spieler festsetzte.

Was auch immer die Gründe waren, ich ertappte mich jedenfalls dabei, wie ich am Freitagabend vor dem Spiel im Münchner Mannschaftshotel den Gesprächen der Spieler beim Abendessen lauschte. Ich fragte mich daraufhin, ob die Stimmung in der Nationalelf jemals zuvor so positiv gewesen war. Mich selbst plagten zwar gewisse Zweifel im Hinblick auf das Spiel am darauf folgenden Tag, doch die bezogen sich vor allem darauf, ob mein Gesundheitszustand einen Einsatz zulassen würde.

Später im Hotelzimmer telefonierte ich mit meinem Kumpel Dave Gardner. Er fragte mich, mit welchen Erwartungen ich in diese Partie ginge. Die vergangenen Stunden in Gesellschaft der anderen Spieler hatten mich restlos überzeugt:

»Ich denke, wir werden gewinnen.«

Das Schweigen am anderen Ende der Leitung sagte mir, dass man diese Zuversicht zu Hause nicht unbedingt teilte. Doch ich hätte mich Dave gegenüber nicht so optimistisch geäußert, wenn ich nicht wirklich daran geglaubt hätte. Ich wollte bei dieser Partie unbedingt dabei sein, doch noch immer machte mir eine Verletzung in der Leistengegend zu schaffen, die ich mir in der Vorwoche bei einem Spiel mit United gegen Aston Villa zugezogen hatte. Der Riss stellte sich als weniger schwerwiegend heraus als zunächst befürchtet, weshalb ich dann doch zusammen mit meinen Teamkollegen zum Training der englischen Auswahl anreiste. Allerdings war ich noch nicht fit genug, um an den Vorbereitungen teilzunehmen. So verbrachte ich diese Woche für mich allein, erhielt Behandlungen, hoffte auf das Beste und verfluchte jede einzelne Minute. Mein Posten als Kapitän machte alles nur noch schlimmer, wollte ich doch keinesfalls etwas verpassen. Stattdessen konnte ich erst am späten Freitagnachmittag vor dem erwähnten Abendessen erstmals am Training im Stadion teilnehmen.

Eine halbe Stunde vorher wurde ich auf dem Spielfeld von Gary Lewin und Alan Smith vom Gesundheitsstab unserer Mannschaft auf meine Fitness hin überprüft. Sie beobachteten meine Laufleistung, meine Drehungen und meine Ballarbeit. Das war schon ein merkwürdiges Gefühl, noch dazu vor einer solch wichtigen Partie. Man möchte sich gern richtig ins Zeug legen, um stark genug für das Spiel zu sein und niemanden zu enttäuschen. Doch gleichzeitig ist man gezwungen, sich ein wenig zurückzunehmen, damit man nicht im letzten Moment total ausfällt. Aber glücklicherweise waren Gary und Alan mit mir zufrieden und gaben mir grünes Licht für das große Abschlusstraining.

Es war großartig.

Die Mannschaft war ausgezeichnet in Form. Ich wünschte mir in diesem Augenblick beinahe, wir könnten die Entscheidung gegen Deutschland auf der Stelle austragen.

Ich wartete geradezu darauf, dass irgendwann die Nerven zutage traten. Aber auch beim Frühstück waren alle noch genauso optimistisch wie am Abend zuvor, und selbst eine Stunden vor dem Anstoß herrschte in der Kabine noch immer eine ruhige und entspannte Atmosphäre. Wir gingen hinaus zum Aufwärmen, und alles schien in allerbester Ordnung zu sein. Nur was meine Verletzung anging, war ich mir immer noch nicht ganz sicher. Ich wollte unbedingt spielen, musste aber natürlich als Erstes an die Mannschaft denken. Doch nachdem ich mich mit Einlaufen und Dehnübungen aufgewärmt hatte, kam ich zur Überzeugung, dass ich einsatzfähig war. Ein paar Minuten, bevor die Glocke uns aufs Spielfeld rief, ließ Sven uns noch einmal kurz hinsetzen. Was er uns mitgab, war einfach und traf den Nerv aller Beteiligten:

»Geht einfach hinaus und genießt das Spiel. Seid zuversichtlich. Sie sind zwar gut, aber wir haben die bessere Mannschaft. Spielt mit vollem Einsatz. Und drei Punkte.«

Sven beendete seine Ansprachen stets mit jenem: »Und drei Punkte«. Ich stand auf und führte die Mannschaft hinaus auf das Spielfeld. Die Physiotherapeuten hatten mich überredet, zum Warmhalten und als zusätzliche Stabilisierung unter die Shorts noch eine Lycra-Radlerhose zu ziehen. Schon im Tunnel erkannte ich, dass das ein Fehler gewesen war.

Für mich ist es schon immer außerordentlich wichtig gewesen, dass ich mich in meiner Spielkleidung wohl fühle. Das gilt nicht nur für die Schuhe, sondern auch für alles Übrige. Wenn ich Blasen an den Füßen habe, ist es mir vollkommen unmöglich, ein zweites Paar Socken anzuziehen oder ein Pflaster auf eine wunde Zehe zu kleben. Mag sein, dass ich mir das alles nur einbilde, aber so ist es nun einmal. Während ich also auf den Beginn dieser wichtigen Entscheidung wartete, fühlte ich mich wie bandagiert. Aber es war selbstverständlich nicht die passende Gelegenheit, meine Entscheidung rückgängig zu machen.

Der Anpfiff war kaum verklungen, als wir auch schon einen Treffer im Rückstand lagen. Der Torschütze der Deutschen hieß Carsten Jancker. Ich hatte nicht einmal genug Zeit gehabt, mir Sorgen über meine Beschwerden zu machen. Die Verletzung bereitete mir zum

Glück keinerlei Probleme, die Radlerhose hingegen sehr wohl. Ich kam zu dem Schluss, dass die Leiste auch ohne solcherart Unterstützung durchhalten würde. Deshalb rannte ich kurzerhand zur Seitenlinie und zog sie blitzschnell aus. Eine Zeitung brachte am nächsten Tag ein Foto von dieser Aktion und titelte, dass der englische Kapitän durch seinen Hosenwechsel für eine Wende im Spiel sorgte. Sobald ich diesen Störfaktor los war, änderte sich in der Tat alles für mich. Ich fühlte mich sogleich besser, freier und konnte viel leichter laufen. An die Verletzung verschwendete ich das ganze restliche Spiel über keinen weiteren Gedanken.

Normalerweise wäre ein solcher Rückstand das schlimmste Szenario gewesen, das man sich hätte vorstellen können. Wenn Deutschland erst einmal im Vorteil war, verschanzten sich die Spieler in der Regel förmlich hinter dem Ball und ließen dem Gegner keine Chance. Genau dies war in Wembley geschehen. Doch hier im Olympiastadion ließen wir uns davon nicht beeindrucken. Niemand geriet in Panik, niemand ließ sich voreilig ins Bockshorn jagen. Ich fühlte mich an das Spiel mit United im Stadio Delle Alpi erinnert, als wir gegen Juventus 2:0 zurücklagen, dann schließlich doch gewannen und dadurch ins Europacup-Finale einzogen. Michael Owen war an jenem Abend besonders motiviert. Nach außen wirkte er zwar gelassen und ruhig, aber ich konnte vor dem Anstoß das Feuer in seinen Augen sehen. Jetzt, da wir zurücklagen, rief er jedem, der sich in Hörweite befand, zu:

»Los Leute, wir können gewinnen. Wir sind stark genug, sie zu schlagen.«

Wir wussten alle, dass er Recht hatte. Fünf Minuten später erzielte Michael den Ausgleich – das erste Tor von dreien! – und von da an blickten wir nicht mehr zurück. Wir spielten mit einer unerhörten Selbstsicherheit. Das spürten auch die Deutschen, woraufhin sie begannen, Nerven zu zeigen. Oliver Kahn, einer der besten Torhüter der Welt, erlebte an diesem Abend wahrscheinlich die schlimmste Zeit seiner Karriere. Es war eines von jenen seltenen Spielen, in denen einfach alles gelingt, was man sich zuvor erträumte. Steven Gerrards Tor am Ende der ersten Halbzeit war ein großartiger Treffer. Der Ball landete aus reichlich zwanzig Metern Entfernung sicher im Tor, sein erster Treffer für England, und er kam genau zur rechten Zeit. Wenn es in einem Spiel knapp zugeht, verschafft ein Tor unmittelbar vor der Pause der betreffenden Mannschaft einen enormen psychologischen Vorteil. Stevie hatte zwar verletzungsbedingt die Qualifikationsspiele verpasst, machte dies jedoch an jenem Abend in München durch seinen Einsatz mehr als wett. Mit ihm im Aufgebot ist die Mannschaft erheblich ausgewogener. Trotz seines jugendlichen Alters gleicht er einem Roy Keane oder einem Patrick Viera. Er greift entschlossen an und läuft unermüdlich. Zudem ist er ein guter Zuspieler und ein begnadeter Torschütze. Er bestreitet das Spiel im Mittelfeld praktisch im Alleingang. So ist es demnach kein Zufall, dass England mit Steven Gerrard im Aufgebot nur äußerst selten verliert.

Ich weiß nicht, wie es den anderen ging, aber ich war zur Halbzeitpause noch nervöser als vor dem Anstoß. Wir lagen 2:1 in Führung, doch ich fragte mich auf dem Weg zur Kabine, wie wir die zweiten fünfundvierzig Minuten angehen sollten. Nach Ende der ersten Halbzeit lässt Sven die Spieler in der Kabine immer erst einmal fünf Minuten lang zur Ruhe kommen. So hat man Zeit, sich zu setzen, die Schnürsenkel zu lösen, einen Schluck zu trinken oder sonst irgendetwas Entspannendes zu tun. Sofort begannen die Spieler, miteinander zu diskutieren: Sollten wir in erster Linie unser 2:1 verteidigen? Oder sollten wir angreifen und versuchen, noch ein Tor zu schießen und damit unseren Vorsprung auszubauen?

Vermutlich waren wir alle übereinstimmend der Meinung, dass wir nichts verändern durften. Genau das teilte uns dann auch Sven mit. Wir konnten noch weitere Treffer erzielen und gleichzeitig auf unsere Abwehr vertrauen. Die zweite Spielhälfte verlief dann absolut traumhaft. Wenige Minuten nach dem Anstoß schoss Michael sein zweites Tor. Und kurz darauf sein drittes. Anschließend lieferte Scholesy eine Vorlage für Emile Heskey, die dieser ebenfalls verwandeln konnte. Als Emiles Schuss ins Tor ging, wandte ich mich um, weil ich die Reaktionen der Leute auf der Bank sehen wollte. Sie jubelten genauso wie die Massen auf den Zuschauertribünen und vermutlich die Menschen zu Hause vor dem Fernseher. Sowohl die Auswechselspieler als auch die Trainer lagen sich begeistert in den Armen. Man konnte ihnen die Worte förmlich von Lippen ablesen:

»Fünf zu eins. Gegen Deutschland. Noch dazu in Deutschland. Das ist einfach unglaublich.«

Noch waren zwanzig Minuten zu spielen. Zwanzig Minuten im Fußballhimmel. Es war seltsam: Obwohl ich an den Vorbereitungen zum fünften Tor beteiligt gewesen war und meinen Anteil im Spiel geleistet hatte, befand ich mich nicht so sehr mitten im Geschehen, wie es sonst so häufig bei Spielen der englischen Auswahl der Fall war. Ich war zwar dabei, durfte aber gleichzeitig den Luxus des Zuschauens genießen. Ich gehörte dazu und konnte im selben Moment die Leistung bewundern, die meine Teamkameraden zeigten. Eigentlich mussten wir jetzt nichts weiter tun, als im Ballbesitz zu bleiben. Und genau das taten wir, wobei sich die Deutschen immer mehr aufrieben. Unsere Mannschaft neigt nicht gerade zur Aufschneiderei, und unsere Spieler brüsteten sich nicht mit allerlei raffinierten Tricks und Kunststückchen. Doch wir spielten uns gegenseitig immer wieder die Pässe zu, sodass die anderen gar nicht an den Ball herankamen. Doch wir versuchten damit keineswegs, nur Zeit zu schinden. Wir fühlten uns förmlich imstande, Deutschland sogar 10:1 zu besiegen.

Direkt nach dem Abpfiff kam der Schiedsrichter Pierluigi Collina auf mich zu und bat mich um mein Trikot. Sicher spürte er, dass er Zeuge einer historischen Begegnung geworden war. Ich halte ihn für den besten Schiedsrichter überhaupt, weshalb ich ihm seinen Wunsch nur allzu gern erfüllte. Den meisten deutschen Spielern stand nicht gerade der Sinn nach Trikottausch. Collina reagierte hocherfreut auf meine Bitte um sein Trikot. Danach wollte ich so schnell wie möglich hinüber zum englischen Fanblock. Tausende Anhänger waren nach München gekommen, sodass sich die zweite Halbzeit für uns wie ein Heimspiel anhörte. Die Geräuschkulisse war eindrucksvoll. Ich war schon immer der Ansicht, dass unsere Fans die besten der Welt sind, wenn man den geringen Prozentsatz von Idioten einmal außer Acht lässt. Sie reisen mit uns überallhin und unterstützen uns unermüdlich. Wahrscheinlich hätte jeder Fan im Olympiastadion Geschichten aus der Vergangenheit auf Lager, in denen es um endlose Reisen nach Nirgendwo und enttäuschende Leistungen der englischen Auswahl geht. Jeder einzelne von ihnen wusste sicher noch genau, wie schmerzhaft sich Niederlagen gegen Rivalen wie Deutschland und Argentinien anfühlten. Diese Fans hatten das 5:1 im Münchner Olympiastadion genauso verdient wie wir. Genau wie für die Spieler war dieser Abend zweifelsohne einer der schönsten in ihrem ganzen Leben.

Hinterher in der Kabine musste ich feststellen, dass ich kaum noch sprechen konnte. Mein Hals fühlte sich an, als hätte ich in den letzten Stunden mindestens zwanzig Zigarren geraucht. Während des Spiels musste ich eine Menge geredet und gebrüllt haben. Hatte ich während der zweiten Halbzeit etwa auch in die Gesänge eingestimmt? Die Atmosphäre in der Kabine war einfach großartig. Wir waren unglaublich stolz und glücklich über unseren Erfolg. Trotzdem war es relativ ruhig. Immerhin hatten wir uns alle auf dem Spielfeld ordentlich verausgabt. Ein Teil der Spieler ließ sich massieren, andere standen schon dampfend unter der Dusche, und die übrigen Akteure saßen auf ihrem Platz, entledigten sich langsam ihrer Spielkleidung, hingen an Wasserflaschen und saugten gierig den Augenblick ein.

Ohne dass Sven etwas dergleichen erwähnte, war jeder Spieler mit seinen Gedanken bereits bei unserer nächsten Partie gegen Albanien, die in vier Tagen auf dem Spielplan stand. Und jeder, der noch nicht daran gedacht hatte, wurde von Leuten wie Gary Neville unaufhörlich darauf aufmerksam gemacht.

Was wir soeben erreicht hatten, war traumhaft, doch ohne einen Sieg am darauf folgenden Mittwoch in St. James Park wäre das alles bedeutungslos. Ob als Fan oder als Spieler, natürlich träumt man jahrelang von einem solchen Ergebnis wie diesem 5:1 gegen Deutschland. Doch im Großen und Ganzen betrachtet, spielten die historische Dimension und der Gegner eigentlich keine Rolle. Ein Sieg ist ein Sieg. Was zählt, sind einzig und allein die drei Punkte, wie Herr Eriksson nicht müde wird zu betonen.

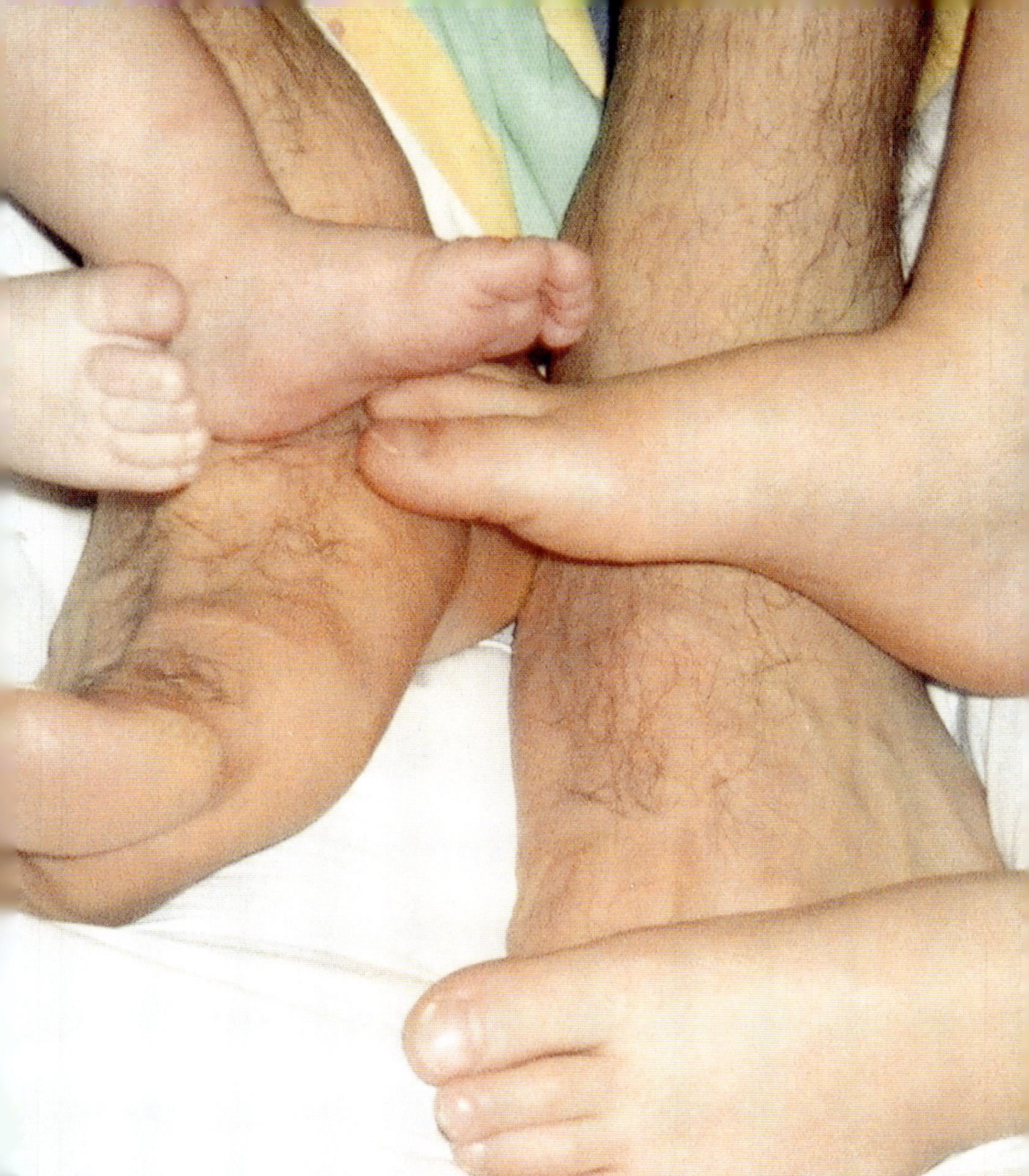

Zeigt her eure Füße.
Die Jungs hinterlassen ihre Spuren.

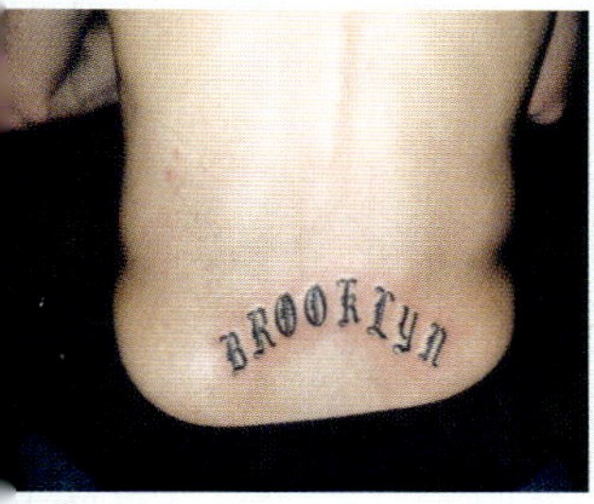

Links: Mr. und Mrs. Beckhams großer Tag.

Oben und unten: Erst die Unterschrift, dann die Torte. Der offizielle Teil in Luttrellstown Castle.

Haartrachten. Wechselvolle Gesichter.

Durch und durch United.

Oben links: Ausgeschieden gegen Rumänien bei der EM 2000 . . .

Mitte links: . . . acht Tage nach der Enttäuschung gegen Portugal.

Mitte rechts: »Mach dir keine Gedanken, ich stehe voll hinter dir.« Englands Nationaltrainer Kevin Keegan war stets eine große Stütze.

Unten: »Ich will den Posten auf Dauer.« Zum ersten Mal Kapitän der Nationalelf am 15. November 2000 gegen Italien.

Oben: Dramatische
Ereignisse bei der
FIFA-Vereins-
weltmeisterschaft im
Februar 2002. Mein
einziger Platzverweis
als United-Spieler.

echts: Glückliche
eiten. Training in
arrington,
rühjahr 1999.

Links: Der Traum eines jeden Schuljungen. Der FA-Pokal in meinen Händen. Wembley 1999.

Ganz links: »Komm David, wir müssen ein Wörtchen reden.« Sir Alex Ferguson nimmt das Heft in die Hand.

Links: Meinungsverschiedenheiten zwischen Roy Keane und Alan Shearer.

Unten: Unglaublich. Der Treble-Gewinn ist geschafft. Nou Camp 1999.

Ich saß auf meinem Platz und lehnte mit dem Rücken an der Wand. Ich dachte an Wembley zurück und an jenen verregneten Samstagnachmittag, der noch nicht einmal ein Jahr zurücklag. Dabei fiel mir auch Kevin Keegan ein, der uns nach der 1:0-Niederlage mitteilte, dass er für die englische Nationalelf alles in seinen Kräften Stehende getan hatte. Damals hatte die Öffentlichkeit die Weltmeisterschaft schon abgeschrieben, und ich muss zugeben, es fiel mir damals schwer, diesen Schwarzsehern zu widersprechen. Die Niederlage gegen Deutschland war für uns schwer genug zu verkraften. Sowohl für mich persönlich als auch für England sah ich Kevins Weggang als das Ende der Welt an. Und heute, elf Monate später, hatten wir unseren alten Rivalen an die Wand gespielt.

Wer weiß, wie sich alles entwickelt hätte, wenn Kevin geblieben wäre? Ich habe großes Vertrauen in ihn als Trainer, wenn man bedenkt, was er im Verlaufe der letzten Jahre bei Manchester City alles erreicht hat. Auch ihm als Menschen bringe ich großen Respekt entgegen. Doch ich glaube, dass gelegentlich Veränderungen nicht nur deshalb eintreten, weil es irgendjemand will, sondern weil sie einfach unabdingbar sind. Ich habe sehr gern unter Kevin im Nationalteam gespielt.

Ein Jahr später war ich Kapitän der englischen Auswahl unter Sven-Göran Eriksson. Der neue Trainer brachte eine ganz neue Spielergeneration ein und gab uns ausreichend Gelegenheit, als Mannschaft zusammenzuwachsen. Mögen Sven und Alex Ferguson auch einen gänzlich unterschiedlichen Umgang mit den einzelnen Spielern pflegen, so haben sie doch beim Aufbau eines erfolgreichen Teams genau die gleiche Herangehensweise. Im Hinblick auf die englische Nationalelf waren unsere Leistung und die Trefferquote in München genau das, was wir brauchten, um zu beweisen, welchen Erfolg die »schwedische Revolution« gebracht hatte.

10

Stolpersteine auf dem Weg

»Heute ist anscheinend nicht unser Tag.«

Wir wussten alle, dass es irgendwann passieren würde, doch niemand wollte es so richtig wahrhaben. Kurz nachdem der Alte 1999 einen neuen Vertrag unterzeichnet hatte, überbrachte er uns die Hiobsbotschaft, dass die Saison 2001/02 seine letzte bei United sein würde. Sein Gründe waren nur allzu verständlich. Nach mehr als zwanzig Jahren im Traineramt zuerst in Schottland und dann im Old Trafford wollte er endlich ein wenig kürzer treten. Er dachte ans Reisen, an seine Familie und wollte vermutlich ein wenig mehr Zeit als bisher auf der Rennbahn verbringen. Schon bevor er sich mit *Rock of Gibraltar* einen Namen als Pferdebesitzer machte, wussten wir, dass er neben seiner Leidenschaft für Fußball ein ausgesprochener Pferdenarr war. Bei einem meiner letzten Ausflüge mit den Teamkollegen von United nahm er uns alle mit zum Pferderennen nach Chester. Es war ein wunderbarer Nachmittag. Obwohl ich mich damals, Ende April 2003, im Old Trafford bereits an den Rand gedrängt fühlte, empfand ich während dieser Stunden ein starkes Gemeinschaftsgefühl, das meinen Verein schon immer ausgemacht hatte. Ich fühlte mich förmlich wie auf einem United-Familienausflug. Der Alte war allerbester Laune, die einfach ansteckend wirkte.

Als er seine Pläne für einen Rückzug erstmals öffentlich machte, schien dieser noch in ferner Zukunft zu liegen. Doch ab 2001 wurde zunehmend mehr darüber geredet und geschrieben. Es kursierten Geschichten darüber, dass der Boss künftig als Botschafter des Vereins tätig sein würde, speziell im Fernen Osten. Zudem gab es Berichte über Meinungsverschiedenheiten zwischen ihm und dem Vorstand. In diesem Zusammenhang wurde er mit Aussagen zitiert, die besagten, er wolle fortan mit dem Klub nichts mehr zu tun haben. Die Spieler wussten über diese Spekulationen nichts Konkreteres als das, was in der Presse stand. Richtig bewusst wurde uns der Ernst der Lage erst, als er uns zu Beginn seiner letzten Spielzeit mitteilte, er werde den Verein nächstes Jahr im Mai verlassen. Doch sobald der Alltag begonnen hatte, geriet diese Tatsache wieder in Vergessenheit. Niemand von uns konnte sich United ohne Alex Ferguson auch nur ansatzweise vorstellen. Natürlich gab es auch Differenzen zwischen ihm und den Spielern. Damit war ich bei weitem nicht der Einzige. Und wenn man Streit mit dem Boss hat, wünscht man sich nichts sehnlicher, als dass er nicht der Boss sei. Doch jeder United-Spieler wird bestätigen, dass die Zusammenarbeit mit dem Alten ausgezeichnet lief und er der beste Trainer der Welt ist.

Als ich im Teenager-Alter zu United kam – das erste Mal fort von zu Hause –, sprach mich der Boss gleich am ersten Tag mit meinem Namen an. Er kannte meine Eltern und meine Schwestern. Er wusste so ziemlich alles über mich und vermittelte mir das Gefühl, willkommen zu sein. Ich fühlte mich, als sei ich von einer Familie direkt in eine neue gewechselt. Es gehört zu den wichtigsten Eigenschaften eines Trainers, dass er einem Spieler das Gefühl gibt, ihn zu kennen, zu verstehen und für ihn da zu sein. Erinnert sei in diesem Zusammenhang nur daran, wie fest der Alte an Ruud van Nistelrooy glaubte und über seine ganze Verletzungspause nach seinem Kreuzbandriss hinweg bis zu seinem Comeback mit ihm in Kontakt blieb. Er machte Ruud immer wieder Mut und versicherte ihm, er werde eines Tages ins Old Trafford zurückkehren. Als Spieler weiß man eine solche Loyalität sehr zu schätzen. Kein Wunder also, dass Ruud sich bei ihm mit unzähligen Toren erkenntlich zeigte, die letztendlich nicht unwesentlich zu unserem Gewinn der Meisterschaft 2003 beitrugen.

Der Boss weiß genau, wie man einem Neuling vom ersten Tag an ein Gefühl von Heimat vermitteln kann. Doch beinahe noch wichtiger ist es, ihn auch später niemals fallen zu lassen. Der United-Trainer verhielt sich den Spielern gegenüber stets als väterlicher Beschützer, Ratgeber und Kritiker, solange sie zur Familie gehörten; das heißt, solange sie beim Verein unter Vertrag standen. Egal, ob hoffnungsvolles Nachwuchstalent oder etablierter Star – der Boss gibt allen das Gefühl, etwas Besonderes zu sein. Gleichzeitig sorgt er dafür, dass man seinerseits erkennt, wie besonders dieser Verein ist. Trotzdem hat es Spieler wie Dwight Yorke oder Jaap Stam gegeben, die Großartiges für United geleistet haben und trotzdem plötzlich draußen standen. Aus irgendeiner ihrer Äußerungen oder Handlungen musste der Alte den Schluss gezogen haben, dass sie für den Klub nicht geeignet seien. Am Ende schien auch ich zu diesen Spielern zu gehören, auch wenn mir so etwas zu Beginn der Saison 2001/02 absolut undenkbar schien.

Dem United-Trainer geht der Ruf voraus, cholerisch und übellaunig zu sein. Zugegebenermaßen ist er das von Zeit zu Zeit tatsächlich. Aber hat nicht jeder irgendwann einmal solche Phasen? Außenstehende bemerken leider nicht, wie motivierend sein Umgang mit den Spielern wirken kann. Es dringt nicht nach draußen, wie er mit ihnen lacht und scherzt. Wenn ihm danach ist, dann gibt er sich im Kreise der Mannschaft oft ganz ungezwungen. Im Anschluss an ein erfolgreiches Spiel trägt er häufig das breiteste Grinsen von allen zur Schau. Aber ich halte es auch für angemessen, wenn er im Normalfall eine gewisse professionelle Distanz an den Tag legt. Er achtet sehr darauf, zu keinem der Akteure ein engeres Verhältnis zu pflegen als zu den Übrigen, auch wenn Spieler wie Eric Cantona oder Roy Keane bei ihm schon eine gewisse Sonderstellung innehatten.

Der Boss versteht so viel von Fußball wie nur wenige andere. Dadurch können sich die Spieler sicher sein, dass er in jeder beliebigen Situation in der Saison oder im Spiel genau weiß, was zu tun ist. Er ist sich seiner Kompetenz bewusst, die entsprechenden Änderungen herbeiführen zu können und setzt diese mutig um. Selbst wenn es seiner Meinung nach das Beste ist, gar nichts zu tun, lässt er sich nicht durch das Gerede anderer davon abbringen. Über seinen Spitznamen »der Föhn«, den der Alte wegen seiner aufbrausenden Art verpasst bekam, ist schon mehr als genug gesagt worden. Wer daraufhin annimmt, es ginge in der United-Kabine permanent so turbulent zu, der täuscht sich gewaltig. Jeder im Old Trafford weiß, dass alles, was der Boss tut, einzig und allein deshalb geschieht, weil es seiner Meinung nach das Richtige für die Mannschaft ist. Das sollten auch Außenstehende wissen.

Ich erinnere mich noch gut an ein bemerkenswertes Spiel, das 2001 eine Woche vor der Partie England gegen Griechenland im Stadion an der White Hart Lane stattfand. Ich war enorm aufgeputscht an jenem Nachmittag. Zum ersten Mal fungierte ich als Kapitän von United. Die Art und Weise, wie mich der Alte davon in Kenntnis gesetzt hatte, war wieder einmal typisch: Am Tag zuvor kippte er mir vor dem Abendessen im Mannschaftshotel einfach kommentarlos die Spielerkarten in den Schoß. Die Verteilung der Karten gehört seit jeher zu den Aufgaben des Kapitäns. Mir blieb nicht einmal Zeit, mich umzudrehen und ihm meine Ergriffenheit zu zeigen, denn der Boss war schon wieder ans andere Ende des Raumes geeilt. Ich war unsagbar stolz, zumal ich wusste, dass mein Großvater – nach wie vor begeisterter Anhänger der Tottenham Hotspurs – zusammen mit meinen Eltern zu diesem Spiel kommen würde.

Schon allein der Kapitänsposten hätte ausgereicht, um die Partie für mich zu einem unvergesslichen Erlebnis werden zu lassen. Das ist sie aus diesem Grund in meiner Erinnerung tatsächlich noch immer. Doch es ereignete sich noch weitaus mehr. Zur Halbzeitpause stand es 3:0 für Tottenham; sie drohten uns komplett in den Sack zu stecken. Nach einer so schlechten Mannschaftsleistung hätte man erwarten können, dass der Trainer in der Kabine vollkommen ausrastet und seinen Spielern ordentlich den Kopf wäscht. An diesem Nachmittag kam er jedoch ganz ruhig herein. Es gab keine Schuldzuweisungen, keine heftigen Worte. Ich saß auf dem Boden und betrachtete das Spiel bereits als gelaufen. Die Teamkameraden um mich herum ließen die Köpfe hängen und fühlten sich wahrscheinlich genauso niedergeschlagen wie ich. Der Boss ließ sich auf dem Rollwagen nieder, der mit unserem Gepäck für die Fahrt nach London beladen war. Er sagte nicht viel mehr als:

»Wir sollten den gegnerischen Vorsprung so gering wie möglich halten.«

Dabei kannte er jedoch seine Spieler gut genug, um zu wissen, dass wir daraus unsere eigenen Schlüsse ziehen würden. Ich bin mir sicher, dass ich in diesem Moment nicht der Einzige war, der dachte: *Moment, so schnell geben wir uns nicht geschlagen.*

In der zweiten Halbzeit gelang dann Andy Cole gleich zu Beginn das erste Tor, woraufhin wir den Spieß umzudrehen begannen. Am Ende gewannen wir die Partie mit 5:3. Das waren die eindrucksvollsten fünfundvierzig Fußballminuten, an denen ich je beteiligt war. Für uns war es enorm wichtig gewesen, dass der Boss in der Halbzeitpause, als jeder einen Temperamentsausbruch erwartet hatte, so gelassen und beruhigend reagiert hatte. Obwohl der Alte sehr hohe Maßstäbe anlegt, habe ich ihn während meiner Zeit bei United immer als einen Menschen erlebt, der weitaus mehr Vertrauen in uns setzte als wir selbst.

Wie schon gesagt besaß der Boss die Gabe, den Spielern das Gefühl zu geben, etwas Besonderes zu sein. Wenn man als Spieler anerkennende Worte über die eigene Leistung in einem Spiel oder während des Trainings aus seinem Munde hörte, dann konnte man sich darauf schon etwas einbilden. Ich weiß nicht genau, wie der Alte darüber dachte, als ich damals zum Nationalkapitän ernannt wurde. Zu diesem Zeitpunkt verlor er mir gegenüber jedenfalls kein Wort darüber. Allerdings erinnere ich mich noch an einige Zeitungszitate von ihm. Seine Äußerungen liefen darauf hinaus, dass er mir den Kapitänsposten nicht so recht zutraue und sich nicht sicher sei, ob meine Ernennung eine gute Idee war. Doch nach der Qualifikation für die Weltmeisterschaft sagte er nach unserem Sieg über Deutschland anerkennend:

»Ich bin überrascht von dir. Du bist wirklich ein besserer Spieler geworden. Vielleicht sogar ein besserer Mensch. Ich hätte nie gedacht, dass du einmal Kapitän sein könntest.«

Es bedeutete mir unendlich viel, diese Worte von Seiten des Alten zu hören. Ich fühlte mich fast so stolz wie als Kind, wenn Dad mit irgendeiner Leistung von mir zufrieden war. Genau das war die Art des Alten, mit seinen Spielern umzugehen. Er baute sie auf, wenn er es für geboten hielt, genauso wie er sie niedermachte, wenn sie sich für seinen Geschmack zu abgehoben aufführten. Als ich erstmals zum Stammspieler der ersten Mannschaft aufrückte, trug ich das Trikot mit der Nummer 24. In der darauf folgenden Saison bekam ich die Nummer 10 zugeteilt, was mir eine Menge bedeutete, denn zuvor waren sowohl Denis Law als auch Mark Hughes damit aufgelaufen. Vielleicht lag es ja an dieser Vergangenheit, dass ich damit so viele Tore erzielte. In dem Sommer, als wir Teddy Sheringham unter Vertrag nahmen, rief mich der Boss eines Tages im Urlaub auf Malta an und teilte mir mit, dass er mir diese Spielernummer wieder abnehmen werde. Es gab keine Erklärung, keine Diskussion und keine Alternative. Ich beschwerte mich bei Gary Neville:

»Warum tut er so etwas? Weshalb hat er mich extra deswegen angerufen? Wollte er mir damit meinen Urlaub verderben?«

Verzweifelt versuchte ich herauszufinden, was ich falsch gemacht hatte. Als wir einen Monat später zum Vorbereitungstraining für die Saison wieder zusammenkamen, hatte der Boss mein neues Trikot schon parat und überreichte mir das Dress mit Eric Cantonas Spielernummer. Ganz ergriffen erstarrte ich förmlich angesichts dieser Ehre.

Im Vorfeld der Spiele legte der Alte neben der Vorbereitung der gesamten Mannschaft immer sehr viel Wert auf die Vorbereitung jedes Einzelnen. Egal, ob vor einer Partie in der Champions League oder einem Freundschaftsspiel vor Saisonbeginn sorgte er in der Kabine stets dafür, dass ich genau wusste, was er von mir erwartete. Dazu bekam ich die jeweils nötigen Informationen oder Ratschläge von ihm. Er nimmt sich für jeden Spieler ausreichend Zeit. Daran lässt sich ablesen, welchen Stellenwert der Einzelne für ihn innerhalb der Mannschaft hat. Im Herbst 2001 kannte ich den Alten bereits geraume Zeit. Ich wusste um seine Erfahrung und lernte von ihm fast jeden Tag noch etwas Neues dazu. Man muss sich nur einmal die Liste seiner Erfolge bei United und zuvor in Aberdeen anschauen.

Die Vorstellung, dass er uns in Kürze verlassen würde, war schon sehr gewöhnungsbedürftig. Wie jeder andere im und außerhalb des Old Trafford fragte ich mich, wer ihn wohl angemessen ersetzen könnte.

Es gibt eine Menge ganz ausgezeichneter Trainer, von denen nicht wenige – wie Martin O'Neill, Giovanni Trappatoni und selbst Sven-Göran Eriksson – für den Posten bei United im Gespräch waren. Im Old Trafford ist für den Job als Trainer jedoch mehr vonnöten als lediglich der passende Lebenslauf. Von einem Neuen erwartete man die gleichen Qualitäten und das gleiche Engagement, wie sie der Alte besitzt. Dafür wird er von vielen so sehr bewundert. Gleichzeitig bringt er damit jedoch auch viele Menschen auf die Palme. Wann immer er etwas äußert, tut er dies nie in seinem eigenen Namen, sondern stets für den Verein. Er *ist* Manchester United – und zwar durch und durch. Jeder, der sich mit United verbunden fühlt und der etwas von Fußball versteht, wird dies bestätigen. Selbst nach unserem Tripel dachte er bei aller Anerkennung unserer Leistung bereits an die Zukunft und daran, dass wir uns nicht auf unseren Lorbeeren ausruhen durften, sondern beim nächsten Mal mindestens genauso gut, wenn nicht sogar besser abschneiden mussten.

Dieses Streben nach Erfolg für den Klub war in den vergangenen fünfzehn Jahren für jeden von uns die wichtigste Triebkraft, jedenfalls für die Nevilles, Paul Scholes, Ryan Giggs, Nicky Butt und mich. Doch der Boss war uns in seinem Engagement immer ein Stück voraus. Unermüdlich arbeitete er auf die nächste Herausforderung hin. Nach meiner Einschätzung spielte sein Einsatz eine wichtigere Rolle für unseren Erfolg als alles andere. Auch wenn er davon in der Öffentlichkeit nicht allzu viel verlauten ließ, wussten die Spieler genau, welche Wertschätzung der Boss unserer Leistung entgegenbrachte. In meinem Fall bin ich mir ganz sicher, dass er – zumindest damals – erkannte, dass ich United niemals durch mangelnden Einsatz im Stich lassen würde, egal, was sich in meinem Leben ereignete. Ich war Spieler bei Manchester United, und das hatte Vorrang vor allem anderen. Seit meiner Ankunft im Old Trafford bedeutete dies, für den Boss zu arbeiten.

Anfang 2001/02 stand es um unsere Form nicht zum Besten; es war ein stetiges Auf und Ab. Die selbst ernannten Experten führten dies auf unsere Unsicherheit hinsichtlich des bevorstehenden Trainerwechsels zurück. Es kursierten allerhand Gerüchte. Beispielsweise bereute der Boss angeblich, dass er uns über seinen Weggang hatte informieren müssen, weil es uns dadurch nun an Respekt vor ihm mangele. Das ist natürlich blanker Unsinn. Keiner von uns wollte, dass er ging, und unserem Trainings- und Spielalltag tat das Wissen um seinen Abschied im Mai keinerlei Abbruch. Dieser Umstand konnte nicht als Entschuldigung für verlorene Spiele herhalten. Meine Sorge galt einzig und allein der Frage, wer ihn adäquat ersetzen könnte. Ich befand mich gerade mitten in den Verhandlungen um einen neuen Vertrag bei United und machte mir Gedanken darüber, dass mein Verhältnis zu einem neuen Trainer möglicherweise weniger gut sein könnte, als das zum Alten. Abgesehen davon, dass ich schon immer ein Fan von United gewesen war, lag es vor allem an Alex Ferguson, dass ich als junger Bursche London verließ und einen Vertrag bei diesem Verein unterschrieb. Daran konnten auch Zweifel im Hinblick auf die Zukunft nichts ändern.

Die Unausgeglichenheit der Mannschaft hatte meines Erachtens viel mehr mit dem Verlust von Steve McClaren in jenem Sommer zu tun. Wie bereits angemerkt, schätze ich Steve als Coach außerordentlich. Er verließ United im Juni 2001, um das Amt des Cheftrainers in Middlesbrough zu übernehmen. Ich glaube nicht, dass Steve im Vorfeld des Weggangs von Alex Ferguson eine Art Garantie erwartete, zum Nachfolger des Alten bestimmt zu werden. Er wollte einfach nur Gewissheit, ob er sich überhaupt Chancen ausrechnen konnte. Hinter den Kulissen gab es damals Zusammenkünfte, aus denen anschließend verlautete, dass United ihn nicht als künftigen Cheftrainer favorisierte. Danach war es für niemanden überraschend, als Steve schließlich den ihm angebotenen Posten in Middlesbrough annahm. Dafür wünschten wir ihm, der Alte eingeschlossen, alles erdenklich Gute. Während dieser Saison führte der Boss das Training persönlich weiter, was hochanständig von ihm war. Ungeachtet seines unmittelbar bevorstehenden Ruhestands spielte er

2001/02 eine wichtigere Rolle als je zuvor. Steves Weggang bedeutet für uns einen schmerzlichen Verlust, denn seine Trainingseinheiten waren stets kurzweilig und technisch absolut unvergleichlich. Er kann mit Spielern besser reden als jeder andere, mit dem ich bislang zusammengearbeitet habe. In den Jahren, die er bei uns war, hat er genauso einprägsame Spuren hinterlassen wie bei der Nationalelf.

Doch ich hatte danach noch auf internationaler Ebene mit ihm zu tun, da er bis nach der Weltmeisterschaft 2002 neben seinem Job in Middlesbrough beim Nationalteam blieb. Wir trafen uns anlässlich der Partie gegen Deutschland in München wieder. Bereits vier Tage später begegneten wir uns erneut im St. James Park beim Spiel gegen Albanien. Steve war überzeugt davon, dass wir beide Begegnungen gewinnen konnten, doch das Heimspiel gegen Albanien entpuppte sich als viel härterer Brocken als die 5:1-Partie gegen Deutschland. Die Spieler waren erschöpft, und wieder einmal lasteten hohe Erwartungen auf uns, vor allem nach der Sensation von München. Wer gegen Deutschland auswärts 5:1 gewann, der konnte es mit jedem Gegner aufnehmen, war die allgemeine Ansicht. Nun ja, wir konnten uns zwar gegen Albanien behaupten, aber es war ziemlich knapp und nicht gerade eine Bilderbuchpartie. Sie waren bereits aus der WM ausgeschieden und hatten somit nichts zu verlieren. Sie schienen sich während des Spiels prächtig zu amüsieren. Das konnte man von uns nicht gerade behaupten. Bestenfalls haben wir uns tapfer geschlagen. Aber immerhin setzten wir uns durch und holten unsere drei Punkte.

Als Nächstes trafen wir im Old Trafford auf Griechenland. Durch den Sieg gegen Albanien gingen wir in unser letztes Qualifikationsspiel mit der gleichen Punktzahl wie Deutschland und führten damit gemeinsam unsere Gruppe an. Allerdings hatten wir das bessere Torverhältnis. Vielleicht wäre es leichter gewesen – zumindest was die Nerven aller Beteiligten anging –, wenn dieses Spiel gleich am darauf folgenden Wochenende stattgefunden hätte. Dann wären wir zwar ziemlich erschöpft gewesen, hätten jedoch nach der Enttäuschung über unsere Leistung gegen Albanien wenigstens reagieren und uns beweisen können. Stattdessen mussten wir einen ganzen Monat darauf warten. In dieser Zeit hatten wir uns auf die Spiele unseres jeweiligen Vereins zu konzentrieren. Es war ein Monat, in dessen Verlauf sich eine Menge Zweifel in unseren Köpfen festsetzten, denn diese Begegnung konnte unter Umständen eine entscheidende Rolle im Hinblick darauf spielen, wie dieser internationale Fußballsommer für England verlaufen würde. Die Wochen bis dahin vergingen nur schleppend. Das Gleiche galt für die Trainingstage im Vorfeld der Partie.

Wir kamen an einem Sonntag zusammen und übernachteten im Marriott-Hotel in einem Außenbezirk von Manchester. Das Training schien niemals enden zu wollen, während wir den Samstagnachmittag herbeisehnten, um das Spiel endlich über die Bühne zu bringen. Sowohl im Hotel als auch draußen wurde unaufhörlich die Wichtigkeit dieser Partie erörtert und über die Bedeutung einer direkten Qualifikation für die WM diskutiert. Brauchten wir einen Sieg oder würde ein Unentschieden ausreichen? Was war mit dem Torverhältnis? Manchmal kann man diese Spekulationen einfach nicht mehr hören. Wichtig war jedoch, dass uns ein Sieg gegen Griechenland unabhängig vom Ergebnis der Deutschen machen würde. Diesen Umstand galt es in erster Linie zu berücksichtigen. Die Haltung der Medien und der Fans, die das Ganze nur noch für eine Formalität hielten, war für uns nicht gerade hilfreich. Vor uns lagen noch ganze fünf Tage voller Nervosität und Aufregung. Als der Samstag endlich kam, herrschte weitaus mehr Anspannung, als wünschenswert sein konnte.

Ich war genauso gereizt wie alle anderen, obwohl meine persönliche Ausgangssituation eigentlich erheblich günstiger war als die einiger anderer Teamkameraden. Zum einen fand das Spiel im Old Trafford statt. Bei unserem letzten Länderspiel im Jahr 1997 gegen Südafrika in diesem Stadion war ich erst später eingewechselt worden. Nun, am 6. Oktober 2001, führte ich die englische Auswahl als Kapitän auf mein heimisches Spielfeld. Wer hätte einem solchen Moment nicht freudig entgegengefiebert? Zum anderen liefen wir in komplett weißer Spielkleidung auf. In der Woche vor dem Spiel hatte mich der Verantwortliche für die Mannschaftskleidung der Nationalelf gefragt, ob er Sven diesen Vorschlag machen solle. Ich habe schon immer sehr viel für Weiß übrig gehabt – ob als Wechselkleidung von

United, als englisches Nationaldress oder als Outfit von Real Madrid. Der Nationaltrainer stimmte diesem Ansinnen zu. Somit gab es für mich also gleich zwei Gründe zur Vorfreude. Wovon ich im Vorfeld freilich noch nichts ahnte, war das Treffen mit einem Engel, das mich an jenem Nachmittag im Old Trafford erwartete.

Den Namen Kirsty Howard hatte ich zum ersten Mal Mitte der Woche von Dad gehört. Er rief mich an und erzählte mir von ihr:

»Sie ist ein ganz reizendes Mädchen, David, aber es geht ihr gar nicht gut. Sie wird dich am Samstag zum Anstoß begleiten. Pass gut auf sie auf.«

Dad war an den Absprachen mit dem Fußballverband beteiligt, weshalb er genau im Bilde war über Kirsty und das Kinderhospiz Francis House, für das sie so viel Geld gesammelt hatte. Dieses Telefonat war aber auch schon alles, was ich im Vorfeld erfuhr. Als wir an jenem Samstagnachmittag im Old Trafford eintrafen, ging ich vor dem Umziehen durch den Tunnel, wo ich sie treffen sollte. Dort wurde ich schon von Kirsty, ihren Eltern und ein paar Leuten von der Wohltätigkeitsorganisation erwartet. Geduldig stand sie da, ein kleines Mädchen mit einem Lächeln, das fast so groß war wie es selbst. Dieses Lächeln war das Erste, was ich an Kirsty wahrnahm, noch bevor ich den Sauerstoffzylinder bemerkte, den sie überallhin hinter sich herziehen musste. Ich setzte mich neben sie auf die Treppe, wo wir ein Weilchen miteinander plauderten. Sie erzählte mir von den Problemen, mit denen sie zu kämpfen hat. Ihr Herz liegt von Geburt an falsch herum in ihrem Körper, und auch einige andere Organe befinden sich an der falschen Stelle. Sie berichtete von ihren Bemühungen um Spendengelder für andere Kinder aus dem Hospiz, in dem sie behandelt wurde. Ich fragte sie, wie sie sich jetzt fühle, aber noch bevor sie darauf antworten konnte, fragte jemand hinter uns:

»Möchtest du ihm einen Kuss geben?«

Zunächst schien sich Kirsty ein wenig zu genieren, aber dann gab sie mir einen Schmatz auf die Wange, und ich umarmte sie. Dann war es Zeit für mich zu gehen. Ich stand auf und sagte:

»Wir sehen uns dann gleich wieder auf dem Spielfeld, in Ordnung?«

Kirsty sah mich an. Sie nickte lächelnd, und ich verschwand in Richtung Kabine. Ganz in Gedanken versunken bemerkte ich anfangs gar nicht, dass die Atmosphäre dort seltsam ruhig war, vollkommen anders als bei dieser Nationalelf sonst üblich. Niemand schien sonderlich gesprächig. Sven instruierte uns:

»Achtet darauf, den Ball schnell zu spielen und immer in Bewegung zu halten.«

Doch genau diesen Rat zu beherzigen gelang uns den ganzen Nachmittag über nicht. Die Glocke läutete; es war Zeit hinauszugehen. Im Tunnel traf ich wieder auf Kirsty und nahm sie bei der Hand. Sie hat so unglaublich winzige Hände, gerade groß genug, dass sie damit einen meiner Finger umfassen konnte. Sie hielt sich dicht neben mir. Als ich sie fragte, ob sie aufgeregt sei, antwortete sie schlicht:

»Nein.«

Ich musste lächeln.

»Hier im Stadion warten 65 000 Zuschauer auf uns und hoffen auf unsere Teilnahme an der Weltmeisterschaft. Wenn du nicht aufgeregt bist, dann bist du wahrscheinlich die Einzige im ganzen Stadion, der es so geht.«

»Ich bin aber trotzdem nicht aufgeregt.«

Sie sah zu mir hinauf und lächelte mich so fröhlich an, dass ich wusste, es geht ihr gut. Wir traten hinaus in die Sonne, wo uns die lärmenden Zuschauermassen empfingen. Während wir den Mittelkreis ansteuerten, waren die Kameras die ganze Zeit auf Kirsty gerichtet. Es war völlig überflüssig nachzufragen, wie sie sich fühlte. Sie strahlte eine ungeheure Würde und Ruhe aus. Ich wünschte, wir Spieler hätten genauso entspannt agiert wie sie. Sie war bestimmt der gelassenste Mensch im gesamten Old Trafford – einfach großartig.

Seit jenem Nachmittag sind Kirsty und ich und auch Victoria gute Freunde geworden. Wir unterstützen sie bei ihrem Einsatz um Spendengelder, wo wir nur können, doch das ist bei weitem nicht alles, was unser Verhältnis ausmacht. Kirsty ist eine beeindruckende Persönlichkeit, die nur so sprüht vor Leben und Energie. In ihrer Gegenwart vergisst man vollkommen, dass sie krank ist und gegen alle Widrigkeiten am Leben festhält. Man übersieht den Zylinder und das, was man ihre

Behinderung nennen könnte. Stattdessen nimmt man ihre Persönlichkeit wahr, ihre Entschlossenheit, ihren Einsatz für andere und ihre Freude an allem. Sie ist der mutigste Mensch, den ich kenne. Als ich im Sommer 2002 anlässlich der Commonwealth-Spiele in Manchester mit der Fackel in der Hand ins Stadion lief, traf ich dort mit Kirsty zusammen, bevor wir zusammen vor die Queen traten. Die ganze Stadionrunde über war ich überzeugt davon, dass jeden Moment die Flamme verlöschen, mir die Sporthose rutschen oder ich über meine Schnürsenkel stolpern würde. Doch kaum stand ich Kirsty gegenüber, waren all diese Sorgen mit einem Mal verschwunden. In diesem Moment hatte ich plötzlich das Gefühl, als wären wir beide ganz allein im Stadion. Man braucht ihr nur in die Augen zu schauen, und schon spürt man Ruhe und Ausgeglichenheit. Kirsty nimmt andere Menschen durch ihr Lächeln mit in ihre Welt. und schon sieht alles ganz anders aus. *Der englische Nationalkapitän? Ihre Majestät die Queen? Tausende Zuschauer auf den Tribünen? Freut mich, Sie kennen zu lernen, ich bin Kirsty Howard und fühle mich ganz ausgezeichnet.*

Genauso war es, als wir zur Mittellinie im Old Trafford gingen. Ich hatte mich die ganze Woche vor diesem Tag gefürchtet. Aber mit einem Mal dachte ich überhaupt nicht mehr an das Spiel. Ich vergaß das große Ereignis und unsere verzweifelte Hoffnung auf einen Sieg. In diesem Moment war nur noch wichtig, dass es Kirsty neben mir gut ging. Es ist völlig ausgeschlossen, nach einer Begegnung mit diesem Mädchen nicht verzaubert zu sein. Sie strahlt geradezu. In meiner Erinnerung wiegt mein erstes Zusammentreffen mit ihr zu Beginn dieses Nachmittags genauso schwer wie mein Torerfolg an dessen Ende.

Schließlich musste Kirsty das Spielfeld doch irgendwann verlassen, und ich zwang mich zu der Einsicht, dass ein Fußballspiel vor uns lag, das wir eigentlich gewinnen sollten. Vor dem Anstoß gibt es immer ein gewisses Maß an Unsicherheit, aber diesmal sollten wir Recht behalten mit unserem Respekt vor Griechenland. Sie gingen hoch motiviert in diese Begegnung, obwohl sie bereits aus dem Rennen um die Qualifikation ausgeschieden waren. Ein- oder zweimal kam es von ihrer Seite zu heftigen Verbalattacken gegen uns, von denen ich allerdings aufgrund fehlender Griechischkenntnisse kein Wort verstand. Sie zeigten eine beachtliche Leistung, während wir einfach nicht ins Spiel kamen. Wir agierten unsicher, was die Zuschauer selbstverständlich spürten. Dem Spiel fehlte es an Dynamik, und es schien, als könnte uns nur ein Tor richtig in Schwung bringen. Das Problem war nur, dass ich nach ungefähr einer halben Stunde den Eindruck hatte, dass wir genau dies nicht schaffen würden. Zehn Minuten später geschah dann das Unglück: Tor für Griechenland. Noch dazu ein ganz beiläufig erzieltes. Von da ab fanden wir bis zur Halbzeitpause nicht einmal ansatzweise den richtigen Spielrhythmus. Inzwischen dachte keiner von uns mehr an einen Sieg für den sicheren Einzug in die Weltmeisterschaft. Stattdessen hofften wir nur noch auf ein Unentschieden, damit wir überhaupt noch Chancen hatten. Doch Sven lag es fern, in der Pause Panik zu verbreiten.

»Wir müssen das Tempo anziehen. Statt immer nur darauf zu warten, dass endlich etwas geschieht, müssen wir Druck machen und unsererseits Tatsachen schaffen.«

Die zweite Halbzeit begann zwar ein wenig besser als die erste, jedoch nicht bedeutend. Obwohl mir niemand Vorhaltungen gemacht hatte, wusste ich, dass ich in Ballbesitz kommen musste. Ich war wütend. Wütend auf mich selbst. Wütend auf die griechischen Spieler, die uns immer wieder zusetzten. Wütend über die gesamte Situation, in die wir uns selbst hineingeritten hatten. Es war heiß, nichts ging mehr und wir sahen ziemlich müde aus. In einer solchen Lage hat es keinen Sinn, sich auf andere verlassen zu wollen. Es bleibt einem nichts anderes übrig, als selbst aktiv zu werden. Das hatte jedoch nicht nur etwas mit meiner Verantwortung als Kapitän zu tun. Ich hatte lediglich das Gefühl, es sei an der Zeit, endlich einmal ein Risiko einzugehen. Wenn ich in meiner Position nicht an den Ball herankam, dann musste ich es eben an einer anderen Stelle versuchen. Ich weiß noch genau, wie mir Gary Neville zurief:

»Das wird sich rächen. Wir müssen unsere Formation beibehalten. Ansonsten brechen sie wieder durch und schießen noch ein Tor.«

In den meisten anderen Spielen hätte Gary damit sicher Recht gehabt. Doch an jenem Nachmittag gegen Griechenland entschloss ich

mich, ausnahmsweise einmal nicht auf Gaz zu hören. Ich versuchte, hier und da im Strafraum ein Foul zu provozieren. Doch an diesem Nachmittag war jeder Freistoß entweder zu hoch oder zu weit, sosehr ich mich auch bemühte. Nichts schien bei uns zu laufen, zumindest noch in den ersten zwanzig Minuten der zweiten Halbzeit. Die Griechen griffen immer wieder an und hatten etliche gute Chancen. Ein weiteres Tor von ihnen hätte uns endgültig ins Hintertreffen gebracht. Nigel Martyn, der im Tor stand, warf mir links außen den Ball zu. Gary fragte sich höchstwahrscheinlich, was ich dort drüben wollte. Ich rempelte einen Spieler an, legte mich danach mit einem weiteren an, bis der Schiedsrichter knapp zehn Meter vor der Ecke des gegnerischen Strafraums auf Foul entschied, was vermutlich gar keines war. Meine Position war ungünstig für einen Torschuss. In diesem Moment bereitete sich gerade Teddy Sheringham darauf vor, für Robbie Fowler eingewechselt zu werden. Während ich den Wechsel abwartete, bemerkte ich ein rotes Stück Papier auf dem Spielfeld direkt neben dem Ball. Ich hob es auf und warf es beiseite. Vor lauter Frust gab ich diesem Schnipsel die Schuld an unseren Problemen. Als Teddy an mir vorbeilief, rief er mir zu:

»Pass gut auf. Achte genau auf mich.«

Ich wusste, was er meinte. Schließlich hatten wir bei United unzählige Spiele gemeinsam bestritten. Ich zielte meinen Freistoß exakt auf die Stelle, an die Teddy erfahrungsgemäß laufen würde. Er musste nur noch seinen Fuß hinhalten, da er genau wusste, wo der Ball landen würde. Er beförderte ihn am gegnerischen Torhüter vorbei in die äußerste Ecke. Jetzt hatten wir Gleichstand und damit wieder Chancen auf einen Einzug in die Finalrunde. Doch dieser währte nicht länger als eine Minute. Unser Jubel war kaum verklungen, als Griechenland erneut angriff und einen weiteren Treffer erzielte. *Das war's dann wohl. Heute ist anscheinend nicht unser Tag. Jetzt sind wir auf dem Weg in die Relegation.*

Ich blieb wie angewurzelt stehen. Ich konnte sehen, wie die anderen Spieler die Schultern hängen ließen. Ihnen gingen in diesem Moment sicher genau die gleichen Gedanken durch den Kopf wie mir. Wir machten natürlich weiter. Es bleibt einem gar nichts anderes übrig. Aber ich hielt einen weiteren Treffer unsererseits für ziemlich unwahrscheinlich. Es gab noch eine Reihe von Freistößen für uns, die jedoch allesamt weit abgeschlagen landeten. Vielleicht rannte ich deshalb wie besessen über das gesamte Spielfeld. Es war frustrierend, so viele Freistoß-Chancen zu bekommen – im gesamten Spiel waren es sieben oder acht – und keine einzige davon verwandeln zu können. In der letzten Minute hatte Nigel nichts Besseres zu tun, als den Ball mit einem kräftigen Tritt in die gegnerische Hälfte zu befördern. Doch Teddy bügelte es glücklicherweise wieder aus. Ich weiß nicht, ob er wirklich von hinten angerempelt wurde oder nicht. Jedenfalls reichte es aus für ein Foul viereinhalb Meter außerhalb des griechischen Strafraums.

Ich legte mir den Ball zurecht. Teddy kam herüber und machte Anstalten, den Freistoß selbst auszuführen.

»Lass mich das machen.«

Ich hatte an diesem Nachmittag zwar ein paarmal danebengeschossen, doch diese letzte Gelegenheit wollte ich mir auf gar keinen Fall entgehen lassen.

»Nein Ted, das ist zu weit außen für dich.«

Ich weiß auch nicht, warum ich das sagte, denn es stimmte gar nicht. Doch Teddy blickte auf, sah ihre Mauer an und ließ mich gewähren. Mir war klar, dass dies unsere letzte Chance ist. Ich versuchte zur Ruhe zu kommen, indem ich ein paarmal tief ausatmete. Teddy tat, was in solchen Situationen seine Spezialität war. Er sucht den Torwart hinter der Mauer und stellt sich vor ihn, ohne ihn zu behindern. Im allerletzten Moment läuft er dann beiseite, was den Torhüter jedes Mal vollkommen aus dem Konzept bringt. Ohne diese Aktion von Teddy wäre der griechische Keeper möglicherweise rechtzeitig am Ball gewesen. Ich konzentrierte mich ausschließlich darauf, den Schuss optimal zu zielen. Ich lief an, und in dem Moment, als ich gegen das Leder trat, wusste ich, dass dieser Ball ins Tor gehen würde.

Jeder, der das Spiel an diesem Nachmittag im Old Trafford oder daheim am Fernseher verfolgt hat, wird sich sicher noch erinnern, dass ich nach dem Treffer ein wenig übermütig reagierte. Während Teddy den Ball aus dem Netz holte, gab ich mich zusammen mit Rio, Emile und Martin Keown meinem Freudentaumel hin. Dabei vergaß ich beinahe, dass wir in Wirklichkeit noch ein Tor und den Sieg benötigten. Es war ein fantastisches Gefühl, und ich war bei weitem nicht der Einzige, der sich davon ein paar Minuten lang überwältigen ließ. Martin gibt sich normalerweise sehr professionell, ist jedoch auch der geborene Komiker. So hatte ich ihn noch nie erlebt. Ich muss noch heute lachen, wenn ich an seinen Gesichtsausdruck mit den weit aufgerissenen Augen zurückdenke. Lachend und schreiend hing er auf mir:

»Das ist Wahnsinn! Das ist absoluter Wahnsinn! Du bist ein echter Held!«

Doch plötzlich dämmerte uns, dass wir damit noch nicht am Ziel waren. Wir brauchten unter Umständen einen weiteren Treffer. Am selben Nachmittag spielte Deutschland zu Hause gegen Finnland. Nach der ersten Halbzeit hatte es unentschieden gestanden. Wenn der Spielstand in München und Manchester gleich bliebe, dann hätten wir es geschafft. In diesem Moment war ich viel zu aufgeregt, um klar denken zu können. Ich lief zurück zur Mittellinie und sah Steve McClaren an der Seitenlinie stehen. Ich rief hinüber:

»Wie steht es?«

»Null zu null.«

»Ist schon Schluss?«

»Beinahe.«

Die Griechen stießen an und spielten den Ball nach vorn. Ich betete, dass es uns nicht wieder kalt erwischte. Als der Ball ins Aus ging, rief ich Gary Neville zu:

»Wie sieht es aus? Sind wir drin, wenn sie unentschieden spielen?«

Gary gelang es, sich einen Reim auf meine Worte zu machen, und er nickte. Wir bekamen einen Einwurf, den Steven Gerrard ausführte. Er nahm noch immer an, dass wir noch ein Tor benötigten. Er warf das Leder zu mir, doch in diesem Moment ertönte schon der Abpfiff. Ich nahm den Ball an und schoss ihn so hoch in die Luft wie ich konnte. Die anderen englischen Spieler kamen jetzt alle auf mich zu. Ashley Cole war zwar ausgewechselt worden, doch auch er kam von der Bank herüber und hinter ihm die übrigen Teamkameraden. Ich war so unsagbar stolz, dass ich uns mit meinem Freistoß in die WM-Finalrunde geschossen hatte. Wir wussten, dass wir es geschafft hatten, noch bevor die Ansage über Lautsprecher kam:

»Und das Endergebnis aus Deutschland lautet …«

Plötzlich wurde es ganz still im Stadion. Noch immer bekomme ich eine leichte Gänsehaut, wenn ich daran denke.

»… Deutschland 0 – Finnland 0.«

Jetzt erhob sich im Old Trafford ein Jubel, wie ich ihn noch nie zuvor erlebt hatte. Der Lärm verfolgte uns noch bis in die Kabine. Es war seltsam. Die Menschen draußen schienen vor Freude vollkommen aus dem Häuschen zu sein. Doch in der Stille unterhalb der Tribüne fühlten sich die meisten Spieler einfach nur ausgelaugt oder sogar niedergeschlagen. Uns war klar, dass wir kein gutes Spiel gezeigt hatten. Die Hitze und die Anstrengung des Nachmittags taten ein Übriges. Ich dachte vor allem an all die Freistöße, die ich vergeben hatte, statt an meinen erfolgreichen Treffer. Wir kehrten noch einmal auf das Spielfeld zurück, um eine Ehrenrunde zu drehen, was uns wieder ein wenig aufbaute. Wir konnten stolz und gespannt sein, da wir schließlich doch zur WM-Endrunde fahren würden. Nur ein Wermutstropfen blieb bei all der überschäumenden Freude im sonnigen Old Trafford. Michael Owen war aufgrund einer Kniesehnenverletzung ausgeschieden und wertete gerade vor den Fernsehkameras das Spiel aus. Wir hätten ihn zu uns hinunterholen sollen, damit er sich mit uns freuen konnte. Immerhin waren seine drei Tore von München außerordentlich wichtig für uns gewesen und hatten uns und England unserem Ziel ein ganzes Stück näher gebracht.

Im Old Trafford gibt es draußen neben der Kabine ein Telefon. Von dort aus rief ich als Erstes Victoria an, als wir wieder hereinkamen. Sie arbeitete gerade in Italien und hatte daher zu ihrem großen Verdruss das Spiel nicht verfolgen können. Deshalb wollte sie alles ganz genau wissen und erkundigte sich, wie ich mich fühlte. Mein Herz schlug noch immer wie wild, das Adrenalin zirkulierte in meinem Körper, und mein Mund war staubtrocken. Immer wenn ich etwas sagen wollte, versagte meine Stimme. Doch Victoria kennt mich gut genug. Die kurzen Krächzer und Wortfetzen reichten ihr aus, um sich vorzustellen, wie es am anderen Ende der Telefonleitung aussah. Auch wenn sie sich im Fußball nicht sonderlich gut auskennt, weiß sie genau, welche Bedeutung dieser Sport für viele Menschen hat. So konnte sie nur allzu gut nachvollziehen, welche Tragweite dieses Spiel gegen Griechenland für mich besaß.

Mum und Dad berichteten mir im Nachhinein, wie begeistert die Fans um sie herum gefeiert hätten. Diesmal war ich nicht der Einzige, der nur mühsam die Tränen zurückhalten konnte. Es war ein großartiges Gefühl, dass an diesem Nachmittag so viele Menschen, die mir wichtig waren, das Spiel im Old Trafford besucht hatten. Neben meinen Eltern, die am liebsten draußen auf der Tribüne saßen, hatte ich eine Loge für Tony, Jackie und Brooklyn gebucht, sowie eine für den amerikanischen R&B-Sänger Usher, der an diesem Tag mein Gast war. Nachdem Sven sein Amt als Nationaltrainer angetreten hatte, war er anfangs ganz und gar nicht begeistert davon, wenn wir vor dem Spiel in der Kabine Musik hörten. Irgendwann untersagte er es sogar gänzlich. Doch die Spieler setzten ihm deswegen ordentlich zu, und schließlich sah er ein, dass die Musik wohl eine positive Wirkung auf unsere Vorbereitungen hatte. In jenem Jahr lag vor dem Anstoß stets eine Scheibe von Usher im CD-Player. Er hatte im Sommer 2001 ein neues Album mit dem Titel »8701« veröffentlicht und hielt sich gerade zu Promotionzwecken in England auf. Ich bekam eine Nachricht von ihm übermittelt, dass er mich gern treffen würde. Deshalb lud ich ihn kurzerhand ins Old Trafford ein. Nach der Partie empfing er mich in der Spielerlounge mit den Worten:

»Menschenskind, David. So etwas Tolles habe ich noch nie erlebt.«

Ich übergab ihm ein signiertes Trikot, und wir machten ein paar Fotos mit allem Drum und Dran. Er konnte sich wirklich glücklich schätzen. Wenn man zum ersten Mal ein Fußballspiel besucht, konnte man sich keine spannendere Partie wünschen als die gegen Griechenland. All das war wundervoll: die Begegnung mit Kirsty, das Spiel an sich, mein Tor, das anschließende Zusammensein mit meiner Familie und natürlich das Treffen mit Usher. Doch in diesem Zusammenhang werde ich einen weiteren Moment ebenfalls nie vergessen. Um zur

Spielerlounge zu gelangen, musste ich am Spielfeldrand entlanglaufen, vorbei am ehemaligen Tunnel des Old Trafford. Wenn man von dort aus nach links eine Treppe hinaufgeht, kommt man zum Pressebereich. Dort saßen etwa ein Dutzend Fußballreporter, die noch an ihren Spielberichten bastelten. Als ich vorbeikam, stand einer von ihnen auf und begann, Beifall zu klatschen. Kurz darauf hatten sich alle erhoben und bedachten mich mit einem anerkennenden Applaus. So etwas gibt es eigentlich gar nicht. Wenn ich an die Zeit nach Frankreich 1998 zurückdenke, hätte ich nie gedacht, dass ich das einmal erleben würde. Ich hoffe, dass diesen Journalisten bewusst ist, wie froh sie mich damit an jenem Nachmittag machten.

Normalerweise ist die englische Presse nicht gerade zimperlich. Wenn auch vielleicht nicht ganz so direkt wie Alex Ferguson. Als wir zurück nach Carrington kamen, begrüßte mich der Alte mit den Worten:

»Ich will doch hoffen, dass du dich jetzt, da du zurück bist, für United genauso ins Zeug legst.«

Da ich von ihm einiges gewöhnt war, überraschte mich dieser Kommentar keineswegs, trotzdem war er schmerzlich. Ich kehrte in absoluter Hochstimmung zum Training zurück, den anderen Nationalspielern ging es nicht anders. Ich konnte das nächste Spiel mit meinem Verein gar nicht erwarten. Obwohl ich eine Menge übrig habe für große Augenblicke, gehöre ich nicht zu denjenigen, die von anderen erwarten, dass sie mir auf die Schulter klopfen und mir vorsäuseln, wie toll ich gespielt hätte. Ich lief danach nicht selbstgefällig in der Gegend herum, sondern erschien lediglich in bester Stimmung zum Training. Doch das sah der Boss offensichtlich anders. Er schien der Ansicht zu sein, dass er mich schleunigst auf den Boden der Tatsachen zurückholen müsste.

Diese Saison muss für den Alten recht merkwürdig gewesen sein. Vielleicht wünschte er sich insgeheim, er hätte niemanden von seinem Rückzug informieren müssen. Wie bereits gesagt, hatte dieser Umstand jedoch keinerlei Auswirkungen auf die Spieler. Doch seit der Boss jeden Tag in der Zeitung lesen musste, dass genau dies der Fall sei, begann er, es wahrscheinlich irgendwann selbst zu glauben.

Ich weiß nicht, was ihn dazu veranlasste, seine Meinung zu ändern. Ich kann mich nur noch daran erinnern, dass er uns eines Tages von seinem Sinneswandel in Kenntnis setzte. Es war Anfang Februar 2002. Wir befanden uns nach dem morgendlichen Training gerade in der Kabine in Carrington.

»Ich bleibe.«

So einfach war das. Gary Neville begann, Beifall zu klatschen, während ein paar andere Spieler scherzten:

»Oh nein. Sag, dass das nicht wahr ist.«

Wir waren alle hocherfreut über diese Nachricht. Besonders mich machte sie wirklich sehr froh, obwohl sie im Nachhinein betrachtet wahrscheinlich der Anfang vom Ende meiner Zeit bei United war. Doch in diesem Moment ahnte ich noch nicht, was sich im Laufe der nächsten siebzehn Monate zwischen mir und dem Boss abspielen sollte. Während des Mittagessens empfand ich jedenfalls eine Mischung aus Erleichterung und freudiger Gespanntheit darüber, dass der einzige Cheftrainer, mit dem ich je zusammengearbeitet hatte, Boss von Manchester United blieb. Sowohl ich als auch der Verein hatten Alex Ferguson eine Menge zu verdanken. Weshalb hätte ich mich also nicht über sein Bleiben freuen sollen?

Die Entscheidung des Alten beflügelte uns, sodass wir in der zweiten Hälfte der Saison 2001/02 gute Leistungen erzielten. Allerdings waren sie nicht gut genug für den Titelgewinn der Liga. Arsenal war nicht zu bremsen; zuletzt gewannen sie sämtliche Spiele und holten damit den Titel. Obendrein sicherten sie sich auch noch den Pokal. In der vierten Runde scheiterten wir ausgerechnet an Middlesbrough und Steve McClaren. Die besten Chancen hatten wir noch in Europa. In der ersten Gruppenrunde spielten wir gegen Deportivo La Coruña, mussten uns jedoch zweimal geschlagen geben. Im darauf folgenden Frühjahr trafen wir im Viertelfinale wieder auf sie. Wir mussten zunächst nach Spanien und gewannen dort 0:2. Die Mannschaft lief zu Bestform auf, vor allem wenn man bedenkt, dass Roy Keane kurz vor der Halbzeitpause wegen einer Kniesehnenverletzung ausgewechselt werden musste. An jenem Abend gelang mir gleich in der Anfangsphase einer meiner besten Treffer bei United. Ich nahm den Ball knapp dreißig Meter vom Tor entfernt an und beförderte ihn von dort ins Netz. Der Torhüter hatte nicht damit gerechnet und stand gerade ein wenig jenseits seiner Linie, sodass der Ball über seinen Kopf hinweg im Kasten landete.

Im Riazor-Stadion bekam ich einen ersten Stoß gegen meinen linken Fuß versetzt. Es waren noch etwa fünf Minuten zu spielen, als ich den Ball nahe der Seitenlinie annahm. In diesem Moment kam Diego Tristan, der gegnerische Mittelstürmer, hinzu und erwischte mich mit dem Fuß am Standbein. Jeder Spieler weiß, wie gefährlich eine solche Situation ist. Nach dem Schmerz zu urteilen nahm ich an, dass mein Knöchel gebrochen sein könnte. Es stellte sich jedoch heraus, dass ich mit einer Fleischwunde und einer starken Prellung davongekommen war. Trotzdem war ich während der Heimreise auf Krücken angewiesen und konnte den Fuß nicht belasten. Ein oder zwei Zeitungen brachten ein Bild von mir und warfen die Frage auf, ob ich bis zur Weltmeisterschaft wieder fit sein würde, geschweige denn für die Rückrunde im Old Trafford. Vorsorglich wurde der Fuß ausgiebig untersucht, doch vor dem Spiel in der darauf folgenden Woche war wieder alles in Ordnung. Zumindest dachte ich das.

Ich freute mich im Vorfeld sehr auf das Rückspiel. Jede Partie gegen Deportivo ist ausgesprochen spannend. In der ersten Viertelstunde arbeiteten sie hart daran, einen Punktegleichstand zu erreichen. Am Ende konnten wir uns mit 3:2 gegen sie durchsetzen und standen somit im Halbfinale. Doch zu dieser Zeit lag ich bereits im Krankenhaus. Gerade, als wir richtig ins Spiel gefunden hatten – etwa zwanzig Minuten nach Anpfiff – bot sich mir eine Überzahlsituation zu meinen Gunsten, knapp fünfzehn Meter außerhalb des gegnerischen Strafraums. Mein Widersacher Aldo Duscher stürmte auch zum Ball. Wieder einmal ein argentinischer Mittelfeldspieler, der Spuren in meinem Leben hinterließ. Ich dachte in diesem Moment jedoch an nichts anderes als daran, wie ich mich in dieser Spielsituation behaupten konnte. An eine eventuelle Verletzungsgefahr verschwendet man dabei keinen Gedanken. Ich erreichte den Ball vor ihm und spielte ihn ab. Doch da kam Duscher hinzu, landete beidbeinig und erwischte mich dabei mit seinen Stollen am linken Fuß.

Ich ging sofort zu Boden, wo ich liegen blieb und mir den stark schmerzenden Fuß hielt. Als ich versuchte aufzustehen, bemerkte ich, dass der Fuß nicht nur wehtat, sondern zudem vollkommen instabil war. Es gelang mir nicht, ihn zu belasten. Dann wurde ich an die Seitenlinie getragen. Zu diesem Zeitpunkt dachte ich noch immer, ich könnte gleich auf das Spielfeld zurückkehren.

»Sprüht einfach irgendetwas auf. Ein bisschen Wasser und ich bin wieder okay.«

Das taten sie auch, doch als ich aufstehen wollte, konnte ich mich kaum auf den Beinen halten. Es war völlig unmöglich, mein Gewicht auf den verletzten Fuß zu verlagern. Der Mannschaftsarzt von United beugte sich über mich. Er zog den Schuh aus und befühlte den Bereich, von dem meinen Angaben zufolge die Schmerzen ausgingen. Es fühlte sich an, als sei drinnen etwas lose; im Fuß fehlte die Festigkeit. Ich konnte sogar spüren, wie der Knochen sich bewegte. Noch vor dem Arzt sprach ich es aus:

»Er ist gebrochen.«

»Ja, das vermute ich auch.«

Er nickte, und ich dachte: *Was wird mit der Weltmeisterschaft?* Daraufhin ließ ich mich wieder zurückfallen.

»Ich kann es einfach nicht glauben.«

Sie legten mich auf einen Trage und beförderten mich am Spielfeldrand entlang in die Kabine. Es gab keinen anderen Weg als direkt an den Fotografen vorbei. Ich konnte mich gar nicht mehr erinnern, wann ich das letzte Mal verletzt ausscheiden musste. Während meiner gesamten Karriere hatte ich immer Glück gehabt. Warum verließ mich dieses Glück gerade jetzt? Ich sah hinauf zu dem Platz, auf dem Victoria immer saß, wenn sie sich im Old Trafford ein Spiel ansah. Sie war aufgesprungen, nahm Brooklyn auf den Arm und eilte geradewegs nach unten. Als ich im Behandlungszimmer lag, bat ich jemanden, sie herbeizuholen. Ich wusste genau, wie besorgt sie jetzt war. Wahrscheinlich war ihre Bestürzung noch größer als meine eigene, doch in solchen Momenten ist Victoria gewöhnlich sehr stark.

»Mach dir keine Sorgen«, beruhigte sie mich. »Die Ärzte werden das schon schaffen. Alles wird wieder in Ordnung kommen.«

Brooklyn war auch dabei. Er wusste nicht genau, was eigentlich geschehen war.

»Warum spielst du nicht mehr, Daddy? Was ist denn mit deinem Bein los?«

Ich lachte meinen Sohn an, weil ich ihn nicht noch mehr beunruhigen wollte. Da ich wusste, dass wir direkt ins Krankenhaus fahren würden, sagte ich:

»Weißt du was, Brooklyn? Wir fahren gleich mit dem Krankenwagen.«

Er machte große Augen:

»Wirklich?«

Dann fragte ich United-Chirurg Dr. Noble:

»Wie lange muss ich maximal pausieren?«

»Das wird sich zeigen, sobald ich die Röntgenbilder gesehen habe.«

Ich wurde in den Krankenwagen gebracht, in dem Victoria und Brooklyn mich begleiten durften. Drinnen wurde ich an der Liege fixiert, damit mein Fuß unterwegs nicht wegrutschen konnte. Ich bat den Fahrer, für Brooklyn das Blaulicht einzuschalten. So wurde es wenigstens für ihn noch ein spannendes Erlebnis. Der Fahrer musste für uns ordentlich Gas gegeben haben, denn obwohl das Krankenhaus am anderen Ende der Stadt in Whalley Range lag, erreichten wir es in sage und schreibe fünf Minuten.

Kaum dort angekommen, ging es auch schon zum Röntgen. Victoria ließ sich von Dr. Noble die Untersuchungsergebnisse erklären und kam dann zu mir hinaus, um mir zu berichten, was man festgestellt hatte.

»Die schlechte Nachricht lautet, dass der Fuß gebrochen ist. Die gute ist jedoch, dass du zur Weltmeisterschaft wieder fit sein dürftest, wenn alles gut geht.«

Der erste Teil war nicht weiter überraschend. Doch auf diesen zweiten Teil hatte ich bereits seit dem Zusammenprall mit Duscher gewartet und gehofft. Victoria überließ es Dr. Noble, mir die Verletzung zu erläutern. Ich hatte mir den zweiten Mittelfußknochen gebrochen. Das ist ein kleines Knöchelchen zwischen der Zehe und dem übrigen Fuß. Normalerweise ist er durch Muskulatur ausreichend geschützt, weshalb Brüche an dieser Stelle äußerst selten vorkommen. Doch das dürfte Gary Neville und Danny Murphy wenig trösten, denn beide verpassten die Weltmeisterschaft aufgrund genau der gleichen Verletzung. Der Doktor bestätigte mir nochmals, dass die Zeit zur Genesung gerade ausreichen würde. An diese Aussage klammerte ich mich während der folgenden Wochen verzweifelt, wenngleich ich freilich meine Zweifel hatte. Schließlich musste ja nicht nur der Knochenbruch ausheilen, es ging auch um meine Fitness insgesamt.

Am nächsten Morgen konnte ich zunächst nicht glauben, was mich da begrüßte. Was machte mein Fuß auf den Titelseiten der Zeitungen? Einer der ersten Anrufer an diesem Tag war Sven. Auch wenn er sich weniger danach erkundigen wollte, wie es mir ging, sondern sein Interesse vielmehr der Frage galt, ob ich rechtzeitig wieder fit sein würde, tat es gut, seine Stimme zu hören. Er legte mir nahe, an den WM-Vorbereitungen teilzunehmen, unabhängig davon, ob ich bis dahin einsatzfähig wäre oder nicht. Svens Unterstützung, sowohl damals als auch später, war enorm wichtig für mich. Im Krankenhaus wurde mein Fuß in Gips gelegt. Dwight Yorke holte mich mit seinem Auto ab und brachte mich zum Training nach Carrington. Der United-Gesundheitsstab nahm mir den Gips ab und ersetzte ihn durch eine so genannte Air-Cast-Schiene, eine Art aufblasbarer Stiefel. Mit Luft gefüllt schützte sie meinen Fuß genauso gut wie ein Gipsverband. Sie besaß jedoch den entscheidenden Vorteil, dass ich sie abnehmen konnte, wenn ich zuvor die Luft über ein Ventil abließ. So konnte ich meinen Knöchel und mein Bein trotzdem trainieren. Bereits nach ein oder zwei Tagen in Gips war meine Wade dünner geworden. Mit Hilfe des Luftstiefels würde nicht mehr Muskelschwund entstehen, als absolut unvermeidlich. Nach der Physiotherapie konnte ich den Stiefel wieder aufpumpen und auf Krücken umherhumpeln. Ein paar Tage später setzte ich mich mit den Ärzten zusammen, und wir besprachen, was ich tun konnte, um meine Einsatzchancen zu verbessern:

»Ich werde jeden Hinweis beherzigen.«

Ich hatte überhaupt keine Lust, in Japan als Cheerleader dabei zu sein. Ich wusste, dass die Physiotherapeuten von United mich nach besten Kräften unterstützen würden. Doch auch für mich gab es eine Menge zu tun. Es ging nicht nur darum, meinen Fuß zu schonen und einen Monat lang nicht zu belasten. Ich konnte auch selbst einiges dazu beitragen, die Zeit von der Ausheilung des Bruches bis zu meiner vollständigen sportlichen Einsatzfähigkeit zu verkürzen. An meinen freien Tagen kam Terry Byrne zu mir nach Hause und überwachte meine zusätzlichen Reha-Maßnahmen. Ich machte Laufübungen am tiefen Ende des Pools, wobei ich darauf achtete, dass mein Fuß nicht den Boden berührte. Im Fitnessstudio trainierte ich meine Kondition. Sosehr mich die Arbeit an all diesen Geräten auch nervte, war mir die Weltmeisterschaft doch Motivation genug, um mein Programm eisern durchzuziehen.

Normalerweise stehen Spieler beim Auskurieren ihrer Verletzungen ziemlich allein auf weiter Flur. Doch im März und April hatte es den Anschein, als schauten mir dabei ein paar Millionen englische Fans über die Schulter und teilten meine Sorgen. Ihre guten Wünschen halfen mir durch diese unsichere Zeit. Auch Gary Neville war für mich da. Er rief mich sofort an, sobald er das Old Trafford nach dem Spiel gegen La Coruña verlassen hatte. Vierzehn Tage später sah ich mir im Fernsehen die Hinrunde des Halbfinales der Champions League gegen Bayer Leverkusen an, in deren Verlauf sich Gary die gleiche Verletzung zuzog wie ich. In dem Moment, als er zu Boden ging, wusste ich, was geschehen war. Mir war auch klar, dass Gary keine Chance auf eine WM-Teilnahme hatte, da ja bereits mein Einsatz höchst ungewiss war. Ihm blieb einfach nicht genug Zeit bis dahin. An seiner Stelle wäre ich vollkommen am Boden zerstört gewesen. Doch Gaz besitzt eine ausgesprochen positive Lebenseinstellung. Was auch immer in ihm vorgegangen sein mochte – er bemühte sich sehr, optimistisch in die Zukunft zu blicken. Gary hätte wahrlich Besseres verdient gehabt, als obendrein drei Monate der folgenden Saison zu versäumen. Sein Fuß musste in einer Operation gerichtet werden.

Ich machte mir große Sorgen im Hinblick auf den Sommer und war schwer enttäuscht darüber, dass ich das Ende der Saison mit United versäumte. Bayer Leverkusen sorgte durch mehr Auswärtstore für unser Ausscheiden aus der Champions League. Ich bin davon überzeugt, dass wir gute Chancen im Hampden Park gegen Real Madrid gehabt hätten, wenn wir ins Finale eingezogen wären. Sowohl für mich als auch für United war es eine frustrierende Zeit. Aber in dem Bewusstsein, dass der Alte sich zum Bleiben entschlossen hatte, war ich sehr zuversichtlich, was die Aussichten des Vereins beim nächsten Mal anging. Ich hätte mir niemals träumen lassen, dass ich dann schon nicht mehr mit von der Partie sein würde. Zu jener Zeit befand ich mich gerade in den Verhandlungen für einen neuen Vertrag, und das ist im Fußball heutzutage keine ganz einfache Sache. Die Verhandlungen und damit einhergehend auch die Spekulationen in der Presse hatten sich bereits über mehr als ein Jahr hingezogen. Jetzt war es endlich an der Zeit, Nägel mit Köpfen zu machen.

Ich hatte niemals ernsthaft etwas anderes in Erwägung gezogen als einen Vertrag bei dem Klub, der mir wirklich am Herzen lag. Es ging lediglich um die Klärung einiger Detailfragen, denn immerhin bedeutet ein Vertrag ja immer eine beiderseitige Verpflichtung. Ich wollte einfach Klarheit darüber, ob der Verein meinen Wert für United berücksichtigte. Dabei bin ich mir sicher, dass dies für die beiden Verhandlungspartner des Klubs, Peter Kenyon und David Gill, kein Problem darstellte. Sie setzten sich wirklich sehr für einen reibungslosen Ablauf ein und sorgten dafür, dass jede Zusage auch tatsächlich eingehalten wurde. Dafür bin ich ihnen sehr dankbar. Dankbar bin ich auch für den Umstand, dass ich den richtigen und besten Partner auf meiner Seite des Verhandlungstisches sitzen hatte.

Tony Stephens ist seit 1995 mein Agent. Als ich ihn kennen lernte, war er als leitender Mitarbeiter in Wembley tätig, danach wirkte er als Berater am Bau der neuen Spielstätte von Huddersfield mit, dem McAlpine-Stadion. Tony hatte eines Tages einige der jungen United-Spieler – mich, Gary, Phil und Ben Thornley – zu einem Konzert von Bryan Adams eingeladen. Es war ein fantastischer Abend, an dessen Ende wir auf der Bühne landeten. Damals war Tony gerade dabei, ein wichtiges Geschäft in der Region abzuwickeln. Er kümmerte sich um den Transfer Alan Shearers, den er zu dieser Zeit bereits betreute, von den Blackburn Rovers zu Newcastle United.

Ich weiß nicht mehr genau, wer uns eigentlich miteinander bekannt machte. Doch ich werde nie vergessen, was Tony in unserem ersten Gespräch zu mir sagte. Vermutlich kann auch er sich noch gut daran erinnern:

»Fußball ist das Allerwichtigste, David. Das ist dein Beruf. Du musst dafür sorgen, dass dich nichts davon abhält.«

Als wir später über die Möglichkeit sprachen, dass Tony als Agent für mich tätig wird, beschrieb er seine Arbeit so: Er sorgt dafür, dass ich mich um nichts anderes kümmern muss als ums Fußballspielen. Er sieht die Aufgabe eines Agenten darin, seinen Kunden sämtliche Belastungen abzunehmen, damit diese sich voll und ganz auf ihren Beruf konzentrieren können. Und genau das tut er seither für mich. Tony ist jemand, dem ich unter allen Umständen vollkommen vertrauen kann. Manchmal verbreitet er ziemlichen Wirbel und scheint jeden noch so kleinen Aspekten meines Lebens genau zu planen. Er gehört zu den Menschen, die einen Raum mit lauter völlig Fremden betreten und diese binnen einer Viertelstunde dazu bringen können, gemeinsam einen Plan umzusetzen. In Situationen, wo jeder andere den Kopf verlieren würde, behält er alles fest im Griff. Und genau das habe ich in den vergangenen acht Jahren dringend gebraucht und habe es noch immer nötig – heute mehr denn je.

Wenn man so vertraut mit jemandem zusammenarbeitet wie ich mit Tony, dann sind Ehrlichkeit und Offenheit unabdingbare Voraussetzungen. Dadurch ist das Verhältnis enger als jede übliche Geschäftsbeziehung. Tony ist einerseits mein Agent, aber andererseits auch einer meiner engsten Freunde. An ihn kann ich mich wenden, wenn ich Rat oder Orientierung brauche. Wir können miteinander über alles reden, nicht nur über meine beruflichen Belange, sondern über beinahe jeden Aspekt meines Lebens. Tony kennt mich in vielerlei Hinsicht besser als jeder andere. Allerdings hatten wir im Hinblick auf United ein ziemlich verzwicktes Problem: Er und der Alte kamen nicht miteinander zurecht. Genauer gesagt hatte der Alte ein Problem mit Tony. Ich hätte es eigentlich wissen müssen. Als ich dem Boss eröffnete, dass ich ab sofort von Tony vertreten werde, machte er mich auf der Stelle zur Schnecke.

»Wozu brauchst du denn einen Agenten? Haben wir vom Verein uns denn nicht immer ausreichend um deine Belange gekümmert?«

Tony legte Wert darauf, den Boss rechtzeitig von unserer bevorstehenden Zusammenarbeit in Kenntnis zu setzen. Deshalb suchte er den Alten zu Hause auf, um mit ihm persönlich zu sprechen. In diesem Zusammenhang kursieren die wildesten Gerüchte, die behaupten, der Alte hätte Tony irgendwann wütend auf die Straße hinausgejagt. Das ist natürlich frei erfunden. Wahr ist jedoch, dass er Tony noch ärger zusetzte als mir.

Ich habe stets sehr bedauert, dass der United-Trainer es ablehnte, mit meinem Agenten zu sprechen. Eine weniger ablehnende Haltung hätte über die Jahre allen Beteiligten einiges erspart. Ich bin fest davon überzeugt, dass der Boss seine Meinung über Tony sofort revidiert hätte, wenn sie sich wenigstens ein einziges Mal an einen Tisch gesetzt hätten. Natürlich ist er ein Agent, aber er versteht auch eine Menge von Fußball und weiß genau, dass United das Fundament meiner gesamten Karriere ist. Tony würde niemals irgendetwas sagen oder unternehmen, das meinen Prioritäten entgegenstehen könnte.

Doch es lag nicht an der eisigen Stimmung zwischen Tony und dem Alten, dass die Verhandlungen über meinen neuen Vertrag bei United nicht vom Fleck kamen. Es ging dabei um einen komplizierten Abschluss, weil noch hinzukam, dass United mein Gesicht und meinen Namen separat für Werbezwecke verwenden wollte. Bis zur Klärung waren allein etwa zwei Dutzend Zusammenkünfte nötig. Ich bin heilfroh, dass ich lediglich bei einer davon anwesend sein musste. Bis zur Fertigstellung des Vertragswerks hätte es noch anderthalb Jahre dauern können, doch zumindest von meiner Seite ging es nur noch um Details. In der Zwischenzeit vernahm ich mit Interesse, dass andere Vereine – große europäische Klubs – Interesse an meiner Übernahme angemeldet hatten, falls wir uns im Old Trafford nicht würden einigen können. Das empfand ich natürlich als höchst schmeichelhaft. Doch es waren nichts weiter als Träumereien. Ich hatte zu keiner Zeit andere Ambitionen, als erneut meine Unterschrift unter den Vertrag beim einzigen Verein zu setzen, für den ich je gespielt hatte. Und das wussten auch Tony und United.

Im Verlaufe der Saison 2001/02 rückte eine Einigung in immer greifbarere Nähe. Mein Wunsch war es, unmittelbar vor einer Partie direkt auf dem Spielfeld im Old Trafford zu unterschreiben. Nach all den Spekulationen war es mir wichtig, dass die Menschen, die es etwas anging, nämlich die United-Anhänger, sich mit eigenen Augen davon überzeugen konnten; zumal ich seit dem Spiel gegen Deportivo noch nicht wieder im Einsatz gewesen war. Im vorletzten Heimspiel trafen wir auf Arsenal. An diesem Abend ließ ich mich von meinem Herzen leiten und mahnte Tony zur Eile. Wie sich herausstellte, galt es, in letzter Minute noch eine Reihe von kleinen Unstimmigkeiten auszumerzen. Das ging in Ordnung. Arsenal kam, sah und siegte an jenem Tag 1:0 und holte sich damit den Meistertitel, genauer gesagt sogar das Double. Das war für United wirklich ein herber Rückschlag: in heimischer Umgebung so etwas aus der Hand zu geben. Obwohl diese Enttäuschung einen großen Ansporn für das folgende Jahr darstellte, war klar, dass dieser Abend kein geeigneter Rahmen für meine feierliche Unterschrift unter einen neuen Vertrag sein konnte. Deshalb verschoben wir das Ganze auf den darauf folgenden Samstag, an dem wir zu Hause gegen Charlton spielen würden. Alles war perfekt. Die Sonne schien, und ich betrat zusammen mit dem Alten das Spielfeld. Dort umarmte er mich vor 65 000 Zuschauern. Es bestand gar kein Zweifel daran, dass das Old Trafford der Ort war, wo ich hingehörte. Auch wenn ich keinen Moment lang daran gezweifelt hatte, dass der neue Vertag zustande kommen würde, war es doch ein sehr angenehmes Gefühl, endlich alles perfekt zu machen.

Meine Zukunft schien damit gesichert. Die Mediziner versicherten mir, dass der Mittelfußknochen völlig ausgeheilt sei. Plötzlich waren alle Hindernisse aus dem Weg geräumt. Jetzt musste ich mich nur noch darauf konzentrieren, für die Weltmeisterschaft fit zu werden, die in wenigen Wochen beginnen würde. Am darauf folgenden Montag würden wir nach Dubai reisen, wo wir uns auf das Turnier in Japan vorbereiten wollten. Die Feierlichkeiten für die englische Auswahl sollten bei uns daheim in Sawbridgeworth mit einer Wohltätigkeitsveranstaltung zugunsten der britischen Kinderschutzorganisation NSPCC einhergehen. Es war uns sogar gelungen, die TV-Übertragungsrechte an

ITV zu verkaufen. Auch dieses Geld floss an NSPCC. Einige Vorbereitungen mussten buchstäblich in letzter Minute getroffen werden. So wusste ich beispielsweise im Vorfeld nicht, wen Sven für die WM vorgesehen hatte, weshalb wir die betreffenden Spieler erst einladen konnten, nachdem Sven die Zusammensetzung der Mannschaft bekannt gegeben hatte. Unterdessen hatten wir jedoch mit viel Freude die Gästeliste zusammengestellt: zahlreiche Freunde aus dem Fußball, Fußballgrößen der Vergangenheit und Stars anderer Sportarten. Darüber hinaus luden wir auch bekannte Musiker und Schauspieler ein.

Um zusätzlich Geld für NSPCC einzunehmen, reservierten wir zudem einige Tische für zahlende Gäste. Dazu nahmen wir Kontakt zu meinen Sponsoren auf, zu Leuten aus Victorias Umfeld und verschiedenen Unternehmen, die nach unserer Ansicht Interesse daran haben könnten. Die Karten waren im Nu ausverkauft. Der Abend versprach, etwas ganz Besonderes zu werden. Alle Beteiligten wussten, dass ihr Geld einem guten Zweck zugute kommen würde. Obwohl ich aufgrund meiner Verletzungspause genug Zeit gehabt hätte, mich um die Organisation zu kümmern, hatte Victoria das Heft in die Hand genommen. Sie ist auf diesem Gebiet wirklich sehr begabt und hat sehr genaue Vorstellungen hinsichtlich Dekoration, Ablauf und Programminhalten. Dabei entgeht ihr nicht das kleinste Detail.

Ich war erst am Abend zuvor aus Manchester zurückgekommen, weshalb alles in ziemlicher Eile vonstatten gehen musste. Doch für ein besonderes Präsent war trotzdem Zeit genug. Ich schenkte Tony eine Armbanduhr, um ihm für all seine Arbeit zu danken, die er im Vorfeld meines Vertragsabschlusses bei United geleistet hatte. 24 Stunden war es erst her, dass ich auf dem Spielfeld im Old Trafford meine Unterschrift geleistet hatte. Es war ein recht ergreifender Moment an diesem Sonntagnachmittag in unserer Küche. Zur selben Zeit herrschte bei uns geschäftiges Treiben. Unsere Familien mit ihren Kindern waren da und liefen aufgeregt inmitten der letzten Vorbereitungen für das große Fest umher. Dazwischen standen die fast fertig gepackten Taschen für die am nächsten Tag bevorstehende Abreise nach Dubai.

Endlich waren wir für den Abend fertig. Wir ließen uns von den Fotografen ablichten – auch diese Einnahmen waren für den guten

Zweck bestimmt – und eilten dann zum Festzelt hinter dem Haus. Um dorthin zu gelangen, musste man unser kleines Waldgrundstück durchqueren, das ein wenig japanisch wirkt. Deshalb hatten wir dies zum Thema für die gesamte Veranstaltung gemacht. Aus dem Rahmen fiel lediglich die Hüpfburg. Da viele Spielerkollegen ihre Kinder mitbrachten, ließen wir direkt neben dem Festzelt eine solche aufblasbare Spielwiese aufstellen. Neben mir ging Brooklyn. Unsere Kleidung war aufeinander abgestimmt. Wir trugen eine bis zum Knie reichende japanische Jacke, dazu eine passende Hose und um die Taille eine rote Schärpe. Ich weiß nicht, wie ich wirkte, aber mein Sohn sah wirklich entzückend darin aus. An den Füßen hatten wir Zehensandalen, weil ich aufgrund meiner Verletzung noch immer keine normalen Schuhe tragen konnte. Obwohl das Ereignis in meinem eigenen Garten stattfand, fühlte ich mich ein wenig wie einer der 400 Gäste, weil Victoria die komplette Ausgestaltung erdacht hatte. Ich war schon sehr gespannt darauf, was uns jenseits des Wäldchens erwartete.

Der Weg durch den Garten war von Laternen beleuchtet. Zwischen den Blumenbeeten und rings um die Bäume zeigten Akrobaten und Turnerinnen ihr Können. Auch Tänzerinnen und Kampfsportler präsentierten sich. Überall warteten Überraschungen. Auf der Bühne traten Mis-Teeq, die R&B-Sängerin Beverley Knight und der Operntenor Russel Watson auf. Das Festzelt, in dem das Abendessen serviert wurde, bestand genau genommen aus zwei miteinander verbundenen Zelten. Das erste war wie ein orientalischer Garten gestaltet und mit Tausenden von Orchideen geschmückt, die extra aus Japan und Indonesien eingeflogen worden waren. Außerdem gab es einen Karpfenteich, über den sich eine zierliche Brücke spannte. Diese musste man überqueren, um in das direkt dahinter gelegene Hauptzelt zu gelangen. Der Eingang war mit schweren Vorhängen zu beiden Seiten dekoriert. Geishas hießen die Gäste willkommen. Die Tische waren ganz bezaubernd gedeckt; Victoria hatte alles – bis hin zu Besteck und Servietten – selbst ausgesucht. Farblich war das Ambiente in Rot, Schwarz und Weiß gehalten. Etwas so Schönes hatte ich in meinem ganzen Leben noch nicht gesehen.

In diesem Moment stellte sich bei mir eine gewisse Nervosität ein. Ich stand inmitten all unserer Gäste, von denen ich einige noch nicht einmal persönlich kannte. So hatte ich beispielsweise Ray Winstone eingeladen, weil er ein großartiger Schauspieler ist, den ich sehr gern kennen lernen wollte. In Kürze würde ich meine erste Rede seit unserer Hochzeit halten müssen. Ich war Kapitän der englischen Nationalmannschaft und all diese Leute waren meiner Einladung gefolgt. Keine Chance also, mich dieser Pflicht irgendwie zu entziehen. Ich hatte eine genaue Vorstellung, wie ich meine Ansprache beenden wollte: Ich würde Victoria ein Präsent überreichen und ihr für alles Engagement bei den Vorbereitungen für diesen Abend danken. Aber was sollte ich davor sagen? Zunächst galt es, weitere Dankesworte auszusprechen und anschließend etwas über NSPCC und UNICEF zu sagen. Manchester United arbeitet mit der Kinderhilfsorganisation der UNO zusammen. In diesem Zusammenhang war es wichtig, den Zweck unserer Initiative zu erläutern, denn das Geld sollte von Missbrauch betroffenen Kindern zugute kommen. Aus Sorge, irgendetwas oder -jemanden zu vergessen, hatte ich mir alles auf kleinen Kärtchen notiert. Als Nächstes kam ein etwas persönlicherer Bericht, bei dem ich keine Notizen brauchte. Einige Zeit zuvor hatte ich ein Kinderheim im Süden Londons besucht. Dort saß ich in einem Raum zusammen mit ein paar Dutzend Jugendlichen, die in ihrem Leben schlimme Erfahrungen hatten machen müssen. Es lag eine gewisse Feindseligkeit in der Luft, die nicht speziell gegen mich, sondern gegen die ganze Welt gerichtet zu sein schien. Mit diesen Kids umzugehen war nicht ganz einfach, sodass ich mich anfangs fragte, ob mein Besuch überhaupt eine gute Idee gewesen war. Sie stellten ihre Fragen ganz direkt:

»Wie geht's denn Posh so?«

»Was fährst du für Autos?«

»Wie viel verdienst du eigentlich?«

Sie machten sich keinerlei Gedanken darüber, wie die Betreuer oder sonst jemand darauf reagieren könnten. Mir war klar, dass ich schwerlich die Beantwortung verweigern konnte. Sie alle hatten in ihren jungen Jahren bereits Dinge erlebt, mit denen ich glücklicherweise nie in Berührung gekommen war: Vergewaltigung, Prostitution, Drogen, Gefängnisaufenthalte. Das Mindeste, was sie verdienten, waren ein paar ehrliche Antworten auf ihre Fragen. Die Erwachsenen sahen mich fragend an.

»Das geht in Ordnung. Die Fragen werden nicht zensiert. Ich werde auf alles antworten, was sie wissen möchten.«

Und dann erlebte ich diesen Nachmittag als die schönste Aufgabe, die ich außerhalb des Fußballs je übernommen hatte. Es war niemand von der Presse anwesend, sondern nur die Jungendlichen und ich. Wir kamen ins Plaudern, und allmählich wurde ich lockerer. Das galt auch für die Kids. Nach einer Weile kam ich zu dem Schluss, dass wir einander mochten; wir lachten und scherzten zusammen – über Fußball, mein Leben und alles Mögliche andere. Die Atmosphäre wurde offener und entspannte sich. Natürlich konnte ich nichts von dem rückgängig machen, was sie erlebt hatten, aber für mich war es eine wichtige Erfahrung, dass wir trotzdem einen Draht zueinander fanden. An ihrem Verhalten mir gegenüber erkannte ich, dass unsere Begegnung auch für sie von Bedeutung war. Mag sein, dass der Bericht von meinem Besuch in diesem Kinderheim an jenem Abend ein wenig seltsam wirkte, aber ich hatte das Bedürfnis, Anlass und Zweck dieser Party ausführlich zu erläutern. Ich wollte, dass die Leute wussten, dass bei der später stattfindenden Wohltätigkeitsauktion ihre Freigiebigkeit gefragt war. Dieser Bitte folgten die Gäste dann auch ausgesprochen großzügig. Im Rahmen der von Ant and Dec durchgeführten Versteigerung kamen mehr als 250 000 £ zusammen.

Der Abend war wunderschön. Gegen Mitternacht mussten Victoria und ich uns verabschieden, da ja am nächsten Tag meine Abreise nach Dubai anstand. Einige meiner Spielerkollegen und andere Gäste, die ihre Familie mitgebracht hatten, waren ebenfalls bereits gegangen. Dennoch amüsierten sich die übrigen Besucher noch immer prächtig, als wir uns auf den Rückweg zu unserem Haus machten. Doch trotz der späten Stunde war es noch nicht zu spät für meine Begegnung mit Ray Winstone. Ich hörte, dass jemand an der Eingangstür war. Als ich hinunterkam, sah ich, dass Ray davor stand. Erst als er einen Schritt auf mich zumachte, erkannte ich, wie sehr er den Freuden des Abends zugesprochen hatte. Vielleicht hatte er es selbst gar nicht bemerkt. Er war nur kurz gekommen, um sich zu bedanken. Doch stattdessen stolperte er über die Schwelle und landete in unserem Flur auf der Nase. Schauspieler haben eben einen Sinn für große Auftritte. Wie bereits gesagt, es war ein rundum gelungener Abend. Die Erinnerung daran würde uns nach Japan begleiten.

Die Mannschaftsärzte von United waren nicht sonderlich erfreut über meine Teilnahme an den WM-Vorbereitungen mit der Nationalelf in Dubai. Vermutlich nahm der Alte an, dass diese Woche nur aus lauter Jux und Dollerei bestehen würde. Deshalb war er der Ansicht, dass es für meine körperliche Verfassung das Beste sei, wenn ich in Manchester bliebe und mich weiterhin den Reha-Maßnahmen der Physiotherapeuten unterzog. Auch wenn ich zum englischen Nationalkader gehörte, verstand ich mich trotzdem in erster Linie als Vereinsspieler bei United. Wäre von Seiten des Klubs ein Machtwort gesprochen worden, hätte ich mich ohne zu zögern diesen Anweisungen gebeugt. Sven hingegen erwartete von mir, dass ich die zwei Wochen vor unserem ersten Spiel zusammen mit den anderen Nationalspielern verbrachte. Gary Lewin, der Physiotherapeut der Nationalelf, und Dr. Crane, der Mannschaftsarzt, waren immerhin zwei der besten Leute auf ihrem Gebiet. Der britische Fußballverband bot irgendwann sogar an, ein Gesundheitsteam von United mit nach Japan zu nehmen. Doch ich hatte nicht vor, mich in diese Auseinandersetzungen verwickeln zu lassen. Ich war bereit, jede hinter den Kulissen getroffene Entscheidung zu akzeptieren. Und diese bestand im Endeffekt darin, dass ich mit nach Dubai reisen würde.

Am frühen Montagmorgen, es war der 13. Mai 2002, lag ich daheim in Sawbridgeworth neben Victoria im Bett. Im Haus war alles still. Irgendwo in der Ferne konnte ich hören, wie sich die letzten Gäste auf den Heimweg machten und in die wartenden Autos stiegen. Ich befühlte meinen linken Fuß, der ein wenig schmerzte, nachdem ich mit Victoria nach dem Essen im Festzelt die erste Tanzrunde eröffnet hatte. In ein paar Stunden würden wir uns auf den Weg zum Flughafen machen. Vor mir lagen achtzehn Tage, in denen ich dafür sorgen musste, dass ich tatsächlich einsatzfähig war für die Partie gegen Schweden, die am 31. Mai am anderen Ende der Welt stattfand. Bei dieser Vorstellung bekam ich eine Gänsehaut. War ich aufgeregt? Oder fürchtete ich mich gar ein wenig? Wie viel hatte sich seit der letzten WM ereignet? 1998 schien inzwischen so lange zurückzuliegen – Argentinien, die rote Karte und das ganze Drumherum. Doch zugleich schien zwischen der letzten und dieser Herausforderung nur ein einziger Augenblick vergangen zu sein. Allein die Teilnahme an einer WM ist ein absoluter Traum und ein großes Privileg. Jedem Spieler ist bewusst, dass dieses einmonatige Turnier die eigene Karriere und das eigene Leben auf Dauer verändern kann. Bei mir geschah dies in Frankreich, im grellen Flutlicht des Stadions von Saint-Etienne. Ich schloss meine Augen und ließ mich noch einmal zurück in die Dunkelheit fallen. Was würde mich und die englische Auswahl wohl diesmal in Japan erwarten?

11

Beckham unter Druck

»Was ist hier los? Ich kriege keine Luft mehr.«

Heute frage ich mich: Hat diese Woche in Dubai den Ausschlag dafür gegeben, dass ich für den Boss als United-Spieler endgültig erledigt war? Statt alleine in Carrington auf dem Laufband Meilen abzuspulen, flog ich mit der englischen Nationalmannschaft in die Sonne. Ich weiß, dass das dem Alten nicht sonderlich gefiel. Ich hatte das Gefühl, dass ihm die zusätzliche Verantwortung – und die verstärkte Aufmerksamkeit –, die mit meiner Ernennung zum Kapitän der englischen Nationalmannschaft einhergingen, grundsätzlich nicht behagten. Und wahrscheinlich war er auch nicht davon begeistert, dass Victoria und Brooklyn mit mir in Dubai waren. Es spielte keine Rolle, dass ich der Meinung war, Ehe und Vaterschaft hätten mich ruhiger gemacht und eine positive Wirkung auf mich als Spieler. Der Alte war immer der Ansicht gewesen, meine Familie lenke mich von dem ernsten Geschäft des Fußballs ab. Das hatte er mir oft genug gesagt, seit ich Victoria kannte. Er fand, dass mein Familienleben mir und ihm im Weg stand.

Mir war längst klar, dass es sich nicht lohnte, mit ihm darüber zu diskutieren. Hatte es sich jemals gelohnt, mit dem Alten zu diskutieren? Ich würde ihn nicht davon überzeugen können, dass es für mich als Spieler nur gut sein konnte, ein zufriedener Mensch zu sein.

Außerdem würde nichts von dem, was er sagte, irgendetwas daran ändern, wie sehr ich meine Familie liebte. Es war fantastisch, Victoria und Brooklyn bei mir in Dubai zu haben.

Sven war der Meinung, es sei gut, wenn die Spieler ihre Familien um sich hätten. Schließlich hofften wir, für die gesamte Dauer der Weltmeisterschaft in Japan zu sein. Als er vor unserer Abreise unser Programm plante, haben wir über diese Sache gesprochen. Sven ist davon überzeugt, dass die Spieler Zeit mit ihren Partnerinnen und ihren Kindern verbringen sollten. In den meisten anderen Ländern sieht man das genauso. Ich erinnere mich, dass das dänische Team 1998 in Frankreich in einem Hotel in unserer Straße wohnte und die Familien im gleichen Gebäude untergebracht waren. Sven war sich zuerst nicht sicher, was die englischen Spieler davon hielten, ihre Familien mitzunehmen, deswegen bat er mich, den Mannschaftskapitän, es herauszufinden. In Dubai gab es morgens am Pool ein Programm für die Kinder und abends wurde gemeinsam gegrillt. Die Familien genossen die Gesellschaft der anderen Familien, und gleichzeitig schweißte ihre Anwesenheit die Jungs enger zusammen.

Da Victoria und Brooklyn bei mir waren, konnte ich mich voll und ganz auf die Sache konzentrieren, die zählte: die Weltmeisterschaft, für die ich fit sein musste. Jeden Morgen arbeitete ich mit Alan Smith, einem unserer Physiotherapeuten. Ich fing gerade erst wieder an zu laufen und musste versuchen, wieder annähernd fit für die Matches zu werden. Ich konnte nicht am regelmäßigen Mannschaftstraining teilnehmen, das jeden Tag zur gleichen Zeit stattfand. In Dubai war das Verhältnis von Arbeit zur Freizeit genau richtig. Wir mussten zwar hart ran, hatten aber auch Zeit, zusammen mit unseren Familien den Strand und die Sonne zu genießen.

Ich hatte immer noch Zweifel, ob ich in unserem ersten Match gegen Schweden würde spielen können. An manchen Tagen wachte ich mit dem Gefühl auf, es schaffen zu können, an anderen Tagen glaubte ich, dass mir die Zeit davonlief. Ich wollte unbedingt als Kapitän der englischen Mannschaft bei der Weltmeisterschaft dabei sein. Und ich dachte, mein Team und ich würden die beste Chance haben, wenn ich von der ersten Partie an mitspielte. Schon vor dem Abflug aus England hatte ich alles dafür getan, den Heilungsprozess zu beschleunigen. Hier in Dubai war ich nun erstmals wieder in der Lage, den verletzten Fuß zu belasten. Um wieder am Training und schließlich einem Spiel teilnehmen zu können, musste ich nicht nur wieder laufen. Da war auch noch andere Arbeit nötig. Vielleicht haben die Leute Fotos von mir auf einem Trampolin gesehen. Nicht dass ich darauf auf und ab gesprungen wäre. Dazu war ich noch nicht imstande. Bei diesen Übungen ging es darum, meinem Bein wieder beizubringen, das Gleichgewicht zu halten. Nicht nur die Muskeln verlieren an Kraft, auch die Sehnen und Bänder vergessen, was sie tun müssen. Ich musste auf einem Bein stehen und balancieren, während mir ein Ball zugeworfen wurde, und dann auf das andere Bein wechseln. Als Nächstes musste ich den Ball zurückschlagen, statt ihn einfach nur zu fangen. Abends setzten sich die Physiotherapeuten dann mit den Mannschaftsärzten zusammen und besprachen, was wir getan hatten. Das taten sie im Fall aller verletzten Spieler. Anschließend traf Dr. Crane sich mit Sven, damit der Trainer genau über meine Fortschritte informiert war.

Ich war froh, mit den anderen Spielern zusammen zu sein, die nichts anderes im Kopf hatten als den Beginn der Meisterschaft. Ihre Aufregung motivierte mich für mein Aufbautraining. Ich weiß nicht, ob es an meiner Rolle als Mannschaftskapitän lag, dass ich mich älter fühlte, oder einfach daran, dass ich vier Jahre nach Frankreich bewusster an die Sache ranging. Es machte mir Spaß, die jüngeren Spieler zu beobachten. Die fanden alles aufregend: die Vorbereitung, die neuen Anzüge, die Trikots, die Aufmerksamkeit und all das. Doch was den Fußball anging, bedeutete die Weltmeisterschaft für sie nur weitere große Spiele, auf die sie sich freuten. Sie hatten vor nichts Angst und waren deswegen sehr entspannt. Doch Spieler wie ich, Michael Owen, Gareth Southgate, Martin Keown und Dave Seaman hatten das alles schon einmal erlebt und wussten, welche Bedeutung eine Weltmeisterschaft hatte und wie viel für uns alle auf dem Spiel stand.

In der Woche in Dubai konnten die Spieler sich von der Saison zu Hause, die sie gerade hinter sich hatten, ein wenig erholen. Aber schon bald musste ich mich von Victoria und Brooklyn verabschieden und mit der Mannschaft gen Osten aufbrechen. Im Verlauf der WM würden wir sehr viel reisen müssen, eine Anstrengung, die wir unseren Familien nicht zumuten wollten. Wir würden während des Turniers in Japan stationiert sein, machten jedoch Zwischenstation in Südkorea, wo uns das erste von zwei zum Aufwärmen gedachten Freundschaftsspielen erwartete. Als wir unsere Hotelzimmer bezogen, war den Spielern ein Stimmungswandel anzusehen. Wir waren jetzt da. Hier würde die Weltmeisterschaft stattfinden. Das erste Spiel rüttelte uns richtig wach, denn wir erreichten in Seogwipo gegen die Koreaner nur ein 1:1. Wir hatten mit ein paar Dingen herumexperimentiert, und keiner von uns hatte mit vollem Einsatz gespielt. Doch offensichtlich konnten die Südkoreaner Fußball spielen, und sie waren unglaublich fit. Was man von mir nicht gerade sagen konnte. Im Gegenteil, elf Tage vor unserem ersten richtigen Spiel war ich noch weit davon entfernt.

Sven hatte den Holländer Richard Smith engagiert, als einer von vier Masseuren mit der Mannschaft nach Japan zu reisen. Jemand klebte ein Schild an Richards Tür, auf dem stand: »HAUS DES SCHMERZES«. Da war was dran. Richard arbeitete bei einer Verletzung ganz tief in den Schmerz hinein. Ich kann nicht beschreiben, wie es sich anfühlte. Nur dass sich einem der Magen umdrehte, so weh tat es. Aber es half. Dank Richard habe ich es schließlich geschafft, und später war Michael Owen im Spiel gegen Brasilien nur deshalb dabei, weil Richard am Tag zuvor seine Leistenverletzung behandelt hat.

Unser zweites Freundschaftsspiel fand am folgenden Sonntag in Japan gegen Kamerun statt. Ich konnte zwar nicht spielen, doch der medizinische Stab war der Meinung, es würde mir Auftrieb geben, trotzdem auf irgendeine Weise beteiligt zu sein. Deswegen führte ich die Mannschaft zum Aufwärmen hinaus. Es war kein schlechtes Spiel, auch wenn sich die Spieler aus offensichtlichen Gründen bei Angriffen zurückhielten, und am Ende stand es 2:2.

Bis zum Eröffnungsspiel gegen Schweden in Saitama war es noch eine Woche hin. Aber die Zeit lief mir davon. Würde sich all die

Reha-Arbeit in Kürze auszahlen? Oder stand mir eine Enttäuschung bevor, die ich mir lieber nicht ausmalen wollte? Sven drängte mich nicht. Er wollte mir so viel Zeit wie möglich geben. Worunter die Vorbereitung des übrigen Teams allerdings nicht leiden durfte. Bei längerfristigen Verletzungen setzen die Ärzte dir wöchentlich Ziele. Damit wollen sie unter anderem sicherstellen, dass du dich anstrengst, die nächste Stufe zu erreichen. Sie wollen damit aber auch verhindern, dass ein Spieler depressiv wird, weil er sich auf ein zu weit entferntes Ziel konzentriert. Das Geheimnis ist – vom psychologischen Standpunkt aus betrachtet –, sich von Tag zu Tag auf den jeweils nächsten Schritt zu konzentrieren. Doch jetzt hatte ich den Punkt erreicht, von dem an es kein Zurück mehr gab. Würde ich Ende der Woche in der Lage sein, an einem Match teilzunehmen? Sven wusste ebenso gut wie ich, dass es Zeit war, eine Entscheidung zu treffen. Wenn ich an den Tagen vor dem Spiel nicht voll beim Training mitmachen konnte, konnte ich offensichtlich auch nicht spielen. Ich wusste, dass die medizinischen Betreuer zwar zuversichtlich waren, was meinen Fuß anging, nicht jedoch, was meine Kondition betraf. Meine Verletzungspause dauerte nun schon eine Weile. Die Entscheidung lag beim Trainer. Mittwoch war der allerletzte Tag, an dem er es sich leisten konnte, mich mein Einzeltraining machen zu lassen. Ich hatte immer gewusst, dass Sven mir eine Chance geben würde, solange er damit kein Risiko einging. Und er wusste, dass ich nicht so weit gekommen war oder so hart gearbeitet hatte, um mich am Ende zu drücken. Selbst wenn ich mich nicht hundertprozentig fit fühlte, ich war sicher, dass ich es schaffen konnte. Nach dem Frühstück stellte Sven mir die Frage:

»Also, bist du fit?«

Er kannte die Antwort, und in seiner Stimme lag nicht die geringste Spur von Zweifel oder Anspannung. Er wollte es von mir hören und wissen, dass ich zuversichtlich war. Mir kam in den Sinn, dass der Trainer und ich diese Unterhaltung gar nicht haben würden, wenn ich mir den Fuß nicht mitten in der Woche gegen Deportivo, sondern am darauf folgenden Wochenende bei einem Ligaspiel gebrochen hätte. Diese wenigen Tage waren für die Fitness ausschlaggebend. Ich holte Luft und versuchte, so kurz und ruhig zu antworten, wie Sven gefragt hatte.

»Ich bin fit.«

»Gut. Dann mal los.«

Das erste Training mit den anderen Jungs war schwer. Ich hatte wirklich hart gearbeitet, war gelaufen und hatte schießen geübt. Jetzt musste ich zum ersten Mal Körperkontakt riskieren. Ich hätte es wissen müssen: Sobald wir spielten, wurde ich von Martin Keown attackiert – von wem sonst? Er traf mich nicht an der Stelle, wo ich verletzt war. Es war ein schwerer Tritt in die hintere Beinmuskulatur. Instinktiv ließ ich mich nach vorne fallen und erwartete das Schlimmste. Ich war wütend auf Martin, wütend auf Aldo Duscher, wütend auf alles und jeden. Es dauerte einen Moment, bevor mir klar wurde, dass mir zum ersten Mal seit Monaten tatsächlich etwas anderes mehr wehtat als mein Fuß. Noch nie habe ich mich so über Schmerzen gefreut. Wie gesagt, ich hätte es wissen müssen. Martin ist immer derjenige, der dich testet. Er treibt dich an, fordert dich heraus, dein Bestes zu geben, und versucht herausfinden, ob deine Nerven stark genug sind. Er wusste, dass am Sonntag irgendjemand genau das mit mir machen würde, was er jetzt getan hatte, und ich wusste es auch. Der Unterschied war der, dass ein schwedischer Spieler es in der Hoffnung tun würde, dass ich nicht mehr aufstand. Hier rappelte ich mich wieder auf und machte weiter. Wenn ich Martins Attacke überstand, konnte ich wahrscheinlich jede überstehen. Der Fuß tat mir wirklich weh, noch bevor das Training zu Ende war, aber ich war einfach zufrieden, das Ganze durchgestanden zu haben. Nach dem Training mit den anderen Jungs hatte ich den Rest der Woche bessere Laune.

Es war eine tolle Mannschaft, der ich da angehörte, vor allem nachdem wir in Japan angekommen waren und die Spieler sich auf das bevorstehende Turnier freuten. Hier in Japan herrschte innerhalb der Gruppe eine ganz besondere Atmosphäre. Aber was spielte sich außerhalb unseres Trainingslagers ab? Ich glaube, keiner von uns hatte so etwas je zuvor erlebt. Es fing in dem Moment an, als wir in Tokio aus dem Flugzeug stiegen. Der Empfang, als wir den Terminal verließen, war unglaublich. Tausende Japaner standen da und warteten auf uns: Mütter, Väter, Kinder und Teenager, die England für die Dauer der WM zu ihrer Mannschaft erkoren hatten. Sie trugen unser Trikot. Es war fast wie bei einem Popkonzert: Die Fans winkten, schrien, drängten sich nach vorne, und die Polizei versuchte, sie zurückzuhalten. Als wir in den Bus stiegen, sah ich aus dem Augenwinkel heraus eine alte Dame, die sicher weit über siebzig war, mit schneeweißem Haar und einer knallroten Strähne. Eltern hielten ihre Kinder hoch. Diese Kinder waren zu jung, um mich zu kennen, aber viele von ihnen hatten meinen Haarschnitt kopiert: den blond gefärbten Irokesenschnitt. Und die Nummer 7 auf den T-Shirts. Es war chaotisch, aber die Leute blieben höflich, was vielleicht für die Japaner typisch ist. Sie freuten sich, uns zu sehen, waren der Mannschaft und den Engländern wohl gesinnt. Ich glaube, ihre Haltung hat wesentlich dazu beigetragen, dass es während der WM keine Randale gab, obwohl man vor dem Turnier monatelang gefürchtet hatte, dass es Probleme geben würde. Doch die Leute waren, wie sich herausstellte, wirklich fußballbegeistert, und sie fanden es toll, sich auf die Seite der Engländer zu schlagen: Sie sind genauso leidenschaftliche Fußballfans wie wir. Und nicht nur die Spieler waren willkommen, auch unsere Fans. Und die verhielten sich ebenfalls mustergültig, das muss man ihnen wirklich lassen. So sollte es bei Weltmeisterschaften auch sein.

Für einen Spieler dreht sich bei der WM natürlich alles ums Spielen. England bei unserem ersten Spiel der WM 2002 gegen Schweden in Saitama ins Stadion hinauszuführen wird immer einer der Höhepunkte meiner Karriere bleiben. Die Kulisse, der Anlass und das Privileg, bei einer Weltmeisterschaft Kapitän der englischen Nationalmannschaft zu sein: All das bewirkte, dass mir das Herz bis zum Halse schlug. Es ist der Traum eines jeden Schuljungen, aber einer, den man nicht zu haben wagt. Und jetzt wurde er Wirklichkeit. Die Atmosphäre war unglaublich. In einer Ecke waren ein paar Tausend schwedische Fans, im restlichen Stadion sah man nur Rot-Weiß – unsere eigenen Fans und die Japaner, die England zu ihrem Team gemacht hatten. Gebrochener Mittelfußknochen? Na und? Das hier durfte man sich einfach nicht entgehen lassen.

Leider war das Spiel nicht so intensiv wie unsere Vorbereitung darauf. Wir spielten teilweise guten Fußball, vor allem in der Anfangsphase, aber irgendwie hatten wir die Sache nicht im Griff. Wir hatten nicht viele Chancen. Wo blieben das Tackling und die Angriffe? Nein, man konnte es nicht wirklich kommen sehen, aber nach fünfundzwanzig Minuten schossen wir das erste Tor. Ich führte eine Ecke von links aus und Sol Campbell kam und köpfte den Ball ins Netz. Und dann rannte er hinüber zur rechten Eckfahne, um zu feiern. Und ich habe mich gefreut, als hätte ich das Tor selbst geschossen. Ich drehte mich um und riss die Arme hoch in Richtung der schwedischen Fans, die mich ziemlich heruntergeputzt hatten. Sie lachten noch immer. Vielleicht wussten sie, dass ihre Zeit kommen würde.

Ein Tor zu schießen ist eine Sache. Ein Tor für jemand anderen vorzubereiten ist auch ein fantastisches Gefühl, und an diesem Abend habe ich mich wirklich gefreut, dass Sol der Torschütze war. Wir kennen uns schon seit fünfzehn Jahren, haben als Schuljungen gemeinsam bei Tottenham trainiert, und er schießt nicht oft ein Tor. 1998 hat er in Frankreich gegen Argentinien, als ich bereits vom Platz geflogen war, eins geschossen, das nicht anerkannt wurde. Ansonsten hätten wir sicherlich gewonnen. Jetzt, bei der WM 2002, hatte er unser erstes Tor erzielt. Das Problem war, dass wir dann nicht weiter Druck machten. Wir lagen mit 1:0 vorn, waren aber viel zu vorsichtig und verkrampft. Und in der zweiten Halbzeit lief nichts mehr zusammen. Wir hielten den Ball nicht in unseren Reihen. Unsere Pässe waren ungenau. Und die Schweden griffen uns immer wieder an. Im Unterschied zu unserem Tor in der ersten Halbzeit konnte man spüren, dass ihres fällig war. Wir verloren einfach im falschen Moment unsere Konzentration als Team und schenkten ihnen den Ausgleich. Als Niclas Alexandersson einen von Mills übereilt geklärten Ball ins Netz hämmerte, wäre es leicht gewesen, dem Verteidiger von Leeds die Schuld für das Tor in die Schuhe zu schieben. Meiner Meinung nach war es nicht sein Fehler, er war nur der letzte gewesen in einer ganzen Reihe von Fehlern. Ich rannte sofort zu ihm rüber.

»Los Danny. Lass uns weitermachen.«

Ein paar Minuten später nahm Sven mich aus dem Spiel. Es war mein erster Einsatz seit der Partie gegen Deportivo im Old Trafford, und ehrlich gesagt spürte ich das auch. Der Fuß tat mir weh, aber vor allem war ich nicht hundertprozentig fit. Zu Beginn der zweiten Halbzeit hatte ich gedacht: Was ist mit meinen Beinen los? Ich bin sicher, Sven hat gesehen, dass ich ein bisschen schnaufte. Und da er wusste, dass noch weitere Spiele auf uns warteten, brachte er Kieron Dyer. Trotzdem war ich nicht glücklich über die Auswechslung. Zum ersten Mal machte mich eine von Erikssons Entscheidungen wütend. Als ich das Spiel von der Bank aus beobachtete, wurde ich immer frustrierter, denn irgendwie lief das Ganze auf ein Unentschieden hinaus.

Ein Unentschieden war für das erste Spiel eines großen Turniers noch kein Beinbruch, aber wir waren von unserer Leistung doch ziemlich enttäuscht. Ich glaube, das war der Grund, weshalb wir nach dem Abpfiff nicht hinüber zu den englischen Fans liefen und uns bei ihnen bedankten. Die Zeitungen kritisierten uns deswegen am nächsten Tag und warfen uns vor, unsere Fans vor den Kopf gestoßen zu haben. Doch das hatten wir nicht gewollt. Sie hatten uns großartig unterstützt, und ich glaube, wir Spieler verschwanden in der Kabine, weil wir das Gefühl hatten, ihre Erwartungen nicht erfüllt zu haben. Im Nachhinein wussten wir, dass es ein Fehler gewesen war, unseren Fans, aus welchem Grund auch immer, nicht zu applaudieren. Vielleicht wäre es als Kapitän meine Aufgabe gewesen, den anderen mit gutem Beispiel voranzugehen, auch wenn ich auf der Bank saß. Am nächsten Tag redeten wir darüber und nahmen uns vor, den Fans in Zukunft zu zeigen, wie sehr wir ihre Unterstützung zu schätzen wussten.

Zurück in der Kabine, kam es mir vor, als hätten wir verloren. Ich konnte mich nicht erinnern, dass diese englische Mannschaft jemals so glanzlos gespielt hatte. Selbst unsere Masseure, Terry Byrne, Steve Slattery und Rod Thornley, konnten die Spieler an diesem Nachmittag nicht aufmuntern. Und es war das erste Mal, dass ich miterlebte, wie Sven versuchen musste, uns aus einem Tief herauszureißen.

»Wir haben noch zwei große Spiele vor uns. Lasst euch bloß nicht von dem heutigen Spiel runterziehen. Es ist nichts passiert. Wir haben 1:1 unentschieden gespielt. Wir haben nicht verloren, oder? Nun kommt schon. Was ist los mit euch, Jungs?«

Ich war auch nicht gerade bester Laune, unter anderem weil es mich immer noch ärgerte, dass der Trainer mich aus dem Spiel genommen hatte. Das hatte ich nicht erwartet. Doch als Sven dann in der Kabine mit uns sprach, wurde mir klar, dass ich als Kapitän mein Möglichstes tun musste, um eine positive Stimmung zu verbreiten. Trotzdem war es ein ziemlich trauriger Abend. Wir wollten das Finale der Weltmeisterschaft erreichen und waren sehr enttäuscht, dass wir das erste Spiel aus der Hand gegeben hatten.

Am nächsten Tag blieb uns nichts anderes übrig, als Schweden zu vergessen. Wir hatten noch vier Tage, um uns auf das schwerste Spiel in dieser Gruppe vorzubereiten. Was ich an Sven-Göran Eriksson als Trainer mit am meisten schätze, ist seine Fähigkeit zu beurteilen, was die einzelnen Spieler zu einem bestimmten Zeitpunkt brauchen. Er sagt immer genau das Richtige, um uns optimal auf ein Spiel einzustellen. Außerdem scheint er auch immer genau zu wissen, was wir körperlich brauchen. In einer Situation wie der Weltmeisterschaft arbeitet er, wenn die Mannschaft davon profitiert, zwischen den Spielen sehr hart mit uns, kann aber auch schon mal ein lockereres Training anordnen. Er »bestrafte« uns nicht mit einem Trainingsprogramm, weil wir gegen Schweden nicht gut gespielt hatten. Er und Steve McClaren bauten uns nur langsam für das Spiel am Freitagabend in Sapporo gegen Argentinien auf.

In dieser Woche durften wir sogar einmal die strenge Diät unterbrechen, die heutzutage in Trainingslagern üblich ist. Ich muss zugeben, es war die beste Idee, die ich in jenem Sommer hatte. Wir waren seit drei Wochen weg aus England und hatten die ganze Zeit über kein Fastfood mehr gehabt. Und ich vermisste so langsam den gelegentlichen Burger und die Fritten. Ein paar von den anderen Jungs würde es, so nahm ich an, nicht anders ergehen. Ich sprach mit Sven, und der meinte, es könne nichts schaden, und redete dann mit den beiden Mannschaftsköchen. Als wir am Mittwochabend zum Essen hinuntergingen, waren die Türen des Speisesaals geschlossen und zwei riesige goldene McDonald's-Bögen klebten darauf. Drinnen wartete ein McDonald's-Fastfood-Berg auf uns: mehr Burger, Cheeseburger und Fritten, als du je in deinem Leben in einem Raum gesehen hast. Die Spieler waren total überrascht. Wir haben einfach alles hinuntergeschlungen, verhielten uns wie kleine Kinder in einem Süßwarenladen. Und es funktionierte. Wir haben die Sache wiederholt, bevor wir gegen Dänemark spielten. Vielleicht hat in unserer Vorbereitung auf das Spiel gegen Brasilien das Fastfood gefehlt.

Die englische Nationalmannschaft bereitet sich immer sehr genau auf das gegnerische Team vor. Es ist die Aufgabe von Dave Sexton, der in den siebziger Jahren Trainer von United war, uns mit unserem nächsten Gegner vertraut zu machen. Er spricht mit uns über jeden einzelnen Spieler des gegnerischen Aufgebots und zeigt uns jeweils auch ein Video dazu: Das macht er, wenn sie angreifen, und das, wenn sie verteidigen. Dave erklärt dann genau, was wir seiner Meinung nach tun sollten, um mit diesem Spieler fertig zu werden. Es ist fast so, als würde man einen Militäreinsatz planen. In meiner letzten Saison bei Manchester United im Old Trafford hat Carlos Queiroz uns auf sehr ähnliche Weise auf Spiele vorbereitet. So mit Spielern zu arbeiten, kommt im Fußball mehr und mehr in Mode. Alle scheinen jetzt über die neueste Technologie zu verfügen. Gefühlsmäßig gehöre ich eher der alten Schule an. Ich würde am liebsten einfach nur rausgehen und spielen. Aber ich verstehe, dass es wichtig ist, die Stärken und Schwächen des Gegners genau zu kennen. Oft reicht bei Spitzenspielen schon ein winziger Vorteil, um zu gewinnen.

Natürlich konnten wir das Spiel gegen Argentinien kaum abwarten. Nach dem Unentschieden gegen Schweden war es die Aussicht auf das nächste Spiel, die uns aus unserer Depression riss. Ich bewunderte wirklich, wie die Jungs sich auf das Match gegen die Favoriten der Weltmeisterschaft vorbereiteten. Die Argentinier gehörten zu den besten Mannschaften des Turniers, dennoch ging jeder von uns mit der Überzeugung in das Spiel, dass wir sie schlagen würden. Jeder einzelne von uns wie auch die Mannschaft als Ganzes hatte diese Willensstärke. Im Nachhinein hatte das Unentschieden gegen Schweden die Sache für uns leichter gemacht: Als wir am Freitagabend aufs Spielfeld gingen, wussten wir, dass wir gewinnen mussten.

England gegen Argentinien gehört zu den großen Ereignissen im Weltfußball. 1998 in Frankreich war es ein großes Spiel gewesen, und nach dem, was in Saint-Etienne passiert war, hatten wir uns auf Sapporo 2002 noch intensiver vorbereitet. Bei dem ganzen Rummel im Vorfeld drehte es sich darum, dass England – und vor allem der Mannschaftskapitän – nun die Chance hätte, eine alte Rechnung zu begleichen. Seit der Auslosung hatten die Zeitungen von »Rache« und von »Schicksal« gesprochen und sich über »Beckham« ausgelassen. Bei beiden Mannschaften war die Hälfte der Spieler vor vier Jahren dabei gewesen, bei den Argentiniern unter anderem Seba Veron, der inzwischen ein Mannschaftskamerad bei United geworden war. Wann immer ich die Bilder von meinem Platzverweis '98 in Frankreich sehe, habe ich Seba vor Augen, der den Schiedsrichter drängt, mir die rote Karte zu zeigen. Wir haben uns später nie ernsthaft über diesen Vorfall unterhalten. Die Sache hatte schließlich nichts damit zu tun, dass wir zusammen für United spielten. Aber wir witzelten über die Rivalitäten zwischen unseren Ländern. Und wenn wir mit United unterwegs waren, sangen ich und die anderen Spieler der englischen Nationalmannschaft immer »Ar-gen-tina«, und er antwortete mit »In-ger-land«. Ich sah Seba vor dem Spiel in Sapporo, und wir gingen immer noch entspannt und freundlich miteinander um. Er versuchte mich aufzuziehen:

»Du musst müde sein, David. Ich wette, dein Fuß tut dir wirklich weh.«

»Ach wo, ich hab einfach am Ende der Saison eine Pause eingelegt. Ich hab mich noch nie im Leben so fit gefühlt.«

Ich war ein bisschen nervös. Kein Wunder, denn immer wieder ging mir das Spiel von vor vier Jahren durch den Kopf. Ich konnte gar nichts dagegen machen. In jeder Frage, die man mir stellte, jeder Unterhaltung, die ich mit der Presse und den Fans hatte, schien es um Simeone, um die rote Karte und schließlich darum zu gehen, jetzt endlich alles in Ordnung bringen zu können. Außerdem machte ich mir auch noch Sorgen um meinen Mittelfußknochen. Im Moment bereitete der Fuß mir keine Probleme, aber die Platzverhältnisse gefielen mir nicht, und ich fragte mich, wie es sich wohl bei der hohen Luftfeuchtigkeit in einem Stadion mit Dach spielen würde. Ich hatte hin und her überlegt, welche Schuhe ich tragen sollte. Lange Stollen würden im Rasen stecken bleiben, was meinem Fuß im Verlauf von neunzig Minuten schaden könnte, auch wenn ich eine bessere Bodenhaftung hätte. Schließlich entschied ich mich für eine flexible Sohle.

Bevor wir zum Stadion fuhren, telefonierte ich mit Victoria. Sie war zu Hause geblieben, denn Romeo, unser zweiter Sohn, war unterwegs. Wenn es irgendjemanden gab, der wusste, wie man mir die Nervosität nahm, dann war es Victoria, auch über diese Entfernung hinweg. Ich erzählte ihr, wie ich mich fühlte, und sie wünschte mir natürlich Glück:

»Genieß es einfach. Tu dein Bestes. Hier in England drehen alle durch. Wir können es kaum erwarten.«

Ich versuchte, positiv zu denken. Wir redeten sogar darüber, wie es wäre, wenn ich das spielentscheidende Tor erzielen würde. Es war besser, daran zu denken als an eine Niederlage: *Wenn irgendetwas heute Abend schief geht, Victoria, dann weiß ich nicht, ob ich in der Lage bin, noch einmal all das durchzumachen wie beim letzten Mal.*

Als wir uns dann gerade verabschieden wollten, hörte ich ein leises Glucksen:

»Also, mach keine Dummheiten, hörst du?«

Ich lachte, und mit einem Mal wich die Spannung.

»Ich weiß nicht. Mal sehen, wie es läuft. Vielleicht sollte ich einfach auf den Platz gehen und einem von ihnen eins verpassen – in Erinnerung an alte Zeiten.«

Ich werde nie die Leidenschaft, die Entschlossenheit vergessen, die in unserer Kabine zu spüren war, bevor wir rausgingen, um gegen Argentinien anzutreten. Der Beat des Usher-Albums »8701« dröhnte uns in den Ohren. Ich schaute Michael Owen an: Er hatte diese besondere Ausstrahlung, war voll und ganz auf die vor ihm liegende Aufgabe konzentriert. Ich sah Rio Ferdinand an, sah Sol Campbell an. Sie wirkten ruhig und konzentriert, strahlten die gleiche Entschlossenheit aus. *Das ist unser Spiel. Gar nicht möglich, dass wir heute Abend nicht gewinnen! Komm schon, England.*

So hatte ich uns noch nie erlebt. Als wir uns zusammen mit den

Argentiniern in den Katakomben aufstellten, hallte es dort von unserem Lärm wider, von den Stimmen unserer Spieler, die schrien, knurrten und einander anfeuerten, als würden wir in eine Schlacht ziehen. Und es war eine Schlacht – vom Anpfiff an. Batistutas Foul an Ashley Cole etwa eine Minute, nachdem das Spiel begonnen hatte, war furchtbar. Wäre es später im Spiel passiert, hätte man Batistuta sicher vom Platz gestellt. Hier hatte ein großer Spieler die Chance zu zeigen, wer der Herr im Haus war. Wir hatten vor dem Spiel darüber geredet, den Argentiniern gegenüber keinen Respekt zu zeigen, denn den hatten sie vor uns garantiert nicht. Dieser Angriff der Nummer 9 sagte aus ihrer Sicht alles. Aber er brach den Bann: Er schockierte alle im Stadion, Spieler und Fans. Jetzt war alles egal: Kein Gedanke mehr an Schweden, keiner an das, was vor vier Jahren passiert war, keiner an Beckhams Fuß. Hier war die Herausforderung. Waren wir stark genug, uns ihr zu stellen? Die Atmosphäre war aufgeladen. Ich bin sicher, dass jeder englische Fan es spürte: Jeder von unseren Spielern schien sich in diesem Moment der Lage gewachsen zu fühlen. *Uns stellen? Wir werden Größeres vollbringen.*

Ich brauchte länger als meine Mannschaftskameraden, um ins Spiel hineinzukommen. Als mein Fuß so aufgewärmt war, dass ich keinen zuckenden Schmerz mehr verspürte, spielten wir bereits richtig gut. Eine andere Mannschaft als die, die vor knapp einer Woche noch so zu kämpfen hatte. Auch wenn die Chancen fifty-fifty standen, wir waren immer zuerst am Ball. Nicky Butt war überall auf dem Spielfeld, hatte ständig seinen Fuß dazwischen und trieb uns an. Selbst bei einem Spielstand von 0:0 hatten wir bereits das Gefühl, dass es unser Abend war. Owen Hargreaves verletzte sich sehr früh, und für ihn kam Trevor Sinclair herein. An einem anderen Abend hätte das vielleicht unseren Rhythmus gestört. Ein anderer Spieler als Trevor hätte vielleicht Zeit gebraucht, um das Tempo eines Weltmeisterschaftsspiels aufnehmen zu können. Trevor jedoch packte die Gelegenheit einfach beim Schopf. Er stürmte nach vorne und terrorisierte erfahrene argentinische Verteidiger wie Placente und Sorin. Er konnte es gar nicht abwarten. Er wollte an diesem Abend sicherstellen, dass sich all die Meilen, die er während des Hin und Her um seine Nominierung mit einer Boeing 747 zurückgelegt hatte, auch gelohnt hatten.

Die Argentinier hatten ein oder zwei Chancen. Wir hatten bessere. Michael drehte sich im Strafraum um und schoss den Ball über den argentinischen Torwart Cavallero hinweg. Ich war bereits hochgesprungen, denn ich war mir sicher, dass er drin war, aber der Ball prallte am linken Torpfosten ab. Dann hatte ich plötzlich, etwa zwei bis drei Meter außerhalb des argentinischen Strafraums, den Ball vor den Füßen. Sollte ich schießen oder einen Pass spielen? Der Ball musste rollen, denn Michael stürmte bereits hinter einem ihrer Verteidiger heran. Plötzlich ging ich zu Boden. Jemand war von hinten gekommen und mir in die Hacken getreten. Ich hatte keine Ahnung, welcher argentinische Spieler es gewesen war, war mir aber sicher, dass wir einen Freistoß kriegen würden. Eine gute Entfernung und Position für mich. Ich brüllte nach Pierluigi Collina, dem Schiedsrichter. Er hatte das Foul gesehen, aber gleich danach auch etwas, das ich nicht mitgekriegt hatte, und ließ Vorteil gelten. Ich schaute hinüber. Etwa zwanzig Meter von mir entfernt kam der Ball nach vorne, und plötzlich war Michael Owen dran und umspielte, schon innerhalb des Strafraums, Pochettino. Doch da streckte der Verteidiger das Bein aus.

»Elfmeter!«

Ich bin sicher, dass ich es gebrüllt habe. Ich weiß, dass sämtliche englischen Fans es taten. Als ich Michael fallen sah, wusste ich, dass Collina es sehen und mutig genug sein würde, den Elfmeter zu geben. Er war stark genug gewesen, weiterspielen zu lassen, als ich wegen des Fouls an mir einen Freistoß verlangt hatte. Für den Bruchteil einer Sekunde hatte ich eine Art Déjà-vu-Erlebnis, es kam mir so vor, als hätte ich das alles schon einmal erlebt. Hatte ich nicht gewusst, dass ich ein Tor schießen würde? Ich hatte mit Victoria über ein Siegestor gesprochen und darüber, endlich mit Simeone und Saint-Etienne im Reinen zu sein. Hatte ich in der vergangenen Nacht diese Szene geträumt? Oder hatte ich gesehen, was passieren würde, gerade bevor es passierte? So schnell mir diese Gedanken durch den Kopf schossen, so schnell waren sie auch wieder verschwunden. Ich musste zum Ball kommen. Ich musste derjenige sein, der ihn schoss.

Ein hungriges Gefühl in der Magengrube: Angst. Und es war nicht direkt eine Stimme in meinem Kopf, aber die Erkenntnis: *Alles, was ich in meinem Leben getan habe, alles, was mir jemals passiert ist – es ist alles auf das hier hinausgelaufen.*

Ich wusste, dass Michael bereit sein würde, den Elfmeter selbst zu schießen.

»Soll ich ihn schießen?«

»Nein, das mache ich schon.«

Und da stand ich, den Ball in der Hand. Ich legte ihn auf den Elfmeterpunkt. *Was habe ich gesagt? Was habe ich getan?*

Ich war froh, dass wir Collina als Schiedsrichter hatten. Er würde es nicht zulassen, dass irgendwer hier in Sapporo Mätzchen machte. Die südamerikanischen Spieler verstehen es sehr gut, Druck auf dich auszuüben, dich einzuschüchtern und aus dem Konzept zu bringen. Aus gutem Grund wusste ich das besser als die meisten anderen, deswegen überraschte es mich nicht. Der Schiedsrichter, der Torwart und, ausgerechnet, Diego Simeone, standen vor mir, zwischen mir und dem Tor. Ich ging zwei oder drei Schritte zurück. Simeone spazierte direkt am Ball vorbei auf mich zu, blieb stehen und streckte mir die Hand entgegen, so, als erwarte er, dass ich sie schüttelte. *Sollte ich? Nie und nimmer!*

Ich schaute an ihm vorbei, durch ihn hindurch, zum Tor hin und versuchte, ihn auszublenden. Und dann kamen, als ich mich umdrehte, Butty und Scholesy von hinten und zogen Simeone weg. *Meine Kumpels. Das gefällt mir.*

Ich schaute hinunter zum Ball, bevor ich Anlauf nahm. Es wurde ganz ruhig. Alles um mich herum drehte sich, und meine Nerven waren zum Zerreißen gespannt. *Was ist hier los? Ich kriege keine Luft mehr…*

Ich erinnere mich, dass ich mich zwang, tief Luft zu holen, um ruhig zu werden, mich in den Griff zu bekommen. Bei den letzten beiden Elfmetern für United hatte ich den Ball direkt durch die Mitte geschossen, und die Torwarte, die sich zur Seite geworfen hatten, hatten keine Chance gehabt, ranzukommen. *Mach's genauso, David.* Ich war viel zu nervös, um mir was Raffiniertes einfallen zu lassen. Nicht mehr nervös wegen mir. Hier ging es um die Mannschaft, deren Kapitän ich war. Noch nie hatte ich einen solchen Druck verspürt. Ich nahm Anlauf. Und schoss den Ball, so hart ich konnte, Richtung Tor.

Drin.

Der Jubel.

DRIN!

Nicht der beste Elfmeter aller Zeiten, aber an diesem Abend für mich, für uns alle, einfach absolut perfekt. Ich hatte Anlauf genommen, hatte geschossen und war – da ich instinktiv wusste, dass es ein Tor war – weiter zur Eckfahne gelaufen. Die Nervosität, der Druck und vier Jahre der Erinnerungen fielen von mir ab. In den wenigen Sekunden, nachdem der Ball ins Netz gegangen war, sah ich überall im Stadion Blitzlichter aufblitzen. Und mit jedem kleinen Lichtblitz, der vor den verschwommenen und farbigen Tribünen erlosch, wurde alles, was geschehen war, alles was man seit meiner roten Karte in Saint-Etienne gesagt oder geschrieben hatte, vom Nachthimmel verschluckt. Der Gesichtsausdruck meiner Eltern in Heathrow, als ich wieder zurück nach England kam, die Karikatur von mir, die vor einem Pub hing, das Murren der Menge im Upton Park, das und alles andere war wie weggewischt. Der Film, der so lange in meinem Kopf abgelaufen war, hatte einfach aufgehört. War zum ersten Mal seit vier Jahren nicht mehr da.

Mit ausgestreckten Armen rannte ich über den Rasen hinüber zu unseren Fans, während meine Mannschaftskameraden in den roten Trikots ihr Bestes taten, um mich zu schnappen, bevor ich in der Menge verschwinden konnte. Das, was 1998 passiert war, hatte viel dazu beigetragen, mich zu dem zu machen, der ich heute war: Der Kapitän der englischen Nationalmannschaft bei der Weltmeisterschaft 2002. Aber mit einem Schuss war die Last für immer von mir abgefallen. In diesem Moment war ich mir sicher, dass ich, wenn ich hochspringen würde, fliegen könnte. Plötzlich sprangen die anderen mir auf den Rücken. Zuerst Sol, dann Trevor Sinclair. Rio war da und hielt mich so fest, dass ich kaum atmen konnte. Das war nicht nur mein großer Augenblick, es war ein großer Augenblick für uns alle. Und dann wurden wir genauso plötzlich daran erinnert, dass das hier kein Golden Goal gewesen war. Argentinien würde gleich Anstoß haben. Und eine Minute später hörten wir den Pfiff, aber nur den Halbzeitpfiff, nicht den Schlusspfiff.

In der Kabine war es mucksmäuschenstill und die Atmosphäre so aufgeladen, als sei der Raum nicht groß genug, um die Energie der Spieler zu fassen. *Wäre es nicht fantastisch, wenn mein Tor der Siegestreffer war?* Wir gingen hinaus und knüpften in der zweiten Halbzeit dort an, wo wir in der ersten aufgehört hatten. Diesmal verhielten wir uns nicht abwartend, so wie gegen Schweden. Und es gab keine Ballverluste, jedenfalls nicht am Anfang. Wir waren auf ein weiteres Tor aus. Die Viererabwehr stand wie eine Betonmauer. Weiter vorne nahmen wir den Argentiniern, wenn ein Pass kam, den Ball ab und umspielten sie dann. Teddy Sheringham kam für Emile Heskey ins Spiel und hätte fast ein Tor geschossen. Wenn der argentinische Torwart Cavallero Teddys Volley nicht noch vom äußersten Rand des Strafraums weggeschlagen hätte, nachdem wir einen Pass vom einen Ende des Spielfeldes zum anderen gespielt hatten, wäre es eines der größten englischen Tore überhaupt gewesen.

Nicky Butt war der beste Spieler auf dem Rasen. Es war fantastisch zu sehen, wie er sich auf dieser Bühne bewährte. Es war nicht sicher, ob er bei United zum Stammspieler im Mittelfeld werden würde, ganz zu schweigen in der englischen Nationalmannschaft, aber er hatte hier seine Chance bekommen, weil Steven Gerrard verletzt war. Nicky ist ein ruhiger Bursche mit einem wirklich trockenen Humor. Er würde nie sagen: Seht mich an, seht, wozu ich imstande bin! Aber hier war er und machte gegen eine Mannschaft, die viele für die beste der Welt hielten, das Spiel. Hier in Japan sahen einige zum ersten Mal, was wir bei United schon die ganze Zeit gewusst hatten.

In den letzten zwanzig Minuten kamen die Argentinier besser ins Spiel. Nicht dass sie besonders gut aussahen: Sie hielten den Ball eher durch Willenskraft denn durch irgendetwas anderes in ihren Reihen. Es schien, als könnten wir sie nicht davon abhalten, nach vorne zu drängen. *Bitte, kein Tor.* Ich wurde so langsam richtig müde. Dies war erst mein zweites Spiel, seit ich mir den Fuß gebrochen hatte. Ich erinnere mich, dass Sven mir, etwa zehn Minuten vor Schluss zurief:

»Alles in Ordnung, David?«

Ich habe ihm nicht geantwortet. Mein Gesichtsausdruck war eindeutig. *Wag es bloß nicht, mich rauszunehmen. Ich muss dabei sein, wenn wir das hier gewinnen.*

Für Seba Veron war nach der Halbzeit Pablo Aimar ins Spiel gekommen. Er war der einzige von ihnen, der so aussah, als könne er das Spiel herumreißen. Je länger die Halbzeit dauerte, desto weiter rückte er nach vorn, was bedeutete, dass unsere Mittelfeldspieler in dem Versuch, ihn zu stoppen, sich weiter nach hinten orientieren mussten. Und schließlich waren wir alle im eigenen Strafraum. Die Argentinier schossen und flankten. Und sie hatten einige gute Chancen. Für die Fans, die zu Hause vor dem Fernseher saßen, muss diese letzte Viertelstunde unerträglich gewesen sein. David Seaman hatte ein paar tolle Paraden. Sol und Rio machten immer wieder die Versuche der Argentinier zunichte, ein Tor zu schießen. Es war fantastisch, aber ich wünschte mir, es wäre vorbei. Ich war dort draußen und versuchte, mit den übrigen Jungs unser Tor zu verteidigen, hätte mich aber lieber wie die englischen Fans zu Hause mit geschlossenen Augen hinter dem Sofa versteckt.

Als der Schlusspfiff ertönte, stürmten Rio und Trevor auf mich zu. Was für ein unglaubliches Gefühl! Für uns und für die Fans. Als wir eine halbe Stunde nach dem Spiel in den Katakomben waren, rief ich Victoria an. Ich war nicht mehr in der Lage, das, was passiert war, in Worte zu fassen, und kriegte auch nicht mit, was sie sagte. Sie war bei ihren Eltern. Das Haus war voller Leute, Familie und Freunde, die alle im Hintergrund grölten und sangen. Später rief ich Dave Gardner an, und er erzählte mir, die Engländer seien völlig aus dem Häuschen, und alles gehe drunter und drüber. Auf der Deansgate, der Haupteinkaufsstraße in Manchester, wo er sich gerade befand, war der Verkehr seit Spielende lahmgelegt. Mitten auf der Straße wurden Partys gefeiert. So etwas hatte er noch nicht erlebt. Ich sprach mit Simon, einem der Jungs meiner Beraterfirma SFX. Er war gerade in London und hatte sich zum Trafalgar Square durchgeschlagen. Da war das Gleiche los. Wie nach jedem Spiel im Jahr 2002 rief ich auch Gary Neville an. Er war trotz seiner Verletzung meistens optimistisch und gut drauf. An diesem Abend hörte ich ihn das einzige Mal sagen:

»Ich wünschte, ich wäre dort.«

Gary ist ein Mannschaftsspieler. Der perfekte Mannschaftsspieler. Er wusste genau, was es bedeutete, ein so großes Spiel wie das gegen Argentinien zu gewinnen. Er wäre unglaublich gerne dabei gewesen. Ich wollte unbedingt von ihm hören, was zu Hause los war. Er wollte von mir genau wissen, was in Japan abging.

Wenn ich mir einen Traum erfüllen könnte, dann wäre es der: nur wenige Minuten nach einem großen Sieg bei einer Welt- oder Europameisterschaft wieder zurück in England zu sein, um die Leute feiern zu sehen und an dem Wahnsinn teilzuhaben. Ich würde liebend gerne etwas von all der Aufregung mitbekommen, wenn wir ein Tor schießen: Wie die Leute in die Luft springen, wie sie sich umarmen und küssen, in London, in Manchester, in Birmingham, in Newcastle, überall. Ich liebe das.

In Sapporo wollte ich einfach nicht vom Spielfeld runter. Solange noch ein englischer Spieler, noch ein englischer Fan da war, wollte ich mit ihm feiern. Schließlich ging ich doch hinüber zu den Katakomben zu einem Fernsehinterview und dann in die Kabine. Ich kam als Letzter an. Terry Byrne und Steve Slattery umarmten mich. Sie wussten genau, was mir dieser Abend bedeutete. Sven-Göran Eriksson schüttelte mir die Hand. Er wusste, was dieser Abend der Mannschaft bedeutete. Wieder ertönte Musik vom Usher-Album. Rio führte in der Mitte des Raums den Tanz an und kickte abgelegtes Sportzeugs und Schienbeinschoner beiseite. Hätten wir doch nur am folgenden Tag gegen Brasilien spielen können. Noch am gleichen Abend! Wir fühlten uns so unendlich stark. Alle standen noch unter Strom. Nachdem wir Argentinien geschlagen hatten, herrschte in der Kabine eine Atmosphäre, als seien wir unbesiegbar.

Im Hotel warteten meine Eltern auf mich. Sie waren bei jedem Spiel in Japan dabei. Meine Mutter war in Tränen aufgelöst – genau das, was ich brauchte, um auch loszuheulen –, und ich glaube, mein Vater musste auch mit den Tränen kämpfen.

»Ich bin so stolz auf dich, mein Junge.«

Tony Stephens kam nach dem Spiel ebenfalls zum Hotel. Er ist ja nicht nur als Agent im Fußballgeschäft tätig, sondern auch ein großer Fußballfan, und er hatte zusammen mit all den anderen englischen Fans im Dom einen riesigen Abend gehabt. Er kaum auf mich zu und umarmte mich.

»Das war unglaublich, David. Wer schreibt deine Lebensgeschichte?«

Der Raum, den sie für uns reserviert hatten, wirkte sehr japanisch: Er war groß und die blassgrau gestrichenen Wände völlig kahl. Auf den rechteckigen Tischen lagen weiße Tischdecken. Es gab ein Büffet, und das Ganze sah nicht gerade nach großer Party aus. Aber nachdem wir ein, zwei Flaschen getrunken hatten, spürten wir allmählich sowieso die Müdigkeit. Einige der Jungs gingen früh ins Bett, vor allem die, bei denen kein Familienbesuch angesagt war. Wir anderen tranken zur Entspannung noch ein paar Gläser Wein auf das 1:0 Englands gegen Argentinien.

Wo immer wir in jenem Sommer hinkamen, wir waren immer von einer Traube von Japaner umgeben. Sie taten ihr Bestes, damit wir uns zu Hause fühlten, wenn das in einem Land, das sich von unserem so sehr unterscheidet, überhaupt möglich ist. Man brachte mir säckeweise Karten und Briefe von japanischen Anhängern ins Hotel.

»Viel Glück, Beckham. Viel Glück, England. Wir freuen uns sehr, euch hier in unserem Land zu haben.«

Wir hatten das Gefühl, etwas zurückgeben zu müssen, einen Weg zu finden, danke zu sagen. Wir sprachen mit Paul Barber von der FA, und ich schlug ein Treffen mit Schulkindern vor, das dann auch organisiert wurde. Rio und ich sollten an einem Nachmittag nach dem Training zu einem solchen Treffen in der Nähe unseres Hotels gehen. Wir dachten, es sei eine nette Geste, mit den Kindern, von denen viele Englisch sprachen, zu plaudern und ihnen englische Trikots und andere Souvenirs mitzubringen. Als wir den Saal betraten, saßen da Hunderte von ihnen in ordentlichen Reihen und warteten geduldig auf uns. Kaum hatten sie uns entdeckt, brach der Jubel los. Es war einfach toll, und ich glaube, Rio und ich haben in den paar Stunden genauso viel Spaß gehabt wie die Kinder.

Es wäre wunderbar gewesen, wenn wir das Hochgefühl, Argentinien geschlagen zu haben, in ein Ausscheidungsspiel gegen eine andere große Mannschaft hätten mitnehmen können. Stattdessen mussten wir fast eine Woche auf unser letztes Gruppenspiel gegen Nigeria warten, ein Spiel, das wir nun nicht mehr gewinnen mussten, um weiterzukommen. Nach fünf Tagen war das Hochgefühl aus dem Spiel am Freitagabend natürlich ein wenig verblasst. Da wir die WM-Favoriten geschlagen hatten, erwartete man plötzlich von uns, auch mit allen anderen fertig zu werden, ohne ins Schwitzen zu geraten. Wie sich herausstellte, schwitzten wir am folgenden Mittwochnachmittag in Osaka jedoch ganz gewaltig.

Wir wollten das Spiel gegen Nigeria gewinnen. Gruppensieger zu werden, würde wahrscheinlich bedeuten, Brasilien erst im Finale zu begegnen. Und wir würden nicht unter Bedingungen gegen sie spielen, wie sie uns hier in Osaka erwarteten. Während der Vorbereitung auf das Turnier hatten wir über die extreme Hitze gesprochen. Spiele, die am Nachmittag stattfanden, würden schwer sein, vor allem gegen nicht-europäische Mannschaften, die daran gewöhnt waren, bei Temperaturen von über 35 Grad zu spielen. Uns war jedoch nicht klar, wie schwer eine solche Partie sein würde, bis wir an jenem Tag zum Aufwärmen hinausgingen. Wir joggten einmal das Spielfeld rauf und runter und sahen einander dann fragend an: *Wie sollen wir in dieser Hitze spielen?*

Die Hitze war wie eine Mauer. Nicht ein Windhauch. Der Schweiß lief dir nur so runter, auch wenn du nur rumgestanden und die Tribünen betrachtet hast. Wenn es so heiß ist, kriegt man Platzangst. Die Luft ist schwer, erdrückt dich. Du kannst nicht mehr atmen. Wir wussten, dass die Nigerianer Fußball spielen konnten, aber ich zweifelte nicht daran, dass wir sie schlagen würden. Ich machte mir nur Sorgen, dass wir vielleicht nicht mit den Bedingungen zurechtkommen würden.

Wir hatten nie die Befürchtung, dieses Spiel verlieren zu können. Doch je länger es dauerte, desto stärker wurde die Ahnung, es auch nicht gewinnen zu können. Neunzig Minuten harte Arbeit. Am Ende stand es 0:0, und wir waren in der nächsten Runde, wo Dänemark auf uns wartete. Weiter gab es hierzu nichts mehr zu sagen: Die Spieler saßen in der Kabine, tranken hastig Wasser, die Kehlen fast zu trocken, um das Zeugs runterzukriegen. An die Partie selbst kann ich mich nur verschwommen erinnern. Doch wie wir uns noch Stunden danach fühlten, weiß ich ganz genau: Völlig ausgelaugt und ausgetrocknet, körperlich und mental. In den nächsten paar Tagen gingen wir alle in uns. Nicht dass wir an uns zweifelten, aber wir wussten, dass sich zu Hause einige Leute fragen würden, ob das Argentinienspiel eine Eintagsfliege gewesen war. Wir waren in Gruppe F Zweiter hinter Schweden geworden. War England gut genug, noch weiterzukommen?

Mit Victoria und Brooklyn zu reden, half mir sehr. Ich vermisste sie und ließ in meinem Hotel ein Bildschirmtelefon aufstellen, um Victoria sehen zu können, wenn wir miteinander telefonierten. Wenn deine Frau im siebten Monat schwanger ist, willst du jeden Tritt und jede Drehung des Babys mitbekommen. Wir hatten uns viel zu erzählen, ohne auch nur die Spiele hier in Japan zu erwähnen. Wenn ich mit meiner Familie telefonierte, konnte ich den Fußball und die ganze Anspannung vergessen. Ich habe sogar Brooklyn auf meinem Bildschirmtelefon gesehen und mit ihm geredet. Er saß da und quasselte oder drehte seine Runden im Schlafzimmer und führte mir sein neues Fahrrad vor.

Ich hatte vor dem Dänemarkspiel ein schlechtes Gefühl. Vielleicht lag es an der Erschöpfung nach der Hitzeschlacht in Osaka, aber meiner Meinung nach war das nicht der einzige Grund. Wir wussten, dass wir wahrscheinlich gegen Brasilien antreten mussten, wenn wir weiterkamen, und die Leute freuten sich bereits darauf, obwohl wir das Spiel gegen Dänemark noch gar nicht gewonnen hatten. Die Dänen waren gut vorbereitet und eine physisch starke Mannschaft. Die meisten von ihnen spielten in England oder hatten dies zumindest eine Zeit lang getan. Das Ganze konnte so laufen wie unser erstes Gruppenspiel gegen die Schweden, für die die Vertrautheit mit dem Gegner von Vorteil gewesen war, uns aber überhaupt nichts genutzt hatte. Ich glaubte an unsere Mannschaft, war fest davon überzeugt, dass wir 2002 die Chance hatten, etwas zu erreichen, was uns seit 1966 nicht mehr gelungen war. Aber ich war mir nicht sicher, ob wir am Samstagnachmittag die richtige Einstellung haben würden, um ein entsprechendes Ergebnis zu erzielen.

Vor dem Spiel schaute ich kurz in die Runde und wusste, dass ich Unrecht hatte. Wir waren genauso bereit für Dänemark wie wir es für Argentinien gewesen waren. Gesichtsausdruck und Körpersprache der Spieler zeigten, dass sie keine Angst hatten, nicht abgelenkt oder angespannt waren. Sie waren konzentriert und warteten, entspannter als ich eine englische Mannschaft je gesehen hatte, auf den Anstoß. Wieder spielten wir in einem neuen Stadion, in Niigata, aber die Jungs wirkten so, als hätte das Training am gestrigen Abend ausgereicht, um sich hier zu Hause zu fühlen. Irgendwie entwickelt eine solche Atmosphäre unter Spielern ein Eigenleben. Du schaust deinen Kumpel an, und er scheint der Sache gewachsen zu sein. Ebenso dein Mannschaftskamerad neben ihm. Und wenn sie dann irgendwann dich anschauen, strahlst du ebenfalls Selbstvertrauen aus. Es ist eine Energie, die sich Minuten vor dem Anpfiff in der Kabine bündelt. An diesem Nachmittag wusste ich, dass wir bereit waren.

Als wir aus den Katakomben und hinaus aufs Spielfeld kamen, beobachtete ich unwillkürlich die dänischen Spieler statt meine Mannschaftskameraden. Die Art, wie sie gingen, ihre unruhigen Blicke, all das zeigte, wie nervös sie waren. Es war vielleicht nicht unbedingt Angst, aber etwas Ähnliches: kein Selbstvertrauen. Wir hatten einen psychologischen Vorteil. Die toughen Jungs wie Thomas Gravesen und Stig Tofting taten ihr Bestes, marschierten umher und feuerten sich an, als wollten sie sagen, sie seien bereit für den Kampf. Dadurch fiel es umso mehr auf, dass viele der anderen dänischen Spieler aussahen, als würde ihnen das Ganze hier gar nicht gefallen. Ich war nicht der Einzige, der das bemerkte. Beim Aufwärmen rief Rio mir zu:

»Was meinst du? Sie sehen aus, als hätten sie Angst.«

Ich glaube, wir hatten Dänemark noch vor dem Anstoß geschlagen. Gott sei Dank, denn es war das einzige Mal, dass mir in diesem Sommer mein Fuß während eines Spiels richtig Probleme machte. Er hatte sich fast von Tag zu Tag immer besser angefühlt. Gegen Dänemark trug ich jedoch Schuhe mit langen Stollen. Ich hatte keine andere Wahl, denn in Niigata goss es in Strömen. Bis dahin hatte mir meistens der Spann wehgetan, aber an diesem Abend schmerzte die Fußsohle. Es war, als drückten sich die Stollen jedes Mal, wenn ich den Fuß aufsetzte und versuchte, zu rennen oder zu schießen, in die Verletzung hinein, und wenn ich mich umdrehte, fühlte es sich an, als würde der Bruch gestaucht.

Doch ich genoss das Spiel, trotz der Schmerzen. Vor allem die ersten fünfundzwanzig Minuten waren fantastisch. Wir spielten, als hätten wir keinerlei Sorgen, obwohl wir uns in der K.o.-Runde bei einem großen Turnier befanden. Fünf Minuten nach Spielbeginn führte ich eine Ecke aus. Rio kam mit dem Kopf an den Ball, aber erst später waren wir uns sicher, dass er das Tor geschossen hatte, denn der Ball traf den Pfosten und dann den dänischen Torwart, bis Emile Heskey ihn schließlich wieder ins Tor lenkte, nachdem er von dort zurückgeprallt war. Ich hatte damals sogar daran gedacht, mir das Tor zuerkennen zu lassen. Aber ich bin wirklich froh, dass die Videoaufnahmen deutlich machten, dass Rio der Torschütze war. Es ist so toll, mit ihm zusammen auf dem Spielfeld und in der Kabine zu sein, und er spielte eine fantastische Weltmeisterschaft. Auf der Torliste zu erscheinen, war das Mindeste, was er nach diesem Sommer verdient hatte.

Eine Viertelstunde später schoss Michael das zweite Tor, womit die Sache gelaufen zu sein schien. Die Dänen brachten sich zwar ein paarmal gut in Position, aber kurz vor Ende der ersten Halbzeit rückten wir in ihre Hälfte vor, und Emile bekam sein Tor. Bei unserem Spiel gegen Nigeria in Osaka hatte uns die Hitze zermürbt. Der Regen war genau das, was wir in Niigata brauchten.

Er machte den Boden schneller, was Svens Vorstellung davon, wie England spielen sollte, entgegenkam. 3:0 war ein gutes Ergebnis. Was hätte man mehr verlangen können? Und das gegen eine Mannschaft, die auf Kosten Frankreichs ins Achtelfinale gekommen war. Wenn mein Fuß mich nicht umgebracht hätte, hätte ich anschließend Luftsprünge gemacht, um zu feiern, dass wir es unter die letzten acht geschafft hatten. Gegen Ende des Spiels hatte ich einen Krampf bekommen, weil ich auf der Außenkante des Schuhs lief, um den Druck von der Fußsohle zu nehmen. Ansonsten war ich jedoch fit. Ich fühlte mich gegen Dänemark frischer, als ich es je nach meiner Verletzung getan hatte. Und hinterher empfand ich Genugtuung darüber zu wissen, dass ich an der Vorbereitung aller drei Tore beteiligt gewesen war.

Unser Gegner im Viertelfinale würde also Brasilien sein. Wenn wir das Spiel gewännen, würden wir die Weltmeisterschaft gewinnen. Ich weiß, dass die Leute in der Heimat anfingen, die Sache sehr ernst zu nehmen. Wir gehörten nun zu den Anwärtern auf den Titel. In der Vergangenheit hatten hohe Erwartungen die Nationalmannschaft immer unter Druck gesetzt. Bei der WM 2002 in Japan dachten unsere Fans jedoch nichts, was meinen Mannschaftskameraden und mir nicht auch schon durch den Kopf gegangen war. Argentinien? Ausgeschieden. Der Titelverteidiger Frankreich? Ausgeschieden. Italien? Ausgeschieden. Portugal? Ausgeschieden. Die Holländer? Nicht einmal da. Wer war noch dabei? Von den Teams, die WM-Geschichte geschrieben hatten, nur noch zwei: die Deutschen, die wir bei der Qualifikation in München 5:1 geschlagen hatten, und die Brasilianer. Wir konnten den Freitagnachmittag und Shizuoka kaum erwarten.

Sorgen machte uns nur Michael Owen. Zur Abwechslung drehte sich einmal alles um seine Leiste statt um meinen Fuß, obwohl selbst im englischen Lager nur wenigen Leuten klar war, dass er beim Brasilienspiel fast nicht hätte antreten können. Er hatte mit einer Leistenzerrung zu kämpfen, die Art von Verletzung, die sich nach jedem Spiel schlimmer anfühlt. In Liverpool hätte er während einer Premier-League-Saison ein paar Wochen aussetzen dürfen, aber Michael war für England zu wichtig. Er war ein Weltklassespieler, der bei großen Anlässen immer zu Höchstform auflief. Jede Mannschaft bei diesem Turnier hätte alles getan, um ihn fit zu kriegen.

Wir hatten wirklich keine Angst vor Brasilien. Die Partie sollte am Nachmittag stattfinden, was für die Brasilianer wahrscheinlich ein Vorteil war, wenn die Bedingungen ähnlich waren, wie während unseres Spiels gegen Nigeria. Wir trainierten am Abend vor dem Spiel im Stadion, und es goss in Strömen. Wir wussten, dass wir eine

Maßgeschneidert.
Edler Zwirn und Freizeit-Look.

28

Ganz links: BBC-Sportler des Jahres 2001.

Es ist mir eine Ehre. Begegnungen mit Ihrer Majestät der Queen, Elton John, Nelson Mandela, Tony Blair, Kirsty Howard und Muhammad Ali.

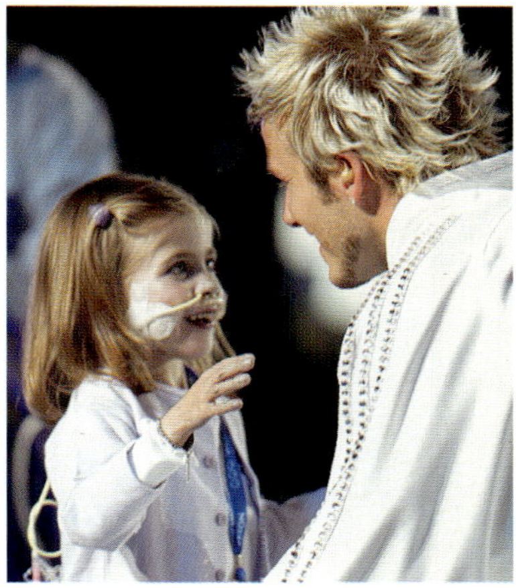

Merry Christmas

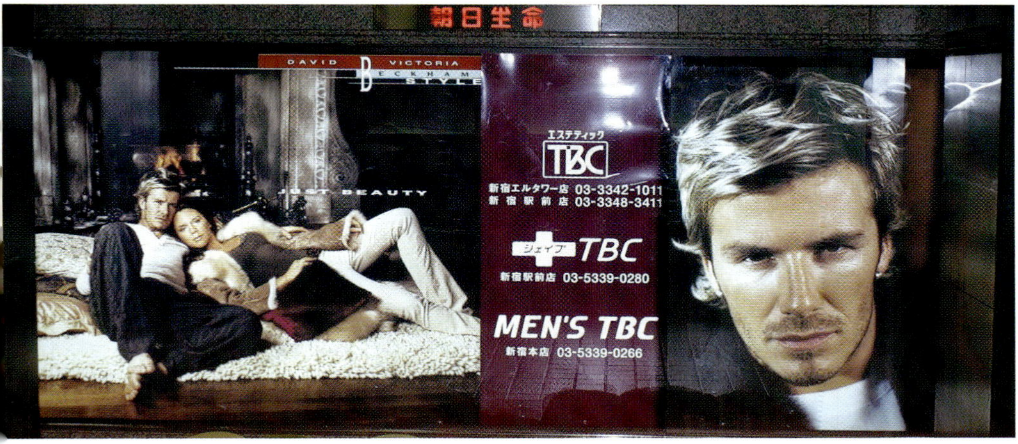
朝日生命
DAVID VICTORIA
BECKHAM STYLE
JUST BEAUTY
エステティック
TBC
新宿エルタワー店 03-3342-1011
新宿駅前店 03-3348-3411
シェイプ TBC
新宿駅前店 03-5339-0280
MEN'S TBC
新宿本店 03-5339-0266

»Liebevoll umfangen«.
Aus dem Fotoalbum
der Familie Beckham.

große Chance hätten, wenn es auch am nächsten Tag schütten würde. Als wir später wieder im Hotel waren, hatte ich das Gefühl, ich sollte den hiesigen Wettergöttern einen Schrein bauen und vor dem Schlafengehen für mehr Regen beten. Doch wir hatten kein Glück. Am Freitagmorgen sprang ich aus dem Bett und zog die Vorhänge auf. Die Sonne stand bereits hoch am Himmel und kündigte einen schönen, heißen Tag an. Mir wurde ganz mulmig: Wir kriegten also nichts geschenkt!

Es würde mir nie in den Sinn kommen, das Wetter als Entschuldigung zu benutzen. Nimm es, wie es kommt, geh hinaus, und mach das Beste draus. Dennoch, eine Menge Leute hatten gesagt, England würde vielleicht Probleme bekommen, wenn es zu heiß sei. Und ich habe mich seitdem gefragt, ob wir das nicht verinnerlicht hatten. Manchmal reicht schon der geringste Zweifel, um das Selbstvertrauen eines Spielers zu untergraben. Vor dem Spiel gingen wir für etwa zehn Minuten aufs Spielfeld, wärmten uns aber drinnen richtig auf. Die Japaner fanden ein ausreichend großes Büro, in dem wir unser Stretching machen konnten. Es war nicht ideal. Und Michael wurde massiert, bis wir aufs Spielfeld hinausgingen. Es war eine knappe Entscheidung, aber er spielte. Die Leute meinen, alles über Michael zu wissen, aber er ist tougher, als irgendjemand außerhalb der Kabine je wissen wird. Ich hatte meine Erfahrungen mit Richard Smith, dem Masseur, gemacht, wusste also genau, was Michael durchmachen musste, um dabei sein zu können. Er wollte auf keinen Fall das Brasilienspiel verpassen.

Wir fingen richtig gut an in Niigata. Die Hitze schien uns keine Probleme zu machen. Wir ließen unseren Gegner erst gar nicht seinen Rhythmus finden, denn sonst kann eine Mannschaft wie Brasilien das Spiel gewonnen haben, bevor du überhaupt angefangen hast zu spielen. Wir wussten, dass wir als ganzes Team verteidigen mussten, wenn sie in Ballbesitz waren. Wir durften auf keinen Fall zulassen, dass zwei gegen einen von uns spielten. Wenn wir den Ball hatten, war die Sache einfach: Lass ihn dir nicht abnehmen, und bring ihn schnell in ihre Hälfte. Es ist bekannt, dass die Brasilianer ihre Verteidiger im offenen Spiel gerne nach vorne lassen. Wir wussten, dass wir die Spieler hatten, um schnell einen Gegenangriff zu starten. Unsere Konzentration schien hervorragend zu sein, und obwohl sie einige kleine Chancen hatten – Dave Seaman musste einen Freistoß von Roberto Carlos retten –, passierte nichts, was uns Sorgen gemacht hätte.

Mach keine Fehler. Warte, dass die anderen welche machen. Es waren gerade erst zwanzig Minuten vergangen, als die Brasilianer in unserer Spielfeldhälfte den Ball verloren. Emile Heskey bekam das Leder etwa an der Mittellinie auf den Fuß und sah, wie Michael Owen an seinem Bewacher vorbei loslief. Emile schlug einen etwa 28 Meter langen Pass in Richtung des brasilianischen Strafraums. Es sah aus, als würde Lucio, der Innenverteidiger, den Ball annehmen und klären. Ich weiß nicht, ob er Michael gesehen und dann einen Angriff befürchtet hat, aber Lucio konzentrierte sich eindeutig nicht auf den Ball. Er kontrollierte ihn nicht, sondern ließ ihn abprallen, sodass er Michael vor die Füße rollte. Große Stürmer stehen nicht still. Sie bewegen sich bereits, antizipieren ihre Chance, bevor irgendein anderer sieht, dass überhaupt etwas los ist. Michael schnappte sich den Ball und rannte in den Strafraum. Es war klar, dass er, Leistenverletzung hin oder her, sich nicht mehr aufhalten lassen würde, wenn er erst mal so weit war. Und weil er von der ganzen Sache überrascht wurde, kam Torwart Marcos zu spät aus dem Tor heraus. Michael musste nur festen Halt finden und den Ball über Marcos hinweg ins lange Eck lupfen. 1:0. Ich befand mich etwa vierzig Meter weit weg, und es war so, als würde ich es im Fernsehen sehen. *Michael Owen erzielt für England ein Tor gegen Brasilien. Ich kann es kaum glauben. Ich hoffe, das Videogerät zeichnet es auf.*

Ich glaube, dass England die WM hätte gewinnen können, wenn es bis zur Halbzeit beim 1:0 geblieben wäre. Aber die Brasilianer sind schon eine Wahnsinnsmannschaft. Sie sind unglaublich genial und kennen keine Angst. Im Rückstand zu sein, brachte sie überhaupt nicht aus dem Konzept. Jede andere Mannschaft würde in einer solchen Situation nach vorne drängen und Risiken eingehen. Nicht so die Brasilianer. Sie sind die beste Mannschaft der Welt, und das wissen sie auch. Und mit dieser Einstellung gehen sie an jedes Spiel heran.

Etwa fünf Minuten vor Ende der ersten Halbzeit schoss Roberto

Carlos einen Ball, der abgefälscht wurde. Dave Seaman machte einen Sprung, um den Ball zu fangen, und verletzte sich beim Rückwärtsfallen den Nacken. Das sah nicht gut aus. Möglicherweise konnte er nicht mehr weiterspielen. Einen Moment lang ließ ich meinen Blick von Dave und dem Physiotherapeuten, Gary Lewin, hinüber zu Ronaldo gleiten, der beim Schiedsrichter, Ramos Rizo, stand, und sich mit ihm unterhielt. Und dann lachte Ronaldo und legte Rizo den Arm um die Schulter. Er machte den Eindruck, als würden er und ein paar seiner Kumpels völlig unbeschwert an einem Mittwochabend zu Hause im Park herumkicken. *Wie ist das nur möglich, wenn man 1:0 bei einer WM zurückliegt? Die Partie ist nicht vorbei. Die ist noch lange nicht vorbei.*

Dave Seaman stand auf und machte weiter. Die Behandlung hatte eine Weile gedauert. Hätten wir durchgespielt, wären wir zu der Zeit, als Brasilien ausglich, bereits in der Kabine gewesen. So aber warteten wir auf den Abpfiff. Ich erinnere mich daran, dass ich an der Seitenlinie war und der Ball auf mich zukam, noch innerhalb ihrer Hälfte. Er kam von einem brasilianischen Spieler, der ihn zu Roberto Carlos hatte hinüberflanken wollen, ihn aber nicht richtig getroffen hatte. Ich war mir sicher, dass er ins Aus gehen und England Einwurf haben würde, was Sekunden vor Ende der ersten Halbzeit besser für uns gewesen wäre, als den Ball im Spiel zu haben. Bis Danny Mills gekommen wäre und ihn genommen hätte, wären die fünfundvierzig Minuten um gewesen. Roberto Carlos rutschte mit einem Tackling hinein. Ich sprang hoch, um den Ball ins Aus gehen zu lassen, damit wir Einwurf hätten, aber irgendwie schaffte Carlos es, ihn im Spiel zu halten. Und ich war aus dem Spiel raus. Sie schalteten sofort auf Angriff um, setzten sich gegen Scholesy durch und brachten den Ball rüber zu Ronaldhino, etwa zwanzig Meter außerhalb unseres Strafraums. Ronaldhino brachte Ashley Cole mit einem Trick aus dem Gleichgewicht, rannte dann auf Rio zu und spielte einen Pass nach rechts zu Rivaldo rüber. Rivaldo nahm den Ball so früh, dass Dave Seaman und seine Abwehr keine Chance hatten, dazwischenzugehen. Der Zeitpunkt, ein Tor reinzulassen, hätte nicht ungünstiger sein können.

Statt in Hochstimmung, mit einer Führung, die wir verteidigen oder auf der wir aufbauen konnten, zurück in die kühle Kabine zu gehen, war bei uns jetzt völlig die Luft raus. Die Gesichter der Spieler sprachen Bände: *Wir sind geschafft. Der Akku ist leer.*

Das war typisch für uns bei dieser Weltmeisterschaft. In der ersten Halbzeit spielten wir den besten Fußball, und in der zweiten Halbzeit ging uns die Puste aus. Ich weiß nicht, ob das in erster Linie physische oder mentale Gründe hatte. Aber ich weiß, dass Rivaldos Tor uns in Shizuoka das Genick brach. Und ich glaube nicht, dass irgendjemand in der Pause etwas hätte sagen oder tun können, um an dieser Situation etwas zu ändern. Sven ging herum und redete mit einzelnen Spielern, die mit herabhängenden Schultern und gesenkten Köpfen dastanden. Als er zur ganzen Mannschaft sprach, kam er direkt zum Punkt:

»Wir haben gut gespielt. Wir sollten eigentlich 1:0 in Führung liegen. Wir müssen die Dinge in Ordnung bringen und sicherstellen, dass wir keine dummen Tore verschenken, dann kriegen wir auch unsere Chance.«

Sven gehört nicht zu den Trainern, die laut werden oder wild herumgestikulieren. Vielleicht wirkt er nach außen hin nicht so leidenschaftlich wie ein Alex Ferguson oder ein Martin O'Neill, aber ihm ist es genauso wichtig wie ihnen, Fußballspiele zu gewinnen. Svens Leidenschaft und Engagement äußern sich auf andere Weise. Er will den Spielern keine Angst machen, will sie nicht zusammenstauchen. Ihm geht es darum, sie zu inspirieren, ihnen Selbstvertrauen zu geben und in ihnen den Wunsch zu wecken, unbedingt spielen zu wollen. Mit dieser Methode hatte er als Vereinstrainer Erfolg, und man muss sich nur seine Länderspielbilanz ansehen, um zu wissen, dass seine Strategie auch bei der englischen Nationalmannschaft funktioniert. Auch Steve McClaren hat in jenen zwanzig Minuten sein Bestes versucht. Ich weiß, dass Sven viel von ihm hielt und ihm deswegen freie Hand ließ. Ein Trainer kann den Spielern in der Kabine nichts geben, was sie nicht bereits haben. Seine Aufgabe besteht darin, den Spielern zu helfen, das, was sie brauchen, in sich selbst zu finden. Hätte man in Shizuoka nach einem Funken gesucht, hätte man ihn nicht gefunden. Es gab einfach keinen.

Als wir zur zweiten Halbzeit wieder aufs Spielfeld kamen, waren unsere Zuversicht und unsere Energie dahin. Es war wie im Spiel gegen Schweden: Wir warteten ab, konnten den Ball nicht in unseren Reihen halten und kamen nicht nach vorn. Wenn deine Beine sich bewegen, kommt auch dein Kopf mit. Aber das Gegenteil funktioniert genauso. Es hatte an diesem Nachmittag unten auf dem Spielfeld weit über achtunddreißig Grad, und der Versuch, konzentriert zu bleiben, war gleichbedeutend mit dem Versuch, die Augen in der Sonne nicht zusammenzukneifen: Wir hatten keine Chance. Das Tor, das wir die Brasilianer hatten schießen lassen, hatte ihnen genau den Auftrieb gegeben, den sie brauchten. Sie spielten nun, als sei der Sieg nur eine Frage der Zeit. Je wärmer es wurde, desto stärker wurden die Brasilianer. Und wir waren am Ende des Spiels völlig fertig.

Dennoch war etwas sehr Merkwürdiges nötig, um uns zu besiegen. Keiner der englischen Spieler gab auf, obwohl man, wenn Dinge passieren wie an diesem Nachmittag in der fünfzigsten Minute, schon mal denkt: Das ist bestimmt nicht unser Tag. Brasilien gewann einen Freistoß aus etwa vierzig Metern und links von unserem Strafraum. Wir stellten uns so auf, dass wir eine Flanke abwehren konnten. Aus dieser Position würde keiner direkt aufs Tor zielen. Ich stand rund fünfzehn Meter von Ronaldhino entfernt und schaute ihn direkt an. Als er den Ball traf, sah ich sofort, dass er ihn mit dem Unterschenkel getroffen hatte. Die Flanke war missglückt, und das Leder flog zu nah ans Tor heran. Es passierte so langsam, so als ob der Ball sich den Weg durch die Hitze erzwingen müsste, um ans Ziel zu gelangen. Während ich beobachtete, wie er in einem Bogen über meinen Kopf hinweg auf den rechten Pfosten zuflog, ging ich alle Möglichkeiten durch: *Er geht hinters Tor. Er fliegt genau in Daves Arme. Er geht daneben. Und schließlich: Der könnte reingehen. Er wird nicht reingehen, sicher wird er…*

Es herrschte eine gespenstische Stille, als der Ball über Daves Kopf hinweg wirbelte und unter der Latte landete. Damals war ich mir sicher, dass das einfach Dusel war. Nachdem ich es aber noch mal gesehen habe, kamen mir da doch Zweifel. Garantiert hatte kein anderer Spieler auf dem Platz, und zwar von keiner Mannschaft, die leiseste Ahnung gehabt, dass das passieren könnte. Noch bevor sich die Enttäuschung über das Tor breitmachte, schoss es mir durch den Kopf: Dave Seaman wird dafür Prügel kriegen. Wenn wir verlieren, wird man ihm 2002 so wie mir 1998 und Phil im Jahr 2000 die Schuld geben. Alles wie gehabt!

Als ich vor sechs Jahren in die englische Nationalmannschaft gekommen war, gehörte Dave Seaman zu denjenigen, die versucht hatten, mir das Gefühl zu geben, willkommen zu sein. Seitdem gehört das Torschusstraining mit Dave und das damit verbundene Geplänkel zu meinen Lieblingstrainingseinheiten mit der Nationalelf. Dave Seaman war der Letzte, der es verdiente, für unsere Niederlage gegen Brasilien runtergemacht zu werden. Damals in Shizuoka wollte ich zu ihm hingehen, ihn in den Arm nehmen und ihm sagen, es werde schon alles in Ordnung kommen. Es war jedoch nicht der richtige Moment. Die Brasilianer lagen 2:1 in Führung und das Spiel dauerte noch vierzig Minuten.

Ich glaube nicht, dass viele Zuschauer der Meinung waren, wir würden wieder ins Spiel zurückfinden. Ich hatte dort draußen auf dem Spielfeld wenigstens nie das Gefühl, dass wir den Ausgleich schaffen würden. Doch als Ronaldhino nach einem harten Einsteigen gegen Mills vom Platz gestellt wurde, war zu spüren, dass die Menge im Stadion – zumindest die englischen Fans – dies als unsere Chance ansahen: elf gegen zehn. Doch für uns war es letztlich nur von Nachteil, in der Überzahl zu sein. Mit der kompletten Mannschaft hätten die Brasilianer nie ihr Spiel umgestellt. Als sie in Führung gegangen waren, hatten sie weiter gestürmt und versucht, ein drittes Tor zu schießen. Solange sie das getan hatten, wussten wir zumindest, dass ein Fehler wie der von Lucio in der ersten Halbzeit möglich war, wenn wir einen schnellen Gegenangriff starteten. Als Ronaldhino vom Platz ging, beschlossen sie jedoch, ihre Führung zu verteidigen. Wir hatten nicht mehr genügend Energie, um das Spiel zu beschleunigen, aber genau das hätten wir in der letzten halben Stunde tun müssen. Wir konnten überhaupt nichts gegen sie unternehmen, auch wenn sie jetzt in der Unterzahl waren. Unsere einzige kleine Chance kam, als Teddy, der eingewechselt worden war, am Rande ihres Strafraums gefoult wurde. Doch der Schiedsrichter gab keinen Freistoß. Seit der Halbzeitpause schien ein Freistoß die einzige Möglichkeit zu sein, zu einem Treffer zu kommen.

Selbst nach dem Finale Deutschland – Brasilien war der Gedanke, dass wir von den Weltmeistern, der weitaus besten Mannschaft des Turniers, hinausgeworfen worden waren, kein großer Trost. Ich war nach wie vor der Meinung, dass wir an jenem Nachmittag eine echte Chance verspielt hatten, Weltmeister zu werden. Und das dachten auch die anderen Spieler. Bei allem Respekt vor Brasilien, es kam uns so vor, als hätten wir das Spiel nicht verloren, sondern hergeschenkt. Und das war ein schreckliches Gefühl. Wir waren alle down. Am Boden zerstört. Und Dave Seaman stand im Mittelkreis und sah aus, als sei er der einsamste Mensch auf der Welt, obwohl andere englische Spieler um ihn herumstanden. Ich ging zu ihm rüber, legte ihm den Arm um die Schulter und flüsterte ihm ins Ohr:

»Mach dir hierüber keine Gedanken, Dave. Du hast ein unglaubliches Turnier gespielt. Durch dich sind wir überhaupt erst so weit gekommen. Du hattest keine Chance. Das war kein normales Tor. Vergiss es. Lass nicht zu, dass die Leute dich jetzt so sehen.«

Dave sagte nichts. Ich erinnerte mich, wie es in der Kabine in Saint-Etienne gewesen war, erinnerte mich, dass damals Tony Adams für mich da gewesen war. Natürlich konnte ich nicht in Dave hineinschauen, aber ich glaubte zu wissen, was ich als Mannschaftskamerad für ihn tun konnte.

»Komm schon, Dave. Lass uns ein bisschen rumspazieren. Lass uns zu unseren Fans hinübergehen.«

Diese Fans waren großartig. Wir wussten, dass sie genauso enttäuscht waren wie wir, aber sie waren aufgestanden, warteten auf uns und klatschten, als wir zu ihnen hinüberkamen. Keine Bitterkeit, keine Drohgebärden gegen uns oder irgendjemand anders. Sie standen bis zum Ende hinter uns. Das hatten sie während des gesamten Turniers getan: die besten Fans in Japan. Vielleicht nahmen sich die Brasilianer daran ein Beispiel. Sie applaudierten uns wie ihrem eigenen Team. Sie feierten, dass Brasilien weitergekommen war, zeigten den englischen Spielern jedoch ebenfalls ihren Respekt, und das bewunderte ich sehr.

Als wir zurück in die Kabine kamen und uns hinsetzten, war es sehr ruhig. Jeder war mit seinen eigenen Gedanken beschäftigt. Es war nicht nur das Spiel, das gerade stattgefunden hatte. In den Minuten, nachdem wir gegen Brasilien verloren hatten, standen den Jungs die Anstrengungen der letzten zehn Monate, in denen sie Fußball auf höchstem Niveau gespielt hatten, ins Gesicht geschrieben. Wir fühlten uns mit einem Mal völlig ausgelaugt. Schließlich brach Sven das Schweigen.

»Ich bin sehr stolz auf euch. Nicht nur darauf, was ihr in den letzten drei Wochen geleistet habt, sondern vor allem auch darauf, was ihr tun musstet, damit wir überhaupt zur WM fahren durften. Heute sind wir sehr enttäuscht. Wir haben gedacht, wir könnten bei diesem Turnier weiterkommen. Ich habe geglaubt, dass wir das könnten. Aber das ist Fußball. So funktioniert das Spiel. Wenn eure Zeit kommt, werdet ihr es schaffen. Ihr seid gut genug. Das solltet ihr wissen.«

Dann zog ich mich in meine eigene Welt zurück. Alle Spieler in der Kabine zogen sich in ihre eigene Welt zurück. Dem, was Sven gerade gesagt hatte, war nichts hinzuzufügen. Es schien ewig zu dauern – es kostete wirklich Mühe –, von der Bank aufzustehen, zur Dusche hinüberzugehen und sich dann umzuziehen. Es dauerte lange, bis wir uns aus dem Stadion hinausschleppten. Als wir schließlich in unserem Bus saßen, fuhren wir direkt hinter den Brasilianern los. Ronaldhino saß hinten und spielte auf seinen Sambatrommeln. Er sah so glücklich aus. Was mich nicht wunderte. Mit seinem Tor hatte er seine Mannschaft ins Halbfinale geschossen. Ich hatte Kopfschmerzen vom ständigen »Was, wenn«. Ich rief Victoria über das Handy an.

»David, es ist schrecklich, wie es passiert ist, aber wir lieben euch. Ich weiß, wie down du bist. Aber wir sind für dich da. Brooklyn und ich, wir freuen uns, wenn du nach Hause kommst.«

Victoria hatte Recht. Sie wusste, wie sehr ich mir gewünscht hatte, ins Finale zu kommen. Das hatte auch sie sich für England erhofft. Aber das war jetzt vorbei, und wir mussten den Tatsachen ins Auge sehen. Meine Frau war im siebten Monat schwanger. Sie hatte Sehnsucht nach mir. Mein Sohn hatte Sehnsucht nach mir. Und ich vermisste beide. Ich wäre lieber in Japan geblieben, aber der Gedanke, zurück nach England zu meiner Familie zu gehen, war das Einzige, was mir auf dem Weg zurück ins Hotel Auftrieb gab. Wir verabschiedeten uns. Ich sagte, ich wäre am nächsten Tag bei ihnen.

Als wir zu unserem Mannschaftshotel kamen, warteten da immer noch viele Japaner, um uns willkommen zu heißen. Sie hatten uns wie unsere eigenen Fans die Treue gehalten. Drinnen standen Familienangehörige und Freunde an der Treppe, die in zwei geschwungenen Bögen nach oben führte. Als wir hinaufgingen, applaudierten sie. Mum und Dad waren auch da. *Fang hier bloß nicht an zu weinen.*

Ich umarmte meine Eltern und nickte ein oder zwei anderen Leuten zu. Ich konnte mit niemandem sprechen. Was gab es zu sagen? Ich ging einfach weiter zur Rezeption und zu meinem Zimmer. Totenstille, bis auf das Summen der Klimaanlage. Ich schloss die Tür zur Welt hinter mir. Und ich legte mich einfach aufs Bett wie ein alter Mann: frustriert, verletzt und müde. Ich hatte von mir und der englischen Nationalmannschaft so viel erwartet. Wir hatten uns richtig vorbereitet. Alles hatte sich richtig angefühlt. Und wir hatten vielleicht die größte Chance verpasst, die wir je haben würden. Es war nicht so, dass ich jetzt dasitzen und herausfinden wollte, warum. Warum spielte im Moment keine Rolle. Was zählte, war die schlichte Tatsache. Selbst jetzt, ein paar Stunden nach dem Spiel, hatte ich es noch nicht ganz begriffen. Wir alle, meine Kameraden und ich, fühlten uns mit einem Mal leer. Wenn wir zu Hause waren, würde es die Halbfinale und das Finale geben. Wir würden es uns wie so viele andere auf diesem Planeten im Fernsehen anschauen. Doch das wirklich Wichtige war uns aus den Händen geglitten. Für uns war die Weltmeisterschaft vorbei. England war ausgeschieden.

12

Die »Beckham-Blase«

»Einen so großen Mann wie Sie kennen zu lernen, ist eine unglaubliche Ehre.«

Nur 27 Jahre lang musste ich darauf warten. Am 1. September 2002, morgens kurz nach halb zehn, wurde unser zweiter Sohn, Romeo, geboren, und Brooklyn hatte ein Brüderchen bekommen. Sein Dad, der mit zwei Schwestern aufgewachsen war, konnte sich noch genau daran erinnern, wie sehr er sich einen kleinen Bruder gewünscht hatte. Es ist ja nicht so, als hätte ich Lynne und Joanne nicht gerne gehabt. Aber ich weiß genau, dass ich mich nicht nur für Brooklyn gefreut habe, als sich herausstellte, dass unser Baby ein Junge war, sondern auch für den kleinen Buben, der ich selbst einmal war. Ehrlich gesagt, ich war ganz schön erstaunt, wie stark diese Gefühle waren. Nach Brooklyns Geburt waren Victoria und ich davon ausgegangen, dass unser nächstes Kind eine Tochter sein würde. Und als Victoria wieder schwanger wurde, hatte auch Brooklyn das erwartet.

Victorias Schwester Louise, der wir sehr nahe stehen und die wir oft sehen, hat ein kleines Mädchen namens Liberty. Brooklyn und Liberty sind nur ein paar Monate auseinander und haben von klein auf miteinander gespielt. Vielleicht hat Brooklyn deshalb, als wieder ein Baby unterwegs war, einfach angenommen, er würde eine kleine Schwester bekommen. Victoria und ich wählen die Namen für unsere

Kinder ziemlich lange im Voraus aus. Schon vor einer Weile hatten wir uns für Paris bzw. Romeo entschieden:

»Willst du der kleinen Paris Guten Tag sagen?«

Brooklyn legte dann den Kopf an Victorias Bauch. Er war so aufgeregt wie wir. Mit Erklärungen, so dachten wir, könnten wir bis zur Geburt des Babys warten. Es ist allerdings schon seltsam, wie private Dinge, die unser gemeinsames Leben berühren, bzw. eine verfälschte Version davon, an die Öffentlichkeit gelangen. Manchmal ist das für uns alle etwas verwirrend. Brooklyn war eines Nachmittags mit Victoria zum Einkaufen. Sie gingen in eine Drogerie und die Verkäuferin fragte ihn:

»Wie geht's eurem neuen Baby?«

Brooklyn hatte die Frau wohl gleich ins Herz geschlossen, denn er erzählte ihr stolz, er würde ein kleines Schwesterchen namens Paris bekommen. Und kaum 24 Stunden später stellten die Zeitungen es dann als Tatsache hin. Der dreijährige Brooklyn hatte es im Namen der Familie Beckham offiziell bekannt gegeben. Wir hatten wirklich nicht vor, die Leute an der Nase herumzuführen. Zu diesem Zeitpunkt wussten wir selbst noch nicht, ob das Baby ein Junge oder ein Mädchen sein würde. Wie dem auch sei, wir sahen uns nicht veranlasst, die Sache richtig zu stellen.

Ehemänner haben es eigentlich leicht? Der werdende Vater hilft, wo er kann, und freut sich ansonsten auf das Baby. Vor dem großen Tag war Victoria allerdings neun Monate lang mit dem Baby schwanger. Es bedeutet mir sehr viel zu wissen, dass sie etwas umsorgt, das uns beiden kostbar ist. Ich finde es schön, die Höhen und Tiefen, die Hoffnungen und Ängste mit ihr zu teilen. Doch wie schwer die Schwangerschaft in vieler Hinsicht für Mütter sein muss, können Männer nie so richtig begreifen. Ich habe es nun zweimal miterlebt, wie Victorias Gefühle, ihr Körper, ihre Hormone, wie einfach alles während der Schwangerschaft durcheinander gebracht wurde.

Wie sein Bruder kam auch Romeo im Portland-Krankenhaus in London zur Welt. Manches war einfacher, weil wir schon mal dort gewesen waren. Ich wusste jetzt, wie man sich ungesehen ins Portland reinschleichen konnte: Wir hielten ganz in der Nähe des Krankenhauses, und ich legte das letzte Stück bis zum Hintereingang im Kofferraum zurück. Aber bei jedem Baby ist es anders, und ich kann mir nicht vorstellen, dass eine Geburt jemals zur Routine werden könnte. Bei Romeo gerieten wir in letzter Minute noch in Panik, als der Arzt meinte, er müsse den Kaiserschnitt am nächsten Morgen machen; was hieß, dass ich nachts von Manchester nach London fahren musste, um rechtzeitig da zu sein. Der Tag der Geburt steht mir noch deutlich vor Augen: Ich werde ihn nie vergessen.

Wenn man die Geburt eines Kindes schon einmal miterlebt hat, dann glaubt man, beim nächsten Mal auf die Gefühle, die ein solches Ereignis auslöst, gefasst zu sein. Von wegen! Als Romeo im Operationssaal zum ersten Mal ins Licht gehalten wurde, waren die Gefühle der Begeisterung und des Glücks, des Stolzes und der Ehrfurcht genauso intensiv wie drei Jahre zuvor bei Brooklyns Geburt. Es war, als passiere alles zum ersten Mal. Und es verschlug mir geradezu den Atem, wie sehr ich Victoria in diesem Moment liebte, wie sehr ich unseren gerade auf die Welt gekommenen Sohn liebte. Ich freute mich unglaublich auf das neue Leben in unserer Mitte.

Der beste Augenblick sollte aber noch kommen. Während wir im Operationssaal waren, passte meine Mutter auf Brooklyn auf. Etwa eine halbe Stunde nach Romeos Geburt konnte er einen ersten Blick auf seinen kleinen Bruder werfen. Und ich sah die beiden zum ersten Mal zusammen. Es war ein unglaubliches Gefühl: Brooklyn betrachtete das kleine, in frische Leinentücher gewickelte Wesen und schmolz nur so dahin. Er ging so sanft und liebevoll mit Romeo um, streckte die Hand aus und streichelte seinem Bruder die Stirn – ganz zärtlich. Ich stand da und sah zu. Ich brauchte Brooklyn nicht zu erklären, er müsse vorsichtig sein. Er war erst drei Jahre alt, und doch wusste er schon, wie kostbar Romeo war. Sie verstanden sich gleich. Und das hat sich bei den beiden auch bis heute nicht geändert. Ich hatte mir immer einen kleinen Bruder gewünscht. Jetzt beobachtete ich meinen ältesten Sohn und wusste: So wie er mit Romeo umging, hätte ich es auch gemacht. In den wenigen Minuten, in denen die beiden Jungen in ihrer eigenen kleinen Welt zusammen waren und sich berührten, war ihr Vater so glücklich und stolz wie nie zuvor.

Ich will meine beiden Jungen immer bei mir haben, selbst wenn ich von zu Hause weg bin. Und zwar nicht nur in meinem Herzen. Nach ihrer Geburt habe ich mir ihre Namen auf den Rücken tätowieren lassen. Außerdem gibt es auch einen Schutzengel, der auf sie aufpasst. Mein Vater hat auch drei Tätowierungen, daher kenne ich so etwas seit meiner Kindheit. Er hat sie sich jedoch als Teenager eher aus einer Art Protesthaltung heraus machen lassen. Ich weiß, dass er eine verpasst bekam, als mein Opa es herausfand. Aus ähnlichem Grund habe ich mir mit fünfzehn bei einem Juwelier in Chingford Mount die Ohren durchstechen lassen. Dad drehte durch:

»Warum hast du das gemacht? Was werden die Leute sagen, wenn du beim Fußball mit einem Ohrring auftauchst?«

Er war über meinen kleinen Silberreifen so erfreut wie damals mein Großvater, als er das Pflaster abzog, hinter dem sich das erste Tattoo meines Vaters verbarg. Als ich noch klein war, habe ich manchmal gesagt, ich würde mir auch ein Tattoo machen lassen. Mum zuckte dann zusammen, doch Dad hätte natürlich nichts dagegen gehabt. Aber irgendwie kam es nie dazu; wahrscheinlich weil ich auf den richtigen Zeitpunkt gewartet habe. Es kam mir nie in den Sinn, mich tätowieren zu lassen, weil mir ein bestimmtes Design gefiel, denn für mich waren Tattoos keine Modefrage. Die Idee kam mir viel später, kurz nach Brooklyns Geburt. Ich unterhielt mich mit Mel B und ihrem damaligen Ehemann, Jimmy Gulzar, und wir kamen auf Tattoos zu sprechen. Schließlich ging ich zu diesem Holländer, der Jimmys gemacht hatte. Mir war endlich klar geworden, welche Bedeutung ein Tattoo für mich hatte. Meine haben alle etwas mit meiner Familie zu tun, mit meiner Frau und meinen Söhnen, die ich immer bei mir haben will. Sie sind Ausdruck dessen, wie ich zu Victoria und den Jungen stehe: Die drei sind ein Teil von mir.

Unsere Familie und das Leben, das sich bei uns abspielt, nennen wir manchmal im Scherz die »Beckham-Blase«. Ob Victoria, Brooklyn, Romeo und ich zu Hause, beim Einkaufen oder im Urlaub sind: Wir sind eine ganz gewöhnliche Familie, die gerne zusammen ist und gemeinsam etwas unternimmt. Nur dass Mum und Dad im Rampenlicht stehen, sodass der normale Arbeitstag überhaupt nicht normal ist. Ich spiele irgendwo in einem voll besetzten Stadion ein Champions-League-Match, und Millionen von Leuten auf der ganzen Welt sehen es sich im Fernsehen an; Victoria nimmt neue Stücke in einem Studio in New York auf; wir fliegen zusammen nach Thailand, um an einem Strand einen japanischen Werbespot zu filmen. Und außer all dem ist da die Sache mit der Berühmtheit, die unser Leben antreibt wie ein Motor: die Beachtung, der Klatsch, die Paparazzi sowie die Dinge, die – wir wissen es ja – einfach erfunden sind, aber dennoch mit unseren Namen als Schlagzeilen erscheinen. Innerhalb unserer »Blase« haben wir Angehörige, Freunde und Berater, die uns helfen, mit all dem fertig zu werden, und dafür sind wir dankbar. Ich bin auch dankbar, dass wir uns haben. Seit wir zusammen sind, haben wir schon sehr merkwürdige, aber auch sehr schöne Dinge erlebt. Es macht einen stark, wenn man weiß, dass da jemand ist, der einem die Hand hält. Victoria denkt genauso.

Als ich Mrs. Beckham – Posh Spice – kennen lernte, waren der Rummel, der um einen so wahnsinnig erfolgreichen Popstars gemacht wird, und der ganze Lebensstil, der damit zusammenhängt, neu für mich. Victoria hatte schon gelernt, mit der Situation umzugehen, bevor ich überhaupt wusste, worum es ging. Vielleicht hätte mein Trainer bei Manchester United es lieber gesehen, wenn ich ein nettes, ruhiges Mädchen gefunden hätte, das gerne zu Hause bleibt, putzt, den Kindern die Windeln wechselt und mir mein Abendessen serviert. Aber man kann sich ja nicht aussuchen, in wen man sich verliebt. Als ich meine Traumfrau kennen lernte – die Frau, von der ich sofort wusste, dass ich sie heiraten und mit ihr eine Familie gründen wollte –, war ich gleich völlig hin und weg von ihr. Und ich fühlte mich, wie schon an anderer Stelle erwähnt, auch deswegen zu ihr hingezogen, weil sie ihren Job so gut machte und aus diesem Grund so berühmt war. Als ich Victoria kennen lernte, hatte sie es schon weit gebracht. In meiner Karriere ist es in den letzten sieben Jahren auch stetig aufwärts gegangen, das heißt, wir wurden beide immer berühmter. Und unser Zusammensein hat natürlich alles noch verstärkt.

Die »Blase« scheint täglich größer zu werden. Vielleicht wird es durch den Umzug nach Madrid ja anders. Wir werden natürlich versuchen, uns so unauffällig wie möglich zu verhalten und uns auf unser neues Abenteuer, ein neues Land und ein neuer Klub, so gut es geht einzustellen. Aber Geschichten gibt es ja immer. Und selbst wenn es keine gibt, wird jemand eine erfinden. Manchmal fragen wir uns, was passieren würde, wenn über Nacht alles vorbei wäre. Einiges würden wir vermissen, aber die Dinge, auf die es ankommt, hätten wir immer noch: Wir hätten uns und unsere Kinder. Aber was, wenn die »Blase« einfach immer größer wird? Müssen wir uns auf ganzseitige Bildberichte gefasst machen, wenn die Jungen in die Schule kommen, ihre erste Freundin haben und was weiß ich? Wir machen uns Gedanken darüber und haben natürlich auch schon darüber gelacht. Aber es ist eine wichtige Frage: Wie werden Brooklyn und Romeo damit fertig werden, im Rampenlicht aufzuwachsen, ob es ihnen passt oder nicht? Ich halte es wirklich für wichtig, dass wir bei all dem Rummel in unserem Leben den Kindern die gleiche solide Basis bieten, die unsere Eltern uns gegeben haben. Ich weiß, dass ich meinen Jungen vor allem die Liebe, Unterstützung und Hilfe schuldig bin, die ich zu Hause, von meinen Eltern, meinen Großeltern und den übrigen Angehörigen, erfahren habe.

In mancher Hinsicht ist das der einfachere Teil: Brooklyn und Romeo zu lieben, ihnen die Zeit und die Zuwendung zu geben, die sie brauchen. Schließlich ist das ja ein Instinkt, den wir als Eltern haben. Das Schwierigere ist, ihnen in den außergewöhnlichen Situationen zu helfen, die unweigerlich mit dem Leben in der »Beckham-Blase« verbunden sind, denn Victoria und ich erfahren ja selbst erst nach und nach, was das bedeutet. Keiner von uns beiden ist zum Beispiel in einer Umgebung aufgewachsen, in der so wie jetzt Sicherheitsbeamte mit zur Tagesordnung gehören wie Frühstück und Abendessen. Ich meine nicht die Jungs in Blazern, die uns an den Flughäfen vor den Menschenmengen abschirmen. Ich bin wirklich dankbar dafür, dass sie da sind, aber wenn wir aus dem Terminal raus sind, verschwinden sie und fahren, wie wir, zum nächsten Job. Ich spreche vielmehr von den Leuten, die wir damit betraut haben, auf uns und unsere Kinder aufzupassen, und zwar überall, außer in unseren vier Wänden, rund um die Uhr, sieben Tage die Woche.

Es ist schon eine merkwürdige Geschichte, wie sich in punkto Sicherheit alles entwickelt hat. Kurz nachdem Victoria und ich uns kennen gelernt hatten, wurde mir in meinem Haus in Worsley ein Brief zugestellt, der zwei Kugeln enthielt und einen Zettel, auf dem gekritzelt stand, das sei eine für jeden. Ich weiß noch genau, wie ich am Billardtisch stand und die Patronen aus dem Umschlag auf den Tisch fielen. Das war nicht die einzige Morddrohung, die wir im Laufe der Jahre erhalten haben, aber bei dem Gedanken an diese eine dreht sich mir immer noch der Magen um. Als ich nach der WM '98 nach England zurückkam, fühlte ich mich bedroht – wirklich bedroht – und konnte überhaupt nicht damit umgehen. Damals wäre es mir nie in den Sinn gekommen, einen Bodyguard anzuheuern. Wie alle anderen verließ auch ich mich auf die Polizei und auf meine Kumpels. Es gab da ein paar Vorkommnisse – umgeworfene Abfalleimer, Fremde vor dem Haus –, die mir wirklich Angst machten. Ich wählte dann die Notrufnummer und rief außerdem bei Giggsy an. Die Polizei war immer Klasse und Ryan, mein Nachbar, auch: Er kam jedes Mal sofort angerannt und stand dann etwas verschlafen in seiner Trainingshose und mit einem Baseballschläger in der Hand da, um seinen Kumpel zu verteidigen.

Aufgrund der Drohungen, meine Familie zu entführen, hat sich meine Einstellung zu all dem allerdings grundlegend geändert. Meine Kinder haben sich ihre Eltern nicht ausgesucht, deshalb gerate ich immer am meisten aus der Fassung, wenn man sie in irgendwelche Dinge mit hineinzieht. Manchmal mag das nur etwas Gehässiges in der Zeitung sein. Darum kann ich mich selbst kümmern: Ich rufe den Kerl an und sag ihm die Meinung. So habe ich es bisher immer gemacht. Aber eine Drohung, meinen Jungen etwas anzutun? Ein Anschlag auf ihr Leben? Wie soll ich denn wissen, wie man damit umgeht? Mit so etwas befasst man sich doch erst, wenn es wirklich passiert. Und dann wird einem klar, dass man Leute einschalten muss, die von Berufs wegen mit so unvorstellbaren Dingen zu tun haben. Man weiß ja nie, was passieren könnte: Als letztes Jahr die Klage gegen diejenigen, die angeblich geplant hatten, Victoria und die Kinder zu entführen, vom Gericht nicht zugelassen wurde, wussten wir überhaupt nicht mehr, woran wir waren. Ich kann nur sagen, dass wir uns damals wirklich bedroht fühlten und große Angst hatten. Und wenn Victoria und die Jungen die potenziellen Angriffsziele sind, kann ich es nicht riskieren, die Drohungen nicht ernst zu nehmen.

Wenn man seine Familie beschützen will, ist es sehr schwer zu beurteilen, wen man um Rat fragen soll. Wie bei allen anderen Dingen im Leben, wendet man sich zuerst an diejenigen, die einem nahe stehen. Ich habe das Glück, dass mein Schwiegervater beruflich mit Sicherheitssystemen zu tun hat. Und die Polizei war immer bemüht, uns Verständnis entgegenzubringen. Und unser Personal haben wir uns immer sehr sorgfältig ausgewählt. Aber wer hat in seinem Leben nicht schon mal jemanden falsch eingeschätzt? Natürlich haben auch wir Fehler gemacht.

Das ist kein Thema, bei dem man sagen kann: So, das hab ich im Griff. Ich kann nicht mal behaupten, ich wüsste, was »im Griff haben« sein könnte. Es gibt keine Gebrauchsanweisung, in der man nachlesen kann, ob man auch wirklich das Richtige tut. Man muss das Bedürfnis nach einem normalen Leben und die erforderlichen Vorsichtsmaßnahmen gegeneinander abwägen. Man kann sich nicht tagein, tagaus von der Außenwelt abschirmen. Aber man sollte auch nicht ständig mit Angst leben und auf der Hut sein müssen, weil man sich immerzu vorstellt, dass jeden Augenblick etwas Schreckliches passieren könnte. Im Moment fühle ich mich ziemlich wohl mit den Leuten, die für unsere Sicherheit verantwortlich sind. Ich habe immerhin nicht mehr das Gefühl, mich dauernd umschauen zu müssen.

Die Zeit nach der WM '98 in Frankreich war gelinde gesagt ziemlich unangenehm. Aber weder in der Zeit davor noch danach habe ich mich ständig bedroht gefühlt. Man versucht einfach, für den Fall des Falles gewappnet zu sein. Und wenn man sich sicher fühlt, ist man viel freier in dem, was man tut, in der Öffentlichkeit wie auch privat. Manchmal haben wir Lust, mit Brooklyn und Romeo essen zu gehen. Wir wollen an der Autobahnraststätte anhalten, um Snacks zu kaufen. Wir wollen in unserm Supermarkt vor Ort einkaufen, durch die Gänge schlendern und Sachen auswählen, die wir gerne essen, statt Dinge übers Internet oder telefonisch zu bestellen. Tief in meinem Innern fühle ich mich noch genauso wie früher. Soll das so bleiben, dann muss ich zusehen, dass ich die Dinge, die ich immer getan habe, auch weiterhin tun kann. Ich habe noch nie ein Problem damit gehabt, wenn Leute mit mir reden oder ein Autogramm haben wollen. Wieso auch? Als Junge habe ich ja selbst genügend United-Spieler um Autogramme gebeten. Die Vorstellung, dass die Sachen dann auf einer Website mit Memorabilien auftauchen und die Leute versuchen, deine Berühmtheit zu nutzen, um sich selbst zu bereichern, gefällt mir nicht, aber auch damit muss man leben. Lieber gehe ich das Risiko ein, als einen kleinen Jungen zu enttäuschen, der nach einem Spiel eine Stunde lang draußen vor dem Stadion gewartet hat. Ich weiß, wie das ist, wenn man zu Leuten aufsieht, wenn man die Leistungen von jemandem bewundert, der gut ist. Ich weiß, wie das ist, weil ich es selbst mein Leben lang getan habe. Und immer noch tue.

Ich habe selbst Idole. Werde immer welche haben. Ich erinnere mich an einen Abend vor ein paar Jahren, als Dave Gardner und seine Freundin in London waren und Victoria und ich sie ins Ivy zum Abendessen eingeladen hatten. Dave war zuerst da und hat mir später erzählt, wie der Oberkellner auf einmal einen ganz anderen Ton anschlug, als Dave ihm sagte, mit wem er verabredet sei. Zuerst war's: »Wer ist denn dieser Kerl aus Manchester?«, und dann, »Folgen Sie mir, mein Herr.« Von einer Sekunde zur anderen. Als wir dort ankamen, warteten die Paparazzi bereits auf uns. Und dann zog Dave mich gerade damit auf, dass ich in diesem teuren Londoner Restaurant offensichtlich bekannt war, als wir zur andern Seite rübersahen und *unser* Idol erblickten.

»Ist er das wirklich?«

»Ich glaub schon.«

»Nein, nein, das kann nicht sein.«

Aber er war es: Michael Jordan saß in der Ecke und paffte die dickste Zigarre, die ich je gesehen hatte.

»Sieh mal! Sieh mal, mit wem er da ist.«

Einer meiner größten Helden saß da am Tisch und plauderte mit Madonna, dem Sänger Ricky Martin und mit Tom Ford, dem damaligen Gucci-Boss. Ich glaube, weder Dave noch ich rührten unser Essen an. Wir saßen da und starrten zu ihm rüber.

»Soll ich mir ein Autogramm auf die Serviette geben lassen?«

»Nein, das ist im Ivy verboten.«

Es dauerte nicht lange, da kam eine Flasche Champagner an unsern Tisch. Es war kurz nach der Geburt von Brooklyn und Michael Jordan und Madonna wollten uns gratulieren.

Dann kamen beide rüber, um sich mit uns zu unterhalten. Victoria kannte Madonna schon länger und hatte sie mir ja damals im Madison Square Garden, nach der WM '98, vorgestellt. Aber Michael Jordan? Ich fühlte mich wie ein kleines Kind, wusste nicht, was ich mit dem Kerl reden sollte. Das war vielleicht ein Abend. Und am Montag wussten es alle im Old Trafford. Sobald Dave nach Hause gekommen war, hatte er es allen Leuten erzählt. Beim Training ging's den ganzen Tag um den Samstagabend mit Becks und Michael Jordan.

»Wie war er? Wie war er?«

Es gibt mir echt einen Kick, solche Leute zu treffen: Für mich sind sie Superstars, ob sie Sportler, Rapper oder Schauspieler sind. Und Dave Gardner ist derjenige, dem ich hinterher immer alles genau erzähle. Jedes Mal wenn ich auf eine Party gehe, scheint da jemand Aufregendes zu sein: eine Elle McPherson, ein Michael Jackson oder ein Michael Caine. Die meisten Leute würden sicher denken, dass ich gerne mit berühmten Bekannten angebe. Aber Dave kennt mich lange genug, um zu wissen, dass das nicht stimmt. In der Gesellschaft von Leuten, die ich bewundere, bin ich immer noch nervös – total aufgeregt. Wenn ich so jemanden kennen lerne, kann ich es nicht für mich behalten. Am nächsten Tag muss ich Dave anrufen und ihm davon erzählen.

Eine erstaunliche Sache in meinem Leben – dem Leben mit Victoria – ist die, dass Leute, bei denen ich zunächst vor lauter Aufregung kein Wort rausbringe, manchmal zu Freunden werden. Ich habe Elton John bei einer Versace-Modenschau in Italien kennen gelernt. Er saß neben mir und sagte gleich »Hallo« und »Wie geht's«, etwas, das mir immer sehr schwer fällt. Er hatte Victoria schon ein paarmal getroffen und stellte sich mir einfach vor. Wir haben uns richtig gut verstanden: Es hat gleich gefunkt. Seitdem treffen wir uns regelmäßig. Elton und David Furnish sind Brooklyns Paten und wohl unsere engsten gemeinsamen Freunde. Vielleicht deshalb, weil sie uns als Paar so ähnlich sind: Sie sind sehr verliebt und haben keine Angst, es zu zeigen. Und sie sind unglaublich großzügig: Gleich an jenem ersten Nachmittag in Italien hat Elton Victoria und mir sein Haus in Südfrankreich angeboten, wenn wir mal von allem wegwollten. Aber sie sind nicht nur großzügig in dem Sinne, dass sie das, was sie haben, mit anderen teilen. Elton und David sind zu engen Freunden geworden, weil sie genauso großzügig sind, wenn es darum geht, etwas von sich selbst zu geben.

Obwohl ich so schüchtern bin, macht es mir Spaß, neue Leute kennen zu lernen. Bei manchen empfinde ich es jedoch eher als Privileg: bei der Queen zum Beispiel, beim Premierminister oder bei Muhammad Ali, dem größten Sportler aller Zeiten.

Im Mai 2003 flogen wir gleich nach der Fußballsaison mit der englischen Nationalmannschaft nach Südafrika. Beim Spiel gegen deren Nationalmannschaft in Durban stürzte ich nach einem ziemlich ungeschickten Tackling und zog mir dabei erneut eine seltsame Verletzung zu. Ich brach mir das Kahnbein zwischen dem Armgelenk und dem Daumen der rechten Hand und lief die nächsten beiden Monate mit einem abnehmbaren Gipsverband am rechten Unterarm herum. Die Verletzung war schnell vergessen. Aber nie vergessen werde ich das Treffen mit Nelson Mandela auf dieser Südafrikareise.

Ich bin Vater von zwei Jungen: Das ist die größte Verantwortung in meinem Leben. Und nun stand ich einem Mann gegenüber, der Vater einer ganzen Nation war. Ich bin sehr dankbar, dass ich Mandela kennen lernen durfte. Wir wohnten in Durban, denn dort sollte drei Tage später das Spiel gegen Südafrika stattfinden, und flogen ganz früh am Morgen nach Johannesburg, wo man uns zu den Büros von Nelson Mandelas Wohltätigkeitsstiftung brachte. Wir trugen alle unsere Nationalmannschaftsblazer, die Presse war da, Beamte und Mitarbeiter liefen herum, und es war schon ziemlich warm. Mandela jedoch schien ganz entspannt zu sein. Er saß zurückgelehnt in seinem Sessel, und die Sonne fiel durch das Fenster hinter ihm.

Victoria wird bestätigen, dass ich mich schon ein bisschen daran gewöhnt habe, in der Öffentlichkeit zu sprechen, seitdem ich Kapitän der englischen Nationalmannschaft bin. Mit ein bisschen Vorbereitung und der Selbstsicherheit, die meine Frau mir gibt, geht's gewöhnlich. Victoria findet sogar, dass man mich inzwischen eher davon abhalten muss, Reden zu schwingen. Als ich an der Reihe war, mit Nelson Mandela zu sprechen, setzte ich mich hin und beugte mich zu ihm hinüber. Ich trat hier als Kapitän der englischen Nationalmannschaft auf, doch zunächst brachte ich vor lauter Respekt und Bewunderung kein Wort heraus. Merkte er, wie mir zumute war? Ich weiß es nicht, aber er klopfte mir leicht auf die Schulter und nahm mir damit meine Befangenheit. Woraufhin ich mich wieder an einiges erinnern konnte, was ich ihm hatte sagen wollen:

»Einen so großen Mann wie Sie kennen zu lernen, ist eine unglaubliche Ehre. Es ist wunderbar, heute hier zu sein. Es ist eine unglaubliche Ehre für uns alle.«

Nelson Mandela bat mich und die anderen Spieler der englischen Nationalmannschaft, Südafrikas Bewerbung zu unterstützen, Gastland der Weltmeisterschaft 2010 zu sein. Ich fände es toll, wenn die WM dort stattfände. Fußball ist Volkssport in Südafrika. Ich war schon mal mit United hier gewesen, und auch diesmal, als ich mit der englischen Nationalmannschaft unterwegs war, war die Begeisterung für diesen Sport allenthalben zu spüren, in den Stadien, in den Townships und an jeder Straßenecke. Ich gab Nelson Mandela eins von unseren Trikots mit seinem Namen und der 03 auf dem Rücken, denn ich weiß, dass er sich für Mannschaftstrikots interessiert. Ich kann mich noch erinnern, dass er das Rugbyhemd der südafrikanischen Nationalmannschaft trug, nachdem diese die Rugby-Weltmeisterschaft gewonnen hatte. Mandela beugte sich leicht vor und streckte die Hand aus: Ein paar seiner Enkel kamen zu uns rüber, um mich und die restlichen englischen Fußballer kennen zu lernen. Mandela sagte leise zu ihnen:

»Das ist David Beckham.«

Ich trug Rastazöpfchen, und einer der Presseleute fragte Mandela, was er davon halte. Er lächelte nur:

»Oh, ich bin zu alt, um dazu eine Meinung zu haben.«

Ich hätte mir seine Meinung hierzu und zu anderen Sachen allerdings stundenlang anhören können. Wir kennen alle seine Geschichte, aber wenn man ihm in die Augen schaut, sein Lächeln sieht, die Falten in seinem unglaublich schönen Gesicht, dann will man sie einfach von ihm selbst hören. Ich glaube, Mandela hätte gern auch noch ein bisschen länger mit uns zusammengesessen. Aber die Zeit drängte, und wir mussten zurück nach Durban, wo die Arbeit auf uns wartete. Als wir vor dem Hotel aus dem Bus taumelten – wir waren ja schon vor der Dämmerung aufgestanden –, machte sich bei mir der Schlafentzug bemerkbar. Der Nachmittag zog an mir vorbei wie ein Traum. Hatte ich heute tatsächlich Nelson Mandela getroffen? Ich musste Victoria anrufen und ihr alles erzählen, bevor ich es wirklich glauben konnte.

Was auch immer passiert, Victoria und ich haben das Bedürfnis, miteinander darüber zu sprechen. Da unsere Jobs es mit sich bringen, dass wir oft von zu Hause weg sind, hat das Telefon in unserer Beziehung stets eine große Rolle gespielt. Als wir uns kennen lernten, war Victoria mit den Spice Girls in der ganzen Welt unterwegs. Auf Anraten ihres Managers wohnten sie aus steuerlichen Gründen sogar ein Jahr lang außerhalb von Großbritannien. Da konnten wir nicht viel Zeit miteinander verbringen. Manchmal denke ich, wir haben uns übers Telefon kennen gelernt. Ich war zum Beispiel nach dem Training in Manchester, und Victoria befand sich in einem Hotel irgendwo in den Staaten und machte sich für einen Bühnenauftritt vor 30 000 Leuten fertig. Und dann kam es vor, dass wir fünf Stunden lang ununterbrochen miteinander telefonierten. In den ersten Wochen und Monaten einer Beziehung gibt es so vieles, das man über den Menschen, den man liebt und schließlich heiratet, wissen möchte. Es gibt so viel zu erzählen, die ganze Vorgeschichte, all die Einzelheiten. Victoria und ich sind uns bei Ferngesprächen näher gekommen.

Die spielen natürlich bis heute eine große Rolle in unserem Leben. Wir haben geheiratet, wir haben Kinder bekommen, aber wir sind manchmal trotzdem noch wochenlang von zu Hause weg. Nach wie vor reden wir ständig miteinander, aber jetzt ist es anders. Zum einen gibt es neue Technologien wie die Bildschirmtelefone, die während der Weltmeisterschaft in Japan wirklich ideal waren. Und zum anderen sind wir inzwischen nicht mehr zwei unverheiratete Menschen: ein Junge und ein Mädchen, die in einander verliebt sind. Wer gerade zu Hause ist, hat alle Hände voll zu tun mit Brooklyn und Romeo. Unsere Eltern haben uns immer fantastisch unterstützt und auf die Jungen aufgepasst. Trotzdem hat derjenige, der gerade zu Hause ist, genug am Hals: das Essen muss auf den Tisch, die Kinder müssen gebadet, ins Bett gebracht oder in die Schule gefahren werden. Wir telefonieren jetzt häufiger als früher, aber nicht so lange an einem Stück. Irgendwas brauchen die Jungen immer und dann heißt es:

»Ich ruf dich gleich zurück.«

Ich denke, wir haben Glück. Wenn Victoria und ich uns am Telefon unterhalten, dann ist es so, als säßen wir uns gegenüber. Ich finde es schrecklich, von ihr und den Jungen getrennt zu sein, aber wenn wir telefonieren, ist da eine große Vertrautheit und Lockerheit zwischen uns, die die Sache viel leichter macht und mir das Gefühl gibt, dass wir uns verstehen, auch wenn unsere Worte Kontinente überqueren müssen. Diese Gespräche lassen mich die Zeit überstehen, bis ich wieder zu Hause bin. Mein Leben ist manchmal so merkwürdig, und manchmal kommt alles so geballt, dass ich nicht weiß, ob ich nicht verrückt würde, wenn ich nicht die eine Person, die das alles versteht, anrufen könnte. Fünf Minuten mit Victoria am Telefon reichen aus, um alles wieder zurechtzurücken, die seltsamsten Probleme zu lösen und die größten Krisen zu bewältigen. Das Vertrauen und die Liebe, die das bewirken, sind Bestandteil einer jeden Ehe. Die meisten unterhalten sich allerdings abends nach der Arbeit beim Abendessen. Wenn ich mit Victoria sprechen will, muss ich oft zuerst die internationale Vorwahl raussuchen.

Natürlich macht es bei unserer Art zu leben sehr viel aus, dass Victoria und ich wissen, was es bedeutet, in seinem Job erfolgreich zu sein, und wie unglaublich groß das öffentliche Interesse ist, wenn man einen gewissen Grad an Berühmtheit erreicht hat. Wir haben Glück, dass uns großartige Menschen zur Seite stehen: Angehörige und Berater, die den Stress ein wenig mildern und uns helfen, damit fertig zu werden. Letzten Endes sind wir aber auf uns gestellt: meine Frau und ich. Ab und zu müssen wir uns hinsetzen und uns kneifen, um zu realisieren, was mit uns geschieht. Aber ehrlich gesagt, genießen wir beide – Victoria noch mehr als ich – die unvorhersehbare Seite des Ganzen. Es gibt immer was Neues. Natürlich ist es für uns und die Jungen wichtig, alles unter Kontrolle zu haben, doch ab und zu – ob es eine Aufnahme im Studio in den USA oder ein plötzlicher Transfer zu einem neuen Klub in einem anderen Land ist – haben wir das Gefühl, als würden die Dinge ein Eigenleben annehmen und wir unweigerlich vom Sog mitgezogen. Wie bei andern gibt es auch bei uns schwierige Momente. Da wir aber füreinander da sind, lassen wir uns so leicht nicht unterkriegen.

Wir können miteinander reden. Und wir können nach Hause zu Brooklyn und Romeo gehen. Es ist völlig egal, was den ganzen Tag sonst um mich herum passiert ist. Ich komme ins Haus, und sobald ich bei den Jungen bin, ist alles andere bedeutungslos. Sie bereiten mir Tag für Tag mehr Freude als alles andere.

Wenn die Leute uns und den Lebensstil betrachten, den wir als Mr. und Mrs. Beckham haben, dann denken sie wahrscheinlich, dass das alles total verrückt, total unwirklich ist. Einiges kommt uns auch so vor. Aber die Grundvoraussetzungen sind die gleichen wie bei jeder anderen Familie. In der »Beckham-Blase« gibt es noch eine andere »Blase«: Sie beschützt uns vier und hält uns bei klarem Verstand. Meine eigentliche Welt, in der ich das finde, was ich für den Rest des Abenteuers brauche, ist bei Victoria, Brooklyn und Romeo. Das ist eigentlich nichts Außergewöhnliches, oder? Wenn ich zu Hause bei meiner Frau und meinen Söhnen bin, bin ich ich selbst, stehe mit beiden Füßen auf dem Boden, wie jeder andere Ehemann und Vater. Als wir zum Beispiel über den Umzug nach Madrid sprachen, sagte Victoria:

»Es ist eine riesige Sache, eine riesige Veränderung in unserem Leben: ein anderes Land, ein anderer Lebensstil. Doch wir packen es einfach an. Wir ziehen es durch und konzentrieren uns auf die Dinge, auf die es wirklich ankommt. Du spielst deinen Fußball – und wehe, du spielst nicht gut –, und ich mache meine Musik. Und ansonsten sind wir zusammen, so wie es sein muss: du, ich und die Jungen. Die Familie.«

Victoria, Brooklyn und Romeo bedeuten mir so viel, dass ich, egal, von wo, hin- und herpendle, nur um ein oder zwei Stunden zu Hause zu sein. Solange es nicht zu kurz vor einem United-Spiel war, bin ich in den letzten Jahren immer von Manchester nach London gefahren, um dort zu übernachten, und am nächsten Morgen wieder zurückgefahren. Ich fand es nie anstrengend, hinter dem Steuer zu sitzen. Schon bei meiner ersten Verabredung mit Victoria musste ich 400 Meilen hin- und zurückfahren, aber ich bin froh, dass ich an jenem Abend nicht zu Hause vor dem Fernseher geblieben bin. Zugegeben, am Anfang unserer Beziehung war es, vor allem wenn Victoria sich oft längere Zeit im Ausland aufhielt, sogar für mich manchmal ein bisschen viel. Ich erinnere mich, dass ich einmal während der Sommerferien, als sich die Welttournee der Spice Girls dem Ende näherte, nach Texas und wieder zurückgeflogen bin, nur um eine Stunde mit Victoria in einer VIP-Lounge am Flughafen von Dallas zu verbringen.

In meinem Pass haben sich einige interessante Stempel angesammelt: von den Reisen zu einem Fotoshooting in Japan, einem Fernseh-Werbespot in Spanien, einer Benefizveranstaltung in Vietnam, einer Preisverleihung in Los Angeles. Ich finde es einfach toll, mich auf etwas zu konzentrieren, das völlig aus dem Rahmen fällt. Manchmal haben Victoria und ich sogar die Chance zusammenzuarbeiten. Das ist super, denn dann verbringen wir Zeit miteinander. Unsere Herangehensweise bei Filmaufnahmen oder bei persönlichen Auftritten ist jedoch völlig unterschiedlich. Ich bin da ziemlich relaxed. Aber Victoria hat in der Hinsicht natürlich viel mehr gemacht als ich. Schon bevor ich sie kennen lernte, gehörten Werbespots, Werbekampagnen und Publicity zu ihrem Leben. Daher ist sie wahrscheinlich in dieser Hinsicht viel gewiefter als ich, will zügig arbeiten, will immer alles perfekt hinkriegen. Manchmal wird sie ungeduldig, und wie sich dann herausstellt, hat sie fast immer Recht. Wahrscheinlich könnte sie es selbst besser machen. Ich denke, wir machen die Sache beide ganz gut, auch wenn wir unterschiedlich an sie rangehen. Ab und zu nehmen wir uns dabei auf die Schippe. Aber es gehört einfach zu meinem Leben mit Victoria, dass sie mich auf die Schippe nimmt, mich zum Nachdenken bringt, mich Tag für Tag zum Lachen bringt. Durch sie sehe ich alles mit ganz anderen Augen, auch mich selbst. Ich liebe ihre Art, morgens vom ersten Moment an hellwach zu sein. Ich kenne niemanden, der so lebendig ist. Mit Victoria verheiratet zu sein, ist, als sei man an eine Energiequelle angeschlossen, die ohne Batterien auskommt. Und sie versorgt mich mit. Manchmal gibt es einen kleinen Kurzschluss, aber ich habe gelernt, mich zu behaupten. Victoria ist mir die liebste Gesellschaft.

Ich reise sehr gerne mit ihr zusammen. Unsere Promotiontour durch den Fernen Osten im Sommer 2003 war einfach fantastisch und Japan für mich, obwohl ich es von der WM her schon ein wenig kannte, eine ganz neue Erfahrung. Japanische Frauen beten Victoria an – ihr Aussehen, ihre Ausstrahlung, ihre Haltung, alles an ihr. Die gleichen Frauen scheinen auch mich zu mögen. Das ist ein bisschen seltsam, oder? Man kann sich keinen Filmschauspieler oder berühmten Musiker aus Japan vorstellen, der wegen seines Aussehens bei uns ankommen würde. Wir haben mal mit einer Amerikanerin gesprochen, die in Tokio lebt und für das Plattenlabel Def Jam arbeitet. Sie sagte, mein Aussehen spiele nur eine geringe Rolle. Ihrer Meinung nach ist es das Bild der Japaner vom perfekten Ehemann, vom perfekten Vater. Vielleicht finden wir das altmodisch, aber ich halte es für eine gute Sache, dass das Familienleben in dieser Gesellschaft eine so wichtige Rolle spielt. Deswegen schätzt man es im Fernen Osten, wenn Victoria und ich in Werbespots und bei Sponsorenveranstaltungen gemeinsam auftreten. Man interessiert sich für mein Fußballspiel und für Victorias Popkarriere, aber diese Dinge allein erklären noch nicht, warum wir in Japan so beliebt sind. Nur wenn man dort ist und mit den Leuten redet, bekommt man eine Vorstellung davon, wie sie uns sehen. Ganz anders als zu Hause, wie wir festgestellt haben. Die Leute in England wissen, dass ich Ehemann und Vater bin, aber ich glaube, das, was ich beruflich mache, spielt für sie eine weitaus größere Rolle.

Ich bin gerne im Fernen Osten, auch wenn mir die Kultur manchmal sehr fremd ist. Doch was Urlaube angeht, fliege ich am liebsten schnell mal nach Südfrankreich, wenn ich ein paar Tage frei habe. Wir sind oft im Haus von Elton und David. Und bald, wenn unser eigenes bezugsfertig ist (wir haben 2002 eine Villa dort gekauft), können die beiden auch darin wohnen. Mit der Familie zusammen reise ich aber auch gern in die Staaten. Amerika ist ein so großes Land, und die Amerikaner sind von anderen Sportarten wie Basketball und American Football so begeistert, dass ich dort nicht so bekannt bin wie anderswo auf der Welt. In der Presse heißt es immer, es sei mein Traum, den US-Markt zu »knacken«. Der eigentliche Grund, warum ich oft nach Amerika fahre, ist jedoch der, dass ich mir manchmal ausmale, wie es wäre, dort zu leben. Und nicht nur, weil die Big Macs so viel besser sind als bei uns. Da mich in Amerika nicht gleich jeder erkennt, habe ich, wenn ich ausgehe, nicht immer sofort das Gefühl, beobachtet zu werden. Zur Abwechslung kann ich selbst mal andere beobachten. Und ich stelle fest, dass sie ihr Land auf eine Weise lieben, die ich sehr bewundere. Das Sternenbanner ist überall zu finden. So wie wir uns bei großen Fußballturnieren für unser Land begeistern, scheinen die Amerikaner es das ganze Jahr über zu tun. Mein Eindruck ist, dass dort jeder, egal, woher er stammt, Amerika als sein Land betrachtet und stolz darauf ist. Und ich glaube, das wirkt sich sehr auf die Lebensart aus: Die Leute in den Staaten scheinen eine äußerst positive Einstellung zu sich selbst zu haben.

Im Sommer 2003 haben wir wunderschöne Tage in Amerika verlebt, auch wenn wir schließlich mitten in der Wüste landeten, um ein wenig Privatsphäre als Familie genießen zu können. Aufgrund all des Geredes über einen möglichen Transfer zu Real Madrid wurden wir in New York und Los Angeles natürlich von unzähligen Journalisten und Fotografen verfolgt. Und es standen ja auch ein paar öffentliche Auftritte auf dem Programm: Die MTV Awards und ein Trainingstag mit der amerikanischen Frauenfußballnationalmannschaft. Dass man die Aufmerksamkeit, die man auf sich zieht, nicht einfach abstellen kann, ist mir klar. Deswegen käme es mir auch nie in den Sinn, mich zu beschweren, wenn die Medien mich ins Rampenlicht rücken. Es hat ja Zeiten in meiner Karriere gegeben, wo mir das wirklich geholfen hat, besonders zu Anfang, als jungem Profi bei United. Und in den letzten Jahren war die Presse mir gegenüber recht wohlgesinnt. Aber mich regt auf, wie abfällig oft über Victoria geschrieben wird. Und es regt auch Victoria auf, aber sie ist ja erwachsen und kann für sich selbst sorgen. Aber meine Kinder nicht, und darüber sollten sich die Medien wirklich einmal Gedanken machen, wie sie mit Kindern umgehen, die zufällig berühmte Eltern haben. Brooklyn und Romeo haben sich Posh und Becks nicht als Eltern ausgesucht. Es macht mich wütend und traurig, dass ich mit den Jungen nicht mal in den Park oder an den Strand gehen kann, ohne dass die Kameras hinter uns her sind. Ich erinnere mich dann an die Tage mit meinen Eltern in Southend, an Abende nach der Schule im Chase Lane Park, und auch wenn meine Söhne es nicht begreifen – jedenfalls jetzt noch nicht –, sie werden um einige der schönsten Dinge der Kindheit betrogen, nur weil die Presse sie nicht in Frieden lassen kann.

Bei den Privilegien, die ich mittlerweile genieße, haben die Medien eine nicht zu unterschätzende Rolle gespielt. Sie gehören einfach zu einer öffentlichen Karriere dazu, und mal abgesehen von der Sache mit der roten Karte in Saint-Etienne hat man mich, glaube ich, recht fair behandelt. Im Moment freue ich mich wirklich, dass die meisten Leute mich offensichtlich mögen und mich als Fußballspieler, Ehemann und Vater respektieren. Aufgrund der Ereignisse nach der WM 1998 ist mir jedoch bewusst, dass sich das alles schnell ändern kann. Vielleicht, weil ich selbst dafür sorge. Vielleicht aber auch, weil die Leute einfach ihre Meinung ändern. Wenn es um Ruhm geht und das, was damit zusammenhängt, hat man nicht immer alles in der Hand. Wenn sich das Blatt wendet, kann ich wahrscheinlich nichts dagegen tun. Ich kann mich nur darauf vorbereiten, und – falls es dann passiert – so mit mir im Reinen sein, dass ich damit fertig werde. Das ist ein weiterer Grund, warum meine Familie für mich so wichtig ist, sie ist für mich der Fels in der Brandung. Ich möchte, dass Victoria, Brooklyn und Romeo wissen, dass ich immer für sie da bin. Und wenn ich mich von der Liebe meiner Familie umgeben weiß, kann ich mit Sicherheit allem, was da kommen mag, die Stirn bieten.

Ich habe als Kind in meiner Familie viel Liebe erfahren. Ohne Mum und Dad gäbe es diese Geschichte überhaupt nicht. Ich wäre nicht der geworden, der ich bin, wenn sie mir nicht ihre Wertvorstellungen mit auf den Weg gegeben hätten. Ehe und Kinder sind, glaube ich, die beiden wichtigsten Dinge, auf die wir uns im Leben einlassen. Sie bereiten uns die größte Freude, sind aber auch die größte Verantwortung, die wir haben. Ich habe in dieser Hinsicht viel von meinen Eltern gelernt, bin geprägt durch die Kindheit in dem Zuhause, das sie für mich, Lynne und Joanne geschaffen haben. Das erklärt vielleicht, warum die Trennung meiner Eltern für mich das Schrecklichste war, mit dem ich mich in meinem bisherigen Leben abfinden musste. Ehrlich gesagt, sie macht mir heute noch zu schaffen.

Es ist nicht an mir, darüber zu schreiben, warum die Ehe meiner Eltern in einer Scheidung endete. Ich kann meine Geschichte aber nicht erzählen, ohne darüber zu sprechen, was die Trennung meiner Eltern für mich bedeutet hat und immer noch bedeutet. Wenn ich in meinem Beruf mit schwierigen Situationen konfrontiert wurde, bin ich mit ihnen fertig geworden. Ich bin selbst für mein Leben verantwortlich und stelle mich jeder Herausforderung. Ich möchte möglichst alles unter Kontrolle haben, und ich versuche, positiv an die Dinge heranzugehen. Mit der Scheidung meiner Eltern konnte ich allerdings überhaupt nicht umgehen. Ich war zwar betroffen, aber was da geschah, entzog sich völlig meiner Kontrolle. Und das machte mir Angst. Es war das erste und einzige Mal, dass ich auf etwas, das um mich herum geschah, so reagierte. In den Jahren, in denen es kriselte, brachte ich es nicht fertig, darüber zu sprechen. Schon gar nicht mit meinen Eltern.

Wer die Erfahrung gemacht hat, dass seine Eltern sich scheiden ließen, wird die Gefühle, mit denen ich zu kämpfen hatte, vielleicht verstehen. Für mich gehörten meine Eltern einfach zusammen. Für immer und ewig. Ich konnte mir einfach nicht vorstellen, dass sie sich trennen würden, nicht einmal, als ich schon von zu Hause weg war und mein eigenes Leben führte. Das Schlimmste daran war vielleicht, dass ich dachte – oder dazu gebracht wurde, zu denken –, es wäre irgendwie meine Schuld. Ich erinnere mich an die Zeit und die Energie, die meine Eltern in mich als einen vielversprechenden Fußballer gesteckt haben. Wäre es nicht vielleicht besser gewesen, sie hätten einen Teil dieser Energie für sich und ihre Beziehung aufgebracht? Damals wären mir solche Gedanken nie gekommen. Und ihnen? Jetzt ist es zu spät, etwas dagegen zu tun.

Egal, wie alt sie sind, wenn die Eltern sich scheiden lassen, Kinder fühlen sich oft schuldig. Oder kriegen das Gefühl vermittelt, schuld zu sein. Das, was sich zwischen Mann und Frau abspielt, tief im Innern, ist meiner Meinung nach jedoch allein eine Angelegenheit der beiden, und nicht einmal die Söhne oder Töchter können das Ergebnis beeinflussen. Mein Vater hat mir gesagt, es sei Teil ihres Problems gewesen, dass ich meine eigene Familie hatte und nicht mehr so viel Zeit mit ihnen verbringen konnte. Aber wäre es denn wirklich anders gelaufen, wenn ich mit Dad ausgegangen wäre, mit ihm geredet hätte? Hätte ich der Kitt sein sollen, der sie zusammenhält? Wenn ich mehr Zeit für sie gehabt hätte, hätte das einen Unterschied gemacht? Rückblickend glaube ich das nicht.

Selbst jetzt, wo meine Eltern endgültig geschieden sind, ist es noch schwer für mich, aber auch für Lynne und Joanne. Obwohl es nie direkt ausgesprochen wird, steht da in gewissen Situationen immer die Frage unserer Eltern im Raum: Auf wessen Seite stehst du? Für uns ist das allerdings völlig abwegig. Die beiden sind unsere Eltern, Partei ergreifen gibt's da nicht. Ich kann aber verstehen, dass meine Eltern sich unsicher fühlen. Sie haben eine schwere Zeit, leiden selbst unter Schuldgefühlen, haben einen Ehemann, eine Ehefrau verloren und wollen nicht auch noch eine Familie verlieren. Meine Mutter sehe ich sehr oft, weil sie uns bei der Betreuung der Kinder hilft. Ich kann verstehen, dass Dad manchmal glaubt, da stecke mehr dahinter. Das Problem des »Parteiergreifens« lässt sich allerdings nur lösen, wenn meine Eltern zu einer neuen Art von Beziehung finden, in der wieder ein wenig Vertrauen herrscht. Ich hoffe sehr, dass es so kommen wird.

Als klar wurde, dass ihre Ehe gescheitert war, wollte ich meinen Eltern helfen, obwohl ich es schwer fand, mit ihnen über die Situation zu reden. Ich glaube nicht, dass ich eine Trennung hätte verhindern können, aber ich wollte tun, was ich konnte, um es für beide Teile nach der Scheidung leichter zu machen. So habe ich zum Beispiel Geld beigesteuert, damit Dad das Haus, in dem ich geboren wurde, kaufen und dort neu anfangen konnte. Für meine Mutter und für Joanne habe ich ein neues Zuhause in Loughton gekauft, das etwas näher bei unserem Haus in Sawbridgeworth liegt.

Ich habe immer davon geträumt, meinen Eltern eines Tages ein großes Haus kaufen zu können, in dem sie zusammen wohnen würden. Sie waren fast dreißig Jahre lang verheiratet, und ich kann mich immer noch nicht damit abfinden, dass sie jetzt getrennt leben. Ich hoffe sehr, dass wir – meine Eltern, Lynne, Joanne und ich eines Tages wenigsten wieder alle zusammensitzen und Erinnerungen an unsere schöne gemeinsame Zeit austauschen können.

Das Ganze hat mich natürlich nachdenklich gemacht, und meine eigene Familie ging mir durch den Kopf. Die Geschichte der Ehe meiner Eltern macht mich traurig, gibt mir ein Gefühl der Leere. Unser Zuhause gibt es nicht mehr. Wer weiß, was eines Tages auf einen selbst zukommt? Bei Victoria und den Jungen fühle ich mich erfüllt. Meine Ehe und meine Familie sind mir kostbar, ich kann mir ein Leben ohne sie nicht vorstellen. Ich will unsere Kinder aufwachsen sehen. Ich will mit Victoria zusammen alt werden, will, dass wir beide immer zusammenbleiben. Die Ehe mit ihr ist meine erste und soll auch meine einzige bleiben. Das ist mir durch die Trennung meiner Eltern noch bewusster geworden. Von meinen Eltern habe ich im Laufe meiner Kindheit und Jugend gelernt, wie man ein anständiger Mensch wird, wie man Entscheidungen trifft und wie man andere Leute behandelt. Sie haben mir auch Folgendes beigebracht: Wenn du etwas wirklich willst, musst du hart dafür arbeiten. Sie haben dabei wohl hauptsächlich an meine Fußballkarriere gedacht. Aber ich weiß jetzt, dass das ebenso für eine Ehe gilt.

13

Über Loyalität

»Haben Sie ein Problem mit mir?«

Ich war in meinem ganzen Leben noch nie so enttäuscht. Ich hatte wirklich geglaubt, wir würden die Weltmeisterschaft 2002 in Japan gewinnen. Keine Ahnung, was mich so sicher gemacht hatte. Dass ich Mannschaftskapitän war? Mein Fuß rechtzeitig geheilt war? Dass man mir auf Flügen rein zufällig Sitz Nr. 7 zugewiesen hatte? Mir war es wirklich so vorgekommen, als seien dies Omen dafür, dass dieses Mal England an der Reihe war. Tatsache ist jedoch, dass ich aufgrund unseres Ausscheidens – und der Art, wie wir ausgeschieden sind – ziemlich niedergeschlagen in die neue Saison hineinging. Victoria und ich sind, bald nachdem die englische Nationalmannschaft wieder zu Hause war, für eine Woche weggefahren, aber nicht einmal das hat mich aufgemuntert. Und Victoria hatte nach dieser Woche wirklich die Nase voll:

»Ich weiß nicht, wie lange ich es noch ertragen hätte, mit jemandem zusammen zu sein, der auf einmal nicht mehr lächelte, keine Gefühle mehr zeigte und kaum noch ein Wort herausbrachte, nicht einmal mir gegenüber.«

Sie brauchte mir nicht zu erzählen, dass es ihr gegenüber unfair war. Bis dahin hatte ich immer versucht, Arbeit und Privatleben zu trennen und meine schlechte Laune nicht an meiner Familie auszulassen, wenn bei United, aus welchem Grund auch immer, nicht alles so gut für mich lief. Aber diesmal war es anders. Und als wir mit dem Vorbereitungstraining für die Saison begannen, fühlte ich mich noch genauso wie vorher, so als hätte ich keine Pause gehabt: Ich war müde, hatte schwere Beine und überhaupt keine Energie. Nichts stimmte. Meinen Job empfinde ich eigentlich nicht als Arbeit. Ich muss schließlich nicht von neun bis fünf auf der Matte stehen. Ich arbeite nicht den ganzen Tag in einem Bergwerk oder fahre einen Lastwagen. Fußball spielen, trainieren, das ist es, was mir Spaß macht, und ich wusste, ich sollte dieses Gefühl nicht haben – das Gefühl, nicht wirklich gerne wieder zurück bei United zu sein, mit einer neuen Saison vor der Tür.

Eine solche Niedergeschlagenheit verschwindet nicht auf Knopfdruck. Aber du reißt dich zusammen und machst weiter mit dem, was du tun musst. Die Spieler von United haben Glück, dass der Alte sie gut genug versteht, um zu wissen, wie sie sich fühlen, und nicht denkt, dass sie eine Schau abziehen. Vielleicht war das der Grund, weshalb die Vorsaison nicht so hart war wie in manch anderem Jahr. Als es dann losging, fühlte ich mich trotzdem noch lange nicht bereit für die Saison 2002/03, in der, nachdem der vergangene Mai gekommen und gegangen war, ohne dass wir einen Pott gewonnen hatten, eine Menge auf uns zukommen würde. Wenn du dich nicht wohl fühlst, musst du manchmal einfach ein bisschen härter arbeiten, musst trainieren und spielen, bis du aus deinem Tief herauskommst. Und dazu war ich bereit. Allerdings war mir nicht klar, dass ein Teil dessen, was an Belastendem noch vor mir lag, überhaupt nichts mit Fußball zu tun hatte.

Victoria und ich bemühen uns sehr, unserem Leben eine gewisse Struktur zu geben. Nicht nur, um einen klaren Kopf zu bewahren, sondern auch, weil unsere Terminpläne das Leben für Brooklyn und Romeo schon kompliziert genug machen. Manchmal geschieht jedoch etwas, auf das du dich nie hättest vorbereiten können. Und selbst wenn du es könntest, du würdest es nicht wollen. Denn schon bei dem Gedanken daran würde dich der Wunsch überkommen, deine Haustür zu verriegeln und nie mehr rauszugehen.

Das erste Spiel im November im Old Trafford war gegen Southampton. Ein Spiel, an das ich mich normalerweise nicht erinnern würde. Wir waren nicht in Bestform, und es war einer von diesen

Nachmittagen, an denen du froh bist, es so gerade geschafft zu haben, alle drei Punkte mit nach Hause zu nehmen. Dennoch, ein Heimspiel ist immer eine große Sache, vor allem wenn du so wie ich die Kapitänsbinde trägst, denn Roy Keane war verletzt. Nach unserem 2:1 Sieg hatte ich ein bisschen das Gefühl: Na ja, ein weiterer Samstagnachmittag überstanden. Ich freute mich darauf, Victoria zu sehen und einen Abend mit meinen Jungs zu verbringen. Weswegen das, was mich erwartete, ein umso größerer Schock war.

Kaum war ich in der Kabine, sagte der Alte, wir müssten in seinem Büro miteinander reden. Nicht nachdem ich mich umgezogen hätte. Nicht sobald ich könnte. Jetzt. Also trappelte ich, immer noch im Trikot und mit Fußballschuhen, zu seinem Büro. Wir gingen hinein. Ich weiß nicht, was ich erwartet hatte, auf jeden Fall nicht, dass dort Victoria auf uns warten würde. Sie sah blass und nervös aus. *Ich werde schon – irgendwie – damit fertig.* Ich schaute sie an. Es ist ein so seltsames Gefühl, aufgrund der Spannung, die in einem Raum herrscht, zu wissen, dass irgendetwas Schlimmes passiert sein muss, aber keine Ahnung zu haben, was es sein könnte. Ich schaute auch den Alten an. Er sah abgespannt aus. Erst dann nahm ich die anderen Anwesenden wahr: Es waren vier. Einer von ihnen, ein Polizeibeamter aus Manchester, kam mir bekannt vor. Er stellte mir die drei anderen vor. Sie gehörten der SO7 an, der Kommandoeinheit für schwere und organisierte Verbrechen, und waren von Scotland Yard hierher gekommen.

Da standen wir also: vier Herren im Anzug und ich noch immer schweißnass in meinem United-Trikot, und ich hatte das Gefühl, als würden wir alle darauf warten, was als Nächstes passierte. Der Trainer sagte, ich solle mich hinsetzen und zuhören. Ich konnte kaum glauben, was ich da hörte. Ich versuchte, aus dem, was sie sagten, schlau zu werden. *Das kann nicht wahr sein. Das darf einfach nicht wahr sein.*

Ich schaute zu Victoria hinüber und entnahm ihrem Blick, dass sie sich die gleiche Frage stellte wie ich. Was sollen wir tun?

Nach einem Tipp von *News of the World* hatte man in London vier Männer und eine Frau festgenommen. Sie gehörten einer Bande von Kunstdieben an – vier weitere wurden an diesem Abend und am folgenden Morgen geschnappt –, die angeblich plante, Victoria, Brooklyn und Romeo zu kidnappen und für sie ein Lösegeld von fünf Millionen Pfund zu verlangen.

Als Victoria von der Sache erfuhr, hatte sie versucht, stark zu sein und gewitzelt, die Bande müsse dann auch ihre Friseurin kidnappen. Nun hörte sie sich das Ganze noch einmal an und beobachtete, wie ich es aufnahm. Und ich war wirklich bestürzt. Ich spürte, wie sich mir der Magen umdrehte. Es ist der schlimmste Alptraum, den man sich vorstellen kann, und die Typen von Scotland Yard betonten, sie würden die Sache ernst nehmen. Es hatte bereits diese Festnahmen gegeben, und ab sofort würden die Häuser in Alderley Edge und Sawbridgeworth unter Polizeischutz stehen.

Als wir nach Hause kamen, stand tatsächlich ein Polizeiwagen am Ende des Sträßchens, und einige Polizisten schoben vor unserem Tor Wache. Drinnen stand ein weiterer Wagen in der Auffahrt, direkt vor unserer Haustür. Ich glaube, Victoria und ich versuchten verzweifelt, nicht in Panik zu geraten, und ich muss sagen, das Gefühl, dass die Polizei alles so schnell im Griff hatte, half wirklich. An jenem Abend und am nächsten Morgen, als wir die Berichterstattung im Fernsehen sahen und die Zeitungen lasen, begriffen wir erst richtig, was hätte passieren können. Natürlich waren wir daran gewöhnt, Geschichten über uns zu sehen und zu hören, oft im Zusammenhang mit Dingen, von denen wir keine Ahnung hatten, aber das hier war etwas anderes. Da zeigte man Bilder von der Bande und berichtete, was sie Victoria angedroht hatten, wenn ich nicht bezahlen würde. Das ließ mir das Blut in den Adern gefrieren. Ich glaube, erst über Nacht wurde uns die Tragweite des Ganzen bewusst.

Wir waren entsetzt und hatten Angst, aber man kann sich nicht einfach verstecken und hoffen, dass die Sache vorbeigeht. In den folgenden Tagen ging es also darum zu überlegen, was wir tun konnten. Ich weiß gar nicht mehr, wie viele Experten wir damals um Rat gefragt haben. Manchmal schien unsere Verwirrung immer größer zu werden. Jeder hatte andere Ideen, und ich hatte sogar das Gefühl, dass vielleicht eine gewisse Taktik mit im Spiel war, dass die Leute uns nicht einfach ihre Hilfe anboten, sondern sich gleichzeitig profilieren wollten. Letzten Endes waren wir nicht sicher, wem wir nun vertrauen konnten.

Schließlich wandten wir uns an Victorias Vater. Tony hatte sich im Zusammenhang mit seiner Arbeit schon immer für Sicherheitssysteme interessiert, und damals, als wir das Haus in Sawbridgeworth kauften, Alarmanlagen installiert, ohne dass wir uns, bis zu diesem Zeitpunkt, je um die Einzelheiten gekümmert hatten. Diese Sicherheitsmaßnahmen waren so ausgeklügelt, dass die Beamten von Scotland Yard, als sie nach Möglichkeiten suchten, unseren Sicherheitsstandard zu verbessern, wirklich beeindruckt waren.

Dass wir jemals mit solchen Sicherheitsvorkehrungen würden leben müssen, daran hätten wir, bevor dieser Entführungsplan ans Licht kam, nicht im Traum gedacht. Das ist nicht leicht: Es macht nichts aus, wenn wir zur Arbeit oder zu gesellschaftlichen Verpflichtungen gehen, aber wir hatten uns immer gewünscht, wie jede andere Familie zu Marks & Spencer oder zu McDonald's gehen zu können. Jetzt müssen wir vorsichtiger sein als je zuvor. Wir wollen die größtmögliche Sicherheit für unsere Jungen, gleichzeitig aber auch eine gewisse Normalität in ihrem Leben. Nachdem das Komplott aufgedeckt worden war, erzählte ich Brooklyn, dass der Polizist, der vor dem Haus stand, extra hierher gekommen sei, um ihm sein Auto zu zeigen. Sie können sich vorstellen, wie ein Dreijähriger darauf reagierte. Er rannte alle zehn Minuten nach draußen, um sich hinter das Steuer zu setzen und das Licht des Streifenwagens an- und auszuschalten.

Wenn man mich damals gefragt hätte, dann hätte ich gesagt, dass ich am Dienstagabend nach dem besagten Samstagnachmittag lieber nicht im Worthington-Cup gegen Leicester spielen wollte. Der Trainer hatte sich so geäußert, dass er die Spieler, die seiner Meinung nach eine Pause brauchten, schonen werde. Ich fand, dass ich zu diesen Spielern gehörte. Im Verlauf der Jahre hatten wir bei diesem Turnier nicht immer unseren besten Fußball gezeigt. Es bietet jungen Spielern die Chance, mitzumachen und, so wie ich das vor fast zehn Jahren in Brighton getan hatte, positiv aufzufallen. Doch ich gehörte zum Aufgebot gegen Leicester und der Trainer wusste, dass ich nicht mit ihm diskutieren würde, wenn er mich aufstellte.

Der Trainer hat immer ausgezeichnete Gründe für seine Entscheidungen. Vielleicht gefällt dir die Entscheidung im Moment nicht – so wie mir, als er mich gegen Leeds auf der Bank ließ –, aber wenn du dir die Sache dann überlegst, wirst du feststellen, dass er immer das Richtige für die Mannschaft tut. Und oft ist das auch genau das Richtige für den Spieler. Manchmal macht dich das verrückt, denn du hast beinahe das Gefühl, dass er dich besser kennt als du dich selbst. Er weiß, dass Fußball mein Leben ist, und war, wie ich glaube, der Ansicht, es werde der Mannschaft helfen, wenn ich an diesem Abend ihr Kapitän sei, und mir selbst, wenn ich dem Chaos der letzten Tage ein wenig entfliehen könnte. Sobald ich auf dem Rasen bin, hält mich nichts davon ab, meinen Job zu tun. Der Trainer wusste, dass es an diesem Abend nicht anders sein würde, und ich schoss in einem Spiel, das wir mit 2:0 gewannen, das erste Tor vom Elfmeterpunkt aus.

Wenige Minuten vor Spielende stieß ich mit dem gegnerischen Mittelstürmer Trevor Benjamin zusammen, einem ziemlich großen Kerl, und er fiel auf mich drauf. Ich saß da und wusste, dass etwas Schlimmes passiert war. Ich kriegte kaum Luft, aber in den nächsten Tagen hieß es, ich hätte mir nur die Rippen geprellt. Also trainierte ich und spielte sogar am nächsten Wochenende. Der medizinische Stab war der Meinung, dass ich dazu mit einem Bruch nicht in der Lage gewesen wäre. Ich war jedoch überzeugt, dass es mehr sein musste als eine Prellung, denn ich hatte große Schmerzen. Als wir der Sache dann nachgingen und eine Ultraschallaufnahme machten, stellte sich heraus, dass ich mir tatsächlich eine Rippe gebrochen hatte.

Abgesehen von Kleinigkeiten hatte ich noch nie Verletzungsprobleme gehabt, und jetzt die zweite Verletzung in einem Jahr! Aber Letztere war vielleicht sogar ein Segen. Natürlich verpasse ich nicht gerne ein Spiel, aber ich hatte mich ja beim Saisonstart schon mental und physisch müde gefühlt, und jetzt blieb mir gar nichts anderes übrig, als zu pausieren. Ich war mit der Nationalmannschaft in den Buckingham Palace eingeladen und war unglaublich stolz, Ihrer Majestät der Königin erneut als Kapitän der Nationalmannschaft vorgestellt zu werden. Sie erkundigte sich nach meiner Verletzung – ich glaube, sie meinte den Mittelfußbruch aus der letzten Saison und nicht die Rippe – und unseren Vorkehrungen nach der Entführungsgeschichte. Sie interessierte sich offensichtlich dafür, denn mit dem Thema persönliche Sicherheit kennt sie sich ja aus.

Dann fuhren Victoria und ich, wie uns schien nach einer Ewigkeit, mal wieder mit unseren Jungs in Urlaub und verbrachten eine Woche auf Barbados. Die Urlaubsvorbereitungen waren ein bisschen stressig: Wohin sollten wir fahren, wem davon erzählen und so weiter. Erst in allerletzter Minute trafen wir eine Entscheidung und sagten es nur der Familie, aber als wir im Hotel ankamen, hatten die Zeitungen uns schon ausfindig gemacht. Wie so etwas möglich ist? Vielleicht gibt jemand, der dich im Flugzeug oder am Flughafen erkennt, die Information an die Presse weiter. Also verbrachten wir fast die ganze Zeit am Pool, der eingezäunt und nicht für die Öffentlichkeit bestimmt war. Als ich am letzten Tag mit Brooklyn zum Strand ging, der nur wenige Meter von unserer Villa entfernt war, warteten die Kameras bereits auf uns. Ich weiß, dass ich Glück habe, an einen wunderschönen Ort in der Sonne fliegen und den Luxus genießen zu können. Das Pech ist nur, dass ich nicht mal ein paar Stunden mit meiner Familie am Meer verbringen kann, ohne gestört zu werden. Dennoch, es war wunderbar, ausspannen zu können und zusammen zu sein, während, wie ich mir vorstellte, das Leben zu Hause einfach weiterging wie gehabt.

Ich kam gut erholt zurück und konnte es kaum erwarten, wieder zu spielen, obwohl ich, um für eine Partie fit zu sein, noch ein paar Wochen Vorbereitung nötig hatte. Doch während meiner Abwesenheit hatte sich etwas verändert. Kurz nachdem ich in Carrington mit dem Aufbautraining begonnen hatte, wurde die Atmosphäre irgendwie frostig – nicht in unserem Klub, sondern zwischen mir und Alex Ferguson. Das ist oft der Fall, wenn du verletzt bist. Du bist nicht dabei, und das ist so, als ob du gar nicht wirklich existieren würdest. Der Trainer muss eben weiterhin Fußballspiele gewinnen, und das mit den Spielern, die ihm zur Verfügung stehen.

Diesmal war es jedoch anders. Wenn ich gewusst hätte, was in den nächsten Wochen passieren würde, hätte ich vielleicht etwas tun können, bevor die Ereignisse außer Kontrolle gerieten. Doch wie hätte ich mir nach den zehn glücklichsten Jahren meines Lebens im Old Trafford je vorstellen können, dass die Dinge sich so schnell bis zu einem Punkt hin entwickeln könnten, wo ich mich fragte, ob meine Zukunft vielleicht woanders lag als bei United, ja vielleicht überhaupt nicht beim Fußball?

Der Trainer sprach kaum mit mir, weder beim Training noch sonst. Nachdem er mir einen Monat lang die kalte Schulter gezeigt hatte, wollte ich herausfinden, was los war. Früher hätte mich schon der Gedanke an ein Gespräch mit dem Trainer eingeschüchtert. Aber mittlerweile war ich älter und reifer und vor allem selbstsicherer geworden (was ich meiner Frau verdanke, die an mich glaubt), also fragte ich den Trainer, ob ich ihn sprechen könne, und kam direkt zum Punkt:

»Gibt es ein Problem? Haben Sie ein Problem mit mir?«

Das hatte er. Ein großes Problem sogar. Worin das bestand? Ich war, statt sofort in Urlaub zu fahren, mit den anderen Spielern der Nationalmannschaft im Buckingham Palast gewesen. Seiner Meinung nach wäre ich schneller wieder fit gewesen, wenn ich mit dem Urlaub nicht die paar Tage gewartet hätte. Ich versuchte zu argumentieren. Wenn ich die Ärzte richtig verstanden hätte, gebe es bei einem Rippenbruch nichts, was die Heilung beschleunigen könne. Man müsse ganz einfach vier Wochen Pause machen. Und zu der Sache mit dem Buckingham Palast sagte ich ihm:

»Ich bin der Kapitän der Nationalmannschaft. Abgesehen davon, dass ich stolz darauf war, zu einem Treffen mit der Queen eingeladen zu sein, die Zeitungen hätten mich zerrissen, wenn ich nicht mitgekommen wäre. Die gesamte WM-Mannschaft war da, ich hielt es für meine Pflicht, ebenfalls anwesend zu sein. Ashley Cole musste sogar Prügel einstecken, nur weil er in Turnschuhen erschienen war. Was wäre gewesen, wenn ich überhaupt nicht hingegangen wäre?«

Was der Trainer dann sagte, werde ich nie vergessen:

»Als ich dich dort gesehen habe, habe ich deine Loyalität gegenüber United infrage gestellt.«

Das saß. Ehrlich gesagt, ich konnte nicht glauben, was ich da hörte. Ich war seit dreizehn Jahren bei dem Klub.

»Ich liebe den Klub. Ich will hier bleiben. Aber wenn Sie mich nicht mehr wollen, sollten Sie es mir sagen.«

Der Trainer antwortete nicht. Ich ging hinaus. Und in den darauf folgenden Tagen kam es mir so vor, als hätte diese Unterhaltung nie stattgefunden. Beim Training hatte ich das Gefühl, als kriegte ich immer einen verpasst, egal, was ich tat, aus keinem ersichtlichen Grund. Der Trainer hat nie Angst davor gehabt, etwas bei United zu ändern. Ich hatte schließlich meine Chance in der ersten Mannschaft bekommen, weil er Andrei Kanchelskis verkaufte. Jetzt schien es fast so, als sei ich derjenige, der verkauft werden sollte. Wir waren alle daran gewöhnt, vom Trainer Prügel zu beziehen. Diesmal aber war es anders. Es war persönlich, und es war erniedrigend. Sosehr ich mich auch bemühte, die Sache nicht an mich heranzulassen, es gelang mir nicht. Victoria weiß davon ein Lied zu singen. Sie hatte ihre eigenen Sorgen, denn Romeo war noch sehr klein. Und es gefiel ihr überhaupt nicht, dass ich die ganze Zeit so niedergeschlagen war. Es war schließlich nicht ihr Fehler. Aber sie musste sich Tag für Tag das Gejammer ihres unglücklichen Ehemanns anhören.

Das Gespräch mit dem Trainer hatte zu nichts geführt. Selbst nachdem ich wieder topfit war und in der Mannschaft spielte, schien ich ihm nichts recht machen zu können. Auf dem Trainingsplatz musste ich mehr einstecken, als ich verdient hatte, und außerhalb des Fußballplatzes hatte ich das Gefühl, dass mich schon die geringste Kleinigkeit in Schwierigkeiten bringen würde. Vor Weihnachten gehen die Spieler immer in die Krankenhäuser vor Ort und bringen den Kindern Geschenke. In den vergangenen Jahren waren Victoria und ich zu einem anderen Krankenhaus, dem Christie Cancer Hospital in Manchester, gegangen, um mehr Kindern eine Freude machen zu können, und ich beging den Fehler zu fragen, ob wir das in diesem Jahr auch wieder tun sollten. Der Trainer fasste das jedoch so auf, als wolle ich mich von der restlichen Mannschaft absondern, als wolle ich anders sein und anders behandelt werden – was überhaupt nicht stimmte –, und zog mich beiseite, um mir die Leviten zu lesen.

An dem Tag, an dem wir im Old Trafford im Worthington-Cup gegen Chelsea spielten, hatte Brooklyn sein erstes Krippenspiel im Kindergarten. Wir trainierten morgens und sollten um ein Uhr wieder da sein, um uns auf das Spiel vorzubereiten. Ich fragte den Trainer, ob ich ein paar Minuten später kommen könne, denn das Krippenspiel begann um zwölf Uhr und würde ungefähr eine Stunde dauern. Vielleicht hätte ich wissen sollen, dass es dumm war, überhaupt zu fragen. Jemand anders wäre einfach zum Krippenspiel gegangen und hätte die Schuld dann auf den Verkehr geschoben, wenn er eine Viertelstunde zu spät zur Arbeit gekommen wäre. Aber schließlich bin ich ja nicht der einzige Vater auf der Welt, der zu einem solchen Anlass gerne im Kindergarten seines Sohnes wäre, und deswegen hoffte ich, der Trainer würde dafür Verständnis haben. Im schlimmsten Fall, so dachte ich, könnte er einfach nur nein sagen. Dass wir ein großes Spiel vor uns hätten und er nicht wolle, dass ich gehe. Aber er war wütend:

»Verdammt, David, was ist los? Was willst du denn noch?«

Bevor ich etwas sagen konnte, drehte er sich auf dem Absatz um und ging weg. Ich musste das als Antwort hinnehmen. Es tat mir Leid, dass ich das Krippenspiel nicht sehen konnte, aber ich verstand, dass der Trainer seinen Spieler an einem Tag, an dem ein großes Spiel stattfand, nicht gehen lassen wollte. Allerdings begriff ich nicht, warum es so schlimm gewesen war zu fragen. Ich hatte ihn wirklich nicht reizen wollen.

Wie dem auch sei, die Situation war und blieb völlig verfahren. Es waren meine schlimmsten drei Monate im Old Trafford. Wenn der Trainer mich nicht gerade runterputzte, schien er mich zu ignorieren. Ich wurde immer deprimierter. Ob während des Trainings oder zu Hause, ich zog mich in mein Schneckenhaus zurück, wurde ganz still. Wenn jemand etwas sagte, dann ging das zum einen Ohr rein und zum anderen wieder raus. Der Alte ignorierte mich, und ich ignorierte ihn schließlich auch und alles andere gleich mit. Natürlich redete ich mit Gary, mit Victoria und Tony Stephens über die Sache. Aber mir fehlte wirklich jemand im Klub, der zwischen mir und dem Trainer hätte vermitteln können: ein Brian Kidd, ein Steve McClaren oder ein Eric Harrison, einer, der die Dinge sowohl aus der Perspektive des Trainers als auch aus der des Spielers sehen konnte, einer, der die Situation wirklich verstand und entsprechende Ratschläge geben konnte. Die neue Nummer zwei, Carlos Queiroz, war fraglos ein großartiger Trainer, aber vielleicht lag es an der Sprachbarriere oder auch an der Tatsache, dass er selbst einmal Cheftrainer gewesen war – jedenfalls hatte ich nicht das Gefühl, mit ihm ein solches Gespräch führen zu können. Wahrscheinlich hätte Carlos das auch nicht als Teil seines Jobs angesehen. Der Alte selbst wollte offensichtlich nicht mit mir reden. Zum ersten Mal in meiner Zeit bei United hatte ich das Gefühl, dass es im Betreuerstab niemanden gab, an den ich mich wenden konnte.

Ich habe bereits erwähnt, wie schwer es war, mit der Trennung meiner Eltern fertig zu werden. Und selbstverständlich wirkte sich die Tatsache, dass die Situation sich zuspitze und sie sich schließlich scheiden ließen, auch auf meine Beziehung zu ihnen aus. Jeder, der miterlebt hat, wie eine Familie auseinander bricht, weiß, wie verwirrend das ist. Vor allem mein Verhältnis zu meinem Vater änderte sich. Früher wäre er der Erste gewesen, mit dem ich über das, was im Old Trafford vor sich ging, geredet hätte. Nun hatte er seine eigenen Probleme, und es schien keine gute Idee zu sein, ihn um Rat zu bitten. Da Mum und Jackie – Victorias Mutter – die besten Babysitter der Welt sind, sah ich meine Mutter noch oft, als bei United alles anfing schief zu laufen. Meine Eltern sind immer für mich da gewesen, doch wenn es um Fußball ging, hat meine Mutter mich zwar immer unterstützt, aber mein Vater war derjenige gewesen, der mich beraten hat. Jetzt kriegte meine Mutter aber mit, wie sehr mich die Situation mit dem Trainer quälte und wie sehr ihre Schwiegertochter und ihre Enkel darunter litten. Und ohne mein Wissen beschloss sie, etwas in der Sache zu unternehmen.

Wir spielten im FA-Pokal im Old Trafford gegen West Ham, und Mum sah sich das Spiel an. Zum ersten Mal hatte ich das Gefühl, dass meine Niedergeschlagenheit mein Spiel beeinträchtigte. Ich spielte, und wir gewannen 6:0, aber das Ganze hatte mir nicht viel Spaß gemacht, vor allem weil der Trainer mich in der Halbzeitpause abgekanzelt hatte. Ich erinnere mich, dass ich mich nach dem Spiel so schnell wie möglich umzog und davonmachte. Als ich bei Victoria im

Wagen saß, hatte ich das Gefühl, dass irgendetwas passieren müsse. Ich fühlte mich völlig machtlos, saß einfach nur da, starrte hinaus in den Regen und unterdrückte die Tränen. Mum hatte Old Trafford ein wenig später verlassen – sie fuhr mit Joanne zurück nach London – und rief mich vom Auto aus an:

»Ich habe mit ihm gesprochen.«

Meine erste Reaktion war: »Mit wem?«

Aber eigentlich wusste ich schon, dass sie den Alten meinte. Das machte mich wütend. Ich fand es irgendwie völlig falsch, dass sie zu ihm hingegangen war und mit ihm geredet hatte. Sie erklärte mir, es sei nicht geplant gewesen, er sei ihr zufällig auf dem Gang über den Weg gelaufen, und sie habe das Gefühl gehabt, sie müsse ihm sagen, was sie denke. Ich war allerdings der Meinung, dass ich mit 27 meine Probleme bei der Arbeit selbst lösen sollte. Es überraschte mich wirklich, dass sie das getan hatte. Sie erzählte mir ein bisschen von dem Gespräch, und ein Satz, den der Alte gesagt hatte, ließ mich nicht mehr los:

»Weißt du, Sandra, das Problem mit David ist, dass jetzt alle vor ihm kriechen.«

Nichts hätte mich mehr treffen können als das. Ich war immer der Meinung, dass man sich selbst gegenüber ehrlich sein muss, egal, was andere sagen oder von dir denken. Wenn mein Vater, als ich noch ein Kind war – und bei Ridgeway spielte, mit den Spurs trainierte oder gerade bei United anfing –, aus irgendeinem Grund böse auf mich gewesen war oder fand, dass ich mich falsch verhalten hätte, dann wusste er, was er sagen musste, um mich wirklich zu treffen:

»Du hast dich verändert.«

Das saß. Denn damit sagte er, dass ich mir mit meinem Fußball und meinem Leben etwas vormachte, indem ich vorgab, jemand zu sein, der ich nicht war. Dad wusste, wie er mich treffen konnte. Und das Gleiche galt für Alex Ferguson. Seine Äußerung gegenüber Mum nach dem West-Ham-Spiel war seine Art, genau das zu sagen, was Dad vor Jahren gesagt hatte. Ich wusste, wie ähnlich sie sich waren. Unter anderem waren sie beide stur. Und vielleicht wusste keiner von beiden wirklich, dass ich diese Charaktereigenschaft geerbt hatte. Ich konnte jedenfalls schlecht nachgeben. Ich war wütend, weil meine Mutter mit dem Alten gesprochen hatte, doch dann wurde mir auch klar, dass ich, wenn ich so verärgert und frustriert war, der Situation ins Auge schauen musste, statt mich von ihr unterkriegen zu lassen.

Ein paar Tage später wollte der Boss mich sprechen. Es ging um die Planungen für das Freundschaftsspiel der Nationalmannschaft gegen Australien. Man hatte mit Sven vereinbart, die älteren Spieler nur fünfundvierzig Minuten auf den Platz zu schicken. Als Kapitän der Nationalmannschaft musste ich darüber natürlich Bescheid wissen. So weit, so gut. Jetzt war ich an der Reihe. Seit dem Spiel gegen West Ham hatte ich lange und intensiv darüber nachgedacht, was ich dem Boss sagen und was ich von ihm hören wollte. Wir hatten ein paar Tage frei gehabt, eine Gelegenheit, mir über ein paar Dinge klar zu werden. Ich musste wissen, was der Trainer wollte. Wollte er, dass ich United verließ? Und wenn nicht, würde er mich dann weiterhin so behandeln wie bisher? Sollte er das tun, dann musste er wissen, dass es für mich auch eine andere Lösung gab. Ich konnte es mir eigentlich nicht vorstellen, aber es war eine Möglichkeit: Ich hatte genug gespart, um in meinen Entscheidungen nicht vom Geld abhängig zu sein. Statt mir mein Leben von dem Spiel, das ich liebte, zerstören zu lassen, konnte ich mich völlig aus dem Fußballgeschäft zurückziehen. Ich hatte sogar schon mit Victoria darüber gesprochen. Ich mochte mich jedoch nicht an den Gedanken gewöhnen, dass es so weit kommen würde.

»Können wir nun unser Problem lösen?«

»Welches Problem? Haben wir ein Problem?«

»Ja, haben wir. Ich bin nicht grundlos in einem solchen Zustand. Ich bin im Moment wegen Ihres Verhaltens mir gegenüber völlig fertig.«

»Ich hab dir doch gar nichts getan«, erwiderte er.

Dann fuhr er fort: »Du hast mich genauso behandelt: Du hast mich ignoriert, hast mich bei Mannschaftsbesprechungen nicht einmal angesehen.«

Was stimmte, aber nur, weil es für mich die einzige Möglichkeit gewesen war, nicht zu zeigen, wie down ich war. Wenn du mit einer Sache nicht klarkommst, dann versuchst du eben, sie zu verdrängen.

»Boss, Sie behandeln mich jetzt schon seit Monaten so. Mindestens seit ich mir die Rippe gebrochen habe und seit der Sache mit dem Besuch im Buckingham Palast. Mir macht das Training keinen Spaß mehr. Mir macht Fußball spielen keinen Spaß mehr. Das kann nicht so weitergehen.«

Als ich ihn fragte, ob er wirklich glaube, dass die Leute vor mir kriechen und ich mich deswegen verändert habe, habe ich ihn wohl kalt erwischt. Es war ein seltsamer Moment, ein Moment der Unsicherheit, anders als alles, was bisher zwischen uns abgelaufen war. Vielleicht war er überrascht, dass meine Mutter mir davon erzählt hatte, vielleicht auch, dass es mir nichts ausmachte, wenn er wusste, dass wir das getan hatten. Zuerst leugnete er, das gesagt zu haben, dann versuchte er, mir zu erklären, was er gemeint habe. Ich fand aber, dass er das völlig falsch sah.

»Ich bin da ganz anderer Meinung, aber einmal abgesehen davon: Selbst wenn es Ihnen nicht passt, wie andere Leute sich mir gegenüber verhalten, ist es dann richtig, mir dafür die Schuld zu geben? Es so an mir auszulassen, wie Sie es getan haben?«

Ich glaube, im Grunde stimmte der Alte mir zu. Aber die Sache war mir zu wichtig, um es dabei zu belassen.

»Ich bin jetzt 27. Ich glaube, ich bin ein bisschen erwachsen geworden. Und ich denke auch, dass es mir besser bekommt, wenn man mir Mut macht, statt auf mir rumzuhacken. Früher hätte das, was in den letzten Monaten hier abgelaufen ist, vielleicht Wirkung bei mir gezeigt. Doch das ist vorbei. Wenn ich jetzt gut spiele, dann ist das mein Verdienst und das meiner Familie. Ich spiele wie ich spiele, unabhängig von Ihrem Verhalten mir gegenüber.«

Er versicherte mir, dass er nicht absichtlich auf mir rumhacke. Dass er mich genauso behandle wie alle anderen Spieler. Ich empfand das anders, aber ich hatte keine andere Wahl, als dem Alten zu glauben. Ich war das meiste von dem, was ich ihm hatte sagen wollen, losgeworden, und es war seltsam, dass er nicht zum Gegenangriff angesetzt hatte. Es artete zu keinem Zeitpunkt in eine wütende Auseinandersetzung aus. Vielleicht kam bei dem Gespräch deswegen nicht das heraus, was ich mir vorgestellt hatte: eine richtige Versöhnung oder aber dem Alten zu sagen, ich hätte vor, mit dem Fußballspielen aufzuhören. Stattdessen meinte er, wir sollten jetzt mal nach vorne gucken.

»Du redest mit mir. Ich rede mit dir. Wir verhalten uns wie Profis und werden sehen, wohin das führt.«

Ich stand auf und wollte das Büro verlassen. Da sagte der Alte auf die für ihn typische leicht sarkastische Art:

»Komm her und gib mir die Hand, bevor du anfängst zu weinen.«

Ich hatte nicht das Bedürfnis zu weinen. Und ich fand auch nicht, dass es der Moment sei, sich die Hand zu geben, aber ich tat es trotzdem. Ich ging mit dem Gefühl weg, dass wir das Problem nicht gelöst hatten, sich nichts wirklich verändert hatte. Beim Training am nächsten Morgen wurde ich jedoch eines Besseren belehrt. Der Alte war völlig verändert oder schien es zu sein: positiv, ermutigend, ja sogar freundlich. Eine Zeit lang war es wunderbar. Unser Gespräch schien also doch nicht umsonst gewesen zu sein. Das Verhalten des Trainers riss mich aus der düsteren Stimmung, in die ich hineingeraten war. Da ich nicht mehr ständig eins aufs Dach bekam, konnte ich das Training und das Fußballspielen genießen, wie seit Wochen nicht mehr. Der Trainer und ich schienen etwas aus der Welt geschafft zu haben: die Spannung, die nach meiner gebrochenen Rippe und dem Besuch im Buckingham Palast zwischen uns geherrscht hatte.

Doch ich irrte mich. In Wirklichkeit war es die Ruhe vor dem Sturm.

Am Sonntag vor der Partie mit der englischen Nationalmannschaft spielten wir zu Hause gegen Manchester City. Zu Anfang der Saison hatten wir das Hinspiel 3:1 verloren. Ich war nicht dabei gewesen, es konnte also nicht meine Schuld gewesen sein. Egal. Damals hatte Gary Neville mir am nächsten Tag in der Kabine erzählt, er habe den Alten nach einem Spiel noch nie so wütend gesehen. Im Old Trafford erzielten wir kein viel besseres Ergebnis. Wir ließen ein spätes Tor zu und mussten ein Unentschieden hinnehmen. Anschließend kritisierte der Alte mich in der Kabine und sagte, ich hätte den Ball zu oft verschenkt. Ich konnte mich aber nur an ganz wenige ungenaue Pässe erinnern. Doch ich verteidigte mich nicht, sondern saß einfach nur da und ließ ihn reden. Was ich jedoch im Verlauf der Woche bereute.

Wenn ich mich an diesem Nachmittag behauptet hätte, statt bis zu unserem nächsten Heimspiel zu warten, dann wären wir später vielleicht nicht so aneinander geraten.

Es heißt, Abwechslung sei so gut wie eine Pause. Auf die Woche, in der England im Upton Park 3:1 gegen Australien verlor, traf das sicher nicht zu. Die Älteren spielten die erste Halbzeit, und wir kamen nie wirklich in die Gänge. Es war eine ungewohnte Situation, dass nach fünfundvierzig Minuten die jungen Spieler aufs Spielfeld gehen würden, eine völlig andere Mannschaft. Die Australier, von denen die meisten in englischen Klubs spielen, legten sich wirklich ins Zeug und hatten zur Pause ihre 2:0-Führung verdient. Ich war richtig wütend über das, was hier ablief. Als wir in die Kabine zurückkamen, fragte ich Sven, ob ich nicht wenigstens auch einen Teil der zweiten Halbzeit spielen könne. Ich fand, wir seien unseren Fans und uns selbst den Versuch schuldig, die Sache wieder in Ordnung zu bringen. Sven sagte, man habe Vereinbarungen getroffen, deswegen sei das keine gute Idee. Dies war ein Freundschaftsspiel, und es bot ihm die Chance, sich Spieler wie Wayne Rooney anzusehen. Denkt man an das Qualifikationsspiel gegen die Türkei für die Europameisterschaft 2004 im Stadium of Light später in der Saison und daran, was ein gewisser Siebzehnjähriger in diesem Spiel bewirkte, kann man Svens Entscheidung beim Match gegen Australien sicher nicht anzweifeln.

Nachdem wir an diesem Abend im Februar gegen Australien verloren hatten, zog die Presse über den Trainer und die Spieler her. Seit der Weltmeisterschaft hatte Sven Kritik einstecken müssen. Unser erstes Qualifikationsspiel für die Europameisterschaft 2004 war ein wirklich schweres Auswärtsspiel gegen die Slowakei gewesen. Wir hatten gewonnen, aber das schien nicht wichtig zu sein. Die Presse hatte gemäkelt, wir hätten stillos und ohne Leidenschaft gespielt. Ich fand es großartig, dass wir drei Punkte geholt hatten. Als wir dann zu Hause gegen Mazedonien spielten, erzielten wir gegen eine Mannschaft, die wir leicht hätten schlagen sollen, ein Unentschieden. Die Kritik wurde schärfer, und mit einem Mal schienen die Leute, die Svens Verpflichtung als Trainer der Nationalmannschaft abgelehnt hatten, ihre Chance zu wittern, seine Entlassung zu betreiben.

Die Kritik konzentrierte sich vor allem auf die Tatsache, dass wir zwei völlig unterschiedliche Teams aufs Feld geschickt hatten, sowie auf die Debatte Klub gegen Nationalmannschaft. Da wurde zum Beispiel geschrieben, Sven sei nicht stark genug, sich mit den Trainern der Premier League auseinander zu setzen – was einfach lächerlich war. Für mich ging es nicht darum, für United oder für England zu spielen. United war, was den Fußball anging, mein Leben gewesen. Aber das hieß nicht, dass ich nicht jedes Mal stolz war, wenn ich, besonders als Kapitän, für mein Land spielte. Bei dem ganzen Wirbel fragte ich mich, was der Alte wohl davon hielt. Fragte mich, ob meine Karriere als internationaler Fußballer – wie auch die Art, wie ich mein Leben als Ehemann und Vater führte – aus Sicht des United-Trainers vielleicht Teil des »David-Beckham-Problems« war. Ich konnte zwar über all das nachdenken, im Moment aber gar nichts dagegen tun. Jetzt zählte nur, zurück nach Carrington zu fahren und sich auf das Heimspiel gegen Arsenal in der fünften Runde des Pokals vorzubereiten.

Vor der Partie trommelte der Boss uns alle zusammen, nicht nur die Jungs, die wegen eines Länderspiels unterwegs gewesen waren:

»Ihr seid jetzt wieder hier im Klub. Wir haben ein großes Spiel am Samstag. Sorgt dafür, dass ihr den Kopf frei habt.«

Zwischen uns herrschte wieder eine frostige Atmosphäre. Irgendetwas hatte den Alten geärgert. Ich wusste nicht, was. Aber ich spürte die Spannung und war davon überzeugt, dass etwas passieren würde. Ich erinnere mich, dass ich am Abend vor dem Arsenal-Spiel mit einem Kollegen redete:

»Da ist was nicht in Ordnung. Irgendwas hat ihn verärgert. Morgen wird was passieren.«

Das Spiel lief nicht gut. Arsenal hatte Glück und erzielte, als der Ball nach einem Freistoß abgefälscht wurde, ein Tor. Während der Halbzeitpause sagte der Alte, er sei mit meinem Spiel nicht zufrieden. Ich sei kein rechter Verteidiger. Ich sollte weiter vorne sein und Ashley Cole bedrängen. Ich verstand ihn nicht. Ich schaute zu Gary hinüber, der hinter mir spielte, und sah, dass auch er dem Alten nicht zustimmte. Es hatte jedoch keinen Zweck, etwas zu sagen. Wir lagen nur

1:0 zurück, waren so oft in Ballbesitz gewesen wie sie und hatten noch fünfundvierzig Minuten Zeit.

Es wurde jedoch alles nur noch schlimmer. Schon kurz nach Beginn der zweiten Halbzeit bekam Wiltord von Edu eine hübsche Vorlage und Arsenal führte 2:0. Ich spielte nicht gut. Keiner von uns spielte gut. Nach dem Spiel marschierten wir zurück in die Kabine. Ich zog sofort meine Schuhe und meine Schienbeinschützer aus, weil mir jemand gegen das Bein getreten hatte und ich ausgewechselt worden war. Der Boss kam herein, schloss die Tür, zog seine Jacke aus und hängte sie an einen Haken. Seine ersten Worte waren:

»David. Was war mit dem zweiten Tor? Was hast du gemacht?«

Gab er mir die Schuld? Ich war völlig überrascht.

»Es war nicht meine Schuld. Der Typ ist jemandem aus dem Mittelfeld entwischt.«

Der Boss fuhr fort: »Wir haben es dir vor dem Spiel gesagt. Das Problem mit dir ist, dass keiner mit dir reden kann. Du hörst nicht zu.«

Ich konnte es nicht glauben. Ich hatte immer zugehört, hatte immer zuhören wollen. Ich hatte dem Alten vom ersten Tag an zugehört und hörte ihm nun zu.

»David, wenn du im Unrecht bist, musst du es zugeben.«

»Tut mir Leid, Boss, aber in diesem Fall bin ich im Recht. Es war nicht mein Fehler, und ich halte den Kopf nicht dafür hin.«

»Doch. Genau das wirst du tun.«

Jeder in der Kabine bekam mit, was sich hier abspielte. Und sie wussten garantiert alle, dass ich Recht hatte. Man hätte auf ein halbes Dutzend Spieler deuten können, die an der Vorbereitung von Arsenals zweitem Tor beteiligt waren. Aber dem Boss zufolge war es allein meine Schuld. Ich hatte das Gefühl, vor aller Augen schikaniert und in die Ecke gedrängt zu werden, und das aus keinem anderen Grund als aus Boshaftigkeit. Ich saß in der Falle. Und ich beschimpfte ihn. Etwas, das kein Spieler, und bestimmt kein United-Spieler, jemals mit einem Trainer machen sollte. Was danach geschah, kommt mir auch heute noch, wenn ich an diesen Nachmittag zurückdenke, völlig unwirklich vor.

Der Boss kam vom anderen Ende des Raums ein oder zwei Schritte auf mich zu. Auf dem Fußboden lag ein Fußballschuh. Er holte Schwung und trat dagegen. Zielte er auf mich? Auf die Wand? Wahrscheinlich war ihm das völlig egal, so wütend war er. Ich spürte einen Schmerz über dem linken Auge, wo der Schuh mich getroffen hatte. Ich fasste mit der Hand hin und wischte Blut von der Augenbraue. Und ging auf den Alten los. Ich weiß nicht, ob ich jemals zuvor so die Kontrolle verloren habe. Ein paar von den Jungs sprangen auf. Zuerst packte mich Giggsy, dann Gary und Ruud van Nistelrooy. Es kam mir plötzlich vor wie eine verrückte Szene aus einem Gangsterfilm – sie hielten mich zurück, während ich versuchte, dem Alten an den Kragen zu gehen. Er trat einen Schritt zurück, wohl ziemlich schockiert über das, was passiert war. Der Wutanfall hatte höchstens eine Minute gedauert. Ich beruhigte mich ein bisschen und ging ins Behandlungszimmer.

Einer der Leute vom medizinischen Stab brachte die Blutung über dem Auge zum Stillstand. Ich war etwa fünf Minuten dort. Arzt und Physiotherapeut versuchten vor allem sicherzustellen, dass ich mich, wenn ich zurückging, nicht erneut auf den Alten stürzte. Schließlich sagte ich ihnen, es sei alles in Ordnung und ging zurück in die Kabine. Ich zog mich an und wollte gerade aufbrechen. Als ich die Tür erreichte, stand dort der Boss:

»Tut mir Leid, David. Das wollte ich nicht.«

Ich brachte es nicht einmal fertig ihn anzusehen, denn ich war immer noch stocksauer über das, was passiert war, und hatte Angst vor einer erneuten Überreaktion. Ich schwieg, ging einfach an ihm vorbei und hinaus in die Spielerlounge. Dort wartete Victoria auf mich. Ich wollte vom Old Trafford weg und nach Hause.

»Was ist los? Was hast du mit deinem Auge gemacht?«

Ich wollte es Victoria später erzählen, doch sie bestand darauf, es sofort zu erfahren. Ich erklärte, was passiert war, und plötzlich wurde Victoria so wütend, wie ich es gewesen war. Sie hatte den größten Teil der Saison mit meiner Niedergeschlagenheit leben müssen. Und nun glaubte sie, es sei an der Zeit, etwas zu unternehmen.

»Er kann dich nicht so behandeln. Ich gehe sofort zu ihm.«

Ich weiß nicht, was Victoria gesagt oder getan hätte, wäre sie tatsächlich zu ihm hin. Aber ich wusste, dass wir auf keinen Fall länger hier bleiben sollten, und bestand darauf, sofort nach Hause zu fahren. Später an diesem Abend fing das Auge wieder an zu bluten. Ich musste den Arzt rufen. Er kam vorbei und verband die Wunde.

Ich hätte wissen müssen, was da auf mich zukam. Es ist heutzutage schwierig, Geheimnisse zu wahren, und noch bevor die Spieler von Arsenal und United an jenem Nachmittag das Old Trafford verlassen hatten, war die Story – oder zumindest ein Teil davon – schon bis zur Presse durchgedrungen. Ich verließ am folgenden Morgen wegen der Wunde über dem Auge unser Haus in Alderley Edge mit zurückgekämmten Haar, und innerhalb kürzester Zeit hatte jemand das Foto gemacht, das dann in allen Montagszeitungen erschien. Abgesehen von all den anderen Gefühlen, mit denen ich versuchte, fertig zu werden, fühlte ich mich nun auch noch wie ein Ausstellungsstück.

Es ist schon schlimm genug, wenn du Krach mit deinem Boss hast, aber es ist viel schwerer, die Dinge wieder in Ordnung zu bringen, wenn dir Millionen Menschen dabei über die Schulter zu gucken scheinen, sehen wollen, was passiert, und darüber spekulieren, was passieren könnte. Ein paar Tage lang kochte ich noch vor Wut – es sei denn, ich lief völlig benommen herum und fragte mich, wie und warum es zwischen mir und dem Boss eigentlich so weit gekommen war. Der Alte hatte sich zwar entschuldigt, doch ich hielt es für angebracht, dass er sich jetzt, wo alles an die Öffentlichkeit gedrungen war, auch öffentlich entschuldigte. Ich fand jedenfalls nicht, dass ich den ersten Schritt tun sollte.

Außerhalb des Old Trafford wurde die ganze Sache unheimlich aufgebauscht. Die Tatsache, dass jeder seinen Senf dazugab, half mir in gewisser Weise, die Auseinandersetzung richtig einzuordnen. Wir hatten uns heftig gestritten, der Alte und ich. Ich hatte Dinge gesagt, die ich nicht hätte sagen sollen. Er hatte reagiert. Hitzig. Und jetzt hatte ich eine kleine Schnittwunde über dem Auge. Die Spannung, die in den letzten Monaten zwischen uns geherrscht hatte, hatte sich in jenen wenigen Augenblicken entladen. Ich wusste – er hatte es mir gesagt –, dass der Schuh mich nicht hatte treffen sollen, wie wütend er auch gewesen war. Es war einfach passiert. Ich dachte über alles nach. United hatte Mitte der Woche ein großes Spiel gegen Juventus in der Champions League, und ich wollte nicht, dass ein persönliches Problem zwischen dem Boss und mir unsere Vorbereitung beeinträchtigte.

Mir wurde klar, dass ich, was immer der Alte sagte oder tat, meinen Teil dazu beitragen könnte, vor dem Spiel am Mittwochabend im Old Trafford die Situation ein wenig zu entschärfen. Das schien mir das Richtige zu sein: für mich, meine Mannschaftskameraden und den Klub. Ich veröffentlichte ein Statement, in dem es hieß, das Ganze sei ein Unfall gewesen. Die Sache liege nun hinter uns, und jetzt ginge es allein darum, Juventus zu schlagen. Was wir auch taten – 2:1. Nach dem Spiel sagte der Alte öffentlich, dass ich besonders gut gespielt hätte. Ein Lob, das ich zu schätzen wusste. Und als wir das nächste Mal miteinander redeten, ging es um Fußball. Es gab kein großes Meeting oder dergleichen. Wir sahen uns das Video unserer Niederlage gegen Arsenal an, und der Boss zeigte mir, dass ich dort, wo ich stand, als das zweite Tor fiel, seiner Meinung nach nichts zu suchen gehabt hatte, gab aber auch zu, dass tatsächlich das halbe Team am falschen Platz stand. Womit er mehr oder weniger andeutete, dass es an jenem Nachmittag nicht fair gewesen war, mich als Schuldigen herauszupicken.

Man hätte annehmen sollen, dass nun alles wieder in Ordnung war, und zu jedem anderen Zeitpunkt in meiner Karriere als United-Spieler wäre es das auch gewesen. Ich konnte nicht ahnen, dass der Boss und ich einen Punkt erreicht hatten, von dem aus es kein Zurück mehr gab. Hatte Alex Ferguson bereits damals entschieden, was mit David Beckham geschehen sollte? Entschieden, dass er mich nicht länger bei United haben wollte? Selbst wenn das der Fall war, wette ich, dass er dennoch nicht besser als ich auf das vorbereitet war, was in den nächsten sechs Monaten auf uns zukommen sollte.

14 United-Spieler mit Leib und Seele

»Zum ersten Mal stimmte die Chemie zwischen mir und dem Klub nicht mehr.«

Die Türken waren bei der Weltmeisterschaft 2002 einfach fantastisch. Ihre Ballabgabe, ihre Beweglichkeit, ihr Durchsetzungsvermögen. Sie hatten die richtige Spielweise, und es machte großen Spaß, ihnen zuzuschauen. Ihre beiden Spiele gegen Brasilien – die Partie innerhalb ihrer Gruppe und anschließend das Halbfinale – waren die besten des Sommers. Die Türken kehrten von Japan und Südkorea als die vermutlich drittbeste Mannschaft der Welt zurück. Und natürlich hatten wir sie bei der Auslosung für die Qualifikation zur Europameisterschaft 2004 gezogen. Es war klar, dass die England–Türkei-Spiele darüber entscheiden würden, wer sich aus Gruppe 7 qualifiziert. Nachdem wir dann beim Heimspiel gegen Mazedonien Punkte vergeben hatten, wussten wir, dass wir am 2. April 2003 im Stadium of Light gegen die Türkei gewinnen mussten, wollten wir – vor allem in Anbetracht der Tatsache, dass unser letztes Qualifikationsspiel ein Auswärtsspiel in Istanbul Ende Oktober sein würde – noch eine Chance auf den Gruppensieg haben.

Obwohl ich der Ansicht bin, wir sollten für Länderspiele und für das Pokalfinale ein nationales Stadion haben, habe ich mit der Nationalmannschaft gerne auf den Fußballplätzen der verschiedenen Vereine im ganzen Land gespielt. So hatten Menschen, die nie die Reise nach Wembley gemacht hätten, die Gelegenheit, das englische Team aus der Nähe zu sehen, und ich glaube, das hat das Verhältnis zwischen Fans und Spielern verbessert. Es sieht so aus, als würden Vereinsloyalitäten an diesen Tagen beiseite geschoben und die Schlachtenbummler sich hinter die gesamte Mannschaft stellen. Die Zeiten, in der die Fans der englischen Nationalmannschaft United-Spieler ausgebuht haben, scheinen vorbei zu sein. Wir freuten uns alle, im Stadium of Light gegen die Türkei anzutreten. Die Atmosphäre dort ist so großartig wie in allen Stadien in England.

Ich gebe dem Sunderland Football Club nicht die Schuld für das, was sich an jenem Abend am Rande des Spielfelds ereignete. Die Probleme mit den Fans bei diesem Spiel waren ein schwerer Schlag, so als käme die schlimme alte Zeit zurück. Diese Idioten – zu viele, als dass man sie hätte ignorieren können – ließen die übrigen England-Fans und die englische Mannschaft im Stich. Anschließend ertappte ich mich bei dem Gedanken, dass es vielleicht gar nicht so schlecht sei, unser nächstes Spiel hinter verschlossenen Türen zu bestreiten. Das hatte uns nämlich die UEFA angedroht, als sie die Vorfälle im Stadium of Light – die rassistischen Gesänge und die Übergriffe auf das Spielfeld – untersuchte. Wenn die Leute erst dann erkennen, wie sehr die Rassisten und Quertreiber unserem Sport schaden, wenn England in einem leeren Stadion spielen muss, dann soll es so sein, und das sagte ich auch öffentlich. Ich weiß nicht, ob der englische Fußballverband damals sonderlich froh darüber war, dass ich meine Meinung äußerte, aber bevor wir in der Qualifikation zu Hause gegen die Slowakei spielten, appellierten wir an die Fans, sich auf die richtige Weise hinter die Mannschaft zu stellen. Ich war an jenem Abend nicht im Walkers Stadium, denn ich war aufgrund meiner Verwarnung im Spiel gegen die Türkei gesperrt. Doch von allen Seiten hörte ich, dass die Fans in Leicester England alle Ehre gemacht hätten. Während der WM 2002 hat sich das Image unserer Anhänger weltweit verbessert. Ich hoffe, das bleibt so. Es wäre schrecklich, sich für die Europameisterschaften zu qualifizieren und dann in Portugal nicht dabei sein zu dürfen, weil wir die Angelegenheit haben schleifen lassen.

Die Probleme mit den Zuschauern nahmen dem Abend im Stadium of Light einiges von seinem Glanz. Es gab genauso viele Schlagzeilen über die Hooligans wie über das Match, und das war sehr bedauerlich, zumal die englische Mannschaft eine Leistung gezeigt hatte, auf die wir alle stolz sein konnten. Wir hatten eine der stärksten Mannschaften Europas mit 2:0 besiegt und uns an die Spitze unserer Gruppe gesetzt. Als wir am Samstag zuvor in Liechtenstein mit dem gleichen Ergebnis gewonnen hatten, waren wir noch ziemlich hart angegangen worden: Wie könne das englische Nationalteam hoffen, in die Finalrunde zu kommen, wenn es sich schon gegen einen Haufen Halbprofessioneller schwer tut? Aber im Fußball zählen die Resultate. Wir hatten in Southampton gegen Mazedonien ein schlechtes Ergebnis erzielt, obwohl wir guten Fußball gespielt hatten. Davon abgesehen hatten wir trotz teilweise schwieriger Spielbedingungen alle Spiele in Gruppe 7 gewonnen. Wie Sven immer sagt: Holt drei Punkte. Wenn ihr die Spiele gewinnt, von denen man erwartet, dass ihr sie gewinnt, spielt es keine Rolle, wie ihr das macht. Wenn die wichtigen Spiele anstehen, dann müsst ihr die entsprechende Form gefunden haben.

Die türkische Nationalmannschaft hält so gut wie jede andere Mannschaft auf der Welt den Ball unter Kontrolle. Darauf baut sie ihr Spiel auf, und wenn man sie gewähren lässt, nimmt sie jede Verteidigung auseinander. Sven und sein Assistent Brian Kidd, Steve McClarens Nachfolger, wiesen darauf hin, wie wichtig es sei, den Rhythmus der Türken zu stören und ihnen unser Spiel aufzuzwingen. Als Kapitän hielt ich es für meine Pflicht, mit gutem Beispiel voranzugehen. In der ersten Halbzeit war ich in einige Zweikämpfe verwickelt und sah dafür die gelbe Karte, aber das bedaure ich nicht, wir mussten die türkische Mannschaft unter Druck setzen. So waren sie zwar häufig im Ballbesitz, hatten aber nie die Zeit, ihr Spiel aufzubauen, und ich hatte den ganzen Abend über das Gefühl, dass wir die drei Punkte holen würden. Das türkische Team hatte noch nicht viele Spieler wie Wayne Rooney gesehen; wir allerdings auch nicht. Auch wenn er kein Tor schoss, der Junge machte uns Mut – und jagte den Türken Angst und Schrecken ein –, wann immer er an den Ball kam. Er gab Michael

Owen gute Vorlagen, und ich war mir sicher, dass Michael ein Tor schießen würde. Doch dann zog er sich nach einer Stunde eine Verletzung zu, und für ihn kam Darius Vassell, der einen zurückprallenden Kopfball von Rio Ferdinand ins Tor beförderte. David James rettete das 1:0 mit einer tollen Parade, und dann verwandelte Kieron Dyer einen Strafstoß zum 2:0. Wir waren schon weit in der Nachspielzeit und hatten das Spiel in der Tasche. Es war nicht ganz so wie gegen Argentinien bei der Weltmeisterschaft, aber dennoch, es war ein fantastisches Gefühl, dieses Spiel gewonnen zu haben.

In dieser Saison hatte es so viel Zweifel, Frust und Ärger gegeben, aber als ich im Stadium of Light in Richtung Eckfahne lief, schienen jene Sorgen aus einem anderen Leben zu stammen. Was hätte es Schöneres geben können: Hier standen wir, allen Zweiflern zum Trotz, und vollbrachten eine Leistung, die sich mit den Spielen in München und Sapporo messen konnte. Sven gab anschließend den Sieg allein als unser Verdienst aus. Wenn wir schlecht spielen, ist er immer bereit, die Prügel einzustecken. Wenn wir gewinnen, nickt er und sagt:

»Die Spieler waren heute Abend großartig. Ich freue mich sehr für sie.«

Als ich am frühen Donnerstagmorgen nach Manchester zurückfuhr, nahm ich all die positive Energie vom vergangenen Abend mit auf die Autobahn. Konnte ich die Probleme zwischen mir und Alex Ferguson beiseite schieben? Gary Neville sagte immer, der Boss habe jeden der Spieler mindestens einmal in der Saison auf dem Kieker. So sei er nun mal. Was letztlich dabei herauskam, ließ sich sehen. Hatte er nicht Jahr für Jahr immer mehr aus uns herausgeholt? Vielleicht würde sich bis zum Ende der Saison ja noch alles für mich ändern. Wir hatten in Cardiff Mist gebaut und gegen Liverpool im Finale des Worthington Cup 2:0 verloren. Aus dem Pokal waren wir ebenfalls raus. Aber in der ersten Liga standen wir immer noch oben. Wir würden wieder mit Arsenal um den Titel kämpfen, dessen war ich mir sicher. Und in der Champions League hatten wir im Viertelfinale Real Madrid gezogen. So oder so, keinem wurde je langweilig dabei, für United zu spielen oder United zuzuschauen. Ich wollte unbedingt dabei sein.

Wir waren auf dem Trainingsplatz, als wir erfuhren, dass United gegen Madrid spielen würde. Meiner Meinung nach kann man sich in Europa keine bessere Partie denken. Nicht allein weil sich hier zwei Riesenvereine gegenüberstehen, sondern auch wegen der Spielweise der beiden Mannschaften. Aus Erfahrung wussten wir, wie gut die Spiele werden würden. Wir wussten auch, wie die Atmosphäre sein würde. Wer ist nicht aufgeregt, wenn er ins Old Trafford oder ins Bernabeau einmarschiert? Bei United waren wir alle davon überzeugt, dass wir den Cup gewinnen könnten, wenn es uns gelänge, Real zu schlagen. Überall in Manchester war die Aufregung vor den Spielen gegen Madrid zu spüren.

Um die Zeit der Auslosung – zwei Wochen vor dem Hinspiel – tauchten in den Zeitungen Geschichten über meinen Transfer zu Real auf. Ich wusste, dass diese Gerüchte nichts mit mir zu tun hatten, und konnte mir auch nicht vorstellen, dass der Verein dahinter steckte. Der Alte meinte, man wolle nur Unfrieden stiften (»Was für ein Zufall, dass diese Geschichte gerade dann aufkommt, wenn wir uns auf das Spiel gegen sie vorbereiten.«), und ich gab ihm Recht. Er war zu Recht verärgert. Wir wollten auf Real Madrid gut vorbereitet sein und hatten am Wochenende vor dieser Partie ein großes Spiel in der Liga: ein Heimspiel gegen Liverpool. Meine Kniesehne war nach dem Spiel gegen die Türkei etwas gereizt gewesen. Nichts Ernstes, ich glaubte nicht, dass meine Teilnahme am nächsten United-Spiel gefährdet war. Als ich mich am Samstagmorgen in der Spielerlounge aufhielt – unser Spiel gegen Liverpool war für den frühen Nachmittag angesetzt –, rief Mike Phelan, einer unserer Coaches an, der Boss wolle mich sprechen. Ich ging gleich in sein Büro.

»Ich will kein Risiko eingehen, David. Ich möchte dich für das Spiel in der Woche schonen. Deine Kniesehne ist gereizt. Ich will, dass du Dienstagabend fit bist.«

Ich habe es dem Alten nie leicht gemacht, wenn er mich pausieren lassen wollte. Ich will nie eine Pause. Ich möchte kein Spiel verpassen. Ich kann nichts dagegen tun, ich will einfach immer spielen. Nicht dass es jemals Zweck gehabt hätte, ihn zu einer Änderung seiner Ansicht zu bewegen.

»Ich verstehe dich, aber ich werde dich nicht einsetzen. Ende der Diskussion!«

Beim Hinausgehen murmelte ich vor mich hin:

»Na gut. Wenn du meinst.«

Ich saß auf der Auswechselbank, kannte aber – auch wenn ich mich darüber ärgerte – zumindest den Grund dafür. Ich bin nicht ganz so verrückt nach Spielen gegen Liverpool wie Gaz, der sich über die Jahre hinweg mit seinen Provokationen in Richtung Liverpool-Fans immer wieder in Schwierigkeiten gebracht hat. Aber wenn ich könnte, würde ich auch jederzeit gegen Liverpool spielen wollen, vor allem nachdem wir so viel hatten einstecken müssen, als wir das Worthington-Cup-Finale im Millennium Stadium verloren hatten. Und vor allem an einem Nachmittag, an dem Liverpool schon nach fünf Minuten ein Tor im Rückstand lag und auf zehn Männer dezimiert war. Sami Hyppia wurde vom Platz geschickt, nachdem er einen Elfmeter verursacht hatte, und Ruud verwandelte diesen in ein Tor. Es stand 2:0, als ich für die letzte halbe Stunde eingewechselt wurde. Am Ende gewannen wir mit 4:0. Ich war an den beiden letzten Toren beteiligt und fühlte mich bestens. Wir hatten in der ersten Liga das Notwendige getan und gegenüber Arsenal, die nur ein Unentschieden erreichten, Punkte gutgemacht. Ich war eingewechselt worden und gleich ins Spiel eingestiegen, und die Kniesehne, um die sich der Boss Sorgen machte, hatte mich nicht behindert. Am Montag würden wir nach Madrid aufbrechen.

Real hat so viele Weltklassespieler, und ihre Stars, die *galacticos,* sind hier genauso bekannt wie in Spanien, viele von ihnen kannten wir sowieso aus früheren Spielen. Den einen oder anderen Spieler von Real hatte ich getroffen, als ich Anfang 2003 mit einigen anderen United-Fußballern nach Spanien geflogen war, um Pepsi-Werbung im Stil eines Spaghetti-Westerns für das Fernsehen zu drehen. Wir waren alle wie Clint Eastwood gestylt – Dreitagebart, Lederklamotten und so – und drehten an einem Set, der aussah wie Posemuckel im Wilden Westen. Ich gewann eine Schießerei gegen den Madrider Torwart, Iker Casillas, und am Ende trat dann Roberto Carlos mit einer Irokesenfrisur – an wen hatte man da wohl gedacht? – auf den Holzsteg und schenkte mir einen Blick, als wollte er sagen:

ich noch nie im Leben eine Mannschaft hatte spielen sehen. Nicht dass wir schlecht waren. Wir spielten in der ersten Halbzeit immer wieder Chancen heraus, und wenn wir eine von ihnen zu einem frühen Zeitpunkt in ein Tor hätten verwandeln können, wäre das Spiel vielleicht ganz anders gelaufen. Doch da habe ich meine Zweifel. Wenn sie den Ball hatten, waren sie uns läuferisch auf dem ganzen Feld überlegen. Man hätte meinen können, wir würden daneben stehen und ihnen beim Spiel zusehen. In Wirklichkeit waren an jedem ihrer Vorstöße so viele Spieler beteiligt, dass auf einen von uns immer zwei oder drei Gegner kamen. Das bedeutete, dass es Freiräume gab, wenn wir im Ballbesitz waren, aber die Real-Spieler waren zu sehr mit ihrem nächsten Angriff beschäftigt, als dass es sie kümmerte, was hinter ihnen geschah. Darum ist es so gut, sie zu beobachten, wenn sie in der Form sind wie im Spiel gegen uns an jenem 8. April.

Zu allem Überfluss schoss Luis Figo zu einem frühen Zeitpunkt ein unhaltbares Tor und brachte Real in Führung. Er befand sich in ungefähr zwanzig Meter Entfernung vom Tor auf dem linken Flügel, vielleicht zehn Meter von der Torlinie entfernt. Ich sah hinüber und dachte:

»Das ist eine gute Position für eine Vorlage.«

Aber eine Vorlage war nicht das, was Figo im Sinn hatte. Er nahm einen kurzen Pass von Zidane an, schaute sich um und schoss ihn dann mit dem rechten Fuß, mit aller Kraft und mit Effet, über Fabien Barthez hinweg ins lange Eck. Andere sind froh, einen oder zwei Spieler zu haben, die so etwas hinbekommen. Real hat ein halbes Dutzend davon. Ich weiß, dass der Alte Raul für den besten Mittelstürmer der Welt hält. Würde Ruud van Nistelrooy neben ihm spielen, würde er wahrscheinlich in einer Saison sechzig Tore erzielen. Im Bernabeau schoss Raul in jeder Halbzeit eins. Es sah aus, als würden sie uns zerlegen.

Aber United nimmt so etwas nicht tatenlos hin. Weder der Alte, noch Keano, noch irgendein Spieler, der für den Verein spielen will. Ich habe später mit Leuten gesprochen, die die Partie im Fernsehen verfolgt haben. Sie meinten, bei 3:0 hätte es ausgesehen, als könnten es auch sieben oder acht Tore werden, so wie Real spielte. Aber wann immer möglich störten wir den Gegner, nahmen ihm den Ball ab und versuchten, diesen durch genaues Zuspiel in unseren Reihen zu halten, und schließlich bekamen wir unser Tor. Ruud war der Torschütze, und das hatte er wirklich verdient. Während wir eins über die Rübe bekamen, hatte er alleine gegen ihre Viererkette gespielt. Beim Stand von 3:1 hatten wir, da es ein Auswärtstor war, noch eine kleine Chance. Ganz am Ende habe ich eine verpasst, die zum 3:2 hätte führen können. Wodurch die Aufholjagd im Old Trafford einfacher gewesen wäre. Als das Spiel vorbei war, sah ich nach unten, holte tief Luft und fasste mit der Hand an die Rückseite meines Beines, das wieder anfing, sich zu verkrampfen. Aus den Augenwinkeln sah ich Roberto Carlos auf mich zukommen. Er lächelte. Ich richtete mich auf und blickte ihn an. Jetzt lachte er. Ich hatte keinen blassen Schimmer worüber. Dieser Moment hatte etwas Verrücktes an sich. Ich wusste weder, was ich sagen noch was ich tun sollte. Ich lächelte auch, als wir uns die Hand gaben. Ich hörte das Klicken der Kameras und dachte: *Das gibt zu Hause in Manchester kein gutes Bild ab.*

Der Boss sagte nach der Partie nicht viel. Wir hatten genug Spiele in Europa absolviert, um ziemlich genau zu wissen, was schief gelaufen war. Er brauchte uns keine Standpauke zu halten. Was zählte, war, dass wir uns für das Rückspiel wappneten.

Paul Scholes und Gary Neville waren ziemlich niedergeschlagen. Sie hatten beide eine Verwarnung bekommen und waren für das Spiel in Manchester gesperrt. Scholesy tat mir Leid. Er war auch beim Europapokal-Endspiel im Camp Nou 1999 gesperrt gewesen. In Sachen Fußball ist er sehr emotional, ist ein leidenschaftlicher United-Spieler. Real im Old Trafford war wieder so ein großes Spiel. Ich spiele schon mein halbes Leben mit Scholesy Fußball, für United und für England. Wenn man uns beide so betrachtet, dann denkt man wohl, wir hätten nicht viel gemeinsam. Paul ist ein ruhiger Zeitgenosse. Er hält sich so sehr abseits, dass die anderen ihn immer deswegen aufziehen. Man frotzelt, dass er nach dem Training umgehend sein Handy abstellt und es erst fünf Minuten, bevor er am nächsten Morgen in Carrington ankommt, wieder einschaltet. Und dass er seine

10

Vorige Seite: Klopf, klopf. Wer ist da?

Unten: Mr. Eriksson, Mr. Beckham.
Downing Street, 2002.

Mitte: München 2001, auf dem Weg zum WM-Finale.

Ganz unten: Schmerz im Mittelfußknochen.
Das Ende meiner Chancen bei der Fußballweltmeisterschaft?

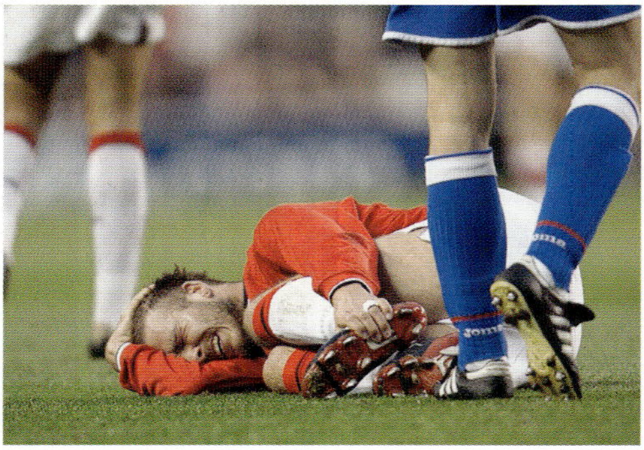

Rechts: »Reicht uns ein Unentschieden, um weiterzukommen?« Feiern mit den englischen Fans nach dem Tor gegen Griechenland.

BECKHAM
7

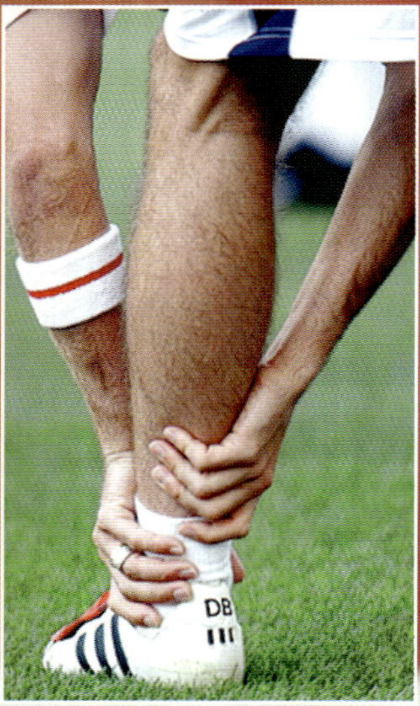
DB

BECKHAM
7

1

BATISTUTA
9
12
BECKHAM
7
VERON
11

Meine Fußballweltmeisterschaft, Japan 2002,
mit einem Unentschieden gegen Schweden, einem Sieg gegen
Argentinien und dem Ausscheiden nach dem Spiel gegen Brasilien.

vodafone
vodafone

REPUBLIC OF MANCUNIA

Oben links, Mitte und rechts:
United 4 – Real Madrid 3:
überirdisch.

Oben: Was zum Teufel ist ein Kahnbein?
Verletzt, Südafrika 2003.

Unten links, Mitte und rechts:
United 4 – Charlton 1:
Wieder einmal Meister.

Folgende Seite: Hala Madrid.
Señores di Stefano, Beckham und Perez.

BECKHAM
23

private Telefonnummer im Laufe der Jahre so wenigen Leuten gegeben hat, dass er sie wahrscheinlich selbst vergessen hat.

Scholesy hat das einfach immer an sich abprallen lassen und weiter Fußball gespielt. Ich kenne außer ihm keinen Spieler aus der Premier League, der keinen Agenten hat. Tatsächlich gibt es eine Menge Dinge, die Scholesy zu jemand Besonderem machen. Er ist ein Meister des Direktspiels, der alle Tore, wie es sich ein Trainer nur wünschen kann, vom Mittelfeld aus schießt. Darüber hinaus kann er, wenn er mal in Rage gerät, fürchterlich wütend werden, so wie Keano oder der Alte. Wir haben geraume Zeit zusammen bei United gespielt, und ich hoffe, wir spielen noch weitere drei oder vier Jahre gemeinsam für England.

Nach dem Abpfiff im Bernabeau gingen wir hin und bedankten uns bei den United-Fans. Saison für Saison ist der Verein in der Champions League vertreten, und ich frage mich manchmal, woher die Leute die Zeit und das Geld nehmen, uns überallhin zu begleiten. Aber sie tun's. Die Reds sind zu Tausenden überall in Europa, wo und wann immer United spielt. Ich humpelte inzwischen ein bisschen, und als ich zurück in der Kabine war, lag ich lange auf dem Behandlungstisch. Die Kniesehne war nun am Ende des Spiels richtig entzündet. Beim Spiel in der Premier League gegen Newcastle am darauf folgenden Sonntag gehörte ich nicht zum Aufgebot. Ich war frustriert, aber was sollte ich machen? Es bedeutete, dass ich die Partie verpasste, die der Saison ihren Stempel aufdrückte. Denn das mit 6:2 gewonnene Spiel im St. James' Park war meiner Meinung nach das, was uns zum Ligagewinn antrieb. Ole Gunnar Solskjaer spielte auf meiner Position und machte seine Sache wirklich gut.

Schon am Montagmorgen trainierte ich wieder mit den anderen. Wir hatten ein Auswärtsspiel gegen Arsenal am Mittwochabend. Innerhalb der Premier League war es das bedeutendste Spiel der Saison. Wir hatten uns in eine Position gebracht, wo es für sie, solange wir in Highbury nicht verloren, im Verlauf der letzten vier oder fünf Spiele sehr schwer werden würde, uns einzuholen. So wie wir uns fühlten, glaubten wir, bis zum Ende der Saison sowieso jedes Spiel zu gewinnen. Ich war sehr zuversichtlich, dass ich aufgestellt werden würde. Ich wusste, ich war fit genug. Zwar verändert kein Trainer gerne die Aufstellung seiner Siegermannschaft, und 6:2 bei einem Auswärtsspiel, das konnte sich schon sehen lassen. Doch der Alte hatte mich immer ins Team zurückgeholt, nachdem ich ein Spiel pausiert oder verletzungsbedingt ausgelassen hatte. Ich war der Meinung, zu seinen besten Elf zu gehören. Bis zum Tag, an dem das Spiel stattfand, erfuhr ich auch nichts Gegenteiliges. Wir saßen gerade beim gemeinsamen Essen vor dem Spiel. Der Alte kam und setzte sich neben mich.

»Ich setze Ole von Anfang an ein. Ich kann die Mannschaftsaufstellung nicht ändern.«

Ich war enttäuscht, mochte aber nicht darüber diskutieren. Ich war nicht zufrieden, aber der Alte tat, was er für das Beste hielt. Meine Aufgabe war es, auf der Auswechselbank zu sitzen und mich bereitzuhalten.

Aufgrund der Spekulationen über meine Zukunft munkelte man, die Tatsache, dass der Boss mich gegen Arsenal nicht einsetzte, sei ein Beweis für Unstimmigkeiten zwischen uns. Ich betrachtete mich jedoch als United-Spieler, und die Tatsache, dass ich in Highbury nicht antrat, würde daran nichts ändern. Es war ein seltsamer Abend. Nicht gerade ein gutes Spiel, verglichen mit dem, was in Madrid die Woche zuvor beide Seiten geboten hatten. Aber es war so spannend und dramatisch, wie man es sich nur wünschen konnte. Erst schoss Ruud ein Tor, dann landete Thierry Henry zwei Treffer und schließlich glich Giggsy aus. Sol Campbell wurde vom Platz geschickt. Patrick Vieira musste verletzt ausgewechselt werden und fiel für den Rest der Saison aus. Am Spielende lief der Alte auf das Spielfeld und boxte in die Luft. Er hat Arsenal schon immer gerne geschlagen und ich glaube, er wusste, dass das 2:2 genau das war, was wir brauchten. Danach war ich in den Katakomben und sprach mit Sol über seinen Platzverweis. Die Gerüchteküche kochte auch bei den Spielern, und der Klatsch hatte seit dem letzten Mal, als wir im Februar im Old Trafford gegen Arsenal gespielt hatten, nicht aufgehört. Thierry Henry kam an uns vorbei. Er sah mich an und runzelte die Stirn.

»Was ist los? Warum hast du nicht gespielt?«

Dann lachte er.

»Du kannst auch für uns spielen, wenn du möchtest.«

Auch ich lachte.

Der Alte war mit dem Spiel richtig zufrieden. Soweit ich mich erinnere, hob er insbesondere hervor, wie gut seiner Meinung nach Ole Gunnar Solskjaer gespielt habe. Aber trotzdem, am darauf folgenden Samstag bei einem Heimspiel gegen Blackburn saß Ole auf der Bank, und ich war das erste Mal, seit wir in Madrid geschlagen worden waren, von der ersten Minute an dabei. Blackburn spielte wirklich gut, aber wir gewannen mit 3:1. Ich war froh, wieder zur Mannschaft zu gehören, und mit meinem Spiel zufrieden. Aber irgendetwas stimmte nicht. Nach außen hin sah es danach aus, als habe der Alte mir, da ich wieder fit war, vor dem Rückspiel gegen Real am folgenden Mittwoch ein Testspiel ermöglichen wollen. Alle nahmen an, ich würde im wichtigsten Spiel der Saison eingesetzt werden. Alle außer mir. Im Verlauf des Wochenendes wuchs meine Überzeugung, der Alte würde mich beim Rückspiel nicht spielen lassen. Ich sprach mit einigen Mannschaftskameraden darüber. Sie sagten alle das Gleiche:

»Unsinn. Du spielst. Es spielt keine Rolle, was passiert ist, du spielst.«

In den paar Tagen bis zum Spiel in Madrid gab ich mir alle Mühe, mich, wie jeder andere auch, auf unsere Vorbereitungen zu konzentrieren, aber der Gedanke, ich würde fallen gelassen werden, setzte mir zu wie ein schmerzender Zahn. Gary und ich haben immer Witze darüber gemacht, dass wir inzwischen am Verhalten des Alten uns gegenüber ablesen könnten, ob er zu einem Tiefschlag gegen uns ausholen würde, so nach dem Motto: »Gestern war er nett zu mir. Also lässt er mich morgen nicht spielen.«

Nach so vielen Jahren der Zusammenarbeit mit ihm sagte mir mein Instinkt, dass das Verhalten des Alten in den Tagen vor dem Mittwochabend hinsichtlich meiner Chancen nichts Gutes verhieß. Keine harten Worte, keine bissigen Bemerkungen. Es war, als wäre ich Luft. Als wir am Morgen vor dem Spiel draußen in Carrington unser Training mit Kopftennis begannen, nahm der Alte mich auf die Seite. Er sagte nur, was er sagen musste, und ich hatte geahnt, was es sein würde:

»David, du wirst heute Abend nicht spielen. Du bleibst auf der Bank.«

Ich zuckte zusammen. Obwohl ich erwartet hatte, den Alten dies sagen zu hören, war es wie ein Schlag vor den Kopf. Plötzlich hatte ich das Gefühl, als hätte er schon die ganze Saison darauf hingearbeitet, mir das anzutun. Ich betrachtete die Sache wie ein Außenstehender. *Real Madrid: ein wichtiges Spiel, Junge. Zu wichtig, als dass du spielen könntest.* Ich spürte Enttäuschung und Wut in mir aufsteigen. Manchmal sind Gefühle so verwirrend und kompliziert, dass sie einen völlig lähmen. Ich blickte den Alten an, versuchte, ihm in die Augen zu sehen. Da war nichts zu lesen. Ich schüttelte den Kopf, drehte mich um und ging zurück zur Kabine.

»David. Komm zurück! Lauf nicht weg!«

Der Boss schrie nicht. Er schnauzte mich nicht an. Es war, als würde er mich bitten, nicht mir befehlen. *David, komm bitte zurück. Ich bin noch nicht fertig mit dem, was ich sagen wollte.*

Als ob es da noch etwas zu sagen gäbe. Ich ging einfach weiter. Rückblickend würde ich sagen, hätte der Alte noch Interesse an mir als Mensch oder als Fußballer gehabt, hätten es auf der Stelle eine Auseinandersetzung gegeben. Er hätte mich nicht so fortgehen lassen. Für mich war die Situation anders. Ich musste weitergehen, um nicht etwas zu sagen oder zu tun, was ich später bereuen würde. Ich war Fußballprofi mit Verantwortung mir selbst und dem Verein gegenüber. Und ich musste mich wie ein solcher verhalten, um die Dinge nicht noch schlimmer zu machen, als sie waren.

Als ich die Mannschaftsaufstellung sah, war ich völlig baff. Ole Gunnar Solskjaer hatte seine Sache wirklich gut gemacht, als er während der Saison hier und da auf meiner Position gespielt hatte. Wenn ich meine Enttäuschung mal außer Acht ließ, konnte ich verstehen, dass der Alte ihn mir vorgezogen hatte. Welcher von uns beiden der beste Rechtsaußen für das Spiel gegen Madrid war, war letztlich Ansichtssache, und die Entscheidung lag beim Trainer. Mir leuchtete ein, dass man Ole, in Anbetracht seiner Leistung, schlecht unberücksichtigt lassen konnte. Er hatte, seit er bei United war, Spiel für Spiel geduldig die Ersatzbank gedrückt. Keiner konnte behaupten,

Ole hätte seine Chance nicht verdient. Doch ich traute meinen Augen nicht, als ich Seba Verons Namen auf der Mannschaftsliste fand. Nun war ich mir sicher, dass der Alte mich eher aus persönlichen denn aus sportlichen Gründen nicht berücksichtigte. Um keine Missverständnisse aufkommen zu lassen, Seba und ich kommen wirklich gut miteinander aus, und ich finde, dass er ein ausgezeichneter Fußballer ist. Ich würde es ihm nie nachtragen, dass er ein Spiel mehr bekommt als ich. Aber was hatte der Alte sich bloß dabei gedacht? Seba hatte eine siebenwöchige Verletzungspause hinter sich. Er war erst wieder seit ein paar Tagen im Training, war nicht einmal fit genug gewesen, um vier Tage zuvor im Spiel gegen Blackburn auf der Auswechselbank zu sitzen. Und bekam nun für das bedeutendste Spiel der Saison den Vorzug vor mir. Neun Monate lang hatte ich einen Tiefschlag nach dem anderen einstecken müssen. Das hier war der schwerste. Ich war vollkommen fertig. Man hatte mir den Boden unter den Fußballschuhen weggezogen.

Ich ging in die Kabine und zog mich schweigend um. Die meisten anderen Jungs waren schon auf dem Weg zum Mittagessen. Ich ging hinaus zum Auto. Ich musste Tony Stephens erzählen, was passiert war. Mir kam es so vor, als würde diese Sache einen weiteren Verbleib bei United schwieriger machen. Zum ersten Mal in meinem Leben fragte ich mich, ob Fußballspielen woanders vielleicht besser sei als hier. Irgendjemandem musste ich erzählen, wie gekränkt und verärgert ich war. Tony konnte gar nicht glauben, was ich ihm erzählte. Er sagte, das Beste sei jetzt, sich so zu verhalten, als wäre alles in Ordnung, auf der Bank zu sitzen und bereit zu sein, wenn ich meine Chance bekam, wovon er ausging. Ich teilte zwar seinen Optimismus nicht, doch beruhigte mich das Gespräch mit ihm ein bisschen. Dann rief ich Victoria an. Sie musste unbedingt erfahren, was vorgefallen war.

Wieder einmal wurde der Druck so stark, dass ich mir nicht sicher war, ob ich damit fertig werden würde. Victoria wusste, wie viel mir die Teilnahme am Spiel gegen Madrid bedeutete. Sie verstand, warum ich nach der Verletzung im Bernabeau im Old Trafford unbedingt spielen wollte, und zwar gut spielen wollte. Deswegen ließ sie mich reden. Aber anschließend sagte sie:

»Du sitzt also auf der Bank. Na gut, aber vergiss nicht, deine Hämorrhoidensalbe mitzunehmen, sonst kriegst du noch welche. Schließlich verbringst du mehr Zeit auf der Bank als im Spiel.«

»Was?«

»Und denk dran, immer lächeln, damit niemand merkt, dass etwas nicht stimmt, wenn die Kamera auf dich gerichtet ist.«

Wir lachten. Aber sie meinte es ernst. Sie wollte mich ermuntern, einfach weiterzumachen, was, wie ich wusste, das einzig Richtige war. Doch ihre Art, mir das zu sagen, ist einmalig. Victoria brachte mich ins wahre Leben zurück. Es spielte keine Rolle, wie ich mich am Tag des Spiels fühlte. Von Bedeutung war nur, dass die Mannschaft Real Madrid schlug. Bis ich ins Old Trafford zurückkam, hatte ich die Gefühle vom Vormittag unter Kontrolle. Ich zog mich um und ging mit den anderen Jungs nach draußen zum Aufwärmen. Zurück in der Kabine gab ich jedem die Hand und wünschte alles Gute. Dann zog ich mir ein Sweatshirt über, ging hinaus und setzte mich zu den anderen Ersatzleuten. Wir sieben saßen dicht nebeneinander und beobachteten, wie United sich an die Aufgabe machte, gegen das beste Team Europas zwei Tore aufzuholen. Wir saßen da und schauten zu. Und ich wartete.

Ich bemühte mich auch zu lächeln. Oder zumindest nicht die Stirn zu runzeln. Mir war bewusst, dass die Kameras zu der Bank herüberschwenken würden. Und ich wusste, wie viel Aufhebens die Medien darum gemacht hatten, dass man mich nicht eingesetzt hatte. Doch an diesem Abend sollte das Spiel im Mittelpunkt stehen, nicht ein Spieler, der sich mit seinem Boss entzweit hatte. Ich wollte die Aufmerksamkeit nicht von den Spielern auf dem Feld ablenken. Falls es etwas zu sagen gab, konnte ich es sagen, wenn ich eingesetzt werden würde. In der Zwischenzeit ging es darum, nicht nach außen zu zeigen, wie schlecht ich mich fühlte. Ich frage mich, ob es irgendeine andere Mannschaft geschafft hätte, mich auch nur für eine Minute vergessen zu lassen, wo ich saß und was an diesem Tag geschehen war. Real Madrid tat nämlich genau dies; sie waren mit einer 3:1-Führung hierher gekommen und brauchten sich eigentlich nur noch hinten reinzustellen, um dieses Ergebnis zu verteidigen. Aber sie gingen genauso auf uns los wie im Bernabeau, schlugen uns die Pässe um die Ohren, ließen unsere Spieler stehen und machten den Eindruck, als würden sie jeden Angriff mit einem Tor beenden. Ich wurde wie 67 000 andere Zuschauer mitgerissen.

Ronaldo machte uns fertig. Raul war wegen einer Blinddarmentzündung nicht dabei, daher war der große Mann vorn auf sich allein gestellt, und Madrid spielte mit einem zusätzlichen Mittelfeldspieler, Steve McManaman. Steve und Zidane, Figo und Guti sowie Roberto Carlos hatten freie Hand, Ronaldo, wann immer sie wollten, zu unterstützen. Als ob sie dazu eine Einladung bräuchten. Als ob Ronaldo Hilfe bräuchte. In der Stunde, die er spielte, schaffte er einen fantastischen Hattrick. Einige Minuten nach Ronaldos drittem Tor wechselte mich Coach Mike Phelan ein. Ich wollte unbedingt dabei sein. Nicht um meinen Willen zu bekommen, sondern einfach um bei einem solch unglaublichen Spiel mitzumachen. Wir waren mittlerweile mit 3:2 im Rückstand, mit 6:3 insgesamt, und hatten noch eine halbe Stunde zu spielen. United hatte in dieser Partie sicherlich noch Chancen, wenn das Weiterkommen in der Champions League auch in unerreichbare Ferne gerückt zu sein schien. Als ich für Seba eingewechselt wurde, war die Stimmung ein bisschen unheimlich. Er hatte gut gespielt und verdiente den Applaus. Seltsam war allerdings, dass in dem Moment, in dem ich zur Seitenlinie ging, die Beifallsrufe, die ich normalerweise bekomme, den Leuten im Halse stecken zu bleiben schienen. Ich konnte nachvollziehen, dass die United-Fans nicht wussten, woran sie im Moment mit mir waren.

»Auf wessen Seite stehst du? Auf wessen Seite stehen wir?«

Es war unangenehm. Doch die Verunsicherung bei den Zuschauern bestärkte mich nur in meinem Entschluss, in der Zeit, die uns blieb, ein Zeichen zu setzen. Eine oder zwei Minuten, nachdem ich eingewechselt worden war, wurde Ronaldo ersetzt. Er hatte großartig gespielt. Er hatte das Spiel für Real gewonnen. Das war jedem im Old Trafford bewusst. Das ganze Stadion erhob sich, um dem Burschen die Art von Beifall zu zollen, die sonst nur ein United-Spieler bekommt. Es war jetzt nebensächlich, dass wir aus der Champions League auszuscheiden drohten. Die Fans von Manchester kennen ihren Fußball und wissen das Privileg zu schätzen, Ronaldo beim Spiel bewundern zu können. Ich habe meine eigenen Gründe, die United-Anhänger in bester Erinnerung zu behalten. Sie haben mich immer unterstützt, wenn ich sie brauchte. Aber an diesem Abend machte es mich besonders stolz, ihre Reaktion zu sehen, als Ronaldo das Spielfeld verließ, und zu beobachten, wie er mit den Händen über dem Kopf ihren Beifall erwiderte. Ich genoss Ronaldos großen Moment, meinen aber umso mehr. Wir bekamen einen Freistoß von Reals Strafraumgrenze aus, direkt rechts neben dem Elfmeterradius. Hätte ich es mir aussuchen können, hätte ich lieber ein, zwei Meter weiter hinten gestanden. Je näher man am Tor ist, desto schneller muss man den Ball nach oben und wieder nach unten bekommen, um beide, Mauer und Torhüter, auszutricksen. Dieser Freistoß hier sah aus wie ein schwieriger, aus dieser Entfernung und gegen diese Abwehr. Tausende Male habe ich den Schuss auf dem Trainingsplatz – Wadham Lodge, the Cliff, La Baule, Bisham Abbey, Carrington – für mich geprobt, nachdem alle schon nach Hause gegangen waren; habe meinem Fuß, meinem Bein und dem Rest des Körpers beigebracht, wie es sich anfühlt, wenn der Schuss richtig angesetzt ist. Und es immer häufiger richtig zu machen. Sodass ich jetzt, wo mir der Kopf schwirrte, wo ich nach Luft schnappte und die Zukunft mich wie eine schwere Bürde niederdrückte, alle äußere Ablenkung ausknipsen konnte wie eine Lampe. Da liegt der Ball vor dir. Du siehst ein Stück des weißen Torpfostens hinter der Mauer der Verteidiger aufblitzen. Es gibt einen Punkt auf deinem Schuh und einen Winkel, in dem er auf den Ball trifft. Geh auf den Ball zu. Schieß. Aus Erfahrung weißt du, wann einer auf dem Weg ins Tor und unhaltbar ist. Ich war schon in die Luft gesprungen, bevor der Ball hinter Casillas im Netz landete. Er war hineingeflogen. Meine Freude hatte nichts mit dem ganzen Drum und Dran zu tun. Ich feierte einfach etwas, woran ich mich immer als meinen besten Freistoß im Manchester-United-Trikot erinnern werde.

Beim Stand von 3:3 war ich wie im Rausch. Ich fühlte mich, als hätte man mich an ein Ladegerät angeschlossen. Mit dem Hinspiel zusammen hatten wir immer noch zwei Tore Rückstand, aber wir waren mit Sicherheit mit unserem Latein noch nicht am Ende. Doch dann kamen plötzlich Real-Spieler auf mich zu und unterhielten sich mit mir, während dieses unglaubliche Spiel noch in vollem Gange war. Zuerst lief Guti neben mir her und fragte mich, ob wir nach dem Spiel die Trikots tauschen könnten. Dann grinste Roberto Carlos mich wieder an:

»Wechselst du zu uns?«

Und zehn Minuten vor Schluss kam dann Zidane.

»David, dein Trikot?«

Ich jagte hin und her, versuchte noch immer, das Ruder rumzureißen. Diese Spieler wollten mich nicht ablenken oder ärgern. Sie waren sich nur schon den ganzen Abend lang völlig sicher, dass sie uns schlagen konnten. Warum also nicht jetzt die Formalitäten regeln? Vielleicht waren sie zu Recht so entspannt. Vielleicht hatten sie immer so viele Reserven, dass sie, egal wie dicht wir ihnen auf die Pelle rückten, einfach noch einen Gang höher schalten konnten. Fünf Minuten vor dem Abpfiff gelang Ruud jedoch ein toller Lauf in den Strafraum. Sein Schuss prallte vom Torhüter zurück, und ich streckte mich und schob den Ball mit der Fußspitze über die Linie und ins lange Eck, während ich zusammen mit Ivan Helguera zu Boden ging. Hinter dem Tor an der Stretford-Kurve konnte ich in der Menge kurz einzelne Gesichter von Fans erkennen. Sie feierten nicht einfach, sie machten Riesenaugen.

»Was ist hier los?«

Wegen ihrer Auswärtstore – Ronaldos Tore – brauchten wir noch zwei, um weiterzukommen. Aber es blieb immer noch genug Zeit, sie zu schießen. Der Real-Coach, Vicente del Bosque, setzte einen weiteren Verteidiger ein. Das erste Mal in drei Stunden war Real nun bemüht, das zu verteidigen, was sie hatten. Ich schoss einen Querpass, den Ole, der wirklich gut gespielt hatte, nicht richtig annehmen konnte. Es war die Art von Chance, die er in den ersten fünf Minuten eines Spiels in ein Tor verwandelt hätte. Und dann bekamen wir einen weiteren Freistoß von ihrem Strafraumrand aus. Er war fast aus einem toten Winkel und dieses Mal ging mein Schuss über die Latte.

Wir hatten das Spiel gewonnen, kamen aber trotzdem nicht weiter, daran war nichts mehr zu rütteln. Natürlich war ich enttäuscht darüber, dass wir aus der Champions League ausgeschieden waren. Als wir den Real-Spielern die Hand schüttelten, kam mir kurz der Gedanke: »Hätte ich nur«. Aber dann dominierte nur noch das Hochgefühl. Die dreißig Minuten, die ich gespielt hatte, machten mich zufriedener als irgendein Spiel in der ganzen Saison. Die Fans hatten ein bisschen gedämpft gewirkt, als ich als Ersatzmann auf das Feld gekommen war. Die Reaktion nach dem Abpfiff übertraf alles, was ich im Old Trafford erlebt hatte. Ich bin sowieso immer der letzte Spieler, der vom Platz geht, und nach dem Real-Spiel wollte ich auch einfach noch bleiben und alles in mich aufnehmen. Ich habe mich an jenem Abend bestimmt nicht vom Old Trafford verabschiedet. Im Gegenteil: Ich war der Meinung, ich hätte alles getan, um die Zweifel an meinem Engagement und meinem Wert für den Verein zu zerstreuen. Während der neunzig Minuten war es mir allein um das Team gegangen. Jetzt aber ließ ich meinen Gefühlen freien Lauf und zeigte mich an allen vier Ecken des Spielfelds, um den Applaus zurückzugeben.

Als ich schließlich in die Kabine kam, hatte ich Gutis und Zidanes Trikot unter dem Arm. Und freute mich richtig. Der Alte sagte leise zu mir:

»Du hast gut gespielt, David.«

Ich fragte mich, ob er der Meinung war, er habe an diesem Abend mit mir und dem Team einen Fehler gemacht. Aber es war nicht die Zeit oder der Ort, nachzufragen.

»Ja, danke, Boss.«

Ich hatte mich noch nie so schnell umgezogen und war noch nie so fix aus dem Old Trafford draußen. Eine halbe Stunde nach dem Spiel war ich im Malmaison-Hotel in Manchester, um Tony und Ellen Healy, Vertriebsleiterin bei Pepsi, zum Abendessen zu treffen. Sie müssen gedacht haben, ich hätte etwas eingenommen, so high war ich. Seit Monaten war ich nicht mehr so mit mir im Reinen gewesen. Ich wollte gerne über das Spiel sprechen. Über meine Tore. Über die Zuschauer. Über Ronaldo und die anderen von Real. Den ganzen Abend über wich das Lächeln nicht aus meinem Gesicht. Immer wieder rief ich Victoria an, die gerade in den Vereinigten Staaten arbeitete. Beim ersten Telefonat hatte ich ihr alles erzählt, was passiert war. Ich rief sie wieder an, um alles noch einmal zu erzählen. Ich hätte sie gerne bei mir gehabt. Vom Malmaison ging ich zum Lowry, um mit Dave Gardner einen zu trinken. Wir beide sprachen noch einmal den ganzen Abend durch. Wir mussten es einfach. Als ich schließlich gehen wollte, geschah etwas Seltsames. Es sah fast so aus, als wäre es kein Zufall. Da kam so ein spanischer Typ, ein Real-Fan, zu mir herüber. Sein Englisch war nicht besonders gut. Er sagte ein Dutzend Mal »Super« und »Gutes Spiel« und bat mich gestenreich um ein Autogramm. Auf sein Trikot. Er drehte mir den Rücken zu, damit ich unterschreiben konnte. Er trug die Nr. 7, Rauls Trikot.

Als ich zu unserem Haus in Alderley Edge kam, war alles ruhig. Mum hatte die Jungen ins Bett gebracht. Ich steckte den Kopf durch die Tür, entschied mich aber, sie nicht zu wecken und ihnen von Daddys tollem Abend zu erzählen. Ich war noch völlig aufgedreht. An Schlaf war gar nicht zu denken. Ich bereitete mir eine Schale Nudeln zu und schenkte mir ein großes Glas Eiswasser ein. Dann schaltete ich den Fernseher ein, Manchester United gegen Real Madrid. Ich hatte es nicht auf Video aufgenommen. Als ich vor acht Stunden das Haus verließ, hatte ich andere Dinge im Kopf gehabt. Dies war die zweite Ausstrahlung des ganzen Spiels. Ich schlürfte meine Nudeln und gab mich dem Spiel hin. Der Hattrick. Der Freistoß und das Gerangel bei meinem zweiten Tor. Und der Freistoß, den ich versiebt hatte. Ich ärgerte mich beim Zuschauen. Aber dann schwenkte die Kamera hinüber zur Reaktion des Alten, und mir gefror das Blut in den Adern. Er reckte den Hals, beobachtete den Schuss. Als der Ball über die Latte flog, wandte er sich ab. Dann drehte er sich wieder um, und sein Gesichtsausdruck verriet mir alles, was ich wissen musste. Seine Wut, seine Frustration und dass er dachte, Beckham sei an allem schuld. Er reagierte, als hätte ich gerade alles versaut. Als hätte ich in diesem Moment dafür gesorgt, dass wir aus der Champions League flogen. Mag sein, dass jeder andere, der diese Bilder sah, das Gleiche gedacht hätte. Es mag aber auch sein, dass man die letzten sechs Monate hätte erlebt haben müssen, um wirklich zu verstehen, was für mich offensichtlich war.

»Es ist vorbei. Er will mich nicht mehr in der Mannschaft haben.«

Während die letzten Minuten des Spiels auf dem Bildschirm flimmerten, wurde mir etwas klar. Der Alte hatte genug. Ich war jetzt ein erwachsener Mann, und den schien er nicht zu mögen. Tief in meinem Inneren hatte ich das bereits gewusst. Aber nun sah es so aus, als hätte er auch die Nase voll von mir als Spieler. Jedenfalls als Spieler, der das United-Trikot trug. Sein Gesichtsausdruck in den Sekunden, nachdem ich den zweiten Freistoß vermasselt hatte, gab mir das Gefühl, als hätte man mir eine Tür vor der Nase zugeschlagen. Den ganzen Abend war ich in Hochstimmung gewesen, hatte wirklich geglaubt, dass meine Leistung in diesem Spiel mir den Weg zurück in die Mannschaft bahnen würde. Aber weit gefehlt. Wenn es nach dem Alten ging – und das würde es natürlich –, war ich mit Sicherheit erledigt.

Wir hatten noch drei Ligaspiele in dieser Saison, die wir gewinnen mussten, um den Titel zurückzuholen. Ich spielte jede Minute dieser drei Spiele: im Auswärtsspiel gegen die Hotspurs, im Heimspiel gegen Charlton und im Auswärtsspiel gegen Everton. Die Gerüchte, dass ich zu Real ging, kursierten weiter. Der Alte meinte, er habe geglaubt, wenn erst das Viertelfinale vorbei sei, würde sich alles beruhigen. Doch dem war nicht so. Manche Geschichten scheinen sich ab einem gewissen Punkt zu verselbstständigen. Wir gewannen 2:0 in Tottenham, und zwischen diesem und dem nächsten Spiel kursierten Zitate aus spanischen Zeitungen mit dem Inhalt, Real würde mich nicht kaufen.

»Niemals!«

Am nächsten Tag sagte jeder, »Nein« bedeute offenbar »Ja«. Hatte es vor einem Jahr nicht auch geheißen, Real würde Ronaldo nicht kaufen? Ich will nicht behaupten, mir habe die Aufmerksamkeit von Real und von anderen Vereinen nicht gut getan. Zu lesen, sie seien an mir interessiert, verschaffte mir Selbstvertrauen in einer Zeit, in der United mich anscheinend nicht mehr wollte. Aber die Spekulationen wurden allmählich nervig. Sicherlich war der Alte über die Ablenkung auch nicht gerade beglückt. Ich wollte einfach weiterhin spielen, aber die Atmosphäre war, zumindest meinem Empfinden nach, vor dem Charlton-Spiel in jeder Hinsicht angespannt.

Ich schoss das erste Tor in einem Spiel, das wir gewinnen mussten, wollten wir Arsenal nicht vorbeiziehen lassen. Der Schuss wurde abgelenkt und der Ball ging in einem seltsamen, unhaltbar spitzen Winkel ins Tor. Meine Reaktion war nicht so wie sonst. Die ganze Zeit über beschäftigte mich die Frage, ob dies mein letztes Spiel für United im Old Trafford sein würde. In dieser Woche hatten das viele Leute wissen wollen. Als ich zu den Fans an der Warwick-Road-Seite lief, wurde die spontane Freude über ein Tor von dem Gedanken gedämpft, dass ich diese Situation eventuell nie wieder erleben würde. Ich war froh, ein Tor geschossen zu haben, hielt aber gleichzeitig die Tränen zurück. Wir schlugen Charlton mit 4:1. Es sollte uns reichen, den Meistertitel zu holen, obwohl wir das erst am Tag darauf erfuhren, als Arsenal gegen Leeds verlor.

Wenn dies mein Abschied vom Old Trafford sein sollte, war ich froh, ein Tor geschossen zu haben, das sie an mich erinnern würde. Ich stand neben Gary und war sehr traurig, als ich den Ort betrachtete, den ich als mein Zuhause bezeichnet hatte. Er beugte sich zu mir herüber und fragte, was los sei. Ich antwortete:

»Sie führen mit anderen Vereinen Gespräche.«

Gary wollte das nicht glauben. Wir sind die besten Kumpel, und ich weiß, wie sehr er an Manchester United hängt. Für ihn war es unvorstellbar, dass ich nicht mehr zum Verein gehören könnte. Nachdem ich mich umgezogen und in der Spielerlounge etwas getrunken hatte, ging ich mit Brooklyn aufs Spielfeld, um ein bisschen rumzukicken. Das Old Trafford war leer, die Sonne stand noch über dem Dach der Tribüne. Das wäre der passende Moment gewesen, um seinen Gefühlen freien Lauf zu lassen. Das Stadion sah wunderschön aus und hallte noch von den Stimmen der 60 000 Reds wider, die hier vor einer Stunde die Ränge gefüllt hatten. Aber Brooklyn wollte keinen gefühlsduseligen Dad, der das Tor nicht bewachte, er wollte einfach spielen. Es war ein Nachmittag mit einem bittersüßen Beigeschmack. Ich bin froh, ihn in der Gesellschaft meines Jungen zu Ende gebracht zu haben. So allmählich fügte ich mich in mein Schicksal.

Und dann änderte sich noch einmal alles. War es nur die Erleichterung darüber, dass wir den Titel gewonnen hatten? Waren wir alle, einschließlich des Alten, entspannter? Eine Woche lang schien trotz des Klatsches in der Presse die Welt in Ordnung zu sein. Beim Training hatte ich zum ersten Mal seit Monaten wieder das Gefühl, willkommen zu sein, dazuzugehören, denn der Boss lachte und scherzte mit mir, wie er es in den letzten zehn Jahren meistens getan hatte. Das Spiel gegen Everton im Goodison-Park-Stadion betrachteten wir eher als einen Ausflug, um den Pott abzuholen. Wir waren bereits vor dem Anstoß an diesem letzten Spieltag Meister. Während dieser wenigen Wochen war die Atmosphäre in der Kabine so gut, wie ich sie aus früheren Tagen meiner Karriere bei United in Erinnerung habe. So liebte ich es und war glücklich, wieder Teil der Gemeinschaft zu sein. Für ein paar Tage schien dieser Augenblick vorm Fernseher, als ich den Alten beobachtet hatte, bedeutungslos zu sein. Es war eigentlich undenkbar, dass ich mich jemals von dieser Mannschaft, diesem wunderbaren Fußballverein würde trennen müssen. Ich genoss die Festlichkeiten nach unserem 2:1-Sieg über Everton ebenso wie jeder andere. Ich hatte sogar das erste Tor geschossen. Wir hatten für diese Meisterschaft sehr hart arbeiten müssen, denn anfangs lagen wir weit hinter Arsenal zurück. Aber seit der Jahreswende hatten wir kein Ligaspiel mehr verloren, und nun, nach dem Abpfiff, fühlte ich mich nicht nur auf dem Spielfeld, als wir den Pokal herumtrugen, sondern auch anschließend in der Kabine wieder dazugehörig. Wenn man mich an jenem Nachmittag gefragt hätte, ob ich United verlassen würde, hätte ich geantwortet:

»Im Leben nicht.«

Niemals werde ich das Gefühl vergessen, in einem United-Trikot zu gewinnen. Doch im Leben nicht! Es dauerte keine fünf Wochen, und ich war weg.

Zweierlei geschah Mitte Mai nach dem Ende der Saison. Zum einen sagte Peter Kenyon, Vorstandsmitglied von United, der Verein müsse, falls jemand genug Geld für mich böte, über einen Verkauf nachdenken. Ich weiß, wie Aussagen aus dem Kontext gerissen werden, aber dieser Grund schien mir vorgeschoben zu sein. Ich wollte nicht weg. Peter hatte mich selbst ein Jahr zuvor in einem persönlichen Gespräch danach gefragt, und ich hatte seitdem meine Meinung nicht geändert. Ich glaubte, die Gefühle des Alten mir gegenüber zu kennen, war aber immer überzeugt, dass wir die Probleme wieder aus der Welt schaffen konnten, solange der Verein mich haben wollte. Doch danach sah es nicht aus. Denn zum anderen wurde mir am 14. Mai ein neuer United-Vertrag vorgelegt. Wahrscheinlich hat so mancher Fan gedacht: Also, wenn du im Old Trafford bleiben willst, dann unterschreib doch einfach. Vielleicht dachte der Boss genauso.

Bei dem vor einem Jahr vereinbarten Vertrag hatten die Verhandlungen anderthalb Jahre gedauert. Der Verein war dabei sehr fair und offen mit mir verfahren. Jetzt knallten sie mir auf einmal einen neuen vor den Latz, als wollten sie sagen: Unterschreib oder vergiss es. Trotz allem, was damals geredet oder geschrieben wurde, drehte es sich bei meiner Zukunft bei United nicht um Geld. Tatsächlich enthielt der Vertrag auch eine Gehaltserhöhung. Ich sprach mit Dad über meine Gefühle:

»Ich würde United nur verlassen, wenn deutlich wäre, dass sie es so wollen. Na ja, im Moment ist es eher so, als sei es ihnen gleichgültig.«

Ich hatte keine Zeit, zu Hause zu sitzen und abzuwarten, wie die Dinge sich entwickelten. Diese Situation entzog sich sowieso meiner Kontrolle. Ich war mit der englischen Nationalmannschaft unterwegs nach Südafrika zu einem Freundschaftsspiel. Diese Reise endete am 22. Mai wieder einmal im Krankenwagen, denn ich brach mir in einem frühen Stadium des Spiels einen Handknochen. Wieder zu Hause hieß es dann Koffer packen für unseren Sommerurlaub in den USA. Die viele Reiserei entsprach meinem Gemütszustand. Ich wusste nicht, woran ich war. An einem Tag hatte ich das Gefühl, meine Zeit bei United sei abgelaufen, am nächsten, es würde sich schon wieder einrenken, sodass ich bleiben könnte. Tony hielt mich über das Geschehen in England auf dem Laufenden. Er hat immer schon ein gutes Verhältnis zu den Leuten von United gehabt – vom Alten mal abgesehen –, und sie sprachen offen darüber, was vor sich ging. Der Verein führte, ebenso wie mein Agent, Gespräche mit einigen bedeutenden spanischen und italienischen Klubs.

Was mich anging, war ein neuer Vertrag mit United immer noch möglich. Denn an den meisten Tagen war das trotz allem immer noch das, was ich wollte. Deswegen traf mich das, was als Nächstes kam, wie ein Blitz aus heiterem Himmel. Bei unserem Aufenthalt in den Staaten erholten wir uns in einem Urlaubsort in der Wüste. Eines Morgens, ich war gerade aufgewacht, fand sich auf meinem Handy eine Nachricht von Dave Gardner:

»Hast du die Nachrichten gehört? Wie geht es dir damit?«

Seit wir hier waren, kursierten, wie ich wusste, Geschichten, in denen behauptet wurde, ich würde herumhetzten und versuchen, geschäftig zu wirken, um mir in Amerika einen Namen zu machen. Ich nahm an, Daves Frage bezöge sich darauf, und schrieb zurück:

»Bestens. Mach dir keine Sorgen.«

Minuten später war Tony am Telefon, um mich ins Bild zu setzen. Die Story hatte auch ihn völlig überrascht. Wir wussten – jeder wusste es –, dass Barcelona zu den Vereinen gehörte, die an einem Vertrag mit mir interessiert waren, und dass einer der Präsidentschaftskandidaten bei der Wahl im Camp Nou versprochen hatte, mich nach Spanien zu holen, falls er gewählt würde. Von dort bis zur Presseverlautbarung von Manchester United, die Tony mir am Telefon vorlas, war es jedoch ein gewaltiger Schritt:

»Manchester United bestätigt, dass Vereinsvertreter sich mit Joan Laporta, dem führenden Kandidaten für die Präsidentschaft des FC Barcelona, getroffen haben. Das Ergebnis dieser Treffen ist ein Angebot für den Transfer von David Beckham nach Barcelona. Das Angebot unterliegt einer Reihe von Bedingungen, wobei zum einen die Wahl Señor Laportas zum Präsidenten am Sonntag, den 15. Juni, ausschlagend ist und zum anderen eine darauf folgende Einigung über einen persönlichen Vertrag zwischen Barcelona und David Beckham. Manchester United bestätigt, dass für den Fall, dass alle Bedingungen erfüllt sind, das Angebot akzeptabel wäre.«

Das war der Hammer! Ich konnte nicht glauben, was mir da zu Ohren kam. Kein Wort vom Alten, kein Wort von irgendjemandem im Verein nach einem Dutzend Jahren bei United. Nur die nackte Verlautbarung am 10. Juni: Wir verkaufen ihn. Señor Laporta, bei allem

Respekt, war noch nicht einmal Präsident, aber die Verhandlungen waren geführt. Es war, als könnten sie es gar nicht erwarten, mich loszuwerden. Vielleicht dachten sie, ich sei vor den Präsidentschaftswahlen mehr wert als danach. Ich war wirklich wütend. Die Neuigkeit gefiel mir überhaupt nicht, und dass ich sie eine Weile nach dem Rest der Welt erfuhr, war erniedrigend. Tony und ich sprachen darüber, was zu sagen und zu tun sei. Später an diesem Tag veröffentlichte meine Beraterfirma SFX für mich eine Erklärung:

»David ist sehr enttäuscht und überrascht, von der Verlautbarung zu erfahren, und hat das Gefühl, bei den Präsidentschaftswahlen des FC Barcelona als politisches Unterpfand benutzt zu werden. Davids Management hat nicht die Absicht, Señor Laporta oder seine Vertreter zu treffen.«

Ich weiß, das Manchester United die Art, wie die Geschichte herauskam, bedauerte. Sie hatten unter Druck gestanden, nicht nur seitens der Medien sondern auch aufgrund der Tatsache, dass sie an der Börse notiert sind: Wenn etwas passierte, musste die Stadt Manchester davon in Kenntnis gesetzt werden. Für mich war das jedoch zweitrangig. Ich hatte gerade die Wahrheit erfahren, oder? Ich stand nicht einfach nur zum Verkauf. Man hatte mich schon zur Kasse gekarrt. Etwas veränderte sich in mir. Die ganze Saison über war ich mir hinsichtlich meiner Beziehung zum Trainer unsicher gewesen, jetzt stimmte zum ersten Mal die Chemie zwischen mir und dem gesamten Verein nicht mehr. Und das brach mir das Herz. Ich musste mir langsam ernsthaft Gedanken über eine neue Karriere außerhalb des Old Trafford machen, obwohl ich mein ganzes Leben lang nur für United hatte spielen wollen.

Barcelona ist ein großartiger Verein, seine Geschichte, seine Tradition, die Spieler, einfach alles. Ich fühlte mich durch das Interesse geehrt. Als ich von den Anfragen der beiden bedeutendsten italienischen Vereine erfuhr, ging es mir ebenso. Ganz tief in meinem Inneren jedoch gab es, sobald mir klar wurde, ich würde Old Trafford womöglich verlassen, nur einen Klub, zu dem ich überwechseln wollte. Einen, der so groß war wie United und sogar noch erfolgreicher. Eine Mannschaft, der einige der weltbesten Spieler angehörten.

Aus fußballerischer Sicht gab es eigentlich nur eine einzige Option. Vor allem nachdem der Präsident, Florentino Perez, Interesse an mir bekundet hatte. Es musste Real Madrid sein.

Doch hier ging es nicht nur um eine Entscheidung über meine weitere Fußballkarriere. Es gab so vieles zu bedenken. Es war ein so riesiger Schritt in unserem Leben – für mich, Victoria und die Jungen –, dass wir zunächst nicht wussten, wo wir mit unseren Überlegungen ansetzen sollten. Victoria, die ihre eigene Karriere hat, hatte zum ersten Mal das Gefühl, dass ihr eine wichtige Entscheidung über den Kopf wuchs. Für die Jungen bedeutete sie, aus allem herausgerissen zu werden, was ihnen vertraut war. Für uns alle bedeutete sie eine neue Sprache, eine neue Kultur, ein neues Leben. Victoria und ich berieten uns. Wir sprachen mit unseren Familien und Freunden. Aber man kann reden und reden, und nichts wird klarer. Für mich stand einzig und allein fest, ohne meine Familie würde ich nirgendwohin gehen. Wir waren auf dem Weg zurück nach England und würden ein paar Tage später schon wieder im Fernen Osten auf einer Promotionstour unterwegs sein. Ich war entschlossen, nicht ans andere Ende der Welt zu reisen, ohne eine Entscheidung getroffen zu haben.

Es war Sonntag, der 15. Juni, und wir waren in unserem Haus in Sawbridgeworth. Dieser sonnige Tag schien wie geschaffen für eine Familiengrillparty. Alle waren da, um uns bei der schwierigsten Entscheidung unseres Lebens mit Rat und Tat zur Seite zu stehen. In Manchester bleiben und diesen neuen Vertrag unterschreiben? Oder England verlassen? Um wohin zu gehen? Zufällig fand am gleichen Tag die Präsidentenwahl beim FC Barcelona statt. Als Erstes musste ich mit United sprechen. Da ich wusste, dass der Alte Urlaub hatte, rief ich Peter Kenyon an. Ich musste genau wissen, woran ich war. Ich fragte ihn, wie der Verein die Situation sah und was der Alte dachte.

»Also, David, ehrlich gesagt haben wir den Eindruck, dass die Beziehung zwischen dir und dem Trainer wahrscheinlich nicht wieder so sein wird, wie sie einmal war.«

Als ich ihn nach seiner Einstellung fragte, schien Peter nicht so recht Farbe bekennen zu wollen. Aber dann wollte ich von ihm wissen, was er an meiner Stelle täte.

»Na ja, ich meine, du hast hier großartige Jahre gehabt, aber wenn sich was anderes bietet, könnte das eine große Herausforderung für dich sein.«

Genau die Antwort hatte ich erwartet. Auch wenn es nicht das war, was ich hatte hören wollen: dass nämlich United mich behalten wollte. Ich sagte:

»Da ich weiß, wie der Trainer denkt, und nach dem, was du mir jetzt sagst, ist das vielleicht der passende Zeitpunkt, mich anderswo umzusehen.«

Ich hatte nicht definitiv gesagt, ich gehe. Aber Peter Kenyon dankte mir trotzdem für das, was ich für Manchester United getan hatte. Es kam mir so vor, als habe der Verein längst eine Entscheidung gefällt. Jetzt war ich an der Reihe.

Ich half noch bei den Vorbereitungen für die Grillparty und rief dann eine Stunde später den Präsidenten von Real, Florentino Perez, an. Tony hatte Señor Perez zwar schon kennen gelernt, aber ich sprach das erste Mal mit ihm. Es war am Abend ihres vorletzten Spiels der Saison. Ich wusste, dass es Señor Perez' Sohn gesundheitlich nicht sehr gut ging, und wünschte ihm eine baldige Genesung. Ich wollte Real alles Gute für das Spiel wünschen, ein Auswärtsspiel gegen den heimischen Rivalen Atlético Madrid. Es würde hoch hergehen in La Liga. Real musste gewinnen, um gegen Real Sociedad noch eine Chance auf den Titelgewinn zu haben. Es war ein wichtiges Spiel. Deshalb war es mir etwas peinlich, dass die Transfergerüchte davon ablenken könnten. Doch ich hatte das Bedürfnis, mit Señor Perez zu sprechen, bevor ich irgendeine Entscheidung traf. Er wollte wissen, wie weit wir gediehen seien.

»Im Moment spiele ich noch für Manchester, und bevor ich dort nicht alles geregelt habe, kann ich nicht über einen Wechsel zu Real sprechen.«

Real hatte den Kontakt hergestellt. Und United war zu Verhandlungen bereit. Señor Perez ist ein bemerkenswerter Mann. Er hat sehr viel Macht, aber nichts Überhebliches an sich. Er ist ein interessanter Gesprächspartner. So auch an jenem Tag, obwohl ein Dolmetscher übersetzte:

»Ich verstehe. Alles, was ich Ihnen jetzt sagen möchte, David, ist Folgendes: Kommen Sie nach Madrid, Sie werden es nicht bereuen. Wir brauchen Sie hier nicht für die Publicity oder um T-Shirts zu verkaufen. Für mich sind Sie einer der besten Spieler auf der Welt, und wir glauben, dass Sie aus unserer Mannschaft eine bessere Mannschaft machen können.«

Nach diesem Telefonat wusste ich, was David Beckham, der Fußballer, als Nächstes zu tun hatte. Noch war allerdings die schwierige Entscheidung für die Familie zu treffen, und nach der Grillparty diskutierten wir stundenlang. Tony war ein Zeit lang da. Er redete mit Mum, telefonierte dann später mit Dad und erklärte auch Victorias Eltern die Situation. Dann sagte er:

»Ihr kennt die Alternativen. Bei United bleiben, nach Madrid ziehen, zu einem der anderen Vereine gehen, die an dir interessiert sind. Du brauchst dir keine Gedanken über die Details, Verträge, Geld und so weiter zu machen. Du und Victoria, ihr müsst euch überlegen, was das Beste für euch als Familie ist. Wenn ihr euch erst entschieden habt, kümmern wir uns um die Umsetzung im Detail.«

Im Laufe des Abends erschienen uns Dinge, die uns zunächst Angst gemacht hatten – England zu verlassen, sich in einem neuen Land niederzulassen, eine neue Sprache zu lernen –, eher wie eine Chance für uns alle. Ich fand die Vorstellung, für Real zu spielen, so spannend, dass es mir leicht fiel, mich für Madrid als Stadt und auch für Spanien als Lebensart zu begeistern. Victoria hatte keine derartige Motivation für diesen Schritt, aber sie hatte den Mut dazu, und unsere Gespräche miteinander zeigten, dass es für uns das Richtige war. Und dass es, wenn wir zusammen wären, für uns alle eine großartige Erfahrung sein könnte. Victoria hatte im letzten Jahr erlebt, wie unglücklich ich gewesen war, als in Manchester alles schief lief. Sie verstand die Situation sehr gut.

»United scheint dich nicht zu wollen. Aber Real will dich. Und jetzt willst du für diesen Verein spielen. Ich und die Jungen wollen mit dir zusammen sein. Also los!«

Es war zwei Uhr nachts, als ich Tony anrief:

»Real Madrid.«

So einfach war das.

Nun ja, einfach für mich. Victoria und ich flogen am Dienstagabend nach Japan. Real wollte den Transfer unter Dach und Fach haben, damit sich alle wieder auf La Liga konzentrieren konnten. Der Klub hatte am Sonntagabend Atlético 4:0 geschlagen, und Real Sociedad hatte bei Celta Vigo 3:2 verloren. Ein Sieg im Bernabeau am kommenden Sonntag und Real wäre zum neunundzwanzigsten Mal spanischer Meister. Tony wollte eine Einigung über einen Vertrag – zumindest einen Vorvertrag – vor unserem Abflug. Es wurde Zeit, allen Spekulationen ein Ende zu setzen. Leichter gesagt als getan. Andrew, mein Rechtsanwalt, Charles, mein Steuerberater, und Tony, Sam und alle anderen vom Team bei SFX arbeiteten weiß Gott hart in jenen achtundvierzig Stunden. Das galt natürlich auch für die Leute von Madrid, die sich außerdem noch mit dem United-Vorstand einig werden mussten. Es war hilfreich, dass die Vertragsverhandlungen mit Real ziemlich unkompliziert sind. Jeder Spieler unterschreibt einen fast identischen Vertrag. Man stimmt dem Gehalt zu und verpflichtet sich vertraglich, neue Werbeeinnahmen fifty-fifty zu teilen. Es war außerdem hilfreich, dass sie uns genug Vertrauen entgegenbrachten und die Verhandlungen ohne Einschalten eines Agenten führten. Der Teufel steckt allerdings wie immer im Detail, und zwei verschiedene Sprachen vereinfachen eine Einigung auch nicht gerade. Am frühen Abend des 17. Juni, einem Dienstag, hatte man sich grundsätzlich über die Transfersumme und meinen Vertrag geeinigt. Victoria und ich waren schon am Flughafen, auf dem Weg von der Lounge zum Gate, als Tony anrief:

»Alles geregelt. Ich wette, auf dich sind in diesem Moment Kameras gerichtet, stimmt's?«

Da waren tatsächlich welche, als wir den Gang hinuntereilten.

»Also, ich hoffe, ihr seid euch darüber im Klaren, dass sie Bilder davon machen – die ersten Bilder –, wie ihr euch zusammen in ein neues Abenteuer stürzt, in eine neue Welt. Die Verträge stehen. Viel Spaß!«

Ich flüsterte Victoria zu:

»Es ist geschafft.«

Und auf einmal verschwanden die Sorgenfalten zweier zu ihrem Flugzeug eilender Menschen, und auf ihren Gesichtern breitete sich ein Lächeln aus. Wir hatten Tickets nach Tokio, aber wir wussten, dass wir in diesem Moment auf dem Weg in einen neuen Lebensabschnitt waren.

Die Reise war aufregend: TV-Werbefilme drehen, Sitzungen beim Fotografen, Treffen mit Sponsoren und öffentliche Auftritte in Japan, Thailand, Malaysia und Vietnam. Die Leute waren völlig aus dem Häuschen darüber, dass wir kamen, und inzwischen auch darüber, dass ich zu Real Madrid wechseln würde. In England haben wir noch gar nicht mitbekommen, welche Leidenschaft für Fußball im Fernen Osten vorhanden ist. Wir hatten so viel zu tun. Jede Minute eines jeden Tages schien verplant zu sein. Aber der Empfang, der uns überall zuteil wurde, und die Tatsache, dass Victoria und ich ihn zusammen genossen, machte die Reise zu mehr als einem Arbeitsbesuch. Victoria hatte einen angespannten Eindruck gemacht, solange alles in der Schwebe und sie sich noch nicht sicher gewesen war. Nun, wo alles geregelt war, freute sie sich fast so sehr wie ich auf das, was vor uns lag.

Alles war so schnell passiert. Ich hatte das Gefühl, als wäre ich fast einen Monat lang neben mir hergelaufen, ständig damit beschäftigt, auf dem neuesten Stand zu bleiben. Es ist die Geschichte meines Lebens: Du bist so schnell auf und davon zum nächsten Abenteuer, dass dir nie Zeit bleibt, das gerade Erlebte zu verarbeiten. Doch dann nahm plötzlich an einem Tag in Thailand das, was bisher verschwommen gewesen war, Klarheit an. Die Fragen wiederholen sich, wenn man die Zeit findet, sie sich zu stellen:

»Wer bist du? Woher kommst du? Wohin gehst du?«

Wir verbrachten einen wunderschönen Tag am Strand nahe Hua Hin und machten Werbefilm- und Fotoaufnahmen für einen japanischen Sponsor. Die Kulisse war schön: fahle, milchige Sonne, kleine Ferienhäuser, die sich abseits der Straße unter Palmen duckten, der Sand selbst im Wasser noch so klar zu sehen, dass man nicht sagen konnte, wo der Strand endete und das Meer anfing. Man konnte sich in Hängematten zwischen den Aufnahmen ausruhen und dabei zusehen, wie die Crew hin und her hetzte und sich gegenseitig und alle anderen Zuschauer zu überzeugen versuchte, wie hart sie arbeitete. Beim Filmen ist es immer so, dass die Zeit verfliegt und man am Ende noch alles Mögliche unterbringen muss. Die Leute sind dann immer ein bisschen gereizt, gehetzt und müde. Bei einer der letzten Aufnahme des Tages gingen wir zum Strand hinunter. Acht Thai-Jungen von ungefähr neun oder zehn Jahren tauchten auf. Sie hatten sich im Hintergrund aufgehalten und auf ihr Highlight des Tages gewartet. Es war auch mein Highlight des Tages, wie sich herausstellte. Wir filmten eine Sequenz, in der ich mit ihnen Fußball spielte; keine Tore, nur wir, wie wir uns gegenseitig durch den Sand jagen. Man warf uns einen schäbigen alten Ball herüber. Der Regisseur wies uns an:

»Spielt einfach. Der Kameramann geht mit euch mit, so gut er kann.«

Die Jungen und auch ich trugen nur Shorts. Wir waren barfuß, sodass wir den Sand unter den Füßen spürten und nichts unser Gefühl für den Ball beeinträchtigte, wir dribbelten rückwärts und vorwärts und schnappten uns gegenseitig den Ball weg. Du hast einen kleinen Trick versucht, hast demjenigen, der dir am nächsten war und für einen Moment auf deiner Seite zu sein schien, einen Pass rübergeschoben. In der warmen Brise des späten Nachmittags fühlte ich mich plötzlich ganz high. Ich hätte der Vater dieser Jungen sein können. Jeder von ihnen hätte der Junge sein können, der ich damals war, dem drüben im Chase Lane Park bei einem Spiel fünf gegen fünf der Schweiß die Schläfen runterlief. Diese Jungen hatten richtig was drauf. Mir fiel ein, dass dies das erste Spiel seit meiner Verletzung in der Partie gegen Südafrika in Durban war. Den Typen mit der Handkamera hatten wir völlig vergessen. Waren ins Spiel versunken. Wie das bei Jungen – dem großen Junge eingeschlossen – nun mal so ist.

Als wir an jenem Abend zurück im Hotel waren, aßen wir und gingen zu Bett. Wahrscheinlich holten mich die Reisestrapazen ein. Wie lange hatte ich geschlafen? Zwei Stunden? Drei? Ich versuchte, mich in der Dunkelheit zu orientieren. Victoria schlief fest neben mir. Ich war nicht von einem Traum oder etwas anderem aufgewacht. Ich lag eine Weile still da und wartete darauf, wieder einzuschlafen. Nicht dass ich mir um irgendetwas Sorgen gemacht hätte, aber meine innere Uhr hatte wohl einfach entschieden, dass es jetzt Zeit sei, wach zu bleiben. Langsam konnte ich die Umrisse im Raum ausmachen. Ich schlüpfte aus dem Moskitonetz heraus und ging ins Badezimmer. Ich fand eine Flasche Wasser und tappte zurück, den kühlen Holzboden unter den nackten Füßen.

Victoria wollte sicher nicht von mir für ein Schwätzchen aufgeweckt werden. Der Fernseher war weit genug vom Bett entfernt. *Wenn ich ihn leise stelle, stört er sie nicht.* Ich tastete das Regal nach der Fernbedienung ab. Vorsichtig zog ich einen Stuhl dicht vor das Gerät, einen halben Meter oder so vom Bildschirm entfernt. Ich stellte es an und lehnte mich zurück.

Erst kam das kurze elektrische Knistern und dann tauchten die Bilder an der Oberfläche auf. Als sie auf dem hellen Schirm in diesem dunklen Raum am anderen Ende der Welt scharf wurden, fiel mir die Kinnlade runter. Eine Mannschaft ganz in Weiß. Die anderen tragen Rot mit weißen Streifen. Ich kneife die Augen zu, um einzelne Spieler zu erkennen. Das ist Luis Figo. Das ist Real Madrid. Und dort ist Zidane, der, unerreichbar für den Verteidiger, einen Zehnmeter-Traumpass in den gegnerischen Strafraum und Ronaldo genau vor die Füße schießt. Der große Mann musste nicht einmal seinen Lauf unterbrechen. Wie im Schlaf schießt er direkt aus einer Entfernung von fünfzehn Metern über den Torwart hinweg ins lange Eck. Roberto Carlos kommt und springt an ihm hoch. Auf dem Bildschirm ist jetzt zu lesen: Real Madrid 3 – Athletic Bilbao 1. Gut so, denn ich habe den Ton abgestellt.

Und erst dann wird es mir richtig bewusst: Ich sehe zu, wie Real minutenlang den Ball in seinen Reihen hält, Haken schlägt und die Richtung wechselt, um Angriffen aus dem Weg zu gehen, und die letzten zwanzig Minuten über die Bühne bringt. Tausende von Meilen entfernt gewinnt Real gerade La Liga. Aufgrund der Zeitverschiebung sehe ich mitten in der Nacht das Spiel live. Mit dem Abpfiff wird gefeiert. Papierschlangen und Konfetti regnen von den Tribünen. Über Madrid wird ein Feuerwerk entzündet. Die Flutlichter werden gelöscht, alles ist dunkel – einen Augenblick denke ich, mit meinem Fernseher stimmt etwas nicht –, und dann werden die Scheinwerfer auf die Real-Spieler gerichtet, alle in T-Shirts, weiß wie ihre übrige Ausrüstung, auf denen »Campeones 29« steht. Sie tragen den Meisterpokal – ihren Pokal – an der Seitenlinie entlang, tanzen um ihn herum und halten ihn an den vier Ecken des Bernabeau zu den Tribünen hoch.

Ich komme beim Zusehen ganz außer Atem. Schnappe beim Anblick dieses Spektakels nach Luft. Schnappe nach Luft beim Blick auf meine Zukunft. Ich sehe hinüber und kann so eben Victorias Umrisse unter der Bettdecke ausmachen: Meine Frau schläft noch fest. Es besteht keine Notwendigkeit, sie zu wecken, nicht einmal für das hier. Wir werden bald oft genug dort sein.

Ich sitze alleine da, die Knie unter das Kinn gezogen, hocke auf dem Stuhl vor dem Fernseher, während sich die Luft vor dem Morgen abkühlt. Mich fröstelt, und dann wird mir bewusst, dass ich übers ganze Gesicht strahle: ein Junge aus Chingford. United-Spieler mit Leib und Seele. Der für Real Madrid spielen wird.

Danksagung

Für Mum und Dad: Ohne eure Liebe und Unterstützung gäbe es keine Geschichte, die ich erzählen könnte.

Alles Liebe an die Familie, besonders Lynne und Joanne, Colin, Georgina und Freddie, Nan und Grandad, Tony und Jackie, Louise, Haydn, Liberty und Tululah, Christian und Lucy.

An meine Schulfreunde, meine Jugendfreunde und meine Mitspieler im Ridgeway-Team: Ich habe euch nicht vergessen.

An die Freunde, die ich im Laufe meiner Karriere im professionellen Fußball gewonnen habe, unter anderen Gary, Phil, Ryan, Nicky und Scholesy. Besonderer Dank geht an Dave, Terry und Steve für ihre Gesellschaft, ihren Rat und vieles mehr in den letzten Jahren.

An Andrew und Charles, Caroline und Jo.

Ich danke allen bei HarperCollins, vor allem Michael, Tom, Jane und David für ihre Geduld und Unterstützung. Besonderer Dank gebührt Tom, meinem Co-Autor, der meinem Gedächtnis auf die Sprünge half, und immer die richtigen Worte für mich fand.

An das Team von meiner Beraterfirma SFX, an Sam, Simon, Andy, Andy, Matt, Helene, Jamie und alle anderen. Ihr habt das Unmögliche möglich gemacht, ich danke euch.

An Tony, meinen Mentor und Freund, eine wahre Vaterfigur für mich. Tony, ich weiß, du wirst überrascht sein, wenn du dies liest, aber ich musste dir einfach besonders danken. Du bist ein außerordentlicher Mensch, durch deine Hilfe sind mir außergewöhnliche Dinge passiert.

Danke an alle Trainer und Manager, mit denen ich arbeiten durfte, besonders an Stuart Underwood, Malcolm Fidgeon, Eric Harrison,

Sir Alex Ferguson und Sven-Göran Eriksson. Ihr habt meine Zeit in dem Spiel, das wir alle lieben, zu etwas Besonderem gemacht. Euch gelten meine Dankbarkeit, mein Respekt und meine Bewunderung.

Ebenfalls danke ich all den großartigen Spielern, an deren Seite ich bei Manchester United und in der englischen Nationalmannschaft spielen durfte. Was immer ich geleistet habe, es wäre unmöglich gewesen ohne das Talent, den Einsatz und die Begeisterung der anderen zehn.

Und schließlich gilt mein Dank – *gracias* – meinen neuen Mannschaftskameraden von Real Madrid, die mir geholfen haben, mich schnell zu Hause zu fühlen. Lasst unser gemeinsames Abenteuer beginnen!

David Beckham
August 2003

Werdegang in Zahlen und Fakten

Persönliche Daten

Voller Name: David Robert Joseph Beckham
Geboren am 2. Mai 1975 in Leytonstone, England
Eltern: Sandra und Ted. Schwestern: Joanne und Lynne
Verheiratet seit dem 4. Juli 1999
Ehefrau: Victoria Caroline Adams Beckham
Söhne: Brooklyn Joseph Beckham, geb.: 4. März 1999
Romeo Beckham, geb.: 1. September 2002
Größe: 180 cm
Gewicht: 75 kg

Erste Erfolge

Spielte in der Jugendmannschaft Ridgeway Rovers, gewann das Fünf-gegen-fünf-Turnier in Fyfield
Gewann mit elf Jahren die Bobby Charlton Soccer School Competition
Spielte bei der D-Jugend für Waltham Forest
Von Malcolm Fidgeon für Manchester United entdeckt
Spielte für die Schulauswahl von Essex
Teilnahme an den Meisterkursen der Tottenham Hotspurs
8. Juli 1991 – Beginn der Ausbildung bei Manchester United
1992 Gewinn des FA-Jugendpokals
23. September 1992 – Debüt in der A-Mannschaft beim Coca-Cola-Pokal in Brighton
22. Januar 1993 – Abschluss des Profivertrags

Sponsoren

Adidas	Police sunglasses
Castrol	TBC
Marks & Spencer	Tsubasa Systems
Meiji	Upper Deck
Pepsi	Vodafone

Wichtige Ereignisse

7. Dezember 1994	Debüt in der Champions League (gegen Galatasaray)
19. August 1995	Erstes Premiership-Tor (gegen Aston Villa)
17. August 1996	Heber gegen Neil Sullivan von der Mittellinie (gegen Wimbledon)
1. September 1996	Internationales Debüt (gegen Moldawien in Kischinjow)
26. Juni 1998	Erstes Tor für England (gegen Kolumbien)
15. November 2000	Zum ersten Mal Spielführer für England (gegen Italien)
Juli 2001	Erster Sportler auf dem Titelblatt von The Face
9. Mai 2002	Treffen mit Tony Blair
10. Mai 2002	Treffen mit Ihrer Majestät Queen Elisabeth
Juni 2002	Erster Mann allein auf dem Titelblatt von Marie Claire
21. Mai 2003	Treffen mit Nelson Mandela
13. Juni 2003	Verleihung des Order of the British Empire für seine Verdienste auf dem Spielfeld und anderen Gebieten
1. Juli 2003	Vertragsunterzeichnung bei Real Madrid

Auf einen Blick: die sportlichen Leistungen

Von Saison zu Saison

Saison	*Wettbewerb*	*Einsätze*	*eingewechselt*	*ausgewechselt*	*Tore*	*Gelb*	*Rot*
1992–93	League Cup	1	1	0	0	0	0
1994–95	Champions League	1	0	0	1	0	0
1994–95	English FA Cup	2	1	1	0	0	0
1994–95	English Premiership	4	2	1	0	0	0
1994–95	League Cup	3	0	0	0	0	0
1994–95	Third Division	5	1	0	2	0	0
1995–96	English FA Cup	3	0	1	1	1	0

Saison	*Wettbewerb*	*Einsätze*	*eingewechselt*	*ausgewechselt*	*Tore*	*Gelb*	*Rot*
1995–96	English Premiership	33	7	5	7	4	0
1995–96	League Cup	2	0	0	0	2	0
1995–96	UEFA Cup	2	0	1	0	0	0
1996–97	Champions League	10	0	1	2	1	0
1996–97	English Premiership	36	3	3	8	6	0
1996–97	FA Community Shield	1	0	0	1	0	0
1996–97	FA Cup	2	0	0	1	0	0
1997–98	Champions League	8	0	1	0	0	0
1997–98	English Premiership	37	3	2	9	60	0
1997–98	FA Community Shield	1	1	0	0	02	0
1997–98	FA Cup	4	0	0	2	5	0
1998–99	Champions League	12	0	0	2	0	0
1998–99	English Premiership	34	1	6	6	1	0
1998–99	FA Community Shield	1	0	0	0	0	0
1998–99	FA Cup	7	0	0	1	5	0
1998–99	League Cup	1	0	0	0	6	0
1999–00	Champions League	12	0	0	2	0	0
1999–00	English Premiership	31	1	7	6	1	0
1999–00	European Super Cup	1	0	0	0	0	0
1999–00	FA Community Shield	1	0	0	1	1	0
1999–00	FIFA World Club Championship	2	0	0	0	0	1
1999–00	Inter Continental Championship	1	0	0	0	0	0
2000–01	Champions League	12	0	3	0	3	0
2000–01	English Premiership	31	2	3	9	3	0
2000–01	FA Community Shield	1	0	0	0	0	0
2000–01	FA Cup	2	0	1	0	1	0
2001–02	Champions League	13	0	3	5	0	0
2001–02	English Premiership	28	5	4	11	6	0
2001–02	FA Community Shield	1	0	0	0	0	0
2001–02	FA Cup	1	0	0	0	0	0
2002–03	Champions League	13	3	3	3	1	0
2002–03	English Premiership	31	4	2	6	5	0
2002–03	FA Cup	3	0	2	1	0	0
2002–03	League Cup	5	0	0	1	1	0

Gesamtbilanz

Wettbewerb	*Einsätze*	*eingewechselt*	*ausgewechselt*	*Tore*	*Gelb*	*Rot*
English Premiership	265	28	33	62	41	0
Champions League	81	3	11	15	12	0
FA Cup	19	0	3	5	2	0
League Cup	12	1	0	1	3	0
FA Community Shield	6	1	0	2	1	0
Third Division	5	1	0	2	0	0
English FA Cup	5	1	2	1	1	0
UEFA Cup	2	0	1	0	0	0
FIFA World Club Championship	2	0	1	0	0	1
Inter Continental Championship	1	0	0	0	0	0
European Super Cup	1	0	0	0	0	0

Auszeichnungen

Mannschaft

1992	FA Youth Cup
1995–96	English Premiership
1996	FA Cup
1996	FA Charity Shield
1996–97	English Premiership
1997	FA Charity Shield
1998–99	English Premiership
1999	FA Cup
1998–99	Champions League
1999	Inter-Continental Cup
1999–2000	English Premiership
2000–01	English Premiership
2002–03	English Premiership

Persönlich

1996	August Caring Premiership Spieler des Monats
1996	Sky Sports/Panasonic Nachwuchsspieler des Jahres
1997	PFA Nachwuchsspieler des Jahres
1997	Sir Matt Busby Award
1999	Europafußballer des Jahres (2. Platz)
2000	Weltfußballer des Jahres (2. Platz)
2000	Nationwide Football Awards Spieler des Jahres
2001	Western Union Wertvollster Spieler 2000/2001
2001	Englands Sportler des Jahres 2001
2001	BBC Sportler des Jahres
2001	FIFA Weltfußballer des Jahres (2. Platz)
2001	Europas Fußballer des Jahres (4. Platz)

Die Pflichtspiele im Überblick

Meilensteine für Manchester United

Spiel	*Saison*	*Datum*	*Heim-mannschaft*	*Heim-ergeb.*	*Auswärts-mannschaft*	*Auswärts-ergebnis*	*Tore*	*Spiel-minute*
1	1994–95	02.04.95	Man Utd	0	Leeds	0	0	
10	1995–96	16.09.95	Man Utd	3	Bolton	0	0	
50	1996–97	16.11.96	Man Utd	1	Arsenal	0	0	
100	1997–98	21.02.98	Man Utd	2	Derby	0	0	
200	2000–01	25.02.01	Man Utd	6	Arsenal	1	0	
250	2002–03	28.12.02	Man Utd	2	Birmingham	0	1	73

Torbilanz für den Verein (chronologisch)

Saison	*Datum*	*Heim-mannschaft*	*Auswärts-mannschaft*	*Wettbewerb*	*Tore*	*Spiel-minute*
1994–95	07.12.94	Man Utd	Galatasaray	Champions League	1	37
1994–95	04.03.95	Preston NE	Doncaster R	Third Division	1	56
1994–95	11.03.95	Preston NE	Fulham	Third Dividion	1	50
1995–96	19.08.95	Aston Villa	Man Utd	English Premiership	1	82
1995–96	28.08.95	Blackburn	Man Utd	English Premiership	1	67
1995–96	22.11.95	Coventry	Man Utd	English Premiership	1	57
1995–96	02.12.95	Man Utd	Chelsea	English Premiership	1	61

Saison	*Datum*	*Heim-mannschaft*	*Auswärts-mannschaft*	*Wettbewerb*	*Tore*	*Spiel-minute*
1995–96	25.02.96	Bolton	Man Utd	English Premiership	1	5
1995–96	31.03.96	Man Utd	Chelsea	English FA Cup	1	59
1995–96	28.04.96	Man Utd	Nottm Fores	English Premiership	2	44,54
1996–97	11.08.96	Man Utd	Newcastle	FA Community Shield	1	86
1996–97	17.08.96	Wimbledon	Man Utd	English Premiership	1	90
1996–97	04.09.96	Derby	Man Utd	English Premiership	1	38
1996–97	25.09.96	Man Utd	Rapid Wien	Champions League	1	27
1996–97	12.10.96	Man Utd	Liverpool	English Premiership	1	23
1996–97	16.10.96	Fenerbahce	Man Utd	Champions League	1	55
1996–97	26.10.96	Southampton	Man Utd	English Premiership	1	41
1996–97	08.12.96	West Ham	Man Utd	English Premiership	1	75
1996–97	26.12.96	Nottm Forest	Man Utd	English Premiership	1	25
1996–97	05.01.97	Man Utd	Tottenham	FA Cup	1	82
1996–97	12.01.97	Tottenham	Man Utd	English Premiership	1	76
1996–97	22.02.97	Chelsea	Man Utd	English Premiership	1	68
1997–98	13.08.97	Man Utd	Southampton	English Premiership	1	78
1997–98	27.08.97	Everton	Man Utd	English Premiership	1	29
1997–98	22.11.97	Wimbledon	Man Utd	English Premiership	2	66,76
1997–98	06.12.97	Liverpool	Man Utd	English Premiership	1	70
1997–98	04.01.98	Chelsea	Man Utd	FA Cup	2	23,28
1997–98	18.02.98	Aston Villa	Man Utd	English Premiership	1	82
1997–98	06.04.98	Blackburn	Man Utd	English Premiership	1	89
1997–98	18.04.98	Man Utd	Newcastle	English Premiership	1	38
1997–98	04.05.98	Man Utd	Leeds	English Premiership	1	58
1998–99	15.08.98	Man Utd	Leicester	English Premiership	1	90
1998–99	16.09.98	Man Utd	Barcelona	Champions League	1	64
1998–99	17.10.98	Man Utd	Wimbledon	English Premiership	1	48
1998–99	04.11.98	Man Utd	Brondby	Champions League	1	7
1998–99	21.03.99	Man Utd	Everton	English Premiership	1	67
1998–99	03.04.99	Wimbledon	Man Utd	English Premiership	1	44
1998–99	14.04.99	Arsenal	Man Utd	FA Cup	1	17
1998–99	01.05.99	Man Utd	Aston Villa	English Premiership	1	46
1998–99	16.05.99	Man Utd	Tottenham	English Premiership	1	52
1999–00	01.08.99	Arsenal	Man Utd	FA Community Shield	1	36
1999–00	27.10.99	D. Zagreb	Man Utd	Champions League	1	32
1999–00	29.01.00	Man Utd	Middlesbro	English Premiership	1	87

Saison	*Datum*	*Heim-mannschaft*	*Auswärts-mannschaft*	*Wettbewerb*	*Tore*	*Spiel-minute*
1999–00	18.03.00	Leicester	Man Utd	English Premiership	1	33
1999–00	25.03.00	Bradford	Man Utd	English Premiership	1	79
1999–00	01.04.00	Man Utd	West Ham	English Premiership	1	66
1999–00	19.04.00	Man Utd	Real Madrid	Champions League	1	64
1999–00	22.04.00	Southampton	Man Utd	English Premiership	1	7
1999–00	06.05.00	Man Utd	Tottenham	English Premiership	1	34
2000–01	22.08.00	Ipswich	Man Utd	English Premiership	1	39
2000–01	26.08.00	West Ham	Man Utd	English Premiership	1	5
2000–01	05.09.00	Man Utd	Bradford	English Premiership	1	85
2000–01	23.09.00	Man Utd	Chelsea	English Premiership	1	39
2000–01	21.10.00	Man Utd	Leeds	English Premiership	1	50
2000–01	04.11.00	Coventry	Man Utd	English Premiership	1	37
2000–01	18.11.00	Man City	Man Utd	English Premiership	1	2
2000–01	30.12.00	Newcastle	Man Utd	English Premiership	1	25
2000–01	28.04.01	Middlesbro	Man Utd	English Premiership	1	84
2001–02	19.08.01	Man Utd	Fulham	English Premiership	1	35
2001–02	22.08.01	Blackburn	Man Utd	English Premiership	1	78
2001–02	08.09.01	Man Utd	Everton	English Premiership	1	90
2001–02	18.09.01	Man Utd	Lille	Champions League	1	90
2001–02	29.09.01	Tottenham	Man Utd	English Premiership	1	97
2001–02	10.10.01	Olympiakos	Man Utd	Champions League	1	66
2001–02	04.11.01	Liverpool	Man Utd	English Premiership	1	50
2001–02	13.01.02	Southampton	Man Utd	English Premiership	1	45
2001–02	02.02.02	Man Utd	Sunderland	English Premiership	1	25
2001–02	26.02.02	Man Utd	Nantes	Champions League	1	18
2001–02	06.03.02	Man Utd	Tottenham	English Premiership	2	15,64
2001–02	16.03.02	West Ham	Man Utd	English Premiership	2	16,88
2001–02	19.03.02	Boavista	Man Utd	Champions League	1	51
2001–02	02.04.02	Deportivo	Man Utd	Champions League	1	15
2002–03	23.08.02	Chelsea	Man Utd	English Premiership	1	26
2002–03	27.08.02	Man Utd	Zalaegerszeg	Champions League	1	15
2002–03	05.11.02	Man Utd	Leicester	League Cup	1	80
2002–03	28.12.02	Man Utd	Birmingham	English Premiership	1	73
2002–03	01.01.03	Man Utd	Sunderland	English Premiership	1	81
2002–03	04.01.03	Man Utd	Portsmouth	FA Cup	1	17
2002–03	15.03.03	Aston Villa	Man Utd	English Premiership	1	12

Saison	*Datum*	*Heim-mannschaft*	*Auswärts-mannschaft*	*Wettbewerb*	*Tore*	*Spiel-minute*
2002–03	23.03.03	Man Utd	Real Madrid	Champions League	2	71,85
2002–03	03.05.03	Man Utd	Charlton	English Premiership	1	11
2002–03	11.05.03	Everton	Man Utd	English Premiership	1	42

Anzahl Vereinstore: 88

Torbilanz für die englische Nationalmannschaft

Datum	*Wettbewerb*	*Heim-mannschaft*	*Auswärts-mannschaft*	*Heim-ergebnis*	*Auswärts-ergebnis*	*Spiel-minute*
26.06.98	WC XVI					
	Finalrunde Gruppe G	Kolumbien	England	0	2	29
24.03.01	WC XVII					
	Europa Gruppe 9	England	Finnland	2	1	50
25.05.01		England	Mexiko	4	0	29
06.06.02	WC XVII					
	Europa Gruppe 9	Griechenland	England	0	2	87
06.10.01	WC XVII					
	Europa Gruppe 9	England	Griechenland	2	2	90
10.11.01		England	Schweden	1	1	28p
07.06.01	WC XVII					
	Finalrunde Gruppe F	Argentinien	England	0	1	44p
12.10.02	ENC XIII Gruppe 7	Slowakei	England	1	2	65
16.10.02	ENC XIII Gruppe 7	England	Mazedonien	2	2	13
29.03.03	ENC XIII Gruppe 7	Liechtenstein	England	0	2	53
02.04.03	ENC XIII Gruppe 7	England	Türkei	2	0	90p

Anzahl internationaler Tore: 11

Tortyp

	Freistöße	*aus dem Spiel heraus*	*Elfmeter*	*Gesamt*
Manchester United	30	54	4	88
England	6	2	3	11
%	37	56	7	

Bilanz gegen Vereinsmannschaften (alphabetisch)

Heimmannschaft	*Wettbewerb*	*Einsätze*	*Tore*
Anderlecht	Champions League	2	0
Arsenal	English Premiership	12	0
Arsenal	FA Community Shield	2	1
Arsenal	FA Cup	3	1
Aston Villa	English Premiership	13	4
Aston Villa	FA Cup	1	0
Borussia Dortmund	Champions League	2	0
Bayer Leverkusen	Champions League	2	0
Bayern München	Champions League	6	0
Barcelona	Champions League	2	1
Barnsley	English Premiership	1	0
Barnsley	FA Cup	2	0
Birmingham	English Premiership	2	1
Blackburn	English Premiership	12	3
Blackburn	League Cup	2	0
Boavista	Champions League	1	1
Bolton	English Premiership	7	1
Bordeaux	Champions League	2	0
Bradford	English Premiership	3	2
Brighton	League Cup	1	0
Brondby	Champions League	1	1
Bury	Third Division	1	0
Charlton	English Premiership	6	1
Chelsea	FA Cup	1	1
Chelsea	English Premiership	15	4
Chelsea	FA Community Shield	2	0
Chelsea	FA Cup	3	2
Chelsea	League Cup	1	0
Coventry	English Premiership	12	2
Crystal Palace	FA Cup	1	0
Crystal Palace	English Premiership	2	0
Deportivo	Champions League	5	1
Derby	English Premiership	9	1
Doncaster	R Third Division	1	1
Dynamo Kiev	Champions League	2	0
Dynamo Zagreb	Champions League	2	1

Heimmannschaft	*Wettbewerb*	*Einsätze*	*Tore*
Everton	English Premiership	15	4
Exeter	C Third Division	1	0
FC Basel	Champions League	1	0
FC Kosice	Champions League	2	0
Fenerbahce	Champions League	2	1
Feyenoord	Champions League	2	0
Fiorentina	Champions League	2	0
Fulham	English Premiership	4	1
Fulham	FA Cup	2	0
Fulham	Third Division	1	1
Galatasaray	Champions League	1	1
Inter Mailand	Champions League	2	0
Ipswich	English Premiership	2	1
Juventus Turin	Champions League	8	0
Lazio	European Super Cup	1	0
Leeds	English Premiership	15	2
Leicester	English Premiership	9	2
Leicester	League Cup	1	1
Lille	Champions League	2	1
Lincoln C	Third Division	1	0
Liverpool	FA Cup	1	0
Liverpool	English Premiership	15	3
Liverpool	FA Community Shield	1	0
Liverpool	FA Cup	1	0
Liverpool	League Cup	1	0
LKS Lodz	Champions League	2	0
Maccabi Haifa	Champions League	1	0
Man City	English Premiership	5	1
Marseille	Champions League	2	0
Middlesbro	English Premiership	12	2
Monaco	Champions League	2	0
Nantes	Champions League	2	1
Necaxa	FIFA World Club Championship	1	0
Newcastle	English Premiership	13	2
Newcastle	FA Community Shield	1	1
Newcastle	FA Cup	1	0
Newcastle	League Cup	1	0

Heimmannschaft	*Wettbewerb*	*Einsätze*	*Tore*
Nottm Forest	English Premiership	6	3
Olympiakos	Champions League	4	1
Palmeiras	Inter Continental Championship	1	0
Panathinaikos	Champions League	2	0
Port Vale	League Cup	2	0
Porto	Champions League	2	0
Portsmouth	FA Cup	1	1
Preston North End	Third Division	5	2
PSV Eindhoven	Champions League	2	0
QPR	English Premiership	2	0
Rapid Wien	Champions League	2	1
Real Madrid	Champions League	4	3
Rotor Wolgograd	UEFA Cup	2	0
Sheff Wed	English Premiership	9	0
South Melbourne	FIFA World Club Championship	1	0
Southampton	English Premiership	15	4
Sturm Graz	Champions League	2	0
Sunderland	FA Cup	1	0
Sunderland	Champions League	8	2
Tottenham	Champions League	15	6
Tottenham	FA Cup	1	1
Tottenham	League Cup	1	0
Valencia	Champions League	3	0
Walsall	FA Cup	1	0
Watford	English Premiership	1	0
West Brom	English Premiership	2	0
West Ham	English Premiership	14	5
West Ham	FA Cup	2	0
Wimbledon	English Premiership	9	5
Wimbledon	FA Cup	1	0
Wrexham	FA Cup	1	0
York City	League Cup	2	0
Zalaegerszeg	Champions League	2	1

Spiele für die englische Nationalmannschaft: Gesamtübersicht

Kat.	*Datum*	*Wettbewerb*	*Heim-mannschaft*	*Auswärts-mannschaft*	*Heim-ergeb.*	*Ausw.-ergeb.*	*Spiel-min.*	*Tor-typ*
Y	07.10.92	UEFA	Frankreich	England	2	0		
Y	17.11.92	U18	England	Schweiz	7	2		
Y	17.02.93	U18	Spanien	England	1	1		
Y	30.03.93	U18	England	Dänemark	4	2		
U	06.06.95	Toulon U21 XXIII Gruppe B	England	Brasilien	0	2		
U	08.06.95	Toulon U21 XXIII Gruppe B	England	Malaysia	2	0		
U	10.06.95	Toulon U21 XXIII Gruppe B	England	Angola	1	0		
U	12.06.95	Toulon U21 XXIII S-F	Frankreich	England	2	0		
U	02.09.95	UEFA U21 XIII Gruppe 6	Portugal	England	2	0		
U	14.11.95	UEFA U21 XIII Gruppe 6	England	Österreich	2	1		
U	24.05.96	Toulon U21 XXIV Gruppe B	England	Belgien	1	0		
U	28.05.96	Toulon U21 XXIV Gruppe B	England	Angola	0	2		
U	30.05.96	Toulon U21 XXIV Gruppe B	England	Portugal	1	3		
A	01.09.96	WC XVI Gruppe 2	Moldavien	England	0	3		
A	09.10.96	WC XVI Gruppe 2	England	Polen	2	1		
A	09.11.96	WC XVI Gruppe 2	Georgien	England	0	2		
A	12.02.97	WC XVI Gruppe 2	England	Italien	0	1		
A	30.04.97	WC XVI Gruppe 2	England	Georgien	2	0		
A	24.05.97	Freundschaftsspiel	England	Südafrika	2	1		
A	31.05.97	WC XVI Gruppe 2	Polen	England	0	2		
A	04.06.97	Tournoi de France	Italien	England	0	2		
A	07.06.97	Tournoi de France	Frankreich	England	0	1		
A	10.09.97	WC XVI Gruppe 2	England	Moldawien	4	0		
A	11.10.97	WC XVI Gruppe 2	Italien	England	0	0		
A	15.11.97	Freundschaftsspiel	England	Kamerun	2	0		

Kat.	Datum	Wettbewerb	Heim-mannschaft	Auswärts-mannschaft	Heim-ergeb.	Ausw.-ergeb.	Spiel-min.	Tor-typ
A	22.04.98	Freundschaftsspiel	England	Portugal	3	0		
A	23.05.98	Freundschaftsspiel	England	Saudi-Arab.	0	0		
A	29.05.98	King Hassan II Cup	Belgien	England	0	0 (4-3)		
A	22.06.98	WC XVI Finalrunde Gruppe G	Rumänien	England	2	1		
A	26.06.98	WC XVI Finalrunde Gruppe G	Kolumbien	England	0	2	29	FS
A	30.06.98	WC XVI Finalrunde Achtelfinale	Argentinien	England	2	2 (4-3)		
A	14.10.98	ENC XII Gruppe 5	Luxemburg	England	0	3		
A	18.11.98	Freundschaftsspiel	England	Tschechien	2	0		
A	10.02.99	Freundschaftsspiel	England	Frankreich	0	2		
A	27.03.99	ENC XII Gruppe 5	England	Polen	3	0		
A	05.06.99	ENC XII Gruppe 5	England	Schweden	0	0		
A	04.09.99	ENC XII Gruppe 5	England	Luxemburg	6	0		
A	08.09.99	ENC XII Gruppe 5	Polen	England	0	0		
A	13.11.99	ENC XII Playoff Hinrunde	Schottland	England	0	2		
A	17.11.99	ENC XII Playoff Rückrunde	England	Schottland	0	1		
A	23.02.00		England	Argentinien	0	0		
A	27.05.00		England	Brasilien	1	1		
A	31.05.00		England	Ukraine	2	0		
A	03.06.00		Malta	England	1	2		
A	12.06.00	ENC XII Finalrunde Gruppe A	Portugal	England	3	2		
A	17.06.00	ENC XII Finalrunde Gruppe A	England	Deutschland	1	0		
A	20.06.00	ENC XII Finalrunde Gruppe A	England	Rumänien	2	3		
A	02.09.00	Freundschaftsspiel	Frankreich	England	1	1		
A	07.10.00	WC XVII Europa Gruppe 9	England	Deutschland	0	1		
A	15.11.00	Freundschaftsspiel	Italien	England	1	0		
A	28.02.01	Freundschaftsspiel	England	Spanien	3	0		

Kat.	*Datum*	*Wettbewerb*	*Heim-mannschaft*	*Auswärts-mannschaft*	*Heim-ergeb.*	*Ausw.-ergeb.*	*Spiel-min.*	*Tor-typ*
A	24.03.01	WC XVII Europa Gruppe 9	England	Finnland	2	1	50	ADS
A	28.03.01	WC XVII Europa Gruppe 9	Albanien	England	1	3		
A	25.05.01	Freundschaftsspiel	England	Mexiko	4	0	29	FS
A	06.06.01	WC XVII Europa Gruppe 9	Griechen-land	England	0	2	87	FS
A	15.08.01	Freundschaftsspiel	England	Holland	0	2		
A	01.09.01	WC XVII Europa Gruppe 9	Deutsch-land	England	1	5		
A	05.09.01	WC XVII Europa Gruppe 9	England	Albanien	2	0		
A	06.10.01	WC XVII Europa Gruppe 9	England	Griechen-land	2	2	90	FS
A	10.11.01	Freundschaftsspiel	England	Schweden	1	1		
A	13.02.02	Freundschaftsspiel	Holland	England	1	1		
A	27.03.02		England	Italien	1	2		
A	02.06.02	WC XVII Final-runde Gruppe F	England	Schweden	1	1		
A	07.06.02	WC XVII Final-runde Gruppe F	Argentinien	England	0	1	44	EM
A	12.06.02	WC XVII Final-runde Gruppe F	Nigeria	England	0	0		
A	15.06.02	WC XVII Achtelfinale	Dänemark	England	0	3		
A	21.06.02	WC XVII Viertelfinale	Brasilien	England	2	1		
A	12.10.02	ENC XIII Gruppe 7	Slowakei	England	1	2	65	EM
A	16.10.02	ENC XIII Gruppe 7	England	Maze-donien	2	2	13	FS
A	12.02.03	Freundschaftsspiel	England	Australien	1	3		
A	29.03.03	ENC XIII Gruppe 7	Liechten-stein	England	0	2	53	ADS
A	20.04.03	ENC XIII Gruppe 7	England	Türkei	2	0	90	EM
A	22.05.03	Freundschaftsspiel	Südafrika	England	1	2		

FS= Freistoß, ADS= Aus dem Spiel heraus, EM = Elfmeter

Gesamtbilanz für England (seit Profidebüt)

	Einsätze	*Siege*	*Unentschieden*	*Niederlagen*	*% Siege*	*%Unentschieden*	*%Niederlagen*
Seit Beckhams Debüt	78	41	22	15	52,6	28,2	19,2
Beckham 90 Min. auf dem Platz	37	24	9	4	64,9	24,3	10,8
Beckham auf dem Platz	60	36	13	11	60,0	21,7	18,3
Beckham eingewechselt	3	1	0	2	33,3	0,0	66,7
Beckham ausgewechselt	19	11	4	4	57,9	21,1	21,1
Beckham Spielführer	16	11	4	1	68,8	25,0	6,3

Spiele für Manchester United 2002/03

Datum	*Wettbewerb*	*Heimmannschaft*	*Auswärtsmannschaft*	*Heimergebnis*	*Ausw.-ergebnis*	*Tore DB*	*Spielmin.*
14.08.02	Champions League	Zalaerszeg	Man Utd	1	0	0	
17.08.02	English Premiership	Man Utd	West Brom	1	0	0	
23.08.02	English Premiership	Chelsea	Man Utd	2	1	1	26
27.08.02	Champions League	Man Utd	Zalaerszeg	5	0	1	15
31.08.02	English Premiership	Sunderland	Man Utd	1	1	0	
03.09.02	English Premiership	Man Utd	Middlesbro	1	0	0	
11.09.02	English Premiership	Man Utd	Bolton	0	1	0	
14.09.02	English Premiership	Leeds	Man Utd	1	0	0	
18.09.02	Champions League	Man Utd	Maccabi Haifa	5	2	0	
21.09.02	English Premiership	Man Utd	Tottenham	1	0	0	
24.09.02	Champions League	Bayer Leverkusen	Man Utd	1	2	0	
28.09.02	English Premiership	Charlton	Man Utd	1	3	0	
01.10.02	Champions League	Man Utd	Olympiakos	4	0	0	
07.10.02	English Premiership	Man Utd	Everton	3	0	0	
19.10.02	English Premiership	Fulham	Man Utd	1	1	0	
23.10.02	Champions League	Olympiakos	Man Utd	2	3	0	
26.10.02	English Premiership	Man Utd	Aston Villa	1	1	0	
02.11.02	English Premiership	Man Utd	Southampton	2	1	0	
05.11.02	League Cup	Man Utd	Leicester	2	0	1	80
13.11.02	Champions League	Man Utd	Bayer Leverkusen	2	0	0	

Datum	*Wettbewerb*	*Heim-mannschaft*	*Auswärts-mannschaft*	*Heim-ergebnis*	*Ausw.-ergebnis*	*Tore DB*	*Spiel-min.*
11.12.02	Champions League	Man Utd	Deportivo	2	0	0	
14.12.02	English Premiership	Man Utd	West Ham	3	0	0	
17.12.02	League Cup	Man Utd	Chelsea	1	0	0	
22.12.02	English Premiership	Blackburn	Man Utd	1	0	0	
26.12.02	English Premiership	Middlesbro	Man Utd	3	1	0	
28.12.02	English Premiership	Man Utd	Birmingham	2	0	1	73
01.01.03	English Premiership	Man Utd	Sunderland	2	1	1	81
04.01.03	FA Cup	Man Utd	Portsmouth	4	1	1	17
07.01.03	League Cup	Man Utd	Blackburn	1	1	0	
11.01.03	English Premiership	West Brom	Man Utd	1	3	0	
18.01.03	English Premiership	Man Utd	Chelsea	2	1	0	
22.01.03	League Cup	Blackburn	Man Utd	1	3	0	
26.01.03	FA Cup	Man Utd	West Ham	6	0	0	
01.02.03	English Premiership	Southampton	Man Utd	0	2	0	
04.02.03	English Premiership	Birmingham	Man Utd	0	1	0	
09.02.03	English Premiership	Man Utd	Man City	1	1	0	
15.02.03	FA Cup	Man Utd	Arsenal	0	2	0	
19.02.03	Champions League	Man Utd	Juventus	2	1	0	
22.02.03	English Premiership	Bolton	Man Utd	1	1	0	
25.02.03	Champions League	Juventus	Man Utd	0	3	0	
02.03.03	League Cup	Liverpool	Man Utd	2	0	0	
05.03.03	English Premiership	Man Utd	Leeds	2	1	0	
12.03.03	Champions League	Man Utd	FC Basel	1	1	0	
15.03.03	English Premiership	Aston Villa	Man Utd	0	1	1	12
22.03.03	English Premiership	Man Utd	Fulham	3	0	0	
05.04.03	English Premiership	Man Utd	Liverpool	4	0	0	
08.04.03	Champions League	Real Madrid	Man Utd	3	1	0	
19.04.03	English Premiership	Man Utd	Blackburn	3	1	0	
23.04.03	Champions League	Man Utd	Real Madrid	4	3	2	71,85
27.04.03	English Premiership	Tottenham	Man Utd	0	2	0	
03.05.03	English Premiership	Man Utd	Charlton	4	1	1	11
11.05.03	English Premiership	Everton	Man Utd	1	2	1	42

Anzahl Spiele: 52

Anzahl Tore: 11

Vergleichende Statistik

Saisonbilanz 2002/03

	Zidane	*Figo*	*Ronaldo*	*Raul*	*Beckham*
Ligaspiele	33	33	31	31	31
Anfangsspieler	32	33	29	30	27
Auswechselspieler	1	0	2	1	4
Spieldauer in Minuten	2700	2771	2384	2698	2541
Siege	19	20	18	19	21
Niederlagen	4	3	4	2	4
Unentschieden	10	10	9	10	6
Tore	9	10	23	16	6
Vorlagen	8	11	3	7	9
Gelbe Karten	4	4	1	2	5
Rote Karten	0	1	0	0	0

Flanken Premiership 2002/03

opta
opta index

	Erfolgreich	*Genauigkeit in %*
David Beckham	92	25
Fabrice Fernandes	76	24
Laurent Robert	65	29
Nolberto Solano	63	26
Ian Harte	61	34

Einsätze in der Champions League

David Beckham	81
Gary Neville	80
Raul	78
Ryan Giggs	77

Stichtag der statistischen Angaben ist der 1. Juli 2003.

Abbildungsnachweise

Umschlag
Vorne © Ross Kinnard/Getty Images: News and Sport
Hinten © Matthew Ashton/Empics

Widmung
Schuhe © Stu Forster/Getty Images: News and Sport

Zuhause der Familie (Farbbilder S.1)
© Anthony Upton/Rex Features

Mit Bobby Charlton (S. 8)
© John Jones/JDJ Communications

Anruf zu Hause (S. 8)
© John Jones/JDJ Communications

Zeitung lesend (S. 9)
© John Jones/JDJ Communications

Ins Flugzeug steigend (S. 9)
© John Jones/JDJ Communications

In der Sporthalle (S. 9)
© John Jones/JDJ Communications

Mit Terry Venables (S. 9)
© John Jones/JDJ Communications

Barcas britische Stars (S. 9)
© John Jones/JDJ Communications

Uniteds Team beim FA Jugendpokal 1992 (S. 11)
© MEN Syndication

Hochzeit von Lynne und Colin (S. 11)
© Colin Mason/London Features International

Debüt für England (S. 14)
© Darren Walsh/Action Images

PFA Nachwuchsspieler des Jahres 1997 (S. 14)
© JohnSibley/Action Images

Mit Eric Cantona (S. 14)
© Brandon Malone/Action Images

Zuschauer in Upton Park (S. 14)
© Gary M. Prior/Getty Images: News and Sport

Rote Karte (S. 15)
© Arnold Slater/Mirrorpix

Platzverweis (S. 15)
© Arnold Slater/Mirrorpix

Mit Gary Neville (S. 16)
© Shaun Botterill/Getty Images: News and Sport

Brooklyn (S. 17)
© Popperfoto

Hochzeitsthronsessel (S.18)
© OK! Magazine

Fotografien von Hochzeit und Empfang (S. 18 und 19)
© OK! Magazine

Frisuren (S. 20 und 21)
Großes Foto © Mike Hewitt/Getty Images: News and Sport Eingefügte Bilder (v.l.n.r.) © Rex Features; © Ben Radford/Getty Images: News and Sport; © Ross Kinnaird/Getty Images: News and Sport; © Lawrence Griffiths/Getty Images: News and Sport; © Popperfoto; © David Fisher/Popperfoto; © Sipa Press/Rex Features; © Carlos Alvarez/Getty Images: News and Sport

Spiel gegen Rumänien (S. 22)
© Bradley Ormesher/Mirrorpix

Spiel gegen Portugal (S. 22)
© Bradley Ormesher/Mirrorpix

Mit Kevin Keegan (S. 22)
© Bradley Ormesher/Mirrorpix

Spielführer der englischen Nationalmannschaft (S. 22)
© Darren Walsh/Action Images

FIFA World Club Championships 2000 (S. 23)
© Bradley Ormesher/Mirrorpix

Training in Carrington (S. 23)
© Bradley Ormesher/Mirrorpix

Den FA-Pokal haltend (S. 24)
© Action Images

Mit Sir Alex Ferguson (S. 24)
© Rui Vieira/PA Photos

Mit Roy Keane und Alan Shearer (S. 24)
© Rui Vieira/PA Photos

Das Tripel ist geschafft (S. 24)
© John Sibley/Action Images

Maßgeschneidert (S. 25)
Großes Foto © Dean Freeman Cowboy © Clive Brunskill/Getty Images: News and Sport für PepsiCo
Ganz leger © John Rogers/Mission Pictures

Maßgeschneidert (S. 26 und 27)
Großes Foto © Dean Freeman Eingefügte Bilder (v.l.n.r.) © John Rogers/Mission Pictures

BBC Sportler des Jahres (S. 28)
© Warren Little/Getty Images: News and Sport

Audienz bei der Queen (S. 28)
© Tim Graham/Corbis

Mit Elton John (S. 28)
© Mission Pictures

Mit Nelson Mandela (S. 28)
© Juda Ngwenya/Popperfoto

Mit Tony Blair (S. 29)
© Matthew Fearn/Popperfoto

Mit Kirsty Howard (S. 29)
© EPA/PA Photos

Mit Muhammad Ali (S. 29)
© Max Mumby/Mirrorpix

Reklametafel (S. 30)
© Masatoshi Okauchi/Rex Features

Autogramme gebend (S. 30)
© Bradley Ormesher/Mirrorpix

Statue (S. 31)
© Sukree Sukplang/Popperfoto

Schönheitssalon in Tokio (S. 31)
© Masatoshi Okauchi/Rex Features

Victoria mit den Kindern (S. 32)
© John Fraser/Eliot Press

Den Buggy schiebend (S. 32)
© Jason Fraser

MTV Awards (S. 32)
© Fred Prouser/Popperfoto

Brooklyn auf dem Arm haltend (S. 32)
© Anthony Dixon/London Features International

Downing Street (S. 33)
© Kirsty Wigglesworth/PA Photos

Mit Sven-Göran Eriksson (S. 34)
© Paul Gilham/Action Images

Anzeigetafel in München (S. 34)
© Ben Radford/Getty Images: News and Sport

Mittelfußknochenverletzung (S. 34)
© Darren Walsh/Action Images

Spiel gegen Griechenland (S. 35)
© Tony O'Brian/Action Images

WM 2002 (S. 36 und 37)
Großes Foto © Ross Kinnaird/Getty Images: News and Sport
Spiel gegen Schweden Koji Aoki/AFLO/Getty Images: News and Sport
Knöchel haltend © Rui Vieira/PA Photos
Japanischer Fan © Stephane Reix/Corbis
Mit David Seaman © Action Images/Corbis

Elfmeter © Bradley Ormesher/Mirrorpix

Mit Zinedine Zidane (S. 38)
© Adam Davy/Empics

Oben ohne (S. 38) © Phil Cole/Getty Images: News and Sport

Freistoß (S. 38)
© Jason Cairnduff/Professional Sport

Mit Ruud van Nistelroy (S. 38)
© Darren Walsh/Action Images

Das Tor von Charlton (S. 38)
© Neil Simpson/Empics

Mit dem Meisterschaftspokal (S. 39)
© Gary M. Prior/Getty Images: News and Sport

Das Real-Trikot Nr. 23 haltend (S. 40)
© Javier Soriano/AFP/Getty Images: News and Sport

Alle übrigen Fotografien stammen aus dem privaten Familienarchiv des Autors.

Register

»Jetzt kennen Sie die
wahre Geschichte«